本书获福建师范大学教材出版立项资助

法学案例教学系列

《民法典》
案例与法条精解教程

丁兆增　林艺容　__编著

撰稿人：丁兆增　　林艺容　　黄武雯　　曾嘉晨
　　　　谢诗颖　　李华清　　郑　渝

厦门大学出版社
XIAMEN UNIVERSITY PRESS
国家一级出版社
全国百佳图书出版单位

图书在版编目(CIP)数据

《民法典》案例与法条精解教程/丁兆增,林艺容编著.—厦门:厦门大学出版社,
2021.11
(法学案例教学系列)
ISBN 978-7-5615-7970-1

Ⅰ.①民… Ⅱ.①丁… ②林… Ⅲ.①民法—法典—案例—中国—资格考试—自
学参考资料 Ⅳ.①D923.05

中国版本图书馆 CIP 数据核字(2021)第 229512 号

出 版 人	郑文礼
责任编辑	李 宁

出版发行 厦门大学出版社

社 址	厦门市软件园二期望海路 39 号
邮政编码	361008
总 机	0592-2181111 0592-2181406(传真)
营销中心	0592-2184458 0592-2181365
网 址	http://www.xmupress.com
邮 箱	xmup@xmupress.com
印 刷	厦门市金凯龙印刷有限公司

开本	787 mm×1 092 mm 1/16
印张	22
插页	2
字数	550 千字
版次	2021 年 11 月第 1 版
印次	2021 年 11 月第 1 次印刷
定价	78.00 元

本书如有印装质量问题请直接寄承印厂调换

厦门大学出版社
微信二维码

厦门大学出版社
微博二维码

前　言

　　民法典在我国法律体系中居于重要地位,在国家法律体系中的地位仅次于宪法。民法是市场经济的基本法、市民生活的基本行为准则,也是历来高校法律教学和法律职业资格考试的重点和难点。为培养教育学习者对法律条文的理解能力、分析法律问题的具体能力和解决法律适用问题的应用能力,本书编著者在认真调查研究现有案例教材、法律职业资格考试辅导资料的基础上,汲取各方面意见和建议,以新颖的体例,对民法典重点知识进行深入浅出的解读,以期对高校学生、法律职业资格考试人员、社会法律工作者具有一定的参考和启发价值。

　　本书由福建师范大学课程思政示范教材出版立项资助,坚持正确的政治方向和价值取向,不存在政治性、思想性、科学性问题,并确保课程思政元素进教材,达到育人成效,在同类教材中力争起到课程思政示范引领作用。本书作者具体分工如下:福建师范大学法学院诉讼法学专业硕士生导师丁兆增副教授、福建师范大学法学院林艺容讲师负责全书的统筹与修改,丁兆增、林艺容,以及福建师范大学法学院诉讼法学专业研究生黄武雯、曾嘉晨,法律硕士谢诗颖、李华清、郑渝共同参与本书撰写。本书各章节力争将理论与实务相结合,法条与案例相结合,各章节讲解按照经典案例、编著者点评、知识梳理、真题试接、案例探讨的体例编排。本书具有以下几个特点:一是编排新颖,力求科学,使读者易于学习和理解;二是知行合一,通过对典型案例与法条的深入解读和点评,提高读者运用民法典解决问题的能力;三是注重实用性,广泛梳理历年司法考试真题和知识点,给读者以充分的启发思考和自检自测。

　　由于编者水平有限,不足和疏漏在所难免,真诚期待读者朋友的批评指正。

本书编著者

2021 年 6 月

目 录

第一编

总　则

　　民法典的开篇之作总则编,是民法典的总纲,共 10 章,204 条,规定了民事活动必须遵循的基本原则和一般性规则,统领民法典各分编。

　　总则编立足于中国国情,从实际出发,解决实际问题,并将弘扬社会主义核心价值观作为立法的重要目的,将其融入全过程。许多制度和规则都是为了解决我国的具体问题而设计的,充分地体现了时代精神和时代特征,从不同层面体现了社会主义核心价值观的内涵。例如,总则编奠定了私法基本精神,契合了社会现实需求。其明确规定平等、自愿、公平、诚信、守法与公序良俗、绿色六大原则,科学设计民事法律行为与代理,专章规定民事权利,宣示财产权利平等保护、厘定征收征用的条件和补偿,集中体现了私法自治的理念或精神。再如,总则编积极回应社会关切,贯彻落实社会主义核心价值观。为适应和解决当前社会严重的人口老龄化、留守儿童问题,规定了成年监护、撤销监护;适应建设创新型国家的需求,建立了知识产权一般条款;积极应对信息网络时代的挑战,明确保护个人信息,宣示保护数据和网络虚拟财产等。

《民法典》总则编体例

第一讲　基本规定

经典案例

【案情】恋爱承诺书引发的纠纷——公序良俗原则的应用

江某某于 2015 年离婚后在某婚恋网站注册会员,个人资料中显示"未婚、没有小孩",之后于 2016 年 7 月复婚,但是并未注销某婚恋网站账户或修改个人资料。2017 年 11 月,崔某与江某某通过某婚恋网站公司经营的网络平台认识,双方经过了解后,确立了恋爱关系。2018 年,崔某在聊天中得知江某某复婚并有孩子的事实,二人产生了争执,后经派出所调解,崔某与江某某各自向对方出具保证书,承诺不干涉对方私生活。但是江某某多次在微信聊天中骚扰、辱骂崔某,并以公开二人私密视频相威胁,想同崔某恢复恋爱关系。崔某认为自己的名誉权、贞操权受到损害,于是前往法院起诉江某某,要求其公开道歉并赔偿经济损失。

法院通过审理认为,贞操权虽未在法律中明文规定,但是应与名誉权一样同属人格权范畴,法律应对其予以保护。在本案中,江某某隐瞒了已婚的事实,在婚恋网站上进行交友,其行为足以令崔某造成误解,给被欺骗达成恋爱关系的崔某造成心理伤害。在崔某得知真相并寻求解释时,江某某以公布崔某隐私威胁并有辱骂、诋毁等言行,带有明显恶意,严重违背了社会公德、公序良俗,同时也违反了诚信和道德准则,应认定江某某主观过错明显。因此法院判决江某某赔偿崔某精神损害抚慰金并书面赔礼道歉。

点评: 在法律没有规定的情况下,才可应用民法基本原则来判定行为是否有效。通过判断行为是否有悖于一般社会的善良风俗和社会公众的公共道德,可以确定行为、行为成立条件是否有效。社会主义核心价值观、社会道德、公序良俗是整个社会健康发展的基础,是整个国家的思想道德基础。民法基本原则在审判中的应用不仅弥补了法律的空白区域,更大大推进了社会主义核心价值观不断融入法律的进程。

知识梳理

一、民法的调整对象

《中华人民共和国民法典》(以下简称《民法典》)第2条规定:"民法调整平等主体的自然人、法人和非法人组织之间的人身关系和财产关系。"

(一)平等主体

主体的平等性是民法的基本特征之一。平等主体,是指民事主体参加民事活动的主体资格平等及在具体的民事法律关系中各方当事人的地位平等。民事主体包括自然人、法人和非法人组织。

平等性是相对于其他法律关系中主体间之隶属关系、管理关系等而言的。例如,行政机关在从事行政管理活动时,会与自然人或法人形成行政法律关系,这种行政法律关系中双方的地位是不平等的,不属于民法调整。但行政机关从事民事活动,如政府部门与商家之间的采购合同等,民法要求其必须以机关法人的身份进行,此时机关法人与其他民事主体之间的法律地位是平等的,这种合同关系则由民法调整。

【例1】某明星甲及其公司因偷逃税款被税务机关责令补缴并处罚,问:甲可否与税务局协商延长缴纳税款期限?

分析:否。税务局依法对甲追缴税款并非平等主体,不属于民事法律关系,此为行政法律关系。

【例2】甲驾驶私家小轿车,沿某高速公路由南向北行驶时,突然发现前方路中有过往车辆失落的2×1.5平方米防雨布一块,因避让不及,车辆撞上路东护栏,致使车毁人伤。行车人与高速管理收费处之间形成何种法律关系?

分析:高速公路管理处作为事业单位法人,不仅有在高速公路上代行路政管理和规费征收的行政权力,也有向过往车辆收取车辆通行费的权力。甲履行了缴纳车辆通行费的义务以后,即享有使用高速公路并安全通行的权利。此时,高速公路管理处与甲之间应是平等主体,因收取费用的行为而形成了有偿使用高速公路的民事合同关系。

(二)民法调整

民法不调整平等主体之间的所有关系。

在民法学的体系部分所学到的关系均属民事法律关系,受民法的调整。但是在现实生活中并非事事均受民法的调整。

【例1】甲男乙女,通过手机微博相识,互加好友,相谈甚欢。一段时日后,甲乙相约见面,乙为了此次约会,特意去美容院花了近千元做了美容,花了千余元买了套裙子、鞋子及包包等。待到约定之日,甲未赴约,也没有任何消息。乙甚怒,想通过法律手段向甲追偿自己为约会支出之费用。问:甲男是否构成违约?乙女的主张可否得到法律的支持?

分析:不构成违约。乙女的主张不能获得法律的支持。因为,甲、乙是情感关系,不属于民法调整的范围。

【例2】甲男乙女为大学同学。毕业后,甲继续考研深造,乙则开始工作。为了让甲顺利考研,乙为甲洗衣做饭,并协助搜集备考资料。在乙的要求下,甲立了字据:本人考上研究生后保证与乙结婚,如若反悔遭天打雷劈,并补偿乙青春损失费10万元。经过两年努力,甲如愿成为某名牌大学研究生。但在入学后,甲与同班同学丙恋爱,坚决与乙分手。问:乙可否主张10万元青春损失费及损害赔偿?

分析:否。甲乙为恋爱关系,双方所立海誓山盟的目的是增进感情,并未形成民事法律关系。在双方结婚之前,婚姻自由应当受到优先保护。

(三)人身关系

人身关系是指民事主体之间基于人格和身份而形成的无直接物质利益因素的民事法律关系。人身关系有的与民事主体的人格利益相关,有的与民事主体的特定身份相关,如父母对于子女的监护关系、收养关系,配偶之间的婚姻关系。

(四)财产关系

财产关系是指民事主体之间基于物质利益而形成的民事法律关系,如债权关系、物权关系、知识产权关系、损害赔偿关系等。

二、民法的基本原则

(一)平等原则

《民法典》第4条:"民事主体在民事活动中的法律地位一律平等。"

平等原则是指民事主体,无论法人、自然人还是非法人组织,无论法人规模大小、经济实力雄厚与否,无论自然人年龄、性别、民族,无论非法人组织经营什么业务,在从事民事活动时,他们相互之间在法律地位上都是平等的,他们的合法权益受到法律的平等保护。平等原则是民事法律关系区别于行政法律关系特有的原则,也是发展社会主义市场经济的客观要求。

(二)自愿原则

《民法典》第5条:"民事主体从事民事活动,应当遵循自愿原则,按照自己的意思设立、变更、终止民事法律关系。"

自愿原则,也称意思自治原则,是指民事主体有权根据自己的意愿,自愿从事民事活动,按照自己的意思自主决定民事法律关系的内容及其设立、变更和终止,自觉承受相应的法律后果。自愿原则是民法的核心理念,体现了民事活动最基本的特征。

(三)公平原则

《民法典》第6条:"民事主体从事民事活动,应当遵循公平原则,合理确定各方的权利和义务。"

公平原则要求民事主体从事民事活动时要秉持公平理念,当发生利益纠纷时,以权利义务是否均衡来平衡双方的利益。公平原则体现了社会公平正义的基本价值,对规范民事主体的行为发挥着重要作用。

(四)诚实信用原则

《民法典》第 7 条:"民事主体从事民事活动,应当遵循诚信原则,秉持诚实,恪守承诺。"

诚实信用原则简称诚信原则,要求所有民事主体在从事任何民事活动时,包括行使民事权利、履行民事义务、承担民事责任时,都应该秉承诚实、善意,信守自己的承诺。诚信原则对建设诚信社会、规范社会秩序、引领社会风尚具有重要意义。

(五)公序良俗原则

《民法典》第 8 条:"民事主体从事民事活动,不得违反法律,不得违背公序良俗。"

公序良俗即公共秩序和善良风俗,要求自然人、法人和非法人组织在从事民事活动时,不得违反各种法律的强制性规定,不得违背公共秩序和善良风俗。

公共秩序,是指政治、经济、文化等领域的基本秩序和根本理念;善良风俗,是指全体社会成员所普遍认可、遵循的道德准则。公共秩序强调的是国家和社会层面的价值理念,善良风俗突出的则是民间的道德观念,二者相辅相成,互为补充。

(六)绿色原则

《民法典》第 9 条:"民事主体从事民事活动,应当有利于节约资源、保护生态环境。"

绿色原则,是指民事主体的民事活动应当符合资源的有效利用和环境保护的要求。绿色原则是贯彻宪法关于保护环境的要求,同时也是落实党中央关于建设生态文明、实现可持续发展理念的要求。

【例1】甲为一家木材加工厂工人,一日不小心,在车间机器旁锯木材时左手被机器轧伤,加工厂老板乙闻讯赶到并送甲去医院住院治疗。住院期间,甲的一切医疗费用全部由乙承担。经过一段时间治疗,甲出院,并且和乙达成一致协议,大致内容为:甲住院期间的医疗费、营养费等已由乙全部承担,乙再一次性赔偿甲 3000 元,今后此事就与乙无关。甲看了协议后,表示还算满意,于是就在协议上签了字。但是过了不久,甲的左手感到非常不适,而且被机器轧伤的部位伤势日益严重,便又到医院进行了治疗,花了不少医疗费,而乙一次性付的 3000 元远远不够。于是,甲出院后到司法鉴定中心做了法医鉴定,结论是构成重伤,属于六级伤残。甲拿着鉴定书找到乙,要求增加赔偿数额,遭到乙的拒绝。甲遂将乙告上法庭,要求乙赔偿后续治疗费、残疾补助费等费用 35000 元。问:甲的诉讼请求是否能得到支持?

分析:公平原则要求合同各方当事人享有的权利与承担的义务具有等值性,要符合等价有偿的交易规则。在显失公平的合同中受害的一方是在缺乏经验、判断力,或紧迫、草率或迫于对方的某种优势的情况下实施的民事行为。这是一种违背公平原则的行为。因此本案中的甲可以向法院提起诉讼要求撤销显失公平的合同,由乙赔偿后续治疗费及残疾补助费。

【例2】杨某在民惠公司购买了南航公司上海至厦门九折机票一张。机票载明:出发地是上海 PVG,出发时间是 1 月 30 日 16 时 10 分,票价 770 元,不得签转。机票上还载明航空旅客须知,其中有"在航班规定离站时间前 2 小时以内要求退票,收取客票价 20% 的退票费"等内容。杨某到上海虹桥机场出示这张机票时,机场工作人员告知其应到上海浦东机场乘坐该航班。因来不及赴浦东机场,甲要求签转,又被告知所持机票是打折购买的机票,不得签转。杨某于是在南航公司驻虹桥机场办事处办理了申请退票的手续,并以 850 元的价格购买了当日 21 时上海至厦门的全价机票。返回上海后,杨某主张全额退还票款,南航公司让其到民惠公司退票,而民惠公司则表示全额退还票款只能由出票人南航公司办理。杨某认为南航公司、民惠公司的行为严重侵害了其合法权益,为此提起诉讼。[①] 请分析此案。

分析:《民法典》第 509 条规定:"当事人应当遵循诚实信用原则,根据合同的性质、目的和交易习惯履行通知、协助、保密等义务。"合同履行过程中,债务人既要履行约定的合同义务,还要履行基于诚信原则产生的附随义务。在客运合同中,承运人必须明白无误地向旅客通知运输事项。上海有两个机场,这是众所周知的,但这两个机场的专用代号 SHA、PVG,却并非所有民众均能通晓。南航应当根据这一具体情况,在出售的机票上以我国通用文字清晰明白地表明机场名称,或以其他足以使旅客通晓的方式作出说明。南航仅以"上海 PVG"来标识上海浦东机场,以致杨某因不能识别而未在约定的时间乘坐约定的航班,南航公司应承担履行附随义务不当的过错责任。

【例 3】王某是个游戏迷,想给孩子取名"王者荣耀";车某喜欢吃车厘子,想给孩子取名"车厘子";方某喜欢诗词曲赋,想给孩子取名"北雁依人"。问:姓氏可以按照自己的意愿去选择吗?

分析:《民法典》第 1015 条规定:"自然人应当随父姓或者母姓,但是有下列情形之一的,可以在父姓和母姓之外选取姓氏:(一)选取其他直系长辈血亲的姓氏;(二)因由法定扶养人以外的人扶养而选取扶养人姓氏;(三)有不违背公序良俗的其他正当理由。少数民族自然人的姓氏可以遵从本民族的文化传统和风俗习惯。"

在中华传统文化中,"姓名"中的姓,即姓氏,体现着血缘传承、伦理秩序和文化传统。公民选取姓氏涉及公序良俗。公民原则上随父姓或者随母姓符合中华传统文化和伦理观念,符合绝大多数公民的意愿和实际做法,也是我国姓氏文化的重要体现。另外,子女跟随父母姓氏便于社会管理,子女原则上可以随父姓,也可以随母姓,仅在《民法典》第 1015 条所规定的情况下可以选取父母姓氏之外的姓氏。综上,如果符合上述规定,可以给孩子取名为"王者荣耀"或者是"车厘子",但是"北雁依人"不可以,因为没有"北雁"这个姓氏,且仅凭个人喜好创设姓氏,具有明显的随意性,不符合"有不违背公序良俗的其他正当理由"的情形。

三、民事法律关系

民事法律关系是指基于民事法律事实,由民法规范调整而形成的民事权利义务关系。

(一)民事法律关系的要素

1. 主体。主体是指具有民事主体资格、参加民事法律关系、享受民事权利并承担民事义务的人,包括自然人、法人和非法人组织三大类以及特定情形下国家作为民事法律关系的主体。

---

① 参见《最高人民法院公报》2003 年第 5 期(总第 85 期)。

2. 内容。内容是指民事主体在民事法律关系中所享有的权利和承担的义务。

3. 客体。客体是指民事权利和民事义务所指向的对象。

客体主要有四类：物、行为、智力成果、人身利益，特殊情况下还有权利。

物（物权法律关系）：存在于人体之外，能够为人力所支配并能够满足人类的某种需要的客观物质对象，如房屋、家具、汽车等。

行为（债权法律关系）：主要是债权法律关系的客体，包括债务人的作为或不作为，如承揽人加工制作定作物的行为即承揽合同的客体。

智力成果（知识产权法律关系）：主要包括文学、科学、艺术作品、发明、实用新型、外观设计、商标等。

人身利益，又称非物质利益、精神利益（人格权、身份权法律关系）：指人格和身份利益，包括自然人的生命、健康、肖像、姓名、名誉、荣誉、隐私、自由、法人和社会组织的名称、商业信誉、荣誉以及父母子女之间、夫妻之间、亲属之间的身份关系。

权利：例如权利质押法律关系中的客体就是债权、著作权中的财产权等。

（二）典型的非民事法律关系

在民法学的体系部分所学到的关系均属民事法律关系，受民法的调整。但是在现实生活中并非事事均受民法的调整，一般认为以下四类情形属于典型的非民事法律关系，不受民法的调整。

1. 自然现象。如每天太阳的东升西落、刮风、下雨等均不受民法调整，更不会产生任何民事法律关系。

2. 人自己的活动。如每天几点起床几点睡觉、白天的散步、读书等亦不受民法调整。

3. 道德领域调整的关系。在我们的日常生活中，大量的社会关系由道德进行调整。

（1）恋爱关系

【例】甲女对乙男说："如果你今年通过法律执业资格考试，我就嫁给你。"如果乙确实通过了法律职业资格考试，甲却反悔了，乙能否向甲主张损害赔偿？

分析：不能。这种关系就是由道德进行调整的。

（2）朋友关系

【例】甲对好友说："我有可靠消息，今天某某股票一定涨停。"乙听后信以为真，于是重仓买进该股。结果该股没涨反而跌停，损失不小。此时，乙可否向甲主张损害赔偿？

分析：不可以。因为这是朋友关系，民法不予调整。

4. 好意施惠关系

好意施惠关系，是指当事人之间无意设定法律上的权利义务关系，而由当事人一方基于良好的道德风尚实施的使另一方受恩惠的关系。其目的在于增进情谊。

（1）邀请同看演出、比赛或旅游。相约打篮球、踢足球、登山、游泳等均属于民法中的"自担风险"行为，民法不予调整。

【例1】甲答应要带乙去看一部热播的电影，但由于工作较忙"爽约"或于路上堵车而迟到。此时，乙可否向甲主张损害赔偿呢？

分析：不可以。

【例2】张某与李某是"驴友"，两人相约去登峰，张某在登山过程中因"雪崩"而死亡。此时,张某家属能否要求李某赔偿呢?

分析:不可以。

(2)请客吃饭,包括三种情形:

【例】甲对乙说:"我儿子如果今年考上清华大学,我一定请你喝酒。"后甲的儿子果然考上了清华大学。

情形一:但甲此时拒绝请乙喝酒,乙可否向法院起诉要求强制执行?

情形二:接上例,甲兑现了诺言请乙喝酒,但在请乙喝酒的过程中,不知乙不胜酒力而极力劝酒,导致乙酒精中毒住院治疗,花了医药费 5000 元。乙可否要求甲赔偿?

情形三:如乙畅饮后驾车回家,途中撞树致死,甲是否要承担责任?

分析:情形一:不可以。情形二:可以,因为劝酒行为属于"侵权行为",应当承担赔偿责任。情形三:要承担,因为甲负有酒后照顾的义务,该义务来源于善良管理人的注意义务。

(3)火车过站叫醒

【例】甲、乙在火车上相识,甲怕自己到站时未醒,请求乙在 A 站唤醒自己下车,乙欣然同意。火车到 A 站时,甲沉睡,乙也未醒。甲未能在 A 站及时下车,为此支出了额外费用。甲要求乙赔偿损失。对此应如何处理?

分析:应由甲自己承担损失。因为该行为属于好意施惠关系,是典型的非民事法律关系。

(4)搭便车,俗称搭顺风车

【例】甲答应载乙去厦门,乙左等右等但甲迟迟未到。

情形一:若后来甲电话告知乙其已经在厦门,忘了曾经答应搭载乙之事。请问:乙可否请求甲赔偿损失?

情形二:接上例,如果甲按约定搭载乙去厦门,但途中由于甲违章驾驶导致交通事故,致搭车人乙受伤,花去医药费 1 万元。请问:乙可否要求甲赔偿?

情形三:接上例,甲按约定载乙去厦门,但途中违章驾驶与另一违章驾驶的出租车司机丙相撞,致搭车人乙受伤,花去医药费 1 万元。请问:乙此时可否要求甲赔偿?

分析:情形一:不可以。情形二:可以。情形三:可以,此时乙可以根据甲和丙二人的过错大小要求二者承担责任。

(5)顺便帮邻居洗车

【例】甲在自己门前洗车,顺便将邻居乙的小轿车冲洗得干干净净。请问:甲能否要求邻居乙给付报酬呢?

分析:不能。该行为属于好意施惠关系,不能产生民事法律关系。

四、民事法律关系的内容

(一)民事权利

民事权利,是指民事主体依法享有并受法律保护的利益范围或者是否实施一定行为以实现其利益的可能性。依据不同标准,可以对权利作出各种不同的分类。

1．依客体分类:财产权、人身权、综合性权利

(1)财产权:以财产利益为客体的权利,如物权、债权。

(2)人身权:以人格利益或者身份利益为客体的权利,如人格权、身份权。

(3)综合性权利:兼具财产权和人身权属性的权利,如著作权。

《民法典》总则编第五章对民事权利的客体作了原则性规定,主要规定了民事主体的人格权、身份权、物权、债权、知识产权、继承权、股权和其他投资性权利、其他民事权利和利益,对数据、网络虚拟财产的保护,对未成年人、老年人、残疾人、妇女、消费者等的民事权利的特别保护。

2．依相互关系分类:主权利、从权利

(1)主权利:不依赖于其他权利而能够独立存在的权利,如主债权。

(2)从权利:必须依附于其他权利,不能独立存在的权利,如地役权、担保物权、保证债权。

3．依义务主体的范围分类:绝对权、相对权

(1)绝对权:效力及于一切人的权利,权利主体特定,义务主体不特定,如物权、人格权、身份权、知识产权。

(2)相对权:效力及于特定人的权利,权利主体和义务主体均为特定的一人或数人,如债权。

4．依权利的作用力分类:支配权、请求权、抗辩权、形成权

(1)支配权:对权利的客体直接支配并排除他人干涉的权利,包括物权、知识产权和人身权。

(2)请求权:请求他人为一定行为或不为一定行为的权利,包括人身权请求权、物权请求权、债权请求权、占有保护请求权等。

(3)抗辩权:对抗对方请求权的权利,包括诉讼时效抗辩权、双务合同中的履行抗辩权和一般保证人的先诉抗辩权。

(4)形成权:依权利人一方的意思表示而使法律关系发生、变更和消灭的权利,包括追认权、撤销权、解除权、抵销权、选择权、债务的免除权、受遗赠的接受或放弃等。

【例】关于民事权利,下列哪些选项是正确的?(   )

A．甲公司与乙银行签订借款合同,乙对甲享有的要求其还款的权利不具有排他性

B．丙公司与丁公司协议,丙不在丁建筑的某楼前建造高于该楼的建筑,丁对丙享有的此项权利具有支配性

C．债权人要求保证人履行,保证人以债权人未对主债务人提起诉讼或申请仲裁为由履行,保证人的此项权利是抗辩权

D．债权人撤销债务人与第三人的赠与合同的权利不受诉讼时效的限制

分析:ABCD。A项属于债权,不具有排他性,正确。B项是地役权,作为物权具有支配性,正确。C项是一般保证,债务人具有先诉抗辩权,正确。D项是债权人的撤销权,此权利具有形成权的一面,受除斥期间的限制,不受诉讼时效的限制,正确。

(二)民事义务

民事义务,是指民事法律规定的或者当事人约定的,为满足权利人的利益,义务人为或

者不为一定行为的法律约束。

民事义务,依不同标准可作出不同的分类:

1. 依义务产生原因的不同分为:法定义务、约定义务。

2. 依义务基础的不同分为:基本义务、附随义务。

3. 依义务行使方式的不同分为:积极义务、消极义务。

五、民事责任

民事责任是指违反约定或法定义务所产生的法律效果。

(一)民事责任的分类

1. 根据责任发生的原因与法律要件不同,可以分为违约责任、侵权责任和其他责任。

(1)违约责任,是指违反合同约定义务的责任。

(2)侵权责任,是指因侵犯他人的财产权和人身权产生的责任。

(3)其他责任就是违约责任与侵权责任之外的其他民事责任,如不履行不当得利债务、无因管理债务等产生的责任。

2. 根据共同责任的多数人之间对于责任的关联度,可分为连带责任、按份责任。

(1)连带责任,是指依照法律规定或当事人约定,两个或两个以上当事人对共同产生的不履行民事义务的民事责任承担全部责任,并因此引起内部债务关系的一种民事责任。

(2)按份责任,是指责任人为多人时,各责任人按照一定份额向权利人承担民事责任,各责任人之间无连带关系。

根据《民法典》第 178 条的规定,连带责任,由法律规定或当事人约定。连带责任人内部之间有权追债,按份责任人内部之间不能追偿。

(3)不真正连带责任,是指数个债务人基于不同的发生原因而对同一个债权人负有以同一给付为标的的数个债务,因一个债务人的履行而使全体债务归于消灭。

【例】甲路过乙家门口,用一石块砸向乙家所养并趴在门口打盹的狗。该狗受惊,向甲扑去,甲迅速躲到路人丙的身后,结果狗朝着丙的大腿狠狠地咬了一口。对于丙的损失,应如何承担?

分析:丙可以追究甲的过错责任,也可以追究乙的无过错责任,甲乙二人不能以另有其他人承担责任为由拒绝承担责任,这就是不真正连带责任。丙可以找甲,也可以找乙。甲乙二人之间,甲承担最终责任,如果甲承担了责任,不能向乙追偿;如果乙向丙承担了责任,则可以向甲追偿。

3. 根据责任的构成是否以当事人的过错为要件,可以分为过错责任与无过错责任。

(二)民事责任的承担

1. 民事责任的承担方式

根据《民法典》第 179 条的规定,承担民事责任的方式主要有 11 种,具体是:停止侵害,排除妨碍,消除危险,返还财产,恢复原状,修理、重作、更换,继续履行,赔偿损失,支付违约金,消除影响、恢复名誉,赔礼道歉。法律规定惩罚性赔偿的,依照其规定。

"惩罚性赔偿"在特别规定时方能适用。例如,侵权责任编中的代表性规定如下,《民法典》第 1185 条:"故意侵害他人知识产权,情节严重的,被侵权人有权请求相应的惩罚性赔偿。"《民法典》第 1207 条:"明知产品存在缺陷仍然生产、销售,或者没有依据前条规定采取有效补救措施,造成他人死亡或者健康严重损害的,被侵权人有权请求相应的惩罚性赔偿。"《民法典》第 1232 条:"侵权人违反法律规定故意污染环境、破坏生态造成严重后果的,被侵权人有权请求相应的惩罚性赔偿。"

2. 不承担民事责任的情形

(1)不可抗力

不可抗力是指不能预见、不能避免且不能克服的客观情况。

根据《民法典》第 180 条的规定,因不可抗力不能履行民事义务的,不承担民事责任。法律另有规定的,依照其规定。例如,当事人迟延履行后发生不可抗力的,不免除其责任。

【例】甲与乙签订房地产买卖合同,约定甲将涉案房屋转让给乙,乙分三次付清款项,并约定最后一笔款由乙在银行办理按揭,由银行直接向甲转账。签订合同后,乙向甲支付了定金,但银行因国家房贷政策的调整,未向乙提供贷款,导致上述合同无法履行。乙以其与甲的房地产买卖合同因银行未能向其发放贷款的原因无法履行为由,提起诉讼,请求判令甲将其支付的定金返还。甲辩称:乙未支付房款构成违约,本人有权收回 2 万元定金不予返还。问:此时买方乙应否承担违约责任?

分析:因国家放贷政策的调整属无法预见、不能避免且无法克服的客观情况,属不可抗力,因此乙可依据不可抗力而免除其未支付剩余房款的违约责任。

(2)正当防卫

正当防卫是指为了保护公共利益、本人或他人的人身、财产和其他权利免受正在进行的不法侵害,而采取的不超过必要限度的制止不法侵害的行为。

根据《民法典》第 181 条的规定,因正当防卫造成损害的,不承担民事责任。防卫过当,承担适当的责任。

【例】甲与乙均 15 岁,系某校中学生。某日晚餐时间,乙至甲宿舍,要求甲交出钱款,并将甲按压于床上,甲表示拒绝交钱。之后,乙在甲被迫交予 5 元钱后,欲再次对甲搜身,此时甲在情急之下取出削铅笔的小刀将乙的脸部划伤。经鉴定,乙的伤情构成伤残。乙的家长以乙在校期间遭受甲的人身伤害为由,提起诉讼,请求判令甲及其监护人赔偿损失。问:甲应否对乙的伤害承担适当的民事责任?

分析:甲与乙均为在校未成年学生。乙向甲索要财物的行为系不法侵害行为,其遭到甲拒绝后,拖拽甲,并对甲进行强行搜身。此时甲为反抗乙,采取维护其人身、财产安全的行为属于正当防卫,但是其使用小刀将乙的面部划伤,构成伤残,其防卫行为超出了必要限度,属于防卫过当。因此,甲应对乙承担适当的民事责任。

(3)紧急避险

紧急避险是指为了避免公共利益、自己或他人的合法权益因现实的急迫危险而造成损害,在迫不得已的情况下采取的加害他人的行为。

根据《民法典》第 182 条的规定,紧急避险,人为原因,由引起险情的人承担责任;自然原因,紧急避险人不承担责任,受益人可以给予适当补偿;避险过当的,紧急避险人应承担适当的责任。

【例】甲违规使用电器引发乙等居住的楼房失火。乙居住在该楼二楼,其所在单元的楼梯被大火和浓烟封锁,致使乙无法从楼梯逃生,于是从自家阳台跳下,导致身体多处严重跌伤。问:乙可否要求甲承担民事责任?

分析:可以。乙为了避免自己的利益造成更大的损失,不得已采取了跳下阳台的避险措施,造成自己的损害,构成紧急避险,有权要求引起险情发生的甲承担民事赔偿责任。

(4)紧急救助

《民法典》第184条规定,因自愿实施紧急救助行为造成受助人损害的,救助人不承担民事责任。

只要属于救助行为,即使行为有不当之处,也不需要承担责任。

3. 特殊情形下的民事责任的承担

(1)因保护他人权益使自己受到损害的民事责任

即见义勇为行为,《民法典》第183条规定:"因保护他人民事权益使自己受到损害的,由侵权人承担民事责任,受益人可以给予适当补偿。没有侵权人、侵权人逃逸或者无力承担民事责任,受害人请求补偿的,受益人应当给予适当补偿。"

(2)侵害英雄烈士等人格权的民事责任

《民法典》第185条:"侵害英雄烈士等的姓名、肖像、名誉、荣誉,损害社会公共利益的,应当承担民事责任。"

根据《英雄烈士保护法》第25条的规定,对侵害英雄烈士的姓名、肖像、名誉、荣誉的行为,英雄烈士的近亲属可以依法向人民法院提起诉讼。英雄烈士没有近亲属或者近亲属不提起诉讼的,检察机关依法对侵害英雄烈士的姓名、肖像、名誉、荣誉,损害社会公共利益的行为向人民法院提起诉讼。

(三)民事责任的竞合及优先适用

1. 民事责任的竞合

《民法典》第186条:"因当事人一方的违约行为,损害对方人身权益、财产权益的,受损害方有权选择请求其承担违约责任或者侵权责任。"

【例】甲所在单位与某旅行社签订旅游合同,约定由旅行社为包括甲在内的10名员工提供出团旅游服务。而后,甲等人在乘坐旅行社的旅游大巴前往旅游景点途中,大巴超速行驶与另一车相撞,导致甲受伤。问:甲如何救济自己的合法权益?

分析:旅客与经营者签订旅游合同后,在旅途中遭受人身损害和财产损失,此时,甲的救济途径有两种:一是按照旅游服务合同关系追究合同义务人旅行社的违约责任;二是依据侵权关系追究侵权人的侵权责任。这两种救济系基于不同的法律关系而产生请求权的竞合,可择一使用。

2. 民事责任的优先适用

《民法典》第187条:"民事主体因同一行为应当承担民事责任、行政责任和刑事责任的,承担行政责任或者刑事责任不影响承担民事责任;民事主体的财产不足以支付的,优先用于承担民事责任。"

真题试接

1.甲、乙、丙、丁均为资深骑马爱好者,相约去草原骑马。甲提供四匹马,骑行过程中,乙的马被突然出现的野兔惊吓,造成乙受伤。请问:该责任应如何承担?( )(2019/02/01,单)

    A. 甲承担全部责任　　　　　　B. 四人平均分担

    C. 乙自行承担　　　　　　　　D. 甲承担补充责任

2.邢某系世界陶艺大师。2006 年 4 月 1 日,邢某在接受央视 7 套《乡约》栏目采访时,面对全国观众,拿出自己的作品——五层"吊球"夸下海口:这是我的第一件作品,到现在还是世界之谜,这里面不是拿铁丝绑上的,是死环套扣,一个一个包在里面,到现在没人摸索出来。如果有人仿造出来,就把自己位于大连市中心的三层小楼,共计 2000 平方米,价值 1600 万元的"邢某艺术中心"送给他(她),还包括里面的资产。节目播出后,河南洛阳一陶瓷爱好者孙某(男)仿造出了此作品。关于邢某的行为应如何定性?( )(2018/02/01,单)

    A. 显失公平的合同　　　　　　B. 戏谑行为

    C. 赠与合同,邢某可随时撤销　　D. 悬赏广告,邢某交付小楼

3.根据法律规定,下列哪一种社会关系应由民法调整?( )(2016/03/01,单)

    A. 甲请求税务机关退还其多缴的个人所得税

    B. 乙手机丢失后发布寻物启事称:"拾得者送还手机,本人当面酬谢"

    C. 丙对女友书面承诺:"如我在上海找到工作,则陪你去欧洲旅游"

    D. 丁作为青年志愿者,定期去福利院做帮工

4.甲、乙二人同村,宅基地毗邻。甲的宅基地倚山、地势较低,乙的宅基地在上将其环绕。乙因琐事与甲多次争吵而郁闷难解,便沿二人宅基地的边界线靠己方一侧,建起高 5 米围墙,使甲在自家院内却有身处监牢之感。乙的行为违背了民法的下列哪一基本原则?( )(2017/03/01,单)

    A. 自愿原则　　　B. 公平原则　　　C. 平等原则　　　D. 诚信原则

5.甲以 20 万元从乙公司购得某小区地下停车位。乙公司经规划部门批准在该小区以200 万元建设观光电梯。该电梯入梯口占用了甲的停车位,乙公司同意为甲置换更好的车位。甲则要求拆除电梯,并赔偿损失。下列哪些表述是错误的?( )(2013/03/51,多)

    A. 建电梯获得规划部门批准,符合小区业主利益,未侵犯甲的权利

    B. 即使建电梯符合业主整体利益,也不能以损害个人权利为代价,故应将电梯拆除

    C. 甲车位使用权固然应予保护,但置换车位更能兼顾个人利益与整体利益

    D. 电梯建成后,小区尾房更加畅销,为平衡双方利益,乙公司应适当让利于甲

【答案】

1.C。《民法典》第 1176 条。

2.B。

3.B。《民法典》第 2 条、第 499 条。

4. D。《民法典》第 7 条。

5. ABD。《民法典》第 132 条、第 267 条、第 323 条、第 1184 条。

案例讨论

1. 甲 17 岁,某高中高三学生,长得少年老成,从家里拿了 6 万元到某百货商场购买一名牌包,欲赠其 18 岁女友乙做生日礼物。根据上述案情,回答问题:

(1)甲与百货商场签订的名牌包买卖合同效力如何?

(2)商场知情后催告甲父表明态度,商场催告后,该名牌包买卖合同的效力如何?

(3)商场所行使的催告权是否属于形成权?

(4)甲父得知此事后有几种选择?分别是什么?

(5)甲父的选择将会使名牌包买卖合同的效力发生什么变化?

(6)在甲父作出选择前,商场有何权利?该权利行使后,名牌包买卖合同的效力又如何?

(7)甲父在接到商场的催告后,应在多长时间内行使权利?在该时间段内如果未行使权利,将产生何种法律后果?

2. 2017 年 6 月,甲在微博上发起一次"AA 制"自助野外探险活动,乙、丙、丁、戊四人参加。每人交 200 元作为活动经费,统一交由甲管理。在登山探险途中,乙、戊想在途经的河滩扎帐篷夜宿,甲极力劝阻。但乙、戊二人见天气晴好,并且河道明显已干涸很久,周边也没有任何危险警示牌,便以为是废弃的河道,坚持把帐篷搭在了河滩中间。夜间,帐篷被突袭的大水冲塌。甲、丙和丁三人见状大声呼喊,并和山中护林人己一起将乙救出,戊遇难。施救过程中,丁未经甲同意使用其背包做漂浮用,致使包内现金 1000 元遗失,相机因长时间进水无法再使用,己的手臂骨折。后经查得知,当晚大水系上游水电站突然开闸泄水所致,但水电站没有发出预警信号。随后,丙因有急事需提前返回,在乡间马路旁拦截一辆出租车,司机告知丙,其已收工下班,丙表示愿付双倍车费,司机向丙说明其已开了一天车,很累,如果出了什么事情,由丙自己负责,丙同意。返程途中因出租车司机劳累大意,与另一辆相向行驶的货车发生碰撞,丙受伤。[①]

问:(1)甲、乙、丙、丁是否应当对戊的死亡承担责任?为什么?

(2)水电站是否应当对戊的死亡承担侵权责任?为什么?

(3)己的手臂受伤可如何寻求救济?为什么?

(4)如果甲要求丁赔偿其背包内的财物损失,是否能得到支持?为什么?

(5)丙和出租车司机之间作出的"如果出了什么事情,由丙自己负责"的约定是否有效?

(6)丙对于自己所受的损害,可以什么为由对出租车司机提起诉讼?

[①]　案例改编自张能宝主编:《主观题必做 150 题》,法律出版社 2021 年版。

第二讲 自然人

经典案例

【案情】某视频网站《庆余年》超前点播案

2019年，热播古装剧《庆余年》上线某视频网站，有用户购买会员后发现，收看该剧还需要再额外付出单集3元的"超前点播"费用。用户的质疑点在于，购买会员已经付费，"超前"看热播剧为何还要再付费。原告吴某（一位某视频网站黄金会员）认为，"超前点播"侵犯了他的合法权益，遂将其起诉至北京互联网法院。北京互联网法院认为，依靠互联网技术，人们对于工作、生活的差异化需求得到逐步满足，个性化表达得以实现。服务于需求的产业模式，是应当被包容的，视频平台基于消费意愿推出的"会员制"服务模式，已为社会公众所接受。在此基础上，深挖需求，贴合用户，催生差异化、配适型的个性化服务，并由此探索新的视频排播方式，本无不妥。需要关注的是，商业模式的健康发展和运行是建立在遵循商业条款、尊重用户感受，不违反相关法律规定的基础之上的。法院认为，"您可以享受提前观看，不用再等待蜗牛般的更新速度，其他人还在等待更新时，您已经看完大结局"应当被理解为"所有VIP会员比VIP会员之外的人，享有在先观看所有的已经更新的卫视热播电视剧、某视频网站优质自制剧的会员权益"。

具体到此案中，这是某视频网站公司向含吴某在内的黄金VIP会员提供优先权利的承诺，即应当赋予吴某优先于非黄金VIP会员而提前看剧的权利。付费影片和用券影片在吴某开通黄金VIP会员时已经存在，在协议中有约定，在相关影片中也有清晰标识，与热播电视剧、某视频网站优质自制剧是并列关系，而"付费超前点播"服务，是对其"热剧抢先看"会员权益完整性的纵向条块性切割。某视频网站平台依据单方变更合同的条款，在涉案电视剧《庆余年》的播放过程中，推出"付费超前点播"服务，损害了黄金VIP会员的提前观剧权益，使黄金VIP会员享受到的观影体验远远低于预期，显著地降低了黄金VIP会员观看影视剧的娱乐性和满足感。因此，虽然基于某视频网站公司网络服务的特点，可以单方变更合同条款，但应当以不损害用户权益为前提。某视频网站公司单方增加"付费超前点播"条款的行为损害了吴某的主要权益，对其不发生变更合同的效力。2020年6月2日，法院作出判决：确认《某视频网站VIP会员服务协议》（更新时间为2019年12月18日）第3.5条中"超前点播剧集，根据某视频网站实际运营需要，就某视频网站平台上部分定期更新的视频内容，某视频网站将提供剧集超前点播的服务模式，会员在进行额外付费后，可提前观看该部分视频内容的更多剧集，具体的点播规则以某视频网站平台实际说明或提供为准"对原告吴某不发生效力。于本案判决生效之日起10日内，被告北京某视频网站科技有限公司向原告吴某连续15日提供某视频网站平台"黄金VIP会员"权益，使其享有某视频网站平台已经更新的卫视热播电视剧、某视频网站优质自制剧的观看权利；于本判决生效之日起10日内，被告北京某视频网站科技有限公司赔偿原告吴某公证费损失1500元。

点评：原告吴某与被告具有当事人资格与当事人能力，均为适格的当事人。该案一审判决结果很好地平衡了消费者利益保护和互联网企业的健康发展。电子合同的签订、变更和履行都具有特殊性，要考虑其现实可行性，考虑是否有效率，且不能减损会员的权益。本案一审判决的主旨，目的还是使整个视频行业能够不断健康向前发展，让用户有更多的好节目；同时平台也能既获取用户，又赚到利润，形成一个良性的循环，体现公正、文明的社会主义核心价值观。

知识梳理

一、自然人的民事权利能力和民事行为能力

（一）自然人的民事权利能力——始于出生，终于死亡

《民法典》第 13 条："自然人从出生时起到死亡时止，具有民事权利能力，依法享有民事权利，承担民事义务。"

1. 出生和死亡的时间

《民法典》第 15 条："自然人的出生时间和死亡时间，以出生证明、死亡证明记载的时间为准；没有出生证明、死亡证明的，以户籍登记或者其他有效身份登记记载的时间为准。有其他证据足以推翻以上记载时间的，以该证据证明的时间为准。"

据此规定，出生和死亡时间的认定有：

（1）自然人的出生时间和死亡时间，以出生证明、死亡证明记载的时间为准。

（2）没有出生证明、死亡证明的，以户籍登记或者其他有效身份登记记载的时间为准。

户籍登记以外的其他有效身份登记，包括我国公民居住证、港澳同胞回乡证、台湾地区居民的有效旅行证件、外国人居留证等。

（3）有其他证据足以推翻以上记载时间的，以相关证据证明的时间为准。

【例】甲乙系夫妻关系。乙于 A 县妇幼保健院实施剖宫产手术，产一男婴死亡。经鉴定，妇幼保健院的医疗行为存在过错。故甲乙诉至法院，要求妇幼保健院给付死亡赔偿金、丧葬费、医疗费和精神抚慰金。妇幼保健院辩称胎儿能够独立自主呼吸的时间为胎儿出生的时间。本案中胎儿没有产生过自主呼吸，胎儿不属于自然人，不具备民事权利能力。法院经过审理认为，乙所生的婴儿没有户籍证明及出生证明，但根据当地司法鉴定中心出具的司法鉴定意见书，能够确定该新生儿的出生时间为 2014 年 5 月 6 日 8 时 50 分，死亡时间为 2014 年 5 月 6 日 9 时 10 分。请问：该新生儿是否享有民事权利？

分析：自然人的出生时间和死亡时间关系自然人民事权利能力的开始和终止，进而决定了民事主体能否享有相应的民事权利。本案中，妇幼保健院的诊疗行为是否构成对新生儿生命权的侵害，取决于新生儿是否已经出生，因此需要对新生儿的出生时间和死亡时间加以确定。在没有出生证明、死亡证明以及户籍登记和其他有效身份登记的情况下，只能通过其他证据来确定新生儿的出生时间和死亡时间。本案根据相关证明能够确定新生儿的出生时间为 2014 年 5 月 6 日 8 时 50 分，死亡时间为 2014 年 5 月 6 日 9 时 10 分。在此期间，该新生儿是具有民事权利能力及生命权的。妇幼保健院的过失诊疗行为导致该新生儿的死亡，

所以,妇幼保健院的行为构成了侵权行为,应当承担相应的损害赔偿责任。

2. 胎儿的利益保护

《民法典》第16条:"涉及遗产继承、接受赠与等胎儿利益保护的,胎儿视为具有民事权利能力。但是胎儿娩出时为死体的,其民事权利能力自始不存在。"

因权利能力原则上始于出生,故尚未出生的胎儿不具有民事权利能力,不能享受民事权利。但胎儿毕竟未来会成为民事主体,故为了保护胎儿的利益,在为胎儿利益保护的范围内一般性赋予其权利能力。因此采用了"视为"具有民事权利能力的表述。

将胎儿利益保护的范围规定为"涉及遗产继承、接受赠与等胎儿利益保护的",在这些情形下,胎儿视为具有民事权利能力。此处的"遗产继承"不仅包括法定继承,也包括遗嘱继承、遗赠。"接受赠与"是指赠与人可以将财产赠与胎儿,胎儿此时视为具有民事权利能力,享有接受赠与的权利。除了遗产继承和接受赠与,实践中还存在其他涉及胎儿利益保护的情况,因此用了一个"等"字,如侵权等其他需要保护胎儿利益的情形。

(1)为胎儿保留了遗产,胎儿娩出时为死体的,则该遗产作为被继承人的遗产按照法定继承处理。

(2)胎儿可以作为受赠人,若娩出时为死体的,则不发生赠与的效力。

(3)胎儿在腹中遭遇侵权的,其出生后可以自己的名义主张侵权损害赔偿。若出生时未存活的,则其母亲可基于身体权或健康权遭受侵害为由主张损害赔偿。

【例】甲居住在某化工厂隔壁的小区,在其怀孕期间,甲经常吸入化工厂排放出来未经处理的有毒气体,致使孩子乙在母腹中即受到毒物感染,最终造成先天性神经管畸形,一出生即为残疾儿。经医院专家会诊,确定此畸形与其母怀孕早期吸入有毒物有关。于是,化工厂与甲达成协议,约定化工厂给予乙医疗补助费;待乙年满16周岁后,达到初中毕业文化程度,由其提供一次就业机会。但化工厂未完全履行此协议。乙以化工厂对其给予一定的扶助,报销了一部分医药费,并答应待其成年后提供一次就业机会,但解决不了其面临的实际困难为由,提起诉讼,请求判令化工厂赔偿残疾赔偿金、父母的精神抚慰金、残疾生活补助费、医疗费等。请问:乙是否有权利要求化工厂承担民事赔偿责任?

分析:母亲腹中的胎儿,其形体具有先期身体利益。胎儿在母腹中吸收有毒气体,最终造成出生后身体残疾。出生后的乙作为权利主体,有权提起民事诉讼,要求保护其先期身体利益,并获得赔偿。

3. 死者人格利益的保护

(1)侵害死者的姓名、肖像、名誉、荣誉、隐私、遗体、遗骨,近亲属有权主张精神损害赔偿。

(2)侵害英雄烈士等的姓名、肖像、名誉、荣誉,损害社会公共利益的,应当承担民事责任。

【注意】

①保护的客体是死者的人格利益而非人格权。

②诉讼中的原告是死者的近亲属以自己的名义起诉,而非以死者的名义起诉。同时,近亲属在起诉时有先后两个顺位的限制,第一顺位:配偶、父母、子女;第二顺位:其他近亲属,即兄弟姐妹、祖父母、外祖父母、孙子女、外孙子女。

英雄烈士没有近亲属或者近亲属不提起诉讼的,检察机关依法对侵害英雄烈士的姓名、

肖像、名誉、荣誉,损害社会公共利益的行为向人民法院提起诉讼。(《英雄烈士保护法》第25条)

③胜诉后所获得的赔偿金属于原告而非死者的遗产。未参加诉讼的近亲属不得"搭便车",要求分割赔偿金。

【例】张某得知前不久某路桥公司在李村公墓附近修路时,不慎触挖其舅舅李某的墓地,将李某骨灰盒轻微碰裂。张某恼怒,向路桥公司索要精神损害赔偿100万元。路桥公司承认碰裂事实,但主张修路是为了公共利益,加之及时恢复,不应支付高额赔偿。张某遂向法院提起诉讼。请问:法院应当如何处理?

分析:不予受理。自然人的民事权利能力始于出生、终于死亡。自然人死亡后,其特定的人格利益依然受法律保护。行为人非法利用、损害遗体、遗骨,或以违反社会公共利益、社会公德的其他方式侵害遗体、遗骨的,其近亲属向法院起诉主张请求精神损害赔偿的,法院应当依法予以受理。但是本案中,张某并非李某的近亲属,并非适合的原告。因此法院应当不予受理。(民法上的近亲属包括八类,分别是配偶、父母、子女、兄弟姐妹、祖父母、外祖父母、孙子女、外孙子女)

(二)自然人的民事行为能力

1. 完全民事行为能力人

《民法典》第17条:"十八周岁以上的自然人为成年人。不满十八周岁的自然人为未成年人。"

《民法典》第18条:"成年人为完全民事行为能力人,可以独立实施民事法律行为。十六周岁以上的未成年人,以自己的劳动收入为主要生活来源的,视为完全民事行为能力人。"

(1)范围

①年满18周岁的自然人,精神状况正常;

②16周岁以上的未成年人,以自己的劳动收入为主要生活来源的,视为完全民事行为能力人。

(2)所为民事法律行为的效力

成年人为完全民事行为能力人,可以独立实施民事法律行为。

2. 限制民事行为能力人

《民法典》第19条:"八周岁以上的未成年人为限制民事行为能力人,实施民事法律行为由其法定代理人代理或者经其法定代理人同意、追认;但是,可以独立实施纯获利益的民事法律行为或者与其年龄、智力相适应的民事法律行为。"

《民法典》第22条:"不能完全辨认自己行为的成年人为限制民事行为能力人,实施民事法律行为由其法定代理人代理或者经其法定代理人同意、追认;但是,可以独立实施纯获利益的民事法律行为或者与其智力、精神健康状况相适应的民事法律行为。"

(1)范围

①8周岁以上不满18周岁的未成年人;

②不能完全辨认自己行为的成年人。

(2)所为民事法律行为的效力

《民法典》第145条:"限制民事行为能力人实施的纯获利益的民事法律行为或者与其年

龄、智力、精神健康状况相适应的民事法律行为有效;实施的其他民事法律行为经法定代理人同意或者追认后有效。相对人可以催告法定代理人自收到通知之日起一个月内予以追认。法定代理人未作表示的,视为拒绝追认。民事法律行为被追认前,善意相对人有撤销的权利。撤销应当以通知的方式作出。"

据此:①限制民事行为能力人可以独立实施的行为:有效。②不能独立实施的行为:效力待定。

可以独立实施的行为:一是"纯获利益"的民事法律行为;二是与其年龄、智力以及精神健康状况相适应的民事法律行为。

3. 无民事行为能力人

《民法典》第20条:"不满八周岁的未成年人为无民事行为能力人,由其法定代理人代理实施民事法律行为。"

《民法典》第21条:"不能辨认自己行为的成年人为无民事行为能力人,由其法定代理人代理实施民事法律行为。八周岁以上的未成年人不能辨认自己行为的,适用前款规定。"

(1)范围

①不满8周岁的未成年人;

②完全不能辨认自己行为的成年人;

③8周岁以上的未成年人,完全不能辨认自己行为的,为无民事行为能力人。

(2)所为民事法律行为的效力

《民法典》第144条:"无民事行为能力人实施的民事法律行为无效。"

据此:①无民事行为能力人,应当由其法定代理人实施民事法律行为;②无民事行为能力人单独实施的民事法律行为,无效,即使纯获利益的行为也无效。

【例1】甲是童星,年收入数十万元,是否为完全民事行为能力人? 乙17岁,因为出版小说获利50万元,是否为完全民事行为能力人?

分析:甲不是完全民事行为能力人,因其年龄未满16周岁。乙不是完全民事行为能力人,因未持续参加工作,缺乏稳定的劳动收入来源。

【例2】丙有音乐天赋,成长过程中受到长辈的馈赠:7岁时受赠吉他1把,9岁时受赠钢琴1架,15岁时受赠名贵小提琴1把。试分析丙几次受赠行为的效力如何?

分析:丙7岁受赠吉他时,为无民事行为能力人,该受赠行为无效,应由法定代理人代为进行。9岁和15岁时均为限制民事行为能力人,受赠钢琴和小提琴均为纯获利益行为,均为有效。

【例3】丁是个小神童,从小就有很高的文学天赋,9岁时就写了小说《逆行者》,并将该小说的网络传播权转让给某网站。丁的父母反对该转让行为。请问:丁可否单独实施转让网络传播权的行为?

分析:不能。该转让行为既非纯获利益,又与其年龄不相适应,"是否相适应"主要可以从与本人生活相关联的程度、本人的年龄、智力及精神状态能否理解其行为,并预见相应的行为后果,以及行为标的数额等方面考虑。丁作为限制行为能力人不能单独实施,丁的父母反对,故不发生效力。

【例4】春节前夕,戊到领导家拜年时,赠与领导的7岁儿子已一个1000元的红包。已欣然接受,但领导急忙阻拦,要求已不得接受该红包。赠与合同是否有效?

分析:无效。已为无民事行为能力人,该赠与行为无效,应由其法定代理人代理实施。

二、监护

监护制度旨在保护无民事行为能力人和限制民事行为能力人的人身、财产及其他合法权益。通说认为,监护制度是为被监护人的利益而设的,对于监护人而言,并无任何利益,因此,监护属于一种职责。

(一)监护的类型

1. 法定监护

(1)未成年人的监护人

《民法典》第 27 条:"父母是未成年子女的监护人。未成年人的父母已经死亡或者没有监护能力的,由下列有监护能力的人按顺序担任监护人:(一)祖父母、外祖父母;(二)兄、姐;(三)其他愿意担任监护人的个人或者组织,但是须经未成年人住所地的居民委员会、村民委员会或者民政部门同意。"

未成年人的父母是其当然的法定监护人,且不受婚姻关系的影响,但是离婚后与子女共同生活一方与不和子女共同生活一方所承担的责任不同。

【例】甲和乙因感情不和离婚,法院判决 3 周岁的儿子丙由乙抚养。问:丙的法定监护人是谁?

分析:甲和乙都是法定监护人。父母是当然法定监护人,与婚姻状况无关。

(2)无、限制民事行为能力的成年人的监护人

《民法典》第 28 条:"无民事行为能力或者限制民事行为能力的成年人,由下列有监护能力的人按顺序担任监护人:(一)配偶;(二)父母、子女;(三)其他近亲属;(四)其他愿意担任监护人的个人或者组织,但是须经被监护人住所地的居民委员会、村民委员会或者民政部门同意。"

成年人无当然监护人。监护人无人数限制,可以是同一顺序中的数人。

2. 遗嘱监护

《民法典》第 29 条:"被监护人的父母担任监护人的,可以通过遗嘱指定监护人。"

只有父母担任监护人时,才能通过遗嘱指定监护人。以上规定的被监护人既包括未成年子女,也包括需要监护的成年子女。遗嘱监护中指定的监护人,有被监护人父母通过遗嘱确定,不限于具有法定监护职责的人员范围。

【例1】甲与妻子婚后不育,依法收养了孤儿乙。后甲与妻子离婚,乙由甲抚养。现甲身患重病,担忧乙的未来。可否通过遗嘱指定甲的母亲在其身故后担任乙的监护人?

分析:可以。但甲的母亲必须在甲死亡后才能基于遗嘱担任监护人。

【例2】甲 5 岁时父母因意外身亡,由年迈的奶奶担任监护人。奶奶因身患重病,担忧甲的未来。可否通过遗嘱指定其女儿(甲的姑姑)担任甲的监护人?

分析:否。因为只有父母具有遗嘱指定监护人的资格。

3. 协议监护人

《民法典》第 30 条:"依法具有监护资格的人之间可以协议确定监护人。协议确定监护人应当尊重被监护人的真实意愿。"

协议监护是法定监护的派生。

【注意】具有监护资格的人,可以是同一顺序,也可以是不同顺序。

协议监护的特征是:

(1)协议主体必须是依法具有监护资格的人。但是未成年人的父母具有监护能力的,不得与其他人签订协议,确定其他人担任监护人,推卸自身责任。对于未成年人,协议监护只限于父母死亡或者没有监护能力的情况。

(2)协议确定的监护人必须从具有监护资格的人之间产生。在具有监护资格的人之外确定监护人的,协议监护无效。

(3)协议监护是具有监护资格的人合意的结果,合意产生后,由协议确定的监护人担任监护人,履行监护职责,不得擅自变更。

(4)协议确定监护人,应当充分尊重被监护人的真实意愿。

4. 指定监护

《民法典》第31条:"对监护人的确定有争议的,由被监护人住所地的居民委员会、村民委员会或者民政部门指定监护人,有关当事人对指定不服的,可以向人民法院申请指定监护人;有关当事人也可以直接向人民法院申请指定监护人。

居民委员会、村民委员会、民政部门或者人民法院应当尊重被监护人的真实意愿,按照最有利于被监护人的原则在依法具有监护资格的人中指定监护人。

依据本条第1款规定指定监护人前,被监护人的人身权利、财产权利以及其他合法权益处于无人保护状态的,由被监护人住所地的居民委员会、村民委员会、法律规定的有关组织或者民政部门担任临时监护人。

监护人被指定后,不得擅自变更;擅自变更的,不免除被指定的监护人的责任。"

这是关于监护争议解决程序的规定。

(1)对监护人的确定有争议情况下的两种解决途径:

一是由被监护人住所地的居民委员会、村民委员会或者民政部门指定监护。该指定没有终局效力。有关当事人对该指定不服的,可以向法院提出申请,由法院指定监护人。法院的指定具有终局效力,被指定的监护人应当履行监护职责,不得推卸。

二是有关当事人可以不经居民委员会、村民委员会或者民政部门的指定,直接向法院提出申请,由法院指定监护人。

(2)居民委员会、村民委员会、民政部门或者人民法院指定监护人的原则:一是应当尊重被监护人的真实意愿;二是要按照最有利于被监护人的原则指定。

(3)规定了临时监护。监护争议解决程序需要一定的时间,被监护人的人身权利、财产权利及其他合法权益处于无人保护状态,有必要设立临时监护制度,由被监护人住所地的居民委员会、村民委员会、法律规定的有关组织或者民政部门担任。

(4)规定了指定监护的法律效力。依照法定程序,由居民委员会、村民委员会、民政部门或者人民法院指定监护人后,被指定的监护人应当履行监护职责,不得推卸,不得擅自变更。

【例】市民甲、乙之子丙5周岁,甲乙离婚后对谁担任丙的监护人产生了争议,丙住所地的居委会、村委会可以指定监护人吗?

分析:不可以。夫妻离婚后双方监护人资格均不受影响。《民法典》第31条规定对监护人的确定有争议的,是指当事人均不愿担任监护人或争相担任监护人的。但不包括他人对未成年人的父母的监护资格有争议的。

5. 意定监护

《民法典》第33条:"具有完全民事行为能力的成年人,可以与其近亲属、其他愿意担任监护人的个人或者组织事先协商,以书面形式确定自己的监护人。协商确定的监护人在该成年人丧失或者部分丧失民事行为能力时,履行监护职责。"

意定监护,也称附条件的委托监护。适用对象为具有完全民事行为能力的成年人,协议形式必须为书面形式,在该成年人丧失或者部分丧失民事行为能力时,由意定的监护人履行职责。

6. 公职监护

《民法典》第32条:"没有依法具有监护资格的人的,监护人由民政部门担任,也可以由具备履行监护职责条件的被监护人住所地的居民委员会、村民委员会担任。"

本条是兜底监护。设定公职监护人,须被监护人没有依法具有监护资格的人,包括法定监护人、意定监护人和自愿监护人。如果存在具有监护资格的人,但其拒绝担任监护人的,不适用本条规定。

【注意】删去了未成年人的父母所在单位、成年被监护人所在单位担任监护人的规定;强化了民政部门的职责,由民政部门担任兜底性的监护人;规定了具备履行职责条件的居民委员会、村民委员会也可以担任监护人。

(二)监护人的职责

(1)代理被监护人实施民事法律行为,保护被监护人的人身权利、财产权益以及其他合法权益等。

(2)监护人应按照最有利于被监护人的原则履行监护职责。除了维护被监护人利益外,不得处分被监护人的财产。

(3)尊重被监护人意愿的原则。

【例1】甲为乙的监护人,负责管理被监护人的财产。甲见近期房市低迷,房价泡沫破裂已无可避免,于是准备将乙名下的房屋处分了。问:可否?

分析:不可。尽管甲卖房确实使得被监护人获得了经济收益,但由于需要承担相应的合同义务,存在风险,因此不得处分。

【例2】患者乙,男,15岁,2年前于A院确诊为慢性肾小球肾炎,伴有轻度肾功能下降,经过治疗效果不佳,肾功能呈进行性下降,逐渐出现厌食、呕吐、虚弱、乏力、水肿及骨骼畸形等症状。现就诊于B院,经医院确诊,需要进行肾脏替代治疗,考虑到乙年纪尚小,肾移植是最佳的选择,但因肾源供体紧张,乙的父亲考虑动员其兄甲供肾。其兄甲20岁,因幼年患脑炎留下智力障碍后遗症,未能参加正常学习而待业在家。当父亲提出上述想法后其母亲不同意,认为对长子的智力障碍已内疚不已,不忍心让其供肾给次子,但经丈夫说服后表示同意。问:甲乙父母有无权利代替甲"同意"捐肾?

分析:《民法典》第1006条对器官移植作出了规定。父母作为监护人,其代理必须为甲最佳利益计,而捐肾不符合其最佳利益;捐肾属于器官移植行为,《民法典》第1006条排除了无民事行为能力人和限制行为能力人的自主器官捐赠问题。非自主器官捐献(由法定代理人决定)则限于死亡后。因此本案例中,甲的父母无权以任何方式要求并代替甲"同意"捐肾。

（三）监护人资格撤销

根据《民法典》第36条的规定，监护人存在法定情形，人民法院根据有关人员或者组织的申请，撤销当事人的监护人资格，安排必要的临时监护措施，并依法指定新监护人。

1. 撤销监护的具体情形：
(1)实施严重损害被监护人身心健康的行为；
(2)怠于履行监护职责，或者无法履行监护职责且拒绝将监护职责部分或者全部委托给他人，导致被监护人处于危困状态；
(3)实施严重侵害被监护人合法权益的其他行为。

2. 申请人范围：有关个人、组织。

具体包括：其他依法具有监护资格的人，居民委员会、村民委员会、学校、医疗机构、妇女联合会、残疾人联合会、未成年人保护组织、依法设立的老年人组织、民政部门等。民政部门须兜底性申请。

3. 撤销监护的法律后果：
(1)原监护人丧失监护权；
(2)依法负担被监护人抚养费、赡养费、扶养费的父母、子女、配偶等，被人民法院撤销监护人资格后，应当继续履行负担的义务。

【例】甲与乙原是夫妻关系，婚后育有一子丙。后甲乙因夫妻感情破裂离婚，约定丙由乙抚养。某日，甲前往乙家将乙及其父亲捅死，并捅伤丙。经鉴定，丙的伤情已构成重伤。由于丙的外祖母早已去世，在其母亲方面只有舅舅作为监护人更为合适，且丙户籍地村委会作出了认为舅舅作为丙的监护人更有利于丙的成长的证明。问：舅舅能否向法院申请撤销未成年人父亲的监护资格，由其担任监护人？

分析：可以。因父亲的行为已经严重损害了未成年人的身心健康，而且也会因此入狱而无法履行监护职责，故应撤销父亲的监护人资格。同时，由于丙的其他监护人均已去世，根据最有利于丙成长的原则，在综合考虑舅舅的意愿和村委会的意见后，法院应指定舅舅为丙的监护人。

（四）监护人资格的恢复

根据《民法典》第38条的规定，监护人资格的恢复仅适用于父母或子女。

(1)被监护人的父母或者子女被人民法院撤销监护人资格后，除对被监护人实施故意犯罪的外，确有悔改表现的，经其申请，人民法院可以在尊重被监护人真实意愿的前提下，视情况恢复其监护人资格；
(2)监护人资格恢复后，人民法院指定的监护人与被监护人的监护关系同时终止。

三、宣告失踪与宣告死亡

（一）宣告失踪

1. 法律要件
(1)须自然人下落不明满两年。
"下落不明"自其失去音讯之日起计算。战争期间下落不明的从战争结束之日或者有关机关确定的下落不明之日起计算。

（2）须由利害关系人向人民法院提出申请。

利害关系人：配偶、父母、子女、兄弟姐妹、祖父母、外祖父母、孙子女、外孙子女，以及其他与被申请人有民事权利义务关系的人。

（3）须由人民法院根据法定程序宣告。

2. 法律后果：被宣告失踪人财产被代管

（1）一般由配偶、成年子女、父母或者其他愿意担任财产代管人的人代管；无前述代管人或有争议的，由人民法院指定代管人。

（2）代管人职责：妥善管理失踪人的财产，维护其财产权益。失踪人所欠税款、债务和应付的其他费用，由财产代管人从失踪人的财产中支付。因故意或者重大过失造成失踪人财产损失的，应当承担赔偿责任。

（3）代管人变更。利害关系人可以申请变更财产代管人，变更的法定事由有：①代管人不履行代管职责；②侵害失踪人的财产权益；③代管人丧失代管能力。

代管人有正当理由，也可以自己申请变更财产代管人。

3. 失踪宣告的撤销

被宣告失踪的人重新出现，经本人或者利害关系人申请，人民法院应当撤销失踪宣告。失踪人重新出现，有权要求财产代管人及时移交有关财产并报告财产代管情况。

【例】乙是甲的父亲，于 2008 年 11 月 5 日离家出走。甲的母亲曾于 2008 年 11 月 7 日向乙所在单位的保卫科报案，保卫科于当日即向当地派出所报案，至今无乙的任何消息，当地派出所于 2018 年 6 月 1 日出具证明称乙离家出走至今未归已 10 年的事实。2018 年 10 月 15 日，甲向法院申请宣告乙为失踪人。问：认定被申请人为失踪人的下落不明的时间应如何起算？

分析：自然人下落不明的时间从其失去音讯之日起计算。因此，应当从乙 10 年前离家出走后其家人向公安机关报案的时间认定为乙下落不明的起算时间。

（二）宣告死亡

1. 法律要件

（1）自然人下落不明达法定期限。一般 4 年；因意外事件下落不明的满 2 年；因意外事件下落不明，经有关机关证明该自然人不可能生存的，申请宣告死亡不受 2 年时间限制。

（2）须由利害关系人申请。利害关系人的范围与宣告失踪的利害关系人范围相同，没有顺序的要求。

（3）须由人民法院依法定程序作出宣告。

2. 法律后果

（1）民事主体资格消灭。被宣告死亡的人，人民法院宣告死亡的判决作出之日视为其死亡的日期；因意外事件下落不明宣告死亡的，意外事件发生之日视为其死亡的日期。

事实未死：自然人被宣告死亡但是并未死亡的，不影响该自然人在被宣告死亡期间实施的民事法律行为的效力。

（2）婚姻关系解除。被宣告死亡的人婚姻关系自死亡宣告之日起消灭。

（3）继承发生。继承从被继承人死亡时开始。

（4）配偶单方可以决定送养子女。

3．死亡宣告的撤销

（1）撤销事由：被宣告死亡的人重新出现，经本人或者利害关系人申请，人民法院应当撤销死亡宣告。

（2）婚姻关系：自动恢复，但是其配偶再婚或者向婚姻登记机关书面声明不愿意恢复的除外。

（3）收养关系：依然有效。

（4）财产关系：恢复原状与损害赔偿。

被撤销死亡宣告的人有权请求返还财产。①依照继承法取得其财产的民事主体，应当返还原物。无法返还的，应当给予适当补偿。②利害关系人隐瞒真实情况，致使他人宣告死亡而取得其财产的，除应当返还财产外，还应当对由此造成的损失承担赔偿责任。③财产已被第三人合法取得的，第三人可不返还，由继承人给予适当补偿。

【例】甲离家出走下落不明，2018年9月经其妻子乙申请被县法院宣告死亡。至今乙仍未再婚。甲在外地得知此事，与当地女子丙结婚。后来，甲听说老家房屋拆迁，于是带着丙返回老家，乙申请宣告撤销对甲的死亡宣告，并表示愿意与甲一起生活。问：此时，甲乙双方的婚姻关系可否自行恢复？

分析：宣告死亡后，夫妻关系自动消灭。被宣告死亡人又出现，其配偶再婚或者书面声明不恢复婚姻关系的，婚姻关系不能自动恢复，否则夫妻关系可以在撤销死亡宣告之日起自行恢复，无须办理登记。本案失踪人甲明知自己有配偶仍与他人结婚，构成重婚，其与丙的婚姻属于无效的婚姻。宣告死亡被撤销后，与乙的婚姻关系自动恢复。

四、个体工商户与农村承包经营户

（一）个体工商户

《民法典》第54条："自然人从事工商业经营，经依法登记，为个体工商户。个体工商户可以起字号。"

个体工商户是指在法律允许的范围内，依法经核准登记，从事工商经营活动的自然人或者家庭。单个自然人申请个体经营，应当是16周岁以上有劳动能力的自然人。家庭申请个体经营，作为户主的个人应该有经营能力，其他家庭成员不一定有经营能力。

【注意】在民事诉讼中，个体工商户以营业执照上登记的经营者为当事人，有字号的，以营业执照上登记的字号为当事人，但应同时注明该字号经营者的基本信息。营业执照上登记的经营者与实际经营者不一致的，以登记的经营者和实际经营者为共同诉讼人。（《最高人民法院关于适用〈中华人民共和国民事诉讼法〉的解释》第59条）

（二）农村承包经营户

《民法典》第55条："农村集体经济组织的成员，依法取得农村土地承包经营权，从事家庭承包经营的，为农村承包经营户。"

农村承包经营户是指在法律允许的范围内，按照农村土地承包经营合同的约定，利用农村集体土地从事种植业以及副业生产经营的农村集体经济组织的成员或者家庭。

承包以"户"为单位进行。土地承包合同由"户"的代表与发包方签订,土地承包经营权证书按户制作并颁发。我国立法原则上否认家庭承包的耕地和草地承包经营权的继承。但以家庭承包方式取得的林地承包经营权,承包人死亡的,其继承人可以在承包期内继承承包。

【例】甲与乙系姐弟。农村土地实行第一轮承包时,甲乙与父母一家四口承包了6.68亩土地。此后姐弟二人长大相继结婚组建家庭。第二轮承包时,他们分为三户分别承包,甲家承包3.34亩土地,乙家承包1.8亩土地,父母承包1.54亩土地,并且分别取得土地承包经营权证书。后来父亲将1.54亩承包地流转给本村的丙,因父亲不识字,由甲代签转包合同。多年后父母相继去世,此后,甲一直占有父母1.54亩承包地的流转收益。乙要求取得父母的承包地未果,遂向某县人民法院起诉称,父亲去世前将承包地的土地承包经营权证书交给他,并交代由姐弟二人共同继承父母的承包地,请求判令甲交付该部分承包地。问:家庭承包方式的农村土地承包经营权的权属性质为何?是否可以继承?

分析:家庭承包的承包方是集体经济组织内部的农户,土地承包经营权属于农户家庭,不属于某一家庭成员个人。因此,农村土地承包经营权不属于个人财产,不发生继承问题。本案当事人在第二轮承包时各作为一户与父母分别承包土地,诉争土地的承包经营权属于父母一家。父母去世后,应当由集体经济组织收回另行发包,不能由双方当事人继续承包,更不能作为父母的遗产继承。据此判决:驳回乙的诉讼请求。建议集体经济组织收回其父母承包的1.54亩土地另行发包。

(三)个体工商户和农村承包经营户的债务承担

《民法典》第56条:"个体工商户的债务,个人经营的,以个人财产承担;家庭经营的,以家庭财产承担;无法区分的,以家庭财产承担。

农村承包经营户的债务,以从事农村土地承包经营的农户财产承担;事实上由农户部分成员经营的,以该部分成员财产承担。"

👉 真题试接

1. 孕妇A身体不适,前往甲医院就诊,甲医院医生因重大过失开错药,造成A身体受损,孩子B娩出后亦有残疾。根据《民法典》,以下说法正确的是(　　)。(2020/02/01,单)

A. 仅A可要求医院承担损害赔偿责任

B. 仅B可要求医院承担损害赔偿责任

C. A和B均可要求医院承担损害赔偿责任

D. 甲医院和医生对A和B承担连带责任

2. 陆某因诈骗罪被判入狱,和妻子协议离婚,双方约定,12岁的儿子由陆某抚养,但实际上由陆某的父母抚养。下列哪一种说法是正确的?(　　)(2020/02/02,单)

A. 陆某是唯一监护人

B. 陆某的妻子是唯一监护人

C. 夫妻二人均为监护人

D. 陆某的父母为监护人

3. 关羽和定居美国的张飞系多年未见的好友。某日,张飞来到关羽家中做客,看见关羽的妻子秦莉怀有身孕,便指着秦莉的肚子说:"如果孩子出生,就送10万元给孩子。"关羽为感谢张飞,当即决定给孩子取名为"关小飞"。后孩子顺利出生,张飞回美国并未履行诺言。关于本案,下列说法正确的有(　　)。(2019/02/03,多)

A. 赠与合同的受赠人为关小飞,而非关羽

B. 关小飞出生前,赠与合同成立但未生效

C. 关小飞出生后,赠与合同生效

D. 张飞有权行使任意撤销权

4. 60岁的苏大强丧偶,其成年子女均已成家,苏大强独自生活。苏大强与比他小20岁的蔡根花相识,苏大强和蔡根花书面协议约定,待苏大强丧失生活自理能力后由蔡根花作为监护人履行监护职责。蔡根花履行义务后,苏大强死后名下一半遗产由蔡根花继承。关于本案,下列哪一种说法是正确的?(　　)(2019/02/05,单)

A. 苏大强有子女作为监护人,故监护协议无效

B. 监护协议有效

C. 约定财产继承部分无效

D. 苏大强子女可以主张撤销监护协议

5. 徐某和张某离婚,育有一子小徐9岁,由徐某抚养。后徐某经常殴打小徐,且将祖父母赠送的一只玉佩用于赌博并将其输掉。关于本案,下列哪些说法是正确的?(　　)(2019/02/06,多)

A. 张某有权向法院提起诉讼撤销徐某的监护人资格

B. 徐某应对小徐进行赔偿

C. 小徐向徐某主张损害赔偿的诉讼时效期间自年满18周岁之日起计算

D. 小徐的生活与抚养费,不适用诉讼时效规定

6. 2015年2月,家住陕西省W县的孙某(男,51周岁,有配偶)依法收养了孤儿小丽(女,11周岁)为养女,后孙某多次对小丽实施性侵害,造成小丽先后产下两名女婴。2017年5月,当地群众向公安机关匿名举报,媒体也纷纷曝光此事。2017年8月,当地法院判决孙某构成强奸罪,判决有期徒刑3年。关于本案,下列哪些说法是错误的?(　　)(2018/02/15,多)

A. W县民政部门可以直接撤销孙某的监护人资格

B. 孙某被人民法院取消监护资格后可以不再给付抚养费

C. 孙某出狱后,如确有悔改表现,经申请,人民法院可以恢复其监护人资格

D. 小丽对孙某的损害赔偿请求权的诉讼时效期间自法定代理终止之日起计算

7. 2014年6月1日,家住北京市通州区的韩某乘坐MH360航班从马来西亚飞回北京。飞机中途失事,至今下落不明。韩某妻子何某欲将儿子小韩送养以便再嫁。韩某的父母不知如何处理,咨询刘律师。关于刘律师的答复,下列哪一种说法是正确的?(　　)(2018/02/13,单)

A. 韩某的利害关系人申请宣告韩某死亡有顺序先后的限制

B. 韩某的父母申请宣告韩某死亡,其妻何某申请宣告失踪,通州区人民法院应当根据韩某父母的申请宣告韩某死亡

C. 如通州区人民法院宣告韩某死亡,则判决作出之日视为韩某死亡的日期

D. 如通州区人民法院宣告韩某死亡但是韩某并未死亡的,在被宣告死亡期间韩某所实施的民事法律行为效力待定

8. 余某与其妻婚后不育,依法收养了孤儿小翠。不久后余某与妻子离婚,小翠由余某抚养。现余某身患重病,为自己和幼女小翠的未来担忧,欲作相应安排。下列哪些选项是正确的?( )(2017/03/51,多)

A. 余某可通过遗嘱指定其父亲在其身故后担任小翠的监护人

B. 余某可与前妻协议确定由前妻担任小翠的监护人

C. 余某可与其堂兄事先协商以书面形式确定堂兄为自己的监护人

D. 如余某病故,应由余某父母担任小翠的监护人

9. 甲出境经商下落不明,2015年9月经其妻乙请求被K县人民法院宣告死亡,其后乙未再婚,乙是甲唯一的继承人。2016年3月,乙将家里的一辆轿车赠送给了弟弟丙,交付并办理了过户登记。2016年10月,经商失败的甲返回K县,为还债将登记于自己名下的一套夫妻共有住房私自卖给知情的丁;同年12月,甲的死亡宣告被撤销。下列哪些选项是正确的?( )(2017/03/52,多)

A. 甲、乙的婚姻关系自撤销死亡宣告之日起自行恢复

B. 乙有权赠与该轿车

C. 丙可不返还该轿车

D. 甲出卖房屋的行为无效

【答案】

1.C。《民法典》第16条、第1191条。

2.C。《民法典》第27条、第1084条。

3.ABCD。《民法典》第16条、第158条、第658条。

4.B。《民法典》第33条、第1144条。

5.ABD。《民法典》第34条、第36条、第190条、第196条。

6.ABCD。《民法典》第36条、第37条、第38条、第191条。

7.B。《民法典》第47条、第48条、第49条。

8.ABC。《民法典》第27条、第29条、第30条、第33条。

9.ABC。《民法典》第49条、第51条、第53条。

案例讨论

1.2015年6月20日,甲驾船出海打鱼,遇台风沉没,下落不明,经多方搜寻,打捞无果。

问:(1)若要宣告死亡,最早在何时可以提出申请?以何日作为死亡日期?

(2)若甲的父母和妻子就是否宣告死亡意见不一致,甲的妻子想提出离婚而其父母想提出宣告死亡,法院该如何处理?

(3)若甲下落不明后,经1周打捞,公安机关证明甲不可能存活了,甲妻遂提出死亡宣告,什么时候可以向法院提出申请?法院宣告死亡的公告期为多久?若公告期满,法院于11月20日宣告甲死亡,此时甲妻怀孕即将分娩,该胎儿是否有继承甲遗产的权利?

(4)假设甲的妻子向人民法院申请宣告甲死亡,人民法院依法宣告甲死亡,甲妻和两个孩子乙、丙共同生活。2017年,甲妻带着丙改嫁,乙被甲妻单方决定送养他人。同年,甲妻又与后夫离婚,现与丙相依为命。甲未死,在海南经商,2018年获利500万元。2019年6月甲死亡,未留下遗嘱,甲的500万元遗产由谁继承?

(5)假设甲妻向人民法院申请宣告甲死亡之后,一直没有结婚,直到2019年1月27日,甲突然回家,此时甲妻已经对甲没有感情,坚决拒绝与甲恢复婚姻关系,甲与甲妻的婚姻关系是否能够自动恢复?为什么?

(6)假如在人民法院宣告甲死亡之后,甲妻与戊结婚,结婚第二天,戊心脏病突发死亡,如果此时甲出现,婚姻关系可否自动恢复?

(7)甲回家后,可否主张收养人对于乙的收养无效?

(8)假设甲失踪后,没有死亡,偶遇政府巡逻船被救起,上岸后并没有回家。其于2016年在某一线城市向庚购买房屋一套,合同签订后履行之前,房价大涨。若庚获悉,甲在家乡已经被宣告死亡,能否以甲没有权利能力为由主张合同无效?

2.甲乙夫妻收养了女儿丙。丙12岁时,乙因车祸去世。3年后,甲因突发疾病,送医院抢救,医治无效死亡。甲死亡后,给丙留下房产、家具及衣物,还有8万元存款。由于丙尚未成年,在市里一所艺校读书,需要为其确定监护人。于是丙找到了亲生父母。亲生父母认为,自己生活在农村,大字不识几个,不利于也不方便对丙的监护。但提议,丙有一同胞长兄丁,与丙在同一个城市生活,是某公关公司的总监,见多识广,由其做监护人对丙来说更有好处。丙的叔叔说,丁为人不正直、不老实,让其做监护人,完全可能不顾丙的利益,不同意丁做监护人;同时,自荐自己做丙的监护人。因此发生纠纷,诉至人民法院,最后人民法院判决由丁作为丙的监护人。丁作为监护人,开始表现尚可,但是后来动用了丙的钱来做生意,结果非但未能盈利,还赔了本。丙的大姨,为此指责丁,丁说,用丙的钱做生意是为了丙的利益和未来。后来丙的大姨起诉到人民法院,要求撤换丁,自己来做丙的监护人。经查,丙的大姨一直对丙非常关心,在甲乙夫妇在世时,大姨也经常关心丙,丙也对大姨有较深的感情。

问:(1)如果甲去世前立下遗嘱,通过遗嘱确定丙的监护人是否有依据?

(2)在甲乙夫妇去世后,哪些人有资格成为丙的监护人?对于担任监护人的争议,可否向人民法院直接起诉?在争议期间,监护人不确定时,应当如何维护丙的利益?

(3)丁作为丙的监护人,动用的钱做生意亏掉的部分,丁是否应当赔偿?如果丁后来不愿做丙的监护人,可否单方决定终止?

(4)对于丙的大姨的诉讼请求,人民法院应当如何处理?

(5)如果找不到具有监护资格的人,丙的监护人应当如何确定?

第三讲　法人与非法人组织

经典案例

【案情】在天猫购物发生纠纷,必须到浙江打官司吗?

2015 年 2 月 18 日,北京市海淀区人民法院审结天猫协议管辖权纠纷案,海淀区人民法院以天猫公司作为格式条款的提供方,未履行合理提示义务,并且该管辖权条款加重了对方责任,可能排除消费者合理的权利为由,认定天猫公司提供的管辖权协议无效。

点评:在与消费者订立合同时,作为经营者的法人或非法人组织往往会充分使用其合同主体的优势地位,向消费者提供可以重复使用的格式合同或格式条款。海淀区人民法院的一审判决为解决电商、微商和众创时代出现的管辖权问题和格式条款问题提供了一个可以被广泛借鉴的开创性思路。淘宝制定的关于管辖权的格式条款,虽然没有直接排除消费者的诉讼权利,却在客观上为消费者实现诉权造成了很大的阻碍。受淘宝和天猫在电商领域内的市场支配力的影响,消费者往往难以拒绝这类隐蔽性的阻碍消费者实现其权利的格式条款。海淀区人民法院在审理此案时,从保护消费者权益的角度出发,从维护社会公平和市场秩序的角度出发,充分平衡管辖利益之争,以原告所在地法院为管辖法院是值得提倡的立场。

知识梳理

一、法人

法人,是指具有民事权利能力和民事行为能力,依法独立享有民事权利和承担民事义务的组织。

（一）法人的分类

《民法典》将法人分为三类:

1. 营利法人,是指以取得利润并分配给股东等出资人为目的成立的法人。(《民法典》第 76 条)营利法人包括有限责任公司、股份有限责任公司和其他企业法人等。

特征:(1)成立的目的是取得利润,即以营利为目的;(2)取得利润后要分配给股东等出资人,即出资人取得利润。这两个特征同时具备是营利法人与其他法人的根本区别。

2. 非营利法人,是指为公益目的或者其他非营利目的成立,不向出资人、设立人或者会员分配所取得利润的法人。(《民法典》第 87 条)

特征:(1)成立的目的是非营利性;(2)不分配利润。

为了贯彻非营利法人的非营利性,《民法典》第 95 条规定:"为公益目的成立的非营利法人终止时,不得向出资人、设立人或者会员分配剩余财产。剩余财产应当按照法人章程的规定或者权力机构的决议用于公益目的;无法按照法人章程的规定或者权力机构的决议处理的,由主管机关主持转给宗旨相同或者相近的法人,并向社会公告。"

非营利法人包括事业单位、社会团体、基金会、社会服务机构等,具体如下:

(1)事业单位,是指由政府利用国有资产设立的,从事教育、科技、文化、卫生等活动的社会服务组织。例如,公立学校、公立医院、报社、剧团等。

(2)社会团体,是指中国公民自愿组成,为实现会员共同意愿,按照其章程开展活动的非营利性社会组织。例如,中华全国学生联合会、中国律师协会、中国文联、中国科协、全国侨联、中国羽毛球协会等。成立社会团体,应当经其业务主管单位审查同意,并依照《社会团体登记管理条例》的规定进行登记。

(3)基金会,是指利用自然人、法人或非法人组织捐赠的财产,以从事公益事业为目的成立的非营利法人。基金会分为面向公众募捐的基金会和不得面向公众募捐的基金会。面向公众募捐的基金会,即公募基金会按照募捐的地域范围,分为全国性公募基金会和地方性公募基金会。根据《基金会管理条例》,基金会应当在民政部门登记。

(4)社会服务机构,也称民办非企业单位,是指自然人、法人或者其他组织为了提供社会服务,利用非国有资产设立的非营利性法人。例如,民办非营利学校、民办非营利医院。

3. 特别法人,是指我国现实生活中存在的,既不属于营利法人,也不属于非营利法人,具有民事权利能力和民事行为能力,依法独立享有民事权利和民事义务的组织。具体有机关法人、农村集体经济组织法人、城镇农村合作经济组织法人、基层群众性组织法人。

【例1】下列法人中,哪些属于特别法人?( )

A. 京东股份有限公司　　　　　B. 庆丰包子铺

C. 北京市人民政府　　　　　　D. 华西农业生产大队

分析:CD。根据《民法典》第96条的规定,机关法人、农村集体经济组织法人是特别法人。故C、D正确。A、B属于营利法人。

【例2】甲是A小学的学生,2016年,甲患重病,A小学向社会发出倡议书,请求大家伸出援助之手,A小学系该捐款的接收、管理单位。之后,A小学收到社会各界的捐款共计92.354万元。2017年2月,甲去世,至此甲从A小学处领走捐款39.712万元。甲的父母与A小学为捐款的余额多少和归属产生分歧。于是,甲的父母诉至人民法院,要求取得剩余捐款的所有权。问:甲的父母能否要求取得剩余捐款的所有权?

分析:A小学作为捐款的接收、管理单位,其设立捐款的目的是为甲治疗,属于附义务的赠与行为。而A小学作为接受赠与的受赠人行使权利以履行为甲治病的义务为前提。现甲去世,治疗甲这一义务已经无法履行,故A小学已无法享有接受赠与的权利。此时,A小学作为捐款的接收、管理单位,其设立目的已不存在,故而作为捐款的接收、管理单位亦终止。其终止后,剩余捐款不能依照法人章程或决议处理的,应当转给具有宗旨相同或相近的以公益为目的的法人。

(二)法人的能力与责任

1. 法人的能力

(1)民事权利能力,是指法人作为民事主体,享有民事权利、承担民事义务的资格。

法人不能享有某些属于自然人固有的,因年龄、亲属关系等产生的权利义务。如法人可以享有名誉权、名称权,但不能享有肖像权、生命权、身体权、健康权等,因此,当法人权利受到侵害时,不能主张精神损害赔偿。

法人的民事权利能力受法律、行政命令和法人章程、目的的限制,但超出登记范围订立的合同有效,除非进入特许、限制、禁止经营的行业。

(2)民事行为能力,是指法人以自己的意思独立进行民事活动,取得民事权利并承担民事义务的能力。

法人的民事行为能力与民事权利能力的起止时间、范围完全相同,设立登记后,注销登记前具有权利能力和行为能力(依法不需要注销登记的,清算完成时消灭)。

法人由法定代表人以法人名义行为,法人内部对代表人权利的限制不得对抗善意第三人。

2. 法人责任

(1)法人以自己的财产对外承担独立责任。

法人人格否认,是指在特定的财产法律关系中,缘于特定的事由,将义务或责任转由行为人负担,法人独立人格被否认之情形。

《民法典》第83条:"营利法人的出资人不得滥用法人独立地位和出资人有限责任损害法人债权人的利益;滥用法人独立地位和出资人有限责任,逃避债务,严重损害法人债权人的利益的,应当对法人债务承担连带责任。"

法人人格否认不是对法人人格的永久剥夺,而只是在某一特定的法律关系中,否认法人的独立性;且法人人格否认仅对个案有既判力。

【例】乙、丙两人出资设立一有限责任公司——F公司。乙占股90%,丙占股10%。F公司作为借款方和原告甲作为贷款方签订借款合同。原告甲将款项存入被告乙的个人银行账户,丙对此事知晓。后因F公司未能偿还上述借款,原告甲提起诉讼,请求F公司与乙对该笔债务的本金、利息承担连带清偿责任。经查明,F公司的账目和股东被告乙的个人账目混同,被告乙常利用其控制地位,将借款归于己用,损害公司债权人的利益。请分析本案的责任人。

分析:乙作为控股股东,滥用股东权利,造成F公司无力偿还,严重损害债权人甲的利益,因此乙和F公司应当对债权人甲公司承担连带责任。股东丙未滥用股东权利,不适用法人人格否认制度,不承担连带责任。

(2)法人对法定代表人的行为负责,对工作人员的职务行为负责。

(3)法人合并的,由合并后的法人承担;法人分立的,由分立后的法人承担。如果分立后的法人内部有约定份额,未经债权人同意,不能约束债权人。

(三)法人的法定代表人和组织机构

1. 法定代表人

法定代表人是指依照法律或者法人章程规定,代表法人从事民事活动的负责人。

(1)法定代表人以法人名义从事的民事活动,其法律后果由法人承担。

(2)法定代表人以个人名义从事的民事活动,其法律后果由法定代表人个人承担。

(3)法人章程或者权利机构对法定代表人代表权的限制,不得对抗善意的相对人。

2.法人的组织机构

(1)意思机构,也称权力机构,是由出资者参加的对重要事项作出决议的机构。权力机构行使修改法人章程、选举或者更换执行机构、监督机构成员,以及法人章程规定的其他职权。

(2)执行机构。设立董事会或者执行董事的,董事长、执行董事或者经理按照法人章程的规定担任法定代表人;未设董事会或者执行董事的,法人章程规定的主要负责人为执行机构和法定代表人。执行机构行使召集权力机构会议,决定法人的经营计划和投资方案,决定法人内部管理机构的设置,以及法人章程规定的其他职权。

(3)监督机构。依法行使检查法人财务,监督执行机构成员、高级管理人员执行法人职务的行为,以及法人章程规定的其他职权。

3.法人的分支机构

(1)法人的分支机构是法人的组成部分,不具有独立人格。

(2)法人分支机构经依法登记领取营业执照的,可以以自己的名义从事民事活动。

(3)分支机构以自己的名义从事民事活动产生的民事责任,债权人享有选择权:可以直接由法人承担,也可以先以该分支机构管理的财产承担,不足以承担的,由法人补充承担。

【例】银行的支行是法人的分支机构,属于非法人组织,能够以自己的名义订立合同,行使权利。

(四)法人的设立、变更和终止

1.法人的设立,是指依照法律规定的条件和程序使社会组织获得法律上人格的整个过程。

法人设立中的责任承担,根据《民法典》第75条的规定:

(1)设立人为设立法人从事的民事活动,其法律后果由法人承受;法人未成立的,其法律后果由设立人承受,设立人为两人以上的,享有连带债权,承担连带债务。

(2)设立人为设立法人以自己的名义从事民事活动产生的民事责任,第三人有权选择请求法人或者设立人承担。

2.法人的变更

《民法典》第64条:"法人存续期间登记事项发生变化的,应当依法向登记机关申请变更登记。"

《民法典》第65条:"法人的实际情况与登记的事项不一致的,不得对抗善意相对人。"

3.法人的终止

法人终止的原因包括:依法被撤销、解散、破产和其他原因。

《民法典》第70条:"法人解散的,除合并或者分立的情形外,清算义务人应当及时组成清算组进行清算。法人的董事、理事等执行机构或者决策机构的成员为清算义务人。法律、行政法规另有规定的,依照其规定。清算义务人未及时履行清算义务,造成损害的,应当承担民事责任;主管机关或者利害关系人可以申请人民法院指定有关人员组成清算组进行清算。"

二、非法人组织

非法人组织,是指不具有法人资格,但是能够依法以自己的名义从事民事活动的组织。非法人组织包括个人独资企业、合伙企业、不具有法人资格的专业服务机构等。

非法人组织应当依照法律的规定登记。

非法人组织的责任承担:可以确定一人或者数人代表该组织从事活动。非法人组织的财产不足以清偿债务的,其出资人或者设立人承担无限责任。

☞ **真题试接**

1. 黄逢、黄现和金耘共同出资,拟设立名为"黄金黄研究会"的社会团体法人。设立过程中,黄逢等3人以黄金黄研究会名义与某科技园签订了为期3年的商铺租赁协议,月租金5万元,押3付1。此外,金耘为设立黄金黄研究会,以个人名义向某印刷厂租赁了一台高级印刷机。关于某科技园和某印刷厂的债权,下列哪些选项是正确的?(　　)(2017/03/53,多)

A. 如黄金黄研究会未成立,则某科技园的租赁债权消灭

B. 即便黄金黄研究会未成立,某科技园就租赁债权,仍可向黄逢等3人主张

C. 如黄金黄研究会未成立,则就某科技园的租赁债务,由黄逢等3人承担连带责任

D. 黄金黄研究会成立后,某印刷厂就租赁债权,既可向黄金黄研究会主张,也可向金耘主张

2. 甲企业是由自然人安琚与乙企业(个人独资)各出资50%设立的普通合伙企业,欠丙企业货款50万元。由于经营不善,甲企业全部资产仅剩20万元。现所欠货款到期,相关各方因货款清偿发生纠纷。对此,下列哪一种表述是正确的?(　　)(2016/03/02,单)

A. 丙企业只能要求安琚与乙企业各自承担15万元的清偿责任

B. 丙企业只能要求甲企业承担清偿责任

C. 欠款应先以甲企业的财产偿还,不足部分由安琚与乙企业承担无限连带责任

D. 就乙企业对丙企业的应偿债务,乙企业投资人不承担责任

3. 甲以自己的名义,用家庭共有财产捐资设立以资助治疗麻风病为目的的基金会法人,由乙任理事长。后因对该病的防治工作卓有成效使其几乎绝迹,为实现基金会的公益性,现欲改变宗旨和目的。下列哪一种选项是正确的?(　　)(2014/03/01,单)

A. 甲作出决定即可,因甲是创始人和出资人

B. 乙作出决定即可,因乙是法定代表人

C. 应由甲的家庭成员共同决定,因甲是用家庭共有财产捐资的

D. 应由基金会法人按照程序申请,经过上级主管部门批准

4. 甲公司和乙公司在前者印制的标准格式《货运代理合同》上盖章。《货运代理合同》第4条约定:"乙公司法定代表人对乙公司支付货运代理费承担连带责任。"乙公司法定代表人李蓝在合同尾部签字。后双方发生纠纷,甲公司起诉乙公司,并要求此时乙公司的法定代

表人李蓝承担连带责任。关于李蓝拒绝承担连带责任的抗辩事由,下列哪一种表述能够成立?(   )(2014/03/03,单)

A. 第 4 条为无效格式条款

B. 乙公司法定代表人未在第 4 条处签字

C. 乙公司法定代表人的签字仅代表乙公司的行为

D. 李蓝并未在合同上签字

5. 下列哪些情形下,甲公司应承担民事责任?(   )(2013/03/52,多)

A. 甲公司董事乙与丙公司签订保证合同,乙擅自在合同上加盖甲公司公章和法定代表人丁的印章

B. 甲公司与乙公司签订借款合同,甲公司未盖公章,但乙公司已付款,且该款用于甲公司项目建设

C. 甲公司法定代表人乙委托员工丙与丁签订合同,借用丁的存款单办理质押贷款用于经营

D. 甲公司与乙约定,乙向甲公司交纳保证金,甲公司为乙贷款购买设备提供担保。甲公司法定代表人丙以个人名义收取该保证金并转交甲公司出纳员入账

【答案】

1. BCD。《民法典》第 75 条。

2. C。《民法典》第 102 条、第 178 条,《中华人民共和国合伙企业法》第 38 条、第 39 条。

3. D。《民法典》第 87 条、第 92 条。

4. D。《民法典》第 61 条、第 490 条、第 497 条。

5. ABCD。《民法典》第 61 条、第 172 条、第 490 条,《关于审理民间借贷案件适用法律若干问题的规定》第 11 条。

案例讨论

自然人甲、乙和丙有限责任公司共同出资,成立了 A 有限公司,聘请丁做总经理,对外代表公司执行业务。问题:

(1)A 经营不善,对外欠债 150 余万元。由谁承担有限责任?

(2)A 公司的法定代表人甲在以公司名义从事业务的过程中,造成了合作方 B 公司的损失。经查,甲在执行职务过程中,是因为私人感情问题造成了这次失误。对于 B 公司的损失应当如何承担?

(3)甲为 A 公司的法定代表人。《公司章程》规定,甲代表公司签订合同,总额不得超过 500 万元。若有超过 500 万元的大单,则需要经过董事会决定后方可签订。某日,甲以 A 公司的名义与 C 公司签订了总额高达 2000 万元的合同。C 公司可否请求 A 公司履行合同?A 公司在什么情况下,可拒绝履行该合同?

(4)A 公司董事会决议,因甲严重违反公司章程给公司造成了重大损失,撤销甲的法定代表人职务,但是没有及时进行变更登记,也没有及时通知常有业务来往的合作对象。甲在离职后,依然以公司名义,与原来曾经合作过的老客户签订了多份合同,并在收取了合同价

款后,携款潜逃。现在被骗的老客户均主张 A 公司履行合同。A 公司是否应当履行合同?为什么?

(5)若乙为 A 公司的控股股东,2018 年 2 月,以 A 公司的名义从 D 公司购进一批货物,并约定 3 月底付款,乙拿到货物后,旋即卖给了 E 公司。3 月底,D 公司欲要求 A 公司付款时,却发现联系不上 A 公司的人员,后来去 A 公司所在地追讨,却发现 A 公司原办公地址已经变成了其他公司。经查,乙同时是 A 公司和 E 公司的控股股东。D 公司应当如何主张自己的权利?

第四讲　民事法律行为

经典案例

【案情】在业主微信群中散布谣言案

某公司在某小区开有一家美容店,黄某系该公司股东兼任美容师,邵某系该小区业主,邵某因美容服务问题在美容店内与黄某发生口角。邵某利用其小区业主微信群群主的身份,在双方发生纠纷后多次在业主微信群中散布谣言,对某公司、黄某进行造谣、诽谤、污蔑、谩骂,并将黄某从业主群中移出,某公司因邵某的行为生意严重受损。为此,某公司、黄某向人民法院起诉请求邵某赔礼道歉、消除影响、恢复名誉,同时要求赔偿损失及精神抚慰金共计 3 万元。北京市顺义区人民法院认为,公民、法人享有名誉权,公民、法人的人格尊严受法律保护,禁止用侮辱、诽谤等方式损害公民、法人的名誉。本案中,邵某在与黄某发生纠纷后,在双方共同居住的小区业主微信群中针对某公司、黄某发表言论并使用黄某照片作为配图,其对某公司、黄某使用了贬损性言辞,但其未提交证据证明其所发表涉案言论的客观真实性,造成不当言论的传播,邵某在主观上具有过错。网络信息传播迅速,从微信群中其他用户反映的情况来看,涉案言论确易引发对某公司经营的美容店的猜测和误解,导致对某公司、黄某的负面认识,造成原告社会评价降低,故邵某的行为侵犯了某公司和黄某的名誉权,邵某应当就此承担民事侵权责任。一审人民法院酌情支持了黄某要求赔礼道歉、赔偿精神损失以及某公司要求赔礼道歉、赔偿经济损失的主张。邵某不服一审判决,提起上诉。北京市第三中级人民法院终审判决驳回上诉,维持原判。

点评:在"互联网+"时代,微信虽为网络虚拟空间,但已成为与人们生活密不可分的交往工具。微信群、朋友圈不是法外之地,公民在微信群和朋友圈等网络空间同样需要遵守国家的法律法规,不能为所欲为、不加节制。在微信群、朋友圈中损毁他人名誉,构成网络名誉侵权,应承担相应的法律责任。本案对于规范公民网络空间行为、树立文明交往风尚、构建良好网络社会秩序具有积极意义。

知识梳理

一、民事法律行为的含义

《民法典》第 133 条："民事法律行为是民事主体通过意思表示设立、变更、终止民事法律关系的行为。"

《民法典》沿用了《民法通则》概念，但改变了《民法通则》中"民事法律行为"只限于合法行为的含义，将无效、可撤销和效力待定的法律行为亦囊括其中，充分尊重了民事主体的意思表示，民事法律行为以意思表示为核心要素，无意思表示则无民事法律行为。

二、意思表示

(一)意思表示的构成要素

1. 内在(主观要件)。目的意思＋效果意思，即欲发生私法上效力的意思要素。
2. 外在(客观要件)。表示行为，包括：明示和默示。

《民法典》第 140 条："行为人可以明示或默示作出意思表示。沉默只有在法律规定、当事人约定或者符合当事人之间的交易习惯时，才可以视为意思表示。"

(1)明示：既可以是书面形式，也可以是口头形式，还可以是其他形式，如依习惯使用的特定形体语汇、举手招呼出租汽车等。

(2)默示：包括推定和沉默。

推定，即从行为人的行为中，一般人能够容易地推知其意思的内容。如《民法典》第 734 条："租赁期限届满，承租人继续使用租赁物，出租人没有提出异议的，原租赁合同继续有效，但是租赁期限为不定期。"

沉默，指单纯的不作为，即当事人既未表明其意思，也不能借其他事实推知其意思。只有在法律规定、当事人约定或者符合当事人之间的交易习惯时，才可以视为意思表示。如《民法典》第 145 条第 2 款："相对人可以催告法定代理人自收到通知之日起三十日内予以追认。法定代理人未作表示的，视为拒绝追认。"《民法典》第 638 条："试用期限届满，买受人对是否购买标的物未作表示的，视为购买。"

【例1】在某经济法研讨会上，主持人宣布，希望大家进会场前先签到，好统计到会人数。李教授到会场门口，看到桌上有两份书面文件，误认为都是签到表，就一并签上了自己的名字。后来获悉，一份是签到表，另一份是为了纪念前任会长而认购其《经济法系列论文汇编》。在李教授到会场前，关于认购《经济法系列论文汇编》一事，主持人曾进行宣布，是自愿签署，由高等师范出版社六五折销售，但是李教授并不知情。问：对于《经济法系列论文汇编》，李教授与出版社之间是否成立合同？

分析：李教授以为文件是签到表，故其签字没有法律上的效果意思，不构成意思表示。因没有意思表示，无所谓重大误解(重大误解以构成意思表示为前提)。因此购书合同不成立。

【例2】家庭主妇甲乙丙 3 人相约逛商场，偶遇某自动扫地机厂商促销活动。该活动明确,参与微信关注的顾客即可享受1个月免费试用服务,如满意可八折购买。甲乙丙3人均参与了此项活动,并各自领取了1台回家试用。甲用后感觉效果不错,告知厂家愿意购买,支付了相应价款;乙回家试用后觉得适宜父母使用,将该扫地机赠与父母使用;丙回家后将该扫地机放置地下室,完全忘了该事,后地下室漏水导致扫地机损坏,丙未向厂商表示态度。1个月后,厂商要求乙丙支付价款,遭到拒绝,发生争议。试分析甲乙丙与扫地机厂的合同是否成立?

分析:甲通过明示的意思表示同意购买扫地机,合同成立。乙通过默示的意思表示同意购买扫地机,合同成立。其虽未向厂家明确表态,但实施了将扫地机赠与父母的行为,可以推定其愿意购买的意思表示,应当支付相应的价款。丙通过沉默的意思表示同意购买扫地机,合同成立。丙未作任何行为,属于"不作为的默示",根据《民法典》第638条的规定,视为其作出了购买的意思表示。

(二)意思表示的生效时间

1. 有相对人的意思表示的生效时间

《民法典》第137条:"以对话方式作出的意思表示,相对人知道其内容时生效。以非对话方式作出的意思表示,到达相对人时生效。以非对话方式作出的采用数据电文形式的意思表示,相对人指定特定系统接收数据电文的,该数据电文进入该特定系统时生效;未指定特定系统的,相对人知道或者应当知道该数据电文进入其系统时生效。当事人对采用数据电文形式的意思表示的生效时间另有约定的,按照其约定。"

2. 无相对人的意思表示的生效时间

《民法典》第138条:"无相对人的意思表示,表示完成时生效。法律另有规定的,依照其规定。"

3. 公告的意思表示生效的时间

《民法典》第139条:"以公告方式作出的意思表示,公告发布时生效。"

(三)意思表示的撤回

《民法典》第141条:"行为人可以撤回意思表示。撤回意思表示的通知应当在意思表示到达相对人前或者与意思表示同时到达相对人。"

【例】姜博士于2018年6月29日致函某外语培训机构,表示接受该培训机构的要约,担任该机构教务主任一职,并于当天发出信函。7月2日,经邮差投入培训中心的信箱。姜博士发信后接到某高校某项研究项目的邀请,感到任务艰巨,分身乏术,于是6月30日又发了撤回应聘之事的信函,该信函以特快专递的形式于7月2日被邮差送至该中心的信箱。问:姜博士与培训机构之间的合同是否成立?

分析:撤回意思表示的通知与意思表示同时到达相对人,故不成立。

(四)意思表示的解释

《民法典》第142条:"有相对人的意思表示的解释,应当按照所使用的词句,结合相关条款、行为的性质和目的、习惯以及诚信原则,确定意思表示的含义。无相对人的意思表示的解释,不能完全拘泥于所使用的词句,而应当结合相关条款、行为的性质和目的、习惯以及诚信原则,确定行为人的真实意思。"

【例】甲公司与乙公司签订借款合同,在合同下角有一手写字样"确保按约还款,丙"。借款到期后,甲公司无力偿还,乙公司诉至法院,法院判令甲公司收到判决书后1个月内还款。而后判决书生效后1个月内甲仍未还款,乙公司找到丙,要求丙承担保证责任。问:丙是否承担该债权债务的保证责任?

分析:丙在借款合同空白处手写"确保按约还款"的字样包含怎样的意思表示是问题的关键。根据《民法典》第142条的规定,按照通常语言习惯,"确保"即确定保证,丙在借款合同上手写,该文义存在保证的意思。因此,该行为应认定为承担保证责任,未就保证方式进行约定,故其承担的是一般保证责任。

(五)意思表示的瑕疵

意思表示的瑕疵主要有两种情形:一是意思与表示不一致;二是意思表示不自由。

1. 意思表示不一致

(1)真意保留与戏谑表示

我国《民法典》并未规定真意保留与戏谑表示,通常情况下,真意保留并不影响民事法律行为的效力,除非相对人知情。而戏谑行为的意思表示一律无效,无论相对人是否信以为真。

真意保留,又称单独虚伪表示或心中保留,是指表意人在作出意思表示时,将内心真意保留于心,而作出与其真意相反的意思表示。例如,甲在父亲弥留之际为了安慰父亲而表态说将赠与生活清苦的哥哥乙一栋别墅。

戏谑表示,又称缺乏真意的表示,指行为人作出的意思表示并非出于真意,其动机可以是开玩笑、虚荣、炫耀或吹牛等。

【例】甲与同事打赌,故意将一台旧手机遗留在某公交车上,看是否有人送还。同时,甲通过电台广播悬赏,称捡到手机并归还者,付给奖金500元。有一路人乙很快将手机送回,在主张奖金时遭到拒绝。该意思表示是否有效?

分析:有效。甲发布的悬赏广告虽然性质上为真意保留,但应认定有效。

(2)通谋虚伪行为

《民法典》第146条:"行为人与相对人以虚假的意思表示实施的民事法律行为无效。以虚假的意思表示隐藏的民事法律行为的效力,依照有关法律规定处理。"

本条是对虚假行为和隐藏行为及效力的规定。

第1款是对双方以虚假意思表示作出的民事行为效力的规定,即双方通过虚假的意思表示实施的民事法律行为是无效的。

第2款是对隐藏行为效力的规定:以虚假的意思表示隐藏的民事法律行为的效力,依照有关法律规定处理。所谓隐藏行为,又称隐匿行为,是指在虚伪表示掩盖下行为人与相对人真心所欲达成的民事法律行为。

有虚伪表示,未必存在隐藏行为;但有隐藏行为,则一定存在虚伪表示。

【例1】甲触犯刑法被判处没收财产,其在被捕前,与乙协商假装签订一份赠与合同,将其名下重大财产车辆、房屋等都赠送给乙。这种假赠与就是单纯的虚伪表示而实施的行为,但并不存在隐藏行为。

【例2】甲乙均为完全民事行为能力人。甲欲将A画赠与乙,但为了避免子女的不理解及其他人情困扰,甲、乙签订了A画买卖合同。该买卖合同效力如何?

分析:买卖合同无效。因为买卖合同是双方虚假行为,双方没有买卖A画的意思表示,故无效。买卖合同隐藏着一个行为,是赠与合同,赠与合同的效力依照相关法律规定处理,没有效力瑕疵,则有效。

(3)重大误解

《民法典》第147条:"基于重大误解实施的民事法律行为,行为人有权请求人民法院或者仲裁机构予以撤销。"

重大误解,是指行为人因为对行为的性质,对方当事人,标的物的品种、质量、规格和数量等的错误认识,使行为的后果与自己的意思相悖,并造成较大损失的,可以认定为重大误解。比如,误将出租房屋当作出卖房屋,误将张三当作其哥张二签订委托合同,误将二等品当作一等品出售,误将1000吨当作100吨。

【注意】当事人动机的误解,不可撤销。比如,甲为了向乙求婚,购买了钻戒。后来求婚失败,能否取消钻戒买卖合同? 不能。

【例】一房产公司在与甲就未建成房屋签订商品房买卖合同时,并未通过样板房、平面图等口头或书面方式告知甲房屋具体空间结构情况,合同中虽对房屋架构、面积等事项进行了约定,且甲按约支付了购房款,但房产公司通知甲接收房屋时,甲经实地查看,发现房屋结构形式、空间尺寸与合同约定不符,严重影响使用,遂致函房产公司,要求解除购房合同,退还房款及利息,房产公司予以拒绝。双方就此发生纠纷。甲以其对房屋结构存在重大误解为由,提起诉讼,请求判令撤销与房产公司签订的商品房买卖合同,并退还购房款及利息。房产公司辩称:该商品房买卖合同系双方自愿协商签订的,不存在重大误解,不同意撤销合同。问:本案是否存在重大误解? 甲是否可以以重大误解为由,诉请撤销商品房买卖合同?

分析:卖房人预售房屋时未将商品房的详细结构情况告知买房人,致使买房人对购买的商品房空间结构等合同内容存在重大误解,甲根据房产公司提供信息对购买房屋的理解,与实际接收房屋的情况差距较大,直接影响了甲对房屋买卖合同的权利和义务。甲有权诉请撤销商品房买卖合同。

2. 意思表示不自由

(1)欺诈

①单方欺诈。《民法典》第148条:"一方以欺诈手段,使对方在违背真实意思的情况下实施的民事法律行为,受欺诈方有权请求人民法院或者仲裁机构予以撤销。"

一方当事人故意告知对方虚假情况,或者故意隐瞒真实情况,诱使对方当事人作出错误的意思表示,可以认定为欺诈行为。所以,欺诈主要包括两种情况:其一,故意告知对方虚假情况;其二,故意隐瞒真实情况。只有受欺诈人享有撤销权。

【例1】甲医院以国产医疗器械冒充进口医疗器械,高价卖给乙,构成积极欺诈。

【例2】甲乙签订二手房买卖合同,乙支付价款后入住该房屋。不料,邻居对乙指指点点、敬而远之,后来得知该房屋曾发生过凶杀案件。乙可否撤销该买卖合同?

分析:可以。基于交易习惯,甲应当积极地告知该房屋为凶宅的事实。甲隐瞒该事实构成消极欺诈,乙有权撤销合同。

②第三方欺诈。《民法典》第149条:"第三人实施欺诈行为,使一方在违背真实意思的

情况下实施的民事法律行为,对方知道或者应当知道该欺诈行为的,受欺诈方有权请求人民法院或者仲裁机构予以撤销。"

原则上,第三人欺诈时,需要与被欺诈人订立合同的相对人知情方可撤销;相对人若不知情,则其代表的交易秩序优先受保护。这体现了对善意相对人的保护。但是,考虑制度的目的,若第三人欺诈时,相对人不知情,但是法律行为实现的结果表明受益人不是相对人,而是欺诈的第三人或其利害关系人时,依然可以撤销,因为此时相对人的存在只不过是第三人用来欺诈的工具。

【例】甲生病住院,经查为肝癌晚期,最多再有 1 年之寿命。甲的妻子乙与医院均对甲隐瞒了病情。回家后,乙建议甲投人寿保险,指定乙为受益人,甲同意。保险公司要求甲提供指定医院提供的体检表,正巧乙与其中一所指定医院的某主治医生是好友,故未将甲患有肝癌之病情记入体检表。甲投保半年后,因肝癌死亡,保险公司经调查,发现了此事。问:保险公司可否以欺诈为由主张撤销该保险合同?

分析:虽然本案中的第三人乙欺诈保险公司,合同相对人甲不知情,但是,保险合同一旦履行,甲不能获益,欺诈人乙是受益人,故保险公司有权以欺诈为由撤销合同。

(2)胁迫

《民法典》第 150 条:"一方或者第三人以胁迫手段,使对方在违背真实意思的情况下实施的民事法律行为,受胁迫方有权请求人民法院或者仲裁机构予以撤销。"

胁迫,是指行为人通过恐吓、威胁等不法手段对他人思想上施加强制,由此使他人产生恐惧心理并给予恐惧心理作出意思表示的行为。

无论胁迫是来自相对人还是第三人,一律可撤销。

【例1】甲以披露乙的隐私相威胁,迫使乙签发支票偿还对甲的债务。

【例2】某领导甲欲将自己的一套住房以 60 万元的价格出售。某报社记者乙找到甲,出价 30 万元,甲拒绝。乙对甲说"我有你贪污的材料,你不答应,我就举报你"。甲信以为真,以 30 万元的价格将该房屋卖给乙。但乙实际并无甲贪污的材料。问:对于该房屋买卖合同的效力如何?

分析:乙以举报犯罪行为胁迫甲签订合同,甲被迫签订合同,乙的行为构成威胁。至于乙并无甲贪污的材料,属于胁迫手段问题,表面上属欺诈,但在民事法律行为的效力瑕疵上,并不构成欺诈。

【例3】甲对乙说,如果不赔偿乙撞伤甲的医疗费,则举报乙醉酒驾车。乙立即赔偿,甲取得医药费和慰问金。问:甲对乙构不构成胁迫?

分析:甲属于采用合法手段追求正当目的,不构成胁迫。

(3)显失公平

《民法典》第 151 条:"一方利用对方处于危困状态、缺乏判断能力等情形,致使民事法律行为成立时显失公平的,受损害方有权请求人民法院或者仲裁机构予以撤销。"

构成显失公平需要主客观统一。客观上违反公平等价有偿原则;主观方面,必须是一方利用对方处于困境、缺乏判断能力等情形所致。

【例】甲与乙均为某中学在校学生,事发时均为限制民事行为能力人。甲和乙在教室互相奔跑追逐,甲突然转身撞袭,造成身后的乙被撞后身体向后倾倒撞到讲台桌的桌角而受伤。乙被送往医院治疗,被诊断为:脾破裂、急性弥漫性腹膜炎、肠梗阻。乙的父亲与甲的父亲签订《协议书》,约定:"由甲的家长一次性支付乙家长医药费1万元,双方家长不再互相追究其他责任。"该协议已经履行完毕。之后,乙通过鉴定获知自身损伤构成六级伤残。问:乙的父亲能否以乙的名义提起诉讼,以《协议书》内容显失公平,严重损害其合法权益为由,请求撤销双方签订的《协议书》?

分析:本案中,校园事故发生后,为解决赔偿事宜,致害方甲的父亲与受害方乙的父亲签订赔偿协议并已经履行完毕,但由于此后受害人乙的损伤程度构成较高等级的伤残,产生了实际赔偿数额与应承担赔偿数额的巨大落差,构成客观上利益严重失衡的局面,严重违背了公平原则,故应认定双方签订的上述赔偿协议书属于因显失公平而订立的合同,依法应予以撤销。

三、民事法律行为的效力形态

民事法律行为的效力主要表现为:有效、无效、可撤销、效力待定。

(一)民事法律行为的成立和生效

民事法律行为有成立和生效之分。

1. 民事法律行为的成立

一般要件:当事人、意思表示、标的。

特别要件:一般成立要件以外,某些个别民事法律行为的成立所必须具备的要件。

(1)要式行为要求法律行为必须满足相应的形式要求;

(2)实践行为要求交付标的物。

2. 民事法律行为的生效

一般要件:

(1)行为人具有相应的民事行为能力;

(2)意思表示真实;

(3)不违反法律、行政法规的强制性规定,不违背公序良俗。

特别要件:

(1)附延缓条件和附始期的法律行为,条件成就或期限届满时生效;

(2)需办理审批手续的法律行为,自完成审批后生效。

(二)无效的民事法律行为

无效的民事法律行为,是指欠缺法律行为的生效要件,因而自始、确定和当然不发生行为人预设的法律效果的民事法律行为。

1. 类型

(1)无行为能力人实施的民事法律行为,无效。(《民法典》第144条)

无行为能力人独立实施的法律行为无效,即使是纯获利益的接受赠与行为也无效,需要法定代理人代为进行。

(2)通谋虚伪的民事法律行为无效。(《民法典》第146条)

通谋虚伪,是双方均为虚假意思表示的情形,当事人均没有受约束的意思,故无效。若通谋虚伪的表示下,隐藏了当事人真实的意思表示,符合法律行为有效要件的有效。

(3)违反法律、法规的强制性规定的民事法律行为无效。(《民法典》第 153 条)

导致民事法律行为无效的强制性规定为效力性强制性规定,管理性强制性规定不导致法律行为无效。

如何辨识一个规范是否为强制性规范。《九民纪要》①认为,要在考量强制性规定所保护的法益类型、违法行为的法律后果以及交易安全保护等因素的基础上认定其性质,并在裁判文书中充分说明理由。下列强制性规定,应当认定为"效力性强制性规定":强制性规定涉及金融安全、市场秩序、国家宏观政策等公序良俗的,交易标的禁止买卖的,违反特许经营规定的,交易方式严重违法的,交易场所违法的。关于经营范围、交易时间、交易数量等行政管理性质的强制性规定,一般应当认定为"管理性强制性规定"。

(4)违背公序良俗的行为无效。(《民法典》第 153 条)

公序良俗包括但不限于危害国家政治、经济、财政、税收、金融、治安等秩序,危害家庭关系,违反人权和人格尊严,限制经济自由、违反公正竞争,违反消费者保护、劳动者保护等特殊群体保护。

(5)恶意串通行为无效。(《民法典》第 154 条)

需双方有共谋损害他人合法权益的故意,且客观上具有造成他人损害的可能。与通谋虚伪相比,恶意串通行为中双方的意思均为真实。

【例 1】甲商行与乙证券签订资金拆借合同一份,约定:甲商行向乙证券拆借 3600 万元,拆借期限 7 天,拆借利率为 6.6%,拆借用途为弥补头寸。合同签订后,甲商行在同月以电汇方式,向乙证券划付资金 3600 万元。合同到期后,乙证券未按合同约定还款。一审人民法院以该拆借合同超过了中国人民银行《关于禁止银行资金违规流入股票市场的通知》的期限以及未通过全国拆借市场进行为由,宣告该合同无效。该判决是否有理由?

分析:无理由。中国人民银行《关于禁止银行资金违规流入股票市场的通知》的规范性文件属于部门规章,不得作为确认合同无效的依据。当事人违规进行资金拆借的,应当承担行政责任,但合同效力不受影响。

【例 2】甲,已婚,有妻乙。婚后辞职创业,将事业中心转移至上海。妻子留在老家照顾老人与幼子。甲到上海后,与丙女同居。为维持同居关系,赠与丙房屋一套,并办理了过户登记。后乙获悉,去上海,找到丙,丙并不知道甲已经结婚,乙向丙诉说当年自己如何与丈夫艰难创业,自己在家照顾老小如何辛苦,丙甚为感动,决定与甲分开。甲同意与丙分开,并赠与丙 50 万元以结束同居关系,供丙生活之用,丙同意,并将赠与合同做了公证。1 个月后,甲又找到丙,说依然要保持同居关系,丙拒绝,甲则表示将不赠与其 50 万元。问:房屋赠与合同是否有效?丙可否请求甲支付 50 万元?

分析:首先,房屋的赠与协议,甲赠与丙之房屋,意在维持同居关系,有配偶者与他人同居,违背公序良俗,故此赠与合同无效。其次,赠与 50 万元的行为是为结束同居关系而主动表示赠与金钱,无论是视为对丙的补偿,还是出于对丙的同情,自此法律行为发生的目的看,

---

① 2019 年 11 月 14 日,最高人民法院正式发布《全国法院民商事审判工作会议纪要》(简称《九民纪要》),共计 12 部分 130 个问题,对公司、合同、担保、金融、破产等民商事案件审理中存在前沿、疑难争议问题进行了裁判思路的统一。《九民纪要》的公布对于规范法官在审判中的自由裁量权,增强审判结果的可预期性以及提高司法的公信力具有重要意义。

结束与他人同居关系乃是对于正常生活伦理秩序的恢复,此种目的不违背公序良俗,故赠与金钱 50 万元的行为是有效的。因为赠与合同进行了公证,尽管甲后来反悔,表示将不再给予,然经过公证的赠与是不能任意撤销的,故丙有权请求甲支付 50 万元。

2. 法律后果

(1)自始、确定、当然无效。

(2)部分无效的,不影响其他部分的效力。

《民法典》第 156 条:"民事法律行为部分无效,不影响其他部分效力的,其他部分仍然有效。"例如:根据《民法典》第 705 条规定,租赁期限不得超过 20 年。超过 20 年的,超过部分无效。根据《民法典》第 586 条规定,定金的数额由当事人约定;但是,不得超过主合同标的额的 20%,超过部分不产生定金的效力。

(3)一旦被确认无效,自始不发生任何约束力。

(4)未履行的不再履行,已经履行的返还(不当得利),不能返还的折价补偿。

(5)无效之后,有过错的一方向无过错的一方赔偿,双方均有过错,按各自过错承担损失。

(三)可撤销的民事法律行为

可撤销的民事法律行为,是指法律行为虽已成立并生效,但因意思表示存在重大瑕疵,可以通过诉讼或仲裁方式予以撤销的民事法律行为。

1. 类型

(1)重大误解(《民法典》第 147 条)

基于重大误解实施的民事法律行为,行为人有权请求人民法院或仲裁机构撤销。

(2)欺诈(《民法典》第 148 条、第 149 条)

相对人欺诈:一方实施欺诈行为,受欺诈方有权请求人民法院或者仲裁机构撤销。

第三人欺诈:第三人实施欺诈行为,对方知道或应当知道该欺诈行为的,受欺诈方有权请求人民法院或仲裁机构撤销。

(3)胁迫(《民法典》第 150 条)

一方或者第三人以胁迫手段,是对方在违背真实意思的情况下实施的民事法律行为,受胁迫方有权请求人民法院或仲裁机构撤销。

(4)显失公平(《民法典》第 151 条)

一方利用对方处于困境、缺乏判断能力等情形,致使民事法律行为成立时显失公平的,受损害方有权请求人民法院或仲裁机构撤销。

2. 撤销权的行使

(1)行使的方式:起诉或仲裁方式撤销。

(2)行使的除斥期间:重大误解的当事人自知道或者应当知道撤销事由之日起 90 日内行使;欺诈或显失公平的当事人自知道或应当知道撤销事由之日起 1 年内行使;当事人受胁迫的,自胁迫行为终止之日起 1 年内行使。

当事人自民事法律行为发生之日起 5 年内没有行使撤销权的,撤销权消灭。

3. 撤销的法律后果

民事法律行为一旦被撤销,自始不发生法律约束力。

(四)效力待定的民事法律行为

效力待定的民事法律行为,是指行为虽已成立,但是是否生效尚有待于第三人意思表示之确认,在第三人意思表示前,效力处于不确定状态的民事法律行为。

1. 类型

(1)限制民事行为能力人待追认的行为(《民法典》第145条)

限制民事行为能力人实施的与其年龄、智力、精神健康状况不相适应的民事法律行为,须经法定代理人统一或者追认后有效。例外:与其年龄、智力、精神健康状况相适应的民事反法律行为、纯获利益的民事法律行为有效。

(2)欠缺代理权的代理行为(《民法典》第171条)

行为人没有代理权、超越代理权或者代理权终止后实施的民事法律行为,须经被代理人追认。

【注意】无权代理不同于无权处分。无权代理是以被代理人名义实施交易,而无权处分则是以自己的名义实施交易。无权代理属效力待定的民事法律行为,而无权处分并不影响合同效力,不管权利人是否追认,合同总是有效的。《民法典》第597条规定:"因出卖人未取得处分权致使标的物所有权不能转移的,买受人可以解除合同并请求出卖人承担违约责任。法律、行政法规禁止或者限制转让的标的物,依照其规定。"由此,从侧面确立了无权处分不影响合同效力的规则。

【例】甲乙是夫妻关系,涉案房屋登记在乙的名下。经朋友介绍,甲以乙的名义与丙签订了涉案房屋的买卖合同及补充协议,并于合同签订当日给付定金。上述文件上均签有"乙,甲代"。之后,甲一直未按合同约定办理过户手续。丙向房屋管理部门查询得知,乙已将涉案房屋卖给丁并已办理了过户手续。为此,丙以合同已无法履行,甲乙侵犯其合法权益为由,提起诉讼,请求解除房屋买卖合同及补充协议,甲乙双倍返还购房定金并承担因此遭受的相应的损失。问:行为人甲与买受人丙所签订的房屋买卖合同效力如何?

分析:本案是无权代理而非无权处分。虽然甲乙是夫妻关系,但涉案房屋登记在乙的名下,故乙才是该房屋的所有权人。甲与丙在签订房屋买卖合同时,表示其是乙的代理人,并以乙的名义签订买卖合同,故根据无权代理的构成要件,甲的行为是无权代理而非无权处分。此后,乙以实际行动将涉案房屋出售给丁并办理了过户手续,该行为表明乙拒绝追认甲的代理行为,因而甲与丙签订的买卖合同无效,甲应退回丙已支付的购房定金并赔偿丙因此遭受的相应损失。

2. 法律后果

(1)第三人的追认权

在限制民事行为能力人实施的待追认行为中,追认权属于法定代理人;无权代理中,追认权人属于被代理人。追认权人以意思通知方式,向效力未定行为的相对人实施。

(2)相对人的催告权

根据《民法典》第145条、第171条的规定,效力待定行为的相对人可以催告法定代理人或被代理人在30日内予以追认。法定代理人或被代理人未作表示的,视为拒绝追认。

(3)善意相对人的撤销权

相对人若为善意(不知情),在法定代理人或被代理人追认之前,可单方通知撤销该民事法律行为。

四、附条件和附期限的民事法律行为

(一)附条件的民事法律行为

附条件的民事法律行为,是指当事人在法律行为中特别约定一定的条件,并以条件是否成就来决定法律行为效力的发生或者消灭的法律行为。

所附条件的要求是:应是将来发生的事实,应是不确定的事实,应是当事人约定的事实,应是合法的事实。

不得附条件的民事行为主要有:身份行为、票据行为、单方行为。

(二)附期限的民事法律行为

附期限的民事法律行为是指当事人在民事法律行为中约定一定期限,并把该期限的到来作为行为人的民事权利和民事义务发生、变更、消灭的前提的民事法律行为。

期限必须是将来事实和必成事实,期限可分始期和终期。

【注意】当事人为了自己的利益不正当地阻止条件成就的,视为条件已成就;不正当地促成条件成就的,视为条件不成就。

👉 **真题试接**

1. 甲和乙签订了两份房屋买卖合同,第一份约定房屋价款 500 万元,注明房屋过户备案事项不按此合同履行。第二份合同约定房屋价款 200 万元,房屋过户备案事项按此合同履行。关于两份合同,下列哪一选项是正确的?(   )(2020/02/03,单)

A. 第一份合同部分无效,第二份合同无效

B. 第一份合同有效,第二份合同部分无效

C. 两份合同均无效

D. 两份合同均有效

2. 薛某系天雅公司总经理、法定代表人,某晚参加聚会时饮酒过量,在争抢买单过程中,以为是酒水单而以天雅公司之名,误签了一份购买 1000 瓶红酒的商务合同。关于该商务合同的效力,下列哪一选项是正确的?(   )(2020/02/04,单)

A. 因无权代理而效力待定   B. 因意思表示不真实而无效

C. 因乘人之危可主张撤销   D. 因重大误解可主张撤销

3. 某日,李某醉酒搭乘出租车回家,车程 20 公里。李某下车前用手机支付车费。误将 80 元输错成 8080 元。司机收到后,未提醒李某。对此,下列哪些选项是正确的?(   )(2020/02/20,多)

A. 该运输合同因显失公平而可撤销

B. 对于多付的 8000 元视为李某对司机的赠与

C. 醉酒不影响该运输合同的效力

D. 李某有权请求出租车司机返还 8000 元不当得利

4. 廖某与史某约定,如将来廖某不在甲公司上班,廖某即将其在甲公司附近一套自有公寓卖给史某。史某为尽快购得该房屋,贿赂甲公司经理,让其辞退了廖某。廖某和史某关于廖某不在甲公司上班的约定,下列哪一说法是正确的?(   )(2020/02/05,单)

A. 属于合同主给付义务
B. 应视为条件不成就
C. 属于附期限的约定
D. 应视为期限已届满

5. 湖蓝公司提供其董事长胡某在 2019 年 7 月 7 日在某市立医院就医病例。诉称与清河公司洽谈时被灌醉并趁机签订违背远期商业规划且明显不利于湖蓝公司的合作协议,故依法请求撤销协议。湖蓝公司可基于哪一请求主张撤销该合作协议?(   )(2019/02/08,单)

A. 乘人之危　　B. 显失公平　　C. 恶意串通　　D. 无权代理

6. 钱某有一幅祖传古画,市值 100 万元。高某为了低价收购该古画,伙同某艺术品鉴定家孟某欺骗钱某该画是赝品,价值不超过 10 万元,钱某信以为真。后钱某以 15 万元将古画卖给了不知情的陈某。关于本案,下列哪一选项是正确的?(   )(2019/02/09,单)

A. 因陈某乘人之危,钱某可以撤销与陈某的买卖合同

B. 因遭受高某欺诈,钱某可以撤销与陈某的买卖合同

C. 属于重大误解,钱某可以撤销与陈某的买卖合同

D. 属于显失公平,钱某可以撤销与陈某的买卖合同

7. 2017 年 11 月 16 日,顾某接到某商城销售经理詹某电话,请他帮忙发送商城的销售广告,约定一条短信 0.1 元。后顾某在朋友的介绍下花 1 万元购买了伪基站设备,并驾驶面包车携带该设备在市区范围内群发广告。11 月 20 日下午,顾某还没有拿到自己的工钱就被公安机关抓获。经查,顾某已群发短信 10 万条,并获取 10 万个手机用户信息并将该信息出卖给了一家房地产开发公司,获益 1 万元。关于本案,下列哪些说法是正确的?(   )(2018/02/16,多)

A. 顾某和詹某之间的约定无效

B. 顾某和詹某之间的约定效力待定

C. 顾某可以请求詹某给付自己 1 万元报酬

D. 顾某侵害了他人对其个人信息享有的民事权益

8. 小张从小天赋异禀,聪明伶俐。爷爷老张对孙子甚是喜爱。在小张 6 岁时,爷爷将家中祖传的一幅价值 200 万元的名画赠与小张。母亲刘某得知此事后,坚决表示反对。在小张 8 岁那年,爷爷又将自己价值 27500 元的欧米茄手表赠与小张。母亲刘某亦明确表示反对。关于本案,下列哪一说法是正确的?(   )(2018/02/02,单)

A. 爷爷将名画赠与小张的行为因纯获法律上的利益而有效

B. 爷爷将名画赠与小张的行为因母亲刘某反对而无效

C. 爷爷将手表赠与小张的行为因纯获法律上的利益而有效

D. 爷爷将手表赠与小张的行为因母亲刘某的反对而无效

9. 齐某扮成建筑工人模样,在工地旁摆放一尊廉价购得的旧蟾蜍石雕,冒充新挖出文物等待买主。甲曾以5000元从齐某处买过一尊同款石雕,发现被骗后正在和齐某交涉时,乙过来询问。甲有意让乙也上当,以便要回被骗款项,未等齐某开口便对乙说:"我之前从他这买了一个貔貅,转手就赚了,这个你不要我就要了。"乙信以为真,以5000元买下石雕。关于所涉民事法律行为的效力,下列哪一说法是正确的? ( )(2017/03/03,单)

A. 乙可向甲主张撤销其购买行为

B. 乙可向齐某主张撤销其购买行为

C. 甲不得向齐某主张撤销其购买行为

D. 乙的撤销权自购买行为发生之日起2年内不行使则消灭

10. 陈老伯考察郊区某新楼盘时,听销售经理介绍周边有轨道交通19号线,出行方便,便与开发商订立了商品房预售合同。后经了解,轨道交通19号线属市域铁路,并非地铁,无法使用老年卡,出行成本较高;此外,铁路房的升值空间小于地铁房。陈老伯深感懊悔。关于陈老伯可否反悔,下列哪一说法是正确的? ( )(2017/03/10,单)

A. 属认识错误,可主张撤销该预售合同

B. 属重大误解,可主张撤销该预售合同

C. 该预售合同显失公平,陈老伯可主张撤销该合同

D. 开发商并未欺诈陈老伯,该预售合同不能被撤销

11. 潘某去某地旅游,当地玉石资源丰富,且盛行"赌石"活动,买者购买原石后自行剖切,损益自负。潘某花5000元向某商家买了两块原石,切开后发现其中一块为极品玉石,市场估价上百万元。商家深觉不公,要求潘某退还该玉石或补交价款。对此,下列哪一选项是正确的? ( )(2016/03/03,单)

A. 商家无权要求潘某退货

B. 商家可基于公平原则要求潘某适当补偿

C. 商家可基于重大误解而主张撤销交易

D. 商家可基于显失公平而主张撤销交易

12. 某旅游地的纪念品商店出售秦始皇兵马俑的复制品,价签标名为"秦始皇兵马俑",2800元一个。王某购买了一个,次日,王某以其购买的"秦始皇兵马俑"为复制品而非真品属于欺诈为由,要求该商店退货并赔偿。下列哪些表述是错误的? ( )(2015/03/52,多)

A. 商店的行为不属于欺诈,真正的"秦始皇兵马俑"属于法律规定不能买卖的禁止流通物

B. 王某属于重大误解,可请求撤销买卖合同

C. 商店虽不构成积极欺诈,但构成消极欺诈,因其没有标明为复制品

D. 王某有权请求撤销合同,并可要求商店承担缔约过失责任

【答案】

1.B。《民法典》第146条。

2.D。《民法典》第147条。

3.CD。《民法典》第151条、第985条。

4.B。《民法典》第158条、第159条。

5. B。《民法典》第 151 条。

6. C。《民法典》第 147 条、第 149 条、第 151 条。

7. AD。《民法典》第 153 条、第 111 条。

8. C。《民法典》第 144 条、第 145 条。

9. B。《民法典》第 148 条、第 149 条、第 152 条。

10. D。《民法典》第 147 条、第 148 条、第 151 条。

11. A。《民法典》第 147 条、第 151 条。

12. BCD。《民法典》第 147 条、第 148 条。

案例讨论

1. 甲打算用自己多年的积蓄购买二手车一辆。经仔细挑选,甲看中一台别克君威轿车,标价 10 万元。甲找销售中心工作人员乙询问此车是否发生过交通事故,乙表示绝对不曾发生,甲于是付款提车。5 日后,甲的好友丙,曾就读于某著名大学汽车设计与制造专业,与甲一起驾此车外出,感觉到此车发动机声音听起来异常,于是建议甲对汽车进行详细检查。甲于是去某汽修部检查该车。经详细检查,该车曾经发生过严重交通事故。同时,汽车里程表也有问题,显示已行驶 5 万公里,其实已行驶了 8 万公里。于是,甲到二手车销售中心,表示要撤销合同,请求返还 10 万元价款及利息,并赔偿自己因购买该车而支出的费用。二手车销售中心表示不知道乙的不实陈述,拒绝甲之请求。

问:甲可以通过什么途径寻求救济,请阐明各自的请求权基础及理由。

2. 甲在老伴亡故后与独生子相依为命。近日,儿子感染疾病,但苦于无钱治疗,十分着急。邻居乙一直想购买甲收藏的一幅清朝古画,因甲不想出卖而不得。这次,乙认为机会来了,遂找到了甲,提出以 15 万元的价格购买该幅实际价值 50 万元的古画。甲因仓促之间还无法找到其他买主,不得已答应了这桩买卖。双方交货付款完毕。后甲的儿子终因不治身亡,甲十分痛心,心灰意冷,明确表示不再追究乙的责任。逾半月,甲终因过度伤心也亡故了。甲的弟弟丙继承了甲的遗产,得知甲与乙的买卖合同后,要求乙补足价款或者返还古画,乙不允,丙遂诉至法院。

问:(1)甲与乙之间的古画买卖行为效力如何? 为什么?

(2)丙是否有权请求撤销该买卖行为? 为什么?

第五讲 代 理

经典案例

【案情】撞伤儿童离开被阻猝死索赔案

郭某林在某小区骑自行车时将在小区内玩耍的五岁男童罗某某撞倒在地,造成罗某某右颌受伤出血。同为该小区居民的孙某见状后,马上找人联系罗某某家长,并告知郭某林应等待罗某某家长前来处理。郭某林称是罗某某撞了自己，欲先离开。因此，郭某林与孙某发生言语争执。孙某站在自行车前阻拦郭某林，不让郭某林离开。郭某林情绪激动，称此事应交由110处理，随后将自行车停好，并坐在石墩上等候，郭某林坐下后不到两分钟即倒地。孙某拨打120急救电话，医护人员赶到现场即对郭某林实施抢救。郭某林经抢救无效，因心脏骤停死亡。刘某某、郭某丽、郭某双作为郭某林的配偶及子女，起诉请求孙某及小区物业公司承担赔偿责任共计40余万元，并要求孙某赔礼道歉。

信阳市平桥区人民法院认为，孙某见到郭某林将罗某某撞倒在地后，让郭某林等待罗某某的家长前来处理相关事宜，其目的在于保护儿童利益，该行为符合常理，不仅不具有违法性，还具有正当性，应当给予肯定与支持。孙某与郭某林在事发前并不认识，孙某不知道郭某林身体健康状况，孙某在阻拦过程中虽与郭某林发生言语争执，但孙某的言语并不过激，其阻拦方式和内容均在正常限度之内，阻拦行为本身不会造成郭某林死亡的结果。在郭某林倒地后，孙某及时拨打120急救热线救助，郭某林在抢救过程中因心脏骤停而不幸死亡，孙某的阻拦行为与郭某林的死亡结果不存在法律上的因果关系，孙某亦不存在过错，其不应承担侵权责任。关于某物业公司应否承担责任的问题。郭某林与罗某某相撞的地点为小区居民休闲娱乐广场，该地点并不是行人及非机动车的专用通道，没有证据证明罗某某及其他人员在该地点进行休闲娱乐超过一定的限度，进而影响了正常通行和公共秩序。事故的发生原因并不是小区内正常通行受阻的结果，不能归咎于物业公司管理不善。在郭某林与孙某争执过程中，某物业公司保安人员前去相劝，履行了相应的管理职责。某物业公司对郭某林的死亡不存在过错，不应承担侵权责任。

点评：当郭某林在某小区骑自行车时将五岁男童罗某某撞倒在地后同为该小区居民的孙某挺身而出，孙某是否有合法身份代表罗某某向郭某林主张权利？其既不是罗某某的法定代理人，亦不是委托代理人，但好心人孙某对侵害儿童权益的行为进行合理的阻止，不仅不具有违法性，反而具有正当性，值得肯定和鼓励。本案判决好心人不担责，向社会公众明确传递出法律保护善人善举的信号，消除了老百姓对助人为乐反而官司缠身的担心和顾虑，让"扶不扶""救不救"等问题不再成为困扰社会的两难选择。本案裁判对弘扬诚信相待、友善共处、守望相助的社会主义核心价值观起到了积极的宣传和引导作用。

知识梳理

一、代理权的概念和类型

(一)代理的概念和特征

代理，是指代理人依据代理权，以被代理人的名义与第三人实施民事法律行为而后果由被代理人承担的法律制度。代理的特征：

1. 代理人实施的行为原则上须是民事法律行为。主要包括：

(1)申请行为，即请求国家有关部门授予某种资格或特许权的行为，如行政许可的申请、专利申请、商标申请等行为。

(2)申报行为，即向国家有关部门履行法定告知义务和给付义务的行为，如代理缴税。

（3）诉讼行为，即在民事诉讼、行政诉讼和刑事附带民事诉讼中，作为原告、被告或者第三人的诉讼代理人参加诉讼。

但是，下列行为不得代理：

（1）意思表示具有严格人身性质，必须由本人亲自表达、作出决定的行为，如订立遗嘱、婚姻登记、收养或送养子女等。

（2）法律规定或当事人约定应当由特定的人亲自为之的行为，如演出、讲课等。

（3）违法行为不可代理。《民法典》第 167 条："代理人知道或者应当知道代理事项违法仍然实施代理行为，或者被代理人知道或者应当知道代理人的代理行为违法未作反对表示的，被代理人和代理人应当承担连带责任。"

2. 代理人必须以被代理人的名义实施民事法律行为。

3. 代理人必须在代理权限范围内实施代理行为。

4. 代理人独立实施民事法律行为。

5. 代理行为的法律效果直接归属于被代理人。

（二）代理的类型

1. 以代理权的产生根据不同划分——委托代理、法定代理

（1）委托代理，又称意定代理，是指代理权基于被代理人的委托授权而发生的代理。

委托代理授权通常采用授权书的形式。《民法典》第 165 条："委托代理授权采用书面形式的，授权委托书应当载明代理人的姓名或者名称、代理事项、权限和期限，并由被代理人签名或者盖章。"

【注意】委托授权书是单方行为，被代理人可以授权限制行为能力人作为代理人。

（2）法定代理，是指代理权基于法律的规定而产生的代理。

2. 以代理权的来源不同划分——本代理、复代理

（1）本代理，是指由本人选择代理人或直接由法律规定产生代理人的代理。

（2）复代理，是指由代理人基于复任权选定他人担任被代理人的代理人的代理。《民法典》第 169 条称之为"转委托代理"。

①复任权的发生＝约定＋法定

约定：代理人需要转委托第三人代理的，应当取得被代理人的同意或者追认。

法定：在紧急情况下为了维护被代理人的利益需要转委托第三任代理的，无须经被代理人同意。"紧急情况"是指由于急病、通信联络中断等特殊原因，委托代理人自己不能办理代理事项，又不能与被代理人及时取得联系的，如不及时转托他人代理，会给被代理人的利益造成损失或者扩大损失的情形。

②复代理的责任承担

《民法典》第 169 条第 2 款、第 3 款："转委托代理经被代理人同意或者追认的，被代理人可以就代理事务直接指示转委托的第三人，代理人仅就第三人的选任以及对第三人的指示承担责任。

转委托代理未经被代理人同意或者追认的，代理人应当对转委托的第三人的行为承担责任；但是，在紧急情况下代理人为了维护被代理人的利益需要转委托第三人代理的除外。"

3. 以是否以本人名义为标准划分——直接代理与间接代理

（1）直接代理，是指代理人以被代理人的名义从事法律行为，后果由被代理人承担的代理。

（2）间接代理，是指代理人以自己的名义从事代理活动，后果间接由本人承担的代理。

根据《合同法》的规定，间接代理根据相对人是否知道代理关系的存在，又可以分为显名的间接代理和隐名的间接代理。

①显名的间接代理，是指受托人以自己的名义订立合同，而相对人在订立合同时知道受托人与委托人内部的委托关系。根据《民法典》第 925 条的规定，该合同原则上直接约束委托人和第三人。当第三人未履行义务，委托人直接请求第三人承担违约责任；当委托人未履行义务，第三人直接请求委托人承担违约责任。但是，有确切证据证明该合同只约束受托人和第三人的，委托人不直接承担责任。

②隐名的间接代理，是指受托人以自己的名义订立合同，而相对人在订立合同时不知道受托人与委托人内部的委托关系。根据《民法典》第 926 条的规定，该合同原则上约束受托人与第三人。当第三人未履行义务，受托人应当向委托人披露第三人；委托人因此享有介入权，行使对第三人的权利。但第三人排斥该委托人时除外。当委托人未履行义务，受托人应当向第三人披露委托人；第三人有选择权，可选择受托人或委托人主张权利，选定后不可变更。委托人介入的，第三人可以主张对受托人的抗辩；第三人选定委托人的，委托人可主张其对受托人的抗辩以及受托人对第三人的抗辩。

【例】甲委托乙销售一批服装并交付，乙经甲同意转委托给丙。丙以其名义与丁签订了买卖合同，约定将这批服装以高于市场价 10% 的价格卖给丁，并赠送其一批丝巾。丙因此与戊签订了丝巾买卖合同。丙依约定交付服装，但因戊不能向丙交付丝巾，导致丙无法向丁交付丝巾。丁拒绝向丙支付服装款。问：如何解决该纠纷？

分析：丙为甲的复代理人，与甲构成隐名的间接代理。因相对人丁违约，受托人丙应向委托人甲披露第三人丁，委托人甲可以行使介入权。基于合同的相对性，应当由丙向戊主张违约责任。

二、代理权

代理权不是一种权利，而是一种资格和地位。代理权行使的规则：

1. 代理人必须自己处理委托事务；

2. 代理人应当积极行使代理权，尽勤勉和谨慎的义务；

3. 禁止滥用代理权。

代理权滥用，是指代理人在行使代理权过程中损害被代理人利益的行为。法律为了禁止这种违背代理权设置目的的行为，设置了以下限制性措施：

（1）自己代理（原则禁止，例外允许）

《民法典》第 168 条第 1 款：代理人不得以被代理人的名义与自己实施民事法律行为，但是被代理人同意或者追认的除外。

（2）双方代理（原则禁止，例外允许）

《民法典》第 168 条第 2 款：代理人不得以被代理人的名义与自己同时代理的其他人实施民事法律行为，但是被代理的双方同意或者追认的除外。

（3）通谋代理

代理人和第三人恶意串通，损害被代理人的利益的，由代理人和第三人负连带责任。

【例1】A公司员工甲受公司委托从B公司订购了一批空调，A公司对空调单价未作明确规定。甲与B公司私下商定将空调单价比正常售价提高200元，B公司给甲每台50元的回扣。商定后，甲以A公司名义与B公司签订了买卖合同。问：A公司可否拒绝承认该买卖合同？

分析：可以，甲的行为属于有权代理，但是代理人甲与B公司恶意串通损害了A公司的利益，A公司有权主张该合同无效，并要求甲和B公司承担连带责任。

【例2】甲乙系夫妻，有丙丁两个儿子。2016年甲在某律师事务所律师戊的见证下办理了代书遗嘱，并聘请戊为其遗嘱执行人。之后，甲去世，戊先后与丙、丁签订协议书，约定其按照遗嘱的内容办理各种手续，且受聘为丙、丁的法律顾问与财务顾问，审计继承财产以及保证充分兑现丙、丁的继承权利。两个月后，戊分别向乙（精神病患者，丙为其代理人）、丙出具收到遗嘱析产代理费的收据，收款人为律所，但其并未将款项交予律所。同月，戊按照甲生前所立遗嘱分配完毕了甲的遗产。因甲生前指定戊为遗嘱执行人，但未对报酬作出约定。甲死后，戊又与部分遗产继承人就执行遗产相关事宜签订了委托代理协议，乙、丙、丁认为戊构成双方代理，向法院起诉，请求确认执行遗嘱协议书无效，并向其返还遗嘱析产代理费。问：执行遗嘱的律师与继承人就遗嘱执行签订协议，是否属于双方代理？

分析：不构成。甲生前与戊签订委托代理合同，由戊代书遗嘱，并担任遗嘱执行人。甲去世后，继承人丙、丁与戊签订协议，聘任戊为其审计继承财产以保证其充分实现继承权利。因甲和丙、丁并不存在利益对立的关系，且戊在与丙、丁签订上述协议时，甲已去世，戊是按照遗嘱的规定处分甲的财产，处分遗产的行为并不掺杂戊的个人意见。戊作为遗嘱执行人又作为遗嘱析产代理人的行为不属于双方代理，其代理行为有效。

三、无权代理

（一）狭义的无权代理

狭义的无权代理，是指欠缺代理权而以被代理人名义实施民事法律行为。包括：

1. 根本未经被代理人授权；
2. 超越代理权范围而为代理行为；
3. 代理权终止后仍实施代理行为。

（二）无权代理的效力

《民法典》第171条："行为人没有代理权、超越代理权或者代理权终止后，仍然实施代理行为，未经被代理人追认的，对被代理人不发生效力。相对人可以催告被代理人自收到通知之日起一个月内予以追认。被代理人未作表示的，视为拒绝追认。行为人实施的行为被追认前，善意相对人有撤销的权利。撤销应当以通知的方式作出。行为人实施的行为未被追认的，善意相对人有权请求行为赔偿，但是赔偿的范围不得超过被代理人追认时相对人所能获得的利益。相对人知道或者应当知道行为人无权代理的，相对人和行为人按照各自的过错承担责任。"

1. 无权代理的民事法律行为是效力待定的法律行为。

2. 代理人享有追认权。追认可以是明示或默示，但不得以沉默的方式行使，即被代理人面对催告未作表示的，视为拒绝追认。

3. 若法律行为发生时，被代理人明知而不表示反对的，视为默示的授权。

4. 追认的意思到达相对人时生效，但该合同溯及订立时生效。

5. 善意相对人在行为未被追认时的选择权：有权请求行为人履行债务，或者就其收到的损害请求行为人赔偿。

四、表见代理

表见代理，是指行为人没有代理权、超越代理权或者代理权终止后，仍然以被代理人名义实施代理行为，相对人有理由相信行为人有代理权的，该代理行为有效。

1. 表见代理的构成要件

(1)无代理权。

(2)有权利外观(如授权委托书、介绍信、盖有公章的空白合同书、长期的业务往来关系、交易习惯等)。

不构成表见代理的常见情形：(1)行为人伪造他人的公章、合同书或者授权委托书等，假冒他人的名义实施民事法律行为的；(2)被代理人的公章、合同书或者授权委托书等遗失、被盗，或者与行为人特定的职务关系已经终止，并且已经以合理方式公告或者通知，相对人应当知悉的；(3)法人的一般工作人员并无特别授权表征的，不能推定相对人有理由相信其有代理权的；(4)出借公章、合同专用章或介绍信的，借用人与出借人对于发生的法律行为共同承担责任，排除表见代理的适用。

(3)相对人善意且无过失。

(4)相对人与无权代理人成立法律行为。

2. 本质：无权代理

3. 法律效果：代理有效

表见代理和有权代理同样的效力，即代理人从事代理行为的后果直接归属于被代理人。

☞ 真题试接

1. 肖某系甲烟草公司经理，因违纪被开除，后伪造公章，于5月25日以甲公司的名义与不知情的乙公司约定，向乙公司出售烟草50箱，价款50万元。6月1日，乙公司得知肖某被开除，询问甲公司是否认可该合同。6月10日，甲公司通知乙公司不承认肖某所订立的香烟合同。下列说法正确的是(　　)。(2020/02/21，多)

A.6月10日后，乙公司有权请求肖某赔偿损失

B.6月10日后，乙公司有权请求甲公司履行合同

C.6月10日后，乙公司有权请求肖某履行合同

D.6月10日前，乙公司有权通知甲公司撤销

2. 乔某是九环公司分公司负责人，因个人经商，欠郑某一千万。郑某要求在欠条保证人一栏中，加盖九环公司分公司单位印章。乔某称，自己的授权范围不足如此，且出示了相关授权文件证明，但郑某坚持加盖印章，乔某最终答应。关于本案，下列说法正确的有（　　）。(2019/02/10，多)

A. 乔某的行为属于表见代理　　　B. 九环公司应承担保证责任

C. 乔某行为构成无权代理　　　　D. 九环公司不承担保证责任

3. 甲公司与15周岁的网络奇才陈某签订委托合同，授权陈某为甲公司购买价值不超过50万元的软件。陈某的父母知道后，明确表示反对。关于委托合同和代理权授予的效力，下列哪一表述是正确的有（　　）。(2015/03/04，单)

A. 均无效，因陈某的父母拒绝追认

B. 均有效，因委托合同仅需简单智力投入，不会损害陈某的利益，其父母是否追认并不重要

C. 是否有效，需确认陈某的真实意思，其父母拒绝追认，甲公司可向人民法院起诉请求确认委托合同的效力

D. 委托合同因陈某的父母不追认而无效，但代理权授予是单方法律行为，无须追认即有效

4. 吴某是甲公司员工，持有甲公司授权委托书。吴某与温某签订了借款合同，该合同由温某签字、吴某用甲公司合同专用章盖章。后温某要求甲公司还款。下列哪些情形有助于甲公司否定吴某的行为构成表见代理？（　　）(2014/03/52，多)

A. 温某明知借款合同上的盖章是甲公司合同专用章而非甲公司公章，未表示反对

B. 温某未与甲公司核实，即将借款交给吴某

C. 吴某出示的甲公司授权委托书载明甲公司仅授权吴某参加投标活动

D. 吴某出示的甲公司空白授权委托书已届期

5. 张某到王某家聊天，王某去厕所时张某帮其接听了刘某打来的电话。刘某欲向王某订购一批货物，请张某转告，张某应允。随后张某感到有利可图，没有向王某转告订购之事，而是自己低价购进了刘某所需货物，以王某名义交货并收取了刘某货款。关于张某将货物出卖给刘某的行为的性质，下列哪些说法是正确的？（　　）(2010/03/51，多)

A. 无权代理　　B. 无因管理　　C. 不当得利　　D. 效力待定

【答案】

1. ACD。《民法典》第171条。

2. CD。《民法典》第171条、第172条。

3. D。《民法典》第145条、第162条。

4. CD。《民法典》第172条。

5. AD。《民法典》第121条、第171条。

案例讨论

1. 甲授权乙，让乙以12000元购买一块手表，但乙在订立合同之时，错误表述为

21000 元。

问:(1)合同可否撤销?

(2)撤销权应该归谁享有?为什么?

(3)被代理人在什么情况下有必要通过行使撤销权以保护自己的合法权利?

(4)如果被代理人以重大误解为由撤销合同,会产生什么法律后果?

2. 甲有儿子乙(8 岁)和丙(4 岁)。甲赠与 A 房给乙,赠与 B 房给丙,并办理了过户登记。丁需要租赁房屋 2 套,于是委托甲,并授权甲代自己租赁房屋。甲一方面代理乙和丙,一方面代理丁,分别订立了乙丁之间、丙丁之间的租赁合同。

问:(1)甲乙之间、甲丙之间的赠与合同是否有效?乙丙可否获得房屋的所有权?

(2)乙丁之间、丙丁之间的租赁合同是否有效?

第六讲　诉讼时效

经典案例

【案情】董存瑞、黄继光英雄烈士名誉权纠纷公益诉讼案

瞿某某在其经营的网络店铺中出售两款贴画,一款印有"董存瑞舍身炸碉堡"形象及显著文字"连长你骗我!两面都有胶!!",另一款印有"黄继光舍身堵机枪口"形象及显著文字"为了妹子,哥愿意往火坑跳"。杭州市某居民在该店购买了上述印有董存瑞、黄继光宣传形象及配文的贴画后,认为案涉网店经营者侵害了董存瑞、黄继光的名誉并伤害了其爱国情感,遂向杭州市西湖区检察院举报。西湖区检察院发布公告通知董存瑞、黄继光近亲属提起民事诉讼。公告期满后,无符合条件的原告起诉,西湖区检察院遂向杭州互联网法院提起民事公益诉讼。杭州互联网法院认为,英雄烈士是国家的精神坐标,是民族的不朽脊梁。英雄烈士董存瑞在解放战争中舍身炸碉堡、英雄烈士黄继光在抗美援朝战争中舍身堵枪眼,用鲜血和生命谱写了惊天动地的壮歌,体现了崇高的革命气节和伟大的爱国精神,是社会主义核心价值观的重要体现。任何人都不得歪曲、丑化、亵渎、否定英雄烈士的事迹和精神。被告瞿某某作为中华人民共和国公民,应当崇尚、铭记、学习、捍卫英雄烈士,不得侮辱、诽谤英雄烈士的名誉。其通过网络平台销售亵渎英雄烈士形象贴画的行为,已对英雄烈士名誉造成贬损,且主观上属明知,构成对董存瑞、黄继光的名誉侵权。同时,被告瞿某某多年从事网店销售活动,应知图片一经发布即可能被不特定人群查看,商品一经上线便可能扩散到全国各地,但其仍然在网络平台上发布、销售上述贴画,造成了恶劣的社会影响,损害了社会公共利益,依法应当承担民事法律责任。该院判决瞿某某立即停止侵害英雄烈士董存瑞、黄继光名誉权的行为,即销毁库存、不得再继续销售案涉贴画,并于判决生效之日起十日内在国家级媒体公开赔礼道歉、消除影响。

点评:根据《民法典》第 196 条的规定,下列请求权不适用诉讼时效的规定:(1)请求停止侵害、排除妨碍、消除危险;(2)不动产物权和登记的动产物权的权利人请求返还财产;(3)请求支付抚养费、赡养费或者扶养费;(4)依法不适用诉讼时效的其他请求权。西湖区检察院提起民事公益诉讼，要求停止侵害英雄烈士董存瑞、黄继光名誉权的行为不受时效限制。董存瑞、黄继光等英雄烈士的事迹和精神是中华民族共同的历史记忆和宝贵的精神财富。对英烈事迹的亵渎，不仅侵害了英烈本人的名誉权，给英烈亲属造成精神痛苦，也伤害了社会公众的民族和历史感情，损害了社会公共利益。互联网名誉侵权案件具有传播速度快、社会影响大等特点，这两案系全国首次通过互联网审理涉英烈保护民事公益诉讼案件，明确侵权结果发生地法院对互联网民事公益诉讼案件具有管辖权，有利于高效、精准地打击利用互联网侵害英雄烈士权益的不法行为，为网络空间注入尊崇英雄、热爱英雄、景仰英雄的法治能量。

知识梳理

一、诉讼时效概述

诉讼时效是指债权人在法定期间内不行使债权请求权，相对人就可以据此行使抗辩权的法律制度。

(一)性质

根据《民法典》第 197 条的规定，诉讼时效为法律的强制性规定，当事人之间对于诉讼时效的事先约定不具有效力。

(二)诉讼时效经过的法律后果

1. 时效抗辩说

《最高人民法院关于审理民事案件适用诉讼时效制度若干问题的规定》（以下简称《诉讼时效规定》）及《民法典》采用了时效抗辩说。诉讼时效期间届满，义务人可以提出不履行义务的抗辩。

2. 诉讼时效抗辩的提出

(1)《民法典》第 193 条：人民法院不得主动适用诉讼时效的规定。

(2)诉讼时效抗辩应当在一审时提出。若一审未提出抗辩的，二审原则上不再行使，但其基于新的证据能够证明对方当事人的请求权已过诉讼时效期间的情形除外。

(3)诉讼时效经过后主动履行：不构成不当得利。

(4)诉讼时效期间届满，当事人一方向对方当事人作出同意履行义务的意思表示或者自愿履行义务的，视为放弃诉讼时效抗辩，不得再以诉讼时效期间届满为由进行抗辩，应当依照请求履行债务。

【例】甲公司向乙公司催讨一笔已过诉讼时效期限的 10 万元货款。乙公司书面答复称："该笔债务已过时效期限，本公司本无义务偿还，但鉴于双方的长期合作关系，可偿还 3 万元。"甲公司遂向法院起诉，要求偿还 10 万元。乙公司接到应诉通知后书面回函甲公司称："既然你公司起诉，则不再偿还任何货款。"问：乙公司是否需要偿还货款，要偿还多少？

分析：诉讼时效期间届满的，义务人可以提出不履行义务的抗辩。但如果义务人同意履行的，不得以诉讼时效期间届满为由抗辩。乙公司书面答复的效力在于其同意履行 3 万元的意思表示,则意味着这"3万元"不再受上述时效的限制,乙公司需要向甲公司偿还3万元。

(三)诉讼时效的适用范围

1. 诉讼时效的适用对象

诉讼时效主要适用于债权请求权,此外,还能适用于未登记的动产物权的权利人请求返还财产的权利。债权请求权包括合同债权请求权、侵权请求权、不当得利请求权、无因管理请求权、缔约过失请求权。

【注意】传统民法认为,物权请求权均不适用诉讼时效。为了促使权利人及时行使返还原物请求权,《民法典》特别规定,有例外:未登记的动产物权的权利人请求返还财产的,受诉讼时效的限制。举例:甲有一电脑,借给好友乙使用,乙占有期间将电脑丢失,被甲的好友丙拾得。甲得知后,碍于与丙的情面一直未主张返还。3年后,甲、丙交恶,甲提出丙的电脑为其所有,要求丙返还。因为电脑为未登记的动产,丙可提出诉讼时效已经经过的抗辩而拒绝返还。

2. 不适用诉讼时效的请求权

(1)《民法典》第196条规定不适用诉讼时效的请求权:

①请求停止侵害、排除妨碍、消除危险;

②不动产物权和登记的动产物权的权利人请求返还财产;

③请求支付抚养费、赡养费或者扶养费;

④依法不适用诉讼时效的其他请求权。

(2)《诉讼时效规定》规定的不适用诉讼时效的债权请求权:

①支付存款本金及利息请求权;

②兑付国债、金融债券以及向不特定对象发行的企业债券本息请求权;

③基于投资关系产生的缴付出资请求权;

④其他依法不适用诉讼时效规定的债权请求权。

二、诉讼时效的期间

(一)普通诉讼时效

普通诉讼时效为3年,自知道或应当知道权利受侵害及义务人之日起算。(《民法典》第188条)

(二)特殊诉讼时效

1. 4年:国际货物买卖合同、技术进出口合同纠纷。(《民法典》第594条)

2. 5年:人寿保险的被保险人或者受益人对保险人请求给付保险金的权利,自其知道保险事故发生之日起5年内不行使而消灭。(《中华人民共和国保险法》第26条)

(三)最长诉讼时效

根据《民法典》第188条的规定,自权利被侵害之日起算超过20年,人民法院不予保护。不适用中止和中断,但可延长。

三、诉讼时效的起算

（一）一般规定

《民法典》第188条第2款："诉讼时效期间自权利人知道或者应当知道权利受到损害以及义务人之日起计算。法律另有规定的，依照其规定。"

【注意】增加了"知道义务人"。举例：甲驾车超速撞伤正在路上正常行走的乙后逃逸。1年后，乙才知道甲为肇事者。若乙被撞伤即起算时效，显然人为缩短了乙主张权利的诉讼时效期间。因此作了此规定。

（二）特殊规定

1. 离婚之后发现另一方隐藏、转移、变卖、毁损、挥霍夫妻共同财产，或者伪造夫妻共同债务企图侵占另一方财产，请求再次分割夫妻共同财产的，自当事人发现之日起计算。[《最高人民法院关于适用〈中华人民共和国民法典〉婚姻家庭编的解释（一）》第84条]

2. 合同之债

（1）定有清偿期的：从清偿期届满之日起算。

（2）不能确定清偿期的：从债权人要求债务人履行义务的宽限期届满之日起算，但债务人在债权人第一次向其主张权利之时明确表示不履行义务的，诉讼时效期间从债务人明确表示不履行义务之日起算。

（3）分期履行的合同：自最后一期届满之日起算。（《民法典》第189条）

（4）合同撤销后返还之债：被撤销之日起算。

3. 侵权之债

（1）人身侵权赔偿：当即发现，侵害发生之日起算；当时未发现，伤势确诊之日起算。

（2）未成年人遭性侵：自受害人年满18周岁之日起算。（《民法典》第191条）

（3）无或限制民事行为能力人对其法定代理人的请求权的诉讼时效期间：自该法定代理终止日起计算。（《民法典》第190条）

4. 不当得利之债（《诉讼时效规定》第8条）

自知道或应当知道不当得利事实及对方当事人之日起计算。

5. 无因管理之债（《诉讼时效规定》第9条）

（1）管理人请求必要费用：行为结束并且知道本人之日起算。

（2）本人请求损害赔偿：知道或应当知道管理人及损害事实之日起算。

四、诉讼时效的中止、中断、延长

（一）诉讼时效中止

《民法典》第194条：在诉讼时效期间的最后6个月内，因下列障碍，不能行使请求权的，诉讼时效中止：（1）不可抗力；（2）无民事行为能力人或者限制民事行为能力人没有法定代理人，或者法定代理人死亡、丧失民事行为能力、丧失代理权；（3）继承开始后未确定继承人或者遗产管理人；（4）权利人被义务人或者其他人控制；（5）其他导致权利人不能行使请求权的障碍。自中止时效的原因消除之日起满6个月,诉讼时效期间届满。

1. 导致中止的事由均为客观原因。

2. 中止的事由存在于诉讼时效期间临届满的最后6个月内。

(1)如果该事由在最后6个月前消除,则不发生时效中止;

(2)如果在最后6个月之前发生的,持续到最后6个月内,自其进入后的第一天开始时效中止;

(3)如果发生在最后6个月内,则立即中止。

3. 无论何时中止,均是在中止事由消失后继续计算6个月。

【例】2014年12月31日,甲被人打伤,但直至2015年4月30日甲才知到打伤他的人是乙。2017年12月5日至14日,甲因所在地发生地震,无法与外界联系。甲向人民法院起诉要求乙承担侵权责任,不会遭到乙的时效抗辩的最后日期是什么时候?

分析:本案从2015年4月30日,知道加害人起算时效,正常届满日为2018年4月30日。2017年12月5日至14日,在时效临届满最后6个月内,因为发生地震时效中止,待原因消失后,再加上6个月届满。因此,从2017年12月15日开始,加上6个月,届满日期为2018年6月14日。

(二)诉讼时效的中断

《民法典》第195条:有下列情形之一的,诉讼时效中断,从中断、有关程序终结时起,诉讼时效期间重新计算:(1)权利人向义务人提出履行请求;(2)义务人同意履行义务;(3)权利人提起诉讼或者申请仲裁;(4)与提起诉讼或者申请仲裁具有同等效力的其他情形。

1. 中断事由

(1)权利人向义务人提出履行请求的。

根据《诉讼时效规定》第10条的规定,具有下列情形之一的,应当认定为"当事人一方提出要求",产生诉讼时效中断的效力:

①当事人一方直接向对方当事人送交主张权利文书,对方当事人在文书上签字、盖章或者虽未签字、盖章但能够以其他方式证明该文书到达对方当事人的;

②当事人一方以发送信件或者数据电文方式主张权利,信件或者数据电文到达或者应当到达对方当事人的;

③当事人一方为金融机构,依照法律规定或者当事人约定从对方当事人账户中扣收欠款本息的;

④当事人一方下落不明,对方当事人在国家级或者下落不明的当事人一方住所地的省级有影响的媒体上刊登具有主张权利内容的公告的,但法律和司法解释另有特别规定的,适用其规定。

(2)义务人同意履行义务的。

根据《诉讼时效规定》第16条的规定,义务人作出分期履行、部分履行、提供担保、请求延期履行、制订清偿债务计划等承诺或者行为的,应当认定为"义务人同意履行义务"。

(3)权利人提起诉讼或者申请仲裁的。

(4)与提起诉讼或者申请仲裁具有同等效力的其他情形。

包括:①申请支付令;②申请破产、申报破产债权;③为主张权利而申请宣告义务人失踪或死亡;④申请诉前财产保全、诉前临时禁令等诉前措施;⑤申请强制执行;⑥申请追加当事人或者被通知参加诉讼;⑦在诉讼中主张抵销;⑧其他与提起诉讼具有同等诉讼时效中断效力的事项;⑨债权人向相关部门提出权利保护请求或者提出控告。

2. 中断的效力

诉讼时效中断,已经经过的时效期间归于无效,从中断或者有关程序终结时起,诉讼时效重新计算。

【例】甲于 2015 年 3 月 5 日向乙借款 20000 元,约定一个月后归还。因甲到期未偿还借款,乙于 2016 年 6 月 3 日向人民法院提起诉讼,要求甲归还欠款本息。人民法院受理后,乙于 2016 年 6 月 15 日申请撤诉,人民法院于当日裁定准许。后来,因甲一直不还钱,乙于 2018 年 5 月 10 日再次提起诉讼,甲则以诉讼时效已过为由提出抗辩。问:债权人乙提起诉讼后又撤诉的,能否发生诉讼时效中断?

分析:虽然诉的撤诉视为未起诉,但毕竟代表债权人曾向债务人主张过权利,故起诉文书送达被告或已口头告知债务人的,可以认定诉讼时效中断。

(三)诉讼时效的延长

《民法典》第 188 条第 2 款:"诉讼时效期间自权利人知道或者应当知道权利受到损害以及义务人之日起计算。法律另有规定的,依照其规定。但是自权利受到损害之日起超过二十年的,人民法院不予保护;有特殊情况的,人民法院可以根据权利人的申请决定延长。"

真题试接

1. 下列请求权不适用诉讼时效的有( )。(2018/02/17,多)
A. 孟某与王某的房屋相邻,王某装修房屋将大量建筑垃圾堆放在门前妨碍孟某的通行,孟某请求王某排除妨碍的权利
B. 孟某将自己的房屋出租给曹某居住,租期届满后,孟某基于所有权人的身份请求曹某搬离房屋的权利
C. 孟某的宝马轿车(登记在孟某名下)被徐某强行夺走,孟某基于所有权人的身份请求徐某返还宝马轿车的权利
D. 孟某与妻子刘某离婚,法院判决婚生子小孟(6 岁)与刘某共同生活,孟某按月给付抚养费,小孟请求孟某给付抚养费的权利

2. 甲公司开发的系列楼盘由乙公司负责安装电梯设备。乙公司完工并验收合格投入使用后,甲公司一直未支付工程款,乙公司也未催要。诉讼时效期间届满后,乙公司组织工人到甲公司讨要。因高级管理人员均不在,甲公司新录用的法务小王,擅自以公司名义签署了同意履行付款义务的承诺函,工人们才散去。其后,乙公司提起诉讼。关于本案的诉讼时效,下列哪一说法是正确的?( )(2017/03/04,单)
A. 甲公司仍可主张诉讼时效抗辩
B. 因乙公司提起诉讼,诉讼时效中断

C. 法院可主动适用诉讼时效的规定

D. 因甲公司同意履行债务,其不能再主张诉讼时效抗辩

3. 下列哪些请求不适用诉讼时效?(　　)(2014/03/53,多)

A. 当事人请求撤销合同

B. 当事人请求确认合同无效

C. 业主大会请求业主缴付公共维修基金

D. 按份共有人请求分割共有物

4. 甲为自己的车向乙公司投保第三者责任险,保险期间内甲车与丙车追尾,甲负全责。丙在事故后不断索赔未果,直至事故后第 3 年,甲同意赔款,甲友丁为此提供保证。再过 1 年,因甲、丁拒绝履行,丙要求乙公司承担保险责任。关于诉讼时效的抗辩,下列哪些表述是错误的?(　　)(2013/03/54,多)

A. 甲有权以侵权之债诉讼时效已过为由不向丙支付赔款

B. 丁有权以侵权之债诉讼时效已过为由不承担保证责任

C. 乙公司有权以侵权之债诉讼时效已过为由不承担保险责任

D. 乙公司有权以保险合同之债诉讼时效已过为由不承担保险责任

5. 关于诉讼时效,下列哪一选项是正确的?(　　)(2012/03/05,单)

A. 甲借乙 5 万元,向乙出具借条,约定 1 周之内归还。乙债权的诉讼时效期间从借条出具之日起计算

B. 甲对乙享有 10 万元货款债权,丙是连带保证人,甲对丙主张权利,会导致 10 万元货款债权诉讼时效中断

C. 甲向银行借款 100 万元,乙提供价值 80 万元房产作抵押,银行实现对乙的抵押权后,会导致剩余的 20 万元主债务诉讼时效中断

D. 甲为乙欠银行的 50 万元债务提供一般保证。甲不知 50 万元主债务诉讼时效期间届满,放弃先诉抗辩权,承担保证责任后不得向乙追偿

【答案】

1. ABCD。《民法典》第 196 条。

2. A。《民法典》第 192 条、第 193 条。

3. ABCD。《民法典》第 196 条。

4. ABCD。《民法典》第 188 条、第 195 条。

5. C。《民法典》第 188 条,《诉讼时效规定》第 11 条、第 17 条、第 21 条。

案例讨论

1. 材料一:2014 年甲因为做生意向乙借了 15 万元,约定 2017 年 10 月 10 日归还。甲届期没有还款,乙于 2017 年 11 月 11 日通过手机短信催促还款。

材料二:甲在 2015 年出售一批货物给乙,约定当年的 12 月 22 日交货,乙收货 4 个月后付款。乙没有如约付款。

材料三:2012 年甲借给乙 10 万元,写了借条,但是没有明确还款日期,后经甲催要,乙

承诺在 2016 年 1 月 15 日前还款。可是乙到期依然没有偿还。2016 年 3 月 5 日乙向甲表示,因为生活困难请求再延期一年,甲未同意。

问:(1)材料一中,乙若要通过诉讼实现债权,则时效何日届满?

(2)材料二中,甲若起诉乙,从哪一天开始就可能被驳回诉讼请求?

(3)材料三中,甲至迟应在哪一天起诉才能得到法院的支持?

2.1970 年出生的甲在 2015 年向人民法院起诉称:他 1 岁患病时到某医院治疗,静脉注射治疗时,输液的针头折断而留在腕部血管中。该医院为甲实施了手术,但手术失败,针头没有取出来。由于保护措施不当,针头顺血液流入肩部被卡住。医院为他再次进行手术。针头突然随血液通过心脏流到肺部,手术再次失败。当时医院承诺,今后终生为甲免费治疗。甲认为,45 年来针头一直留在他的肺部,给他和他的家属造成巨大精神压力。由于手术造成甲颈部歪斜,给其生活及工作带来极大不便。甲为此要求医院支付取针费 10 万元、残疾补助费 10 万元、精神损害赔偿金 20 万元。人民法院经审理认为:本案事故发生在 1971 年,《中华人民共和国民法通则》(以下简称《民法通则》)于 1987 年 1 月 1 日起施行时,甲的民事权利被侵害已超过 20 年。甲在《民法通则》实施后向人民法院请求保护,该诉讼时效依法应从 1987 年 1 月 1 日起计算,一年后诉讼时效期间完成。原告提出诉讼主张时,已经超过法律规定的时效期间。因此,人民法院驳回了原告的诉讼请求。

问:幼年时注射针头折断留在血管中,45 年后起诉能否因超过诉讼时效被驳回诉讼请求?

第二编 ━━━━━━━━━━━━━━━━━━━━━━━━━━━━━ ●

物　权

　　物权法律制度对维护国家基本经济制度,维护社会主义市场经济秩序,明确物的归属,发挥物的效用,保护权利人的物权,起着至关重要的作用。在加快建设中国特色社会主义法律体系背景下,总结了改革开放以来立法与实践的经验,《民法典》在原《中华人民共和国物权法》(以下简称《物权法》)的基础上进行了继承与更新。其坚持中国特色社会主义,贯彻中国特色社会主义法治理论,立足于国情,紧密联系群众,反映与群众息息相关的问题,以坚持和完善中国特色社会主义制度推进国家治理体系和治理能力现代化的理念,进一步从法律和生活上,满足人民群众对更美好生活的需要,同时也彰显了中国特色社会主义法律制度成果和制度自信。《民法典》物权编共 5 个分编、20 章、258 条。

　　第一,通则中,为贯彻《中共中央关于坚持和完善中国特色社会主义制度推进国家治理体系和治理能力现代化若干重大问题的决定》对社会主义基本经济制度有了新的表述,物权编将经济制度的规定修改为"国家坚持和完善公有制为主体、多种所有制经济共同发展,按劳分配为主体、多种分配方式并存,社会主义市场经济体制等社会主义基本经济制度"。这充分体现了社会主义市场经济本质上是法治经济。

　　第二,在所有权中,坚持以人民为中心的发展思想、实现人民对美好生活向往的重大立法举措。为解决近年来频繁发生的业主大会成立难、公共维修资金使用难等问题,以及在疫情防控大环境中,《民法典》物权编对业主建筑物区分所有权制度进行了完善;共有制度方面,增加了共有人同意方可处分共有物的情况,在物权变动上扩大了共有人的决议范围,明确不动产按份共有人优先购买权利的行使规则;将遗失物公告认领的时间期限进行了延长,加大了所有权人物权的保护力度;明确规定了物权因添附变动,物的所有权归属及赔偿、补偿的规则。

　　第三,关于用益物权,贯彻落实"实施好民法典是坚持以人民为中心、保障人民权益实现和发展的必然要求"的理念,体现了生活幸福各方面权利的平等保护。一是明确了住宅建设用地使用权的期限以及续期和相关费用问题。二是落实了农村承包地"三权分置"改革的要求,并与《中华人民共和国土地管理法》等作了衔接性规定。三是为贯彻党的十九大提出的加快建立多主体供给、多渠道保障住房制度的要求,增加规定"居住权"这一新型用益物权,坚持以人民为中心的发展思想,依法维护人民权益,推动我国人权事业发展。

第四,关于担保物权,将民间常见商业交易习惯变为法律制度,使其规范化,体现了我国目前经济高速发展下法律的开放性和包容性。一是扩大担保合同的范围,明确非典型担保合同的担保功能,增加规定担保合同。二是删除有关担保物权具体登记机构的规定。三是简化抵押合同和质押合同的一般条款。四是明确实现担保物权的统一受偿规则。五是增加担保物变价的自治空间。六是修正抵押物转让规则。七是把将有的应收账款纳入质押范围。

第六,占有。在具体制度上进行了修改与完善,为更好地解决纠纷,促进"物尽其用"提供制度保障。

总之,随着《民法典》的颁布实施,新物权制度的出现,中国特色社会主义法治体系将进一步完善,法治对国家治理体系和治理能力现代化固根本、稳预期、利长远的作用将更加突出,我国以人民为中心的发展、人权事业的进步必将走上新台阶。

《民法典》物权编体例

第一讲　物权基本原理

经典案例

【案情】恒冠公司与王某、尚源居公司案外人执行异议之诉纠纷①

王某名下登记有位于北海市××路 39 号××花园 4 号楼 B 单元 0801 号房屋［房产证号：北房权证（2009）字第 006××号］和位于北海市湖海路××银××公寓××单元××号房屋［房产证号：北房权证（2015）字第 032××号］。

恒冠公司因工程进度款的支付问题与尚源居公司产生纠纷，后恒冠公司向北海仲裁委员会提起仲裁申请，北海仲裁委员会受理该案后，于 2015 年 9 月 21 日委托北海市海城区人民法院对尚源居公司价值 5511.12 万元的财产进行保全，海城区人民法院于 2015 年 9 月 22 日向北海市房地产交易中心发文查封包括案涉房屋在内的 142 套房产。2016 年 5 月 6 日，北海仲裁委员会作出北仲调字（2015）第 186 号调解书，明确：尚源居公司尚欠恒冠公司工程款本金 3443 万元，双方同意按照月利率 2% 计算逾期付款利息，截至 2016 年 4 月 15 日，应付利息为 1895.23 万元，本息合计 5338.23 万元，因逾期支付，尚源居公司应以 5338.23 万元为本金，按照月利率 2% 计算，向恒冠公司支付利息，利息支付至付清全部款项止。同日，北海仲裁委员会作出北仲裁字（2015）第 186 号裁决书，裁决恒冠公司对尚源居公司应付的 3443 万元"尚源大厦"工程款享有优先受偿权。后因尚源居公司未履行上述生效法律文书确定的义务，恒冠公司向北海中级人民法院申请强制执行。

在该案执行过程中，王某以法院查封的案涉房屋系其合法购买为由，提出执行异议，北海中级人民法院经审查认为因案外人王某名下已有其他用于居住的房屋，不符合《最高人民法院

---

① 　参见《最高人民法院执行异议之诉裁判规则与典型案例》，案号：(2018)最高法民再 443 号。

关于人民法院办理执行异议和复议案件若干问题的规定》(以下简称《执行异议和复议规定》)第 29 条要求异议人应符合"所购商品房系用于居住且买受人名下无其他用于居住的房屋"的条件,故异议理由不能成立,遂作出(2016)桂 05 执异 140 号执行裁定书,裁定驳回其异议请求。

2014 年 4 月 14 日,王某与尚源居公司签订 4 份《商品房预约合同》约定,其向尚源居公司分别认购"尚源大厦"2 单元 2501 号、2503 号、2504 号、2505 号 4 套房产。

【裁判要旨】《执行异议和复议规定》第 29 条规定基于对消费者生存权这一价值的维护,赋予消费者对买受房屋的物权期待权以排除执行的效力,即便申请执行人对该房屋享有建设工程价款优先受偿权、担保物权等权利,法律也应更优先保护消费者的物权期待权。房屋买受人若要排除普通债权的执行,既可以选择适用《执行异议和复议规定》第 28 条,也可以选择适用第 29 条,但房屋买受人若要排除建设工程价款优先受偿权、担保物权等权利的强制执行,则必须符合《执行异议和复议规定》第 29 条的规定。《执行异议和复议规定》第 29 条第 2 项规定中的"买受人名下无其他用于居住的房屋",不应机械限于套数的理解。如原有住房不能满足现有家庭成员的居住要求,再购买房屋是为了对居住环境进行必要的改善,其仍属于满足生存权的合理消费范畴。

点评:本案虽为案外人执行异议之诉,但其中所包含在不动产上权利顺位的问题。对于消费者房屋期待所有权,仅规定在《九民纪要》①和《执行异议和复议规定》中,在《民法典》中并未体现。

首先,消费者房屋期待权具有严格的条件限制。根据《执行异议和复议规定》第 29 条的规定,在金钱债权执行中,买受人对登记在被执行的房地产开发企业名下的商品房提出执行异议时,获得人民法院支持应同时满足三个要件,即在人民法院查封之前已签订合法有效的书面买卖合同、所购商品房系用于居住且买受人名下无其他用于居住的房屋以及支付的价款超过合同约定总价款的百分之五十。以及《九民纪要》第 125 条规定的细化,即"买受人名下无其他用于居住的房屋",可以理解为在案涉房屋同一设区的市或者县级市范围内商品房消费者名下没有用于居住的房屋。商品房消费者名下虽然已有 1 套房屋,但购买的房屋在面积上仍然属于满足基本居住需要的,可以理解为符合该规定的精神。对于其中"已支付的价款超过合同约定总价款的百分之五十"如何理解,审判实践中掌握的标准也不一致。如果商品房消费者支付的价款接近于百分之五十,且已按照合同约定将剩余价款支付给申请执行人或者按照人民法院的要求交付执行的,可以理解为符合该规定的精神。

其次,依据上述规定,本案中,王某并不符合"买受人名下无其他用于居住的房屋"的条件。王某在购买之前就拥有北海市××路 39 号××花园 4 号楼 B 单元 0801 号和北海市湖海路××银××公寓××单元××号的 2 套房屋,且王某购买北海市的"尚源大厦"2 单元 2501 号、2503 号、2504 号、2505 号的 4 套房屋,其并非因为住房不能满足现有家庭成员的居住要求,以及对居住环境进行必要的改善,因此,本案虽符合《执行异议和复议规定》第 29 条第 1 项和第 3 项的情形,但不符合该规定第 2 项的情形,故王某对案涉房屋不享有足以排除强制执行的民事权益。

---

① 《九民纪要》只是一个会议的纪要,不是规范性的法律文件,只是实务过程的重要参考,但是裁判文书"本院认为"部分具体分析法律适用的理由时,可以根据《九民纪要》的相关规定进行说理。

　　最后,由于王某对案涉房屋不享有足以排除强制执行的民事权益,根据《最高人民法院关于审理建设工程施工合同纠纷案件适用法律问题的解释(一)》的规定,恒冠公司对案涉房屋的建设工程价款享有优先受偿权。

　　本案的侧面可推出,若存在消费者房屋期待权时,即满足《执行异议和复议规定》第29条的规定以及《九民纪要》第127条所规定的精神时,不动产权利顺位为:房屋消费者期待权—建设工程价款优先权—抵押权[《最高人民法院关于审理建设工程施工合同纠纷案件适用法律问题的解释(一)》第36条规定:承包人根据《民法典》第807条规定享有的建设工程价款优先受偿权优于抵押权和其他债权]。

　　商品房消费者物权期待权,基于对商品房消费者生存权这一更高价值的维护,赋予买受人对购买房屋享有物权期待权以排除执行的效力。该项制度立足于国情,即预购商品房的现实问题,紧密联系群众,解决与群众息息相关的实践问题,始终坚持以人民为中心、保障人民权益实现和发展的必然要求的理念。

知识梳理

一、物权概述

(一)物权的概念

1. 物权的概念

物权是指权利人依法对特定的物享有直接支配和排他的权利。

《民法典》第114条:"民事主体依法享有物权。物权是权利人依法对特定的物享有直接支配和排他的权利,包括所有权、用益物权和担保物权。"

物权是对世权、支配权、绝对权,其相对于债权而言,具有优先性。

2. 物权的调整对象

《民法典》第205条:"本编调整因物的归属和利用产生的民事关系。"

物权法律关系是因对物的归属和利用在民事主体之间产生的权利义务关系。

(1)物是物权法律关系的客体,对物的支配的权利义务关系,就是物权编调整的范围。

(2)归属是指物的所有人是谁,确定物的归属即确定民事财产权属于谁。在物权体系中,表现为所有权,即自物权,是最典型的物权。自物权包括单独所有权、共有权、建筑物的区分所有权。

(3)利用是指在物权法律关系中,民事主体利用他人的物为自己创造利益的关系。在物权体系中是他物权,包括用益物权和担保物权。用益物权包括土地承包经营权、建设用地使用权、宅基地使用权、居住权和地役权,担保物权包括抵押权、质押权和留置权。

所有权、用益物权、担保物权和占有,构成我国的物权体系。这些物权法律关系是物权编的调整范围。

(二)物权的优先效力

物权的优先效力,又称物权的优先性,是指同一标的物上有数个相互矛盾、相互冲突的

权利并存时,具有较强效力的权利排斥具有较弱效力的权利的实现。物权的优先效力主要表现在以下两个方面:

1. 物权相互之间的优先效力

根据物权的排他性原理,一物之上不得设立两个或两个以上的所有权,但在某些情况下当事人可以在同一物上设立数个性质并不矛盾的物权。在多个物权并存的情况下,原则上适用"先来后到"的规则:先设定的物权优先于后设定的物权,但法律另有规定的除外。

(1)不动产抵押权之间的优先性

根据《民法典》第402条的规定,不动产设立抵押的必须登记,否则不生效。我们以房屋抵押权为例,从三个角度探讨其优先性(实现顺序)问题。(《民法典》第414条)。

①已登记的,按照登记的时间先后确定清偿顺序。

【例1】甲有楼房一栋,估价2000万元。8月1日甲向乙银行借款1000万元,并以楼房签订抵押合同,于8月7日向市房产局做了登记手续。8月3日甲又向丙银行借款1000万元,以同一栋楼房签订抵押合同,于当日在市房产局办理了抵押登记手续。一年后,乙、丙银行债权到期,甲无力偿还。乙、丙银行申请拍卖楼房,得款1500万元。问:乙、丙如何受偿?

分析:丙之抵押权优先于乙。

【例2】设例1中,甲与乙在8月3日上午8点在市土地局办理了抵押登记手续,同日下午4点,甲与丙在市房产局办理了抵押登记手续。问:乙、丙如何实现债权?

分析:《民法典》删除了《物权法》规定的"登记的抵押权,顺序相同的,按照债权比例清偿"。因为随着不动产统一登记制度的全面实行,不动产权利都经由不动产登记机构在统一的不动产登记簿上办理登记,同一个不动产上设立的多个抵押权都登记在一个登记簿上,可以对各个抵押权登记的先后顺序作出判断。所以还是按照时间的先后确定清偿顺序。乙优先于丙。

②登记的与未登记的:物权优先于债权。

严格地讲,此时并不是两个抵押权先后之分的问题,而是物权优先于债权的问题,因为未经登记的不动产抵押权根本未生效。

【例3】设例1中,甲与乙未办理抵押登记。问:乙、丙的债权如何实现?

分析:乙不享有抵押权,故乙的债权劣后于丙的抵押担保的债权。

③均未登记的,按照债权比例清偿。

【例4】设例1中,甲与乙、甲与丙均未办理抵押登记。问:乙、丙的债权如何实现?

分析:乙、丙的抵押权均未登记,按照债权比例清偿。

(2)动产抵押权之间的优先性

根据《民法典》第403条的规定,动产设立抵押权的,是否登记依当事人自愿。不登记的,不影响抵押权本身的生效,但不得对抗善意第三人。以汽车抵押为例:

①都已经登记的,以登记的先后为序。

②登记与未登记之间,登记者优先。

③都未登记的,处于同一顺序。

【例1】甲有汽车一辆,估价20万元。6月1日,甲向乙借款10万元,订立汽车抵押合同并于当天办理了抵押登记。6月2日,甲向丙借款10万元,又以该车抵押并登记。后甲不能还款,变卖汽车得款16万元。问:乙、丙的抵押权如何实现?

分析:乙优先于丙。

【例2】设在例1中,甲、乙的汽车抵押未登记。问:则乙、丙的抵押权如何实现?

分析:乙的抵押权劣后于丙的抵押权而实现。

【例3】设例1中,两个抵押权都未登记。问:乙、丙之债权如何实现?

分析:乙、丙处于同一顺序,依比例受偿。

(3)不同担保物权间的优先性

当一个物之上同时存在抵押权、质押权、留置权的时候,按以下规则确定其实现顺序。

①法定物权优先于约定物权,如留置权优先于抵押权和质权。

②登记物权优先于非登记物权,如法定登记的抵押权优先于质权。

③如果物权均进行登记,则先登记的物权优先于后登记的物权。

④如果物权均不需要登记,则占有物权优于非占有物权,如未登记的抵押权和动产质权发生冲突时,质权优先。

⑤如果物权均不需要登记且均不占有,则按照债权比例受偿,无优先性问题,如多个不登记的抵押权发生冲突时,按债权比例受偿。

综上,在动产担保的场合,如果抵押权先于质押权设立,公式为:留置权>法定登记设立的抵押权>质押权>未登记的抵押权;如质押权先于抵押权设立,公式为:留置权>质押权>抵押权。例外:《民法典》第416条担保买卖价款的超级抵押权、《最高人民法院关于适用〈中华人民共和国民法典〉有关担保制度的解释》第57条规定的价款超级优先权。

【例1】甲将其Iphone 12 Pro抵押给乙,办理了抵押登记。后甲将Iphone 12 Pro交给丙修理,因甲不支付到期修理费,丙将Iphone 12 Pro留置。问:乙、丙的债权如何实现?

分析:丙的留置权优先于乙的抵押权,法定物权优先于约定物权。

【例2】3月1日,甲、乙订立买卖合同约定:"甲将其A车出卖给乙,价款20万元,乙首付5万元,余款自汽车买卖合同订立之日起6个月内付清。"甲、乙还约定:"为担保剩余15万元价款的履行,乙将A车抵押给甲。"甲于3月1日向乙交付了A车,但未同时办理抵押登记。3月5日,乙将A车出质给丙,并同日向丙完成现实交付。3月8日,甲、乙办理了甲对A车的抵押权设立登记。问:甲、丙的债权如何实现?

分析:虽然甲对A车的抵押权的设立登记时间晚于丙对A车质权设立的时间,但根据《民法典》第416条的规定,甲对A车享有的抵押权属于"超级动产抵押权",在顺位上优先于丙对A车的质权。成立"超级动产抵押权"的要件有三:第一,抵押物为买卖的动产;第二,抵押权担保的债权为买卖该动产的价金债权;第三,须于买卖动产交付后10日内办理动产抵押权设立登记。

2. 物权优先于债权的效力

物权的优先性是相对于债权的平等性而言的。债是天生的平等派,同一财产上存在数个普通债权时,债权的实现顺序是处于同一顺序的,各个债权在被实现之前,都有被履行的机会,不因为成立的先后而有实现的先后之分。但若在同一标的物上同时并存物权与债权时,除非法律另有规定,物权优先于债权得以实现。具体表现为四种情形:

(1)所有权优先于债权。

(2)担保物权优先于债权。

(3)用益物权优先于债权。

（4）具有物权效力的债权优先于不具有物权效力的债权。

例外："买卖不破租赁"制度、"预告登记"制度。

【例1】甲有一幅古画,5月19日与乙签订了古画买卖合同,售价30万元;6月12日与丙签订了古画买卖合同,售价40万元;6月23日又与丁签订了古画买卖合同,售价50万元。均未交付。后乙、丙、丁得知甲签订了三份合同后,均诉至法院,要求甲履行合同。问:法院应该如何处理?

分析:其实,在诉诸法院之前,乙、丙、丁三人都有获得履行之机会。但就同一普通动产订立多重买卖合同,在买卖合同均有效的情况下,买受人均要求实际履行合同的,履行哪一个合同,可以参考《最高人民法院关于审理买卖合同纠纷案件适用法律问题的解释》第6条。

【例2】甲企业法人现有净资产100万元整,两年前欠乙企业法人100万元,一年半前欠丙企业法人100万元,一年前又欠丁企业法人100万元。问:乙、丙、丁的债权如何实现?

分析:依破产债权原理,乙、丙、丁处于同一顺序,应分别按债权比例取得受偿。

【例3】甲与乙6月8日签订房屋买卖合同,售价58万元;甲与丙6月9日签订房屋买卖合同,售价68万元;甲与丁6月10日签订房屋买卖合同,售价78万元,并于当日办理了产权变更登记。后乙、丙得知后诉至法院,请求确认甲、丁转让房屋行为无效。问:乙、丙的请求是否于法有据? 本案应如何处理?

分析:于法无据。丁取得房屋的所有权。乙、丙只能请求甲承担违约责任。

【例4】企业法人甲有净资产(一栋楼房)100万元整。两年前欠乙100万元,一年半前欠丙100万元,一年前欠丁100万元,但一年前甲、丁签订了一份以甲仅有的房屋抵押的合同并办理了抵押登记。问:乙、丙、丁的债权应如何实现?

分析:丁就楼房的售卖享有优先受偿权;若有剩余,乙、丙按债权比例分配。

【例5】甲有一栋房屋,于2016年9月1日出租给乙,租期5年。2018年3月1日,甲将房屋卖予丙并登记。后丙手持房产证要求乙搬出,乙不允,于是产生争议。问:丙能否要求乙搬出房屋?

分析:不能。本例中,乙对房屋享有债权(承租权),丙享有物权(所有权)。依物权优先于债权原则,丙本应有权要求乙搬出,但买卖不破租赁,丙有义务忍受到原定的租赁期满才能要求乙搬出。

（三）物权法定原则

《民法典》第116条:"物权的种类和内容,由法律规定。"

物权法定原则是物权法的一项基本原则,也是物权法区别于合同法的重要标志。

物权法定原则,是指物权只能依据法律设定,禁止当事人自由创设物权,也不得变更物权的种类、内容效力和公示方法。由于物权是支配权,具有排他效力、优先效力和追及效力,主要是为了维护交易安全,采物权法定。

这里的法定的"法",是指立法机关制定的法律,包括民法典,也包括土地管理法、城市房地产管理法、矿产资源法、草原法、森林法、海域使用管理法、渔业法、海商法、民用航空法等,这些法律中都有对物权的规定。但是不包括国务院制定的行政法规以及发布的决定、命令、各部委行政规章以及地方性法规、地方规章等。

1. 种类法定:指当事人在法律关系中所约定的物权种类,只能由法律规定。当事人不能自由创设物权,违背物权法定创设新的种类,不属于物权。

【例1】甲与长期照顾她的姑姑乙约定,乙对甲所有的四室一厅住房中的一室享有居住权,直到乙去世为止。

分析:《民法典》规定居住权之前,当事人无法创设物权性质的居住权,只能按房屋租赁或者房屋借用处理。《民法典》规定了居住权种类后,乙对该房间的居住权依法设立后可以对抗任何人的其他权利。

【例2】甲在宅基地上盖四层楼房,盖完第三层时,钱用完了,甲向乙提出借款50万元,乙答应借给甲,但考虑到甲为盖房已经欠债较多,经乙提议,甲、乙订立借款合同中约定:"乙借给甲50万元,借期3年,利息总计6万元。若甲到期不能偿还本息56万元,乙对甲所盖房屋的第四层楼享有优先受偿权。"3年借期届满,甲无力偿还对乙的56万元借款本息。

分析:优先受偿权系一种物权性质的权利,我国现行法并未将其作为一种物权种类,因此甲、乙关于"乙对甲所盖房屋的第四层享有优先受偿权"的约定违反物权种类法定,不发生物权效力,不享有优先受偿权,但可发生合同效力。根据该约定,乙有权请求甲以第四层的房屋担保借款债务的履行,发生债的担保效力。

2. 内容法定包括两方面的内容:(1)物权的内容(客体、权能内容)由法律确定,当事人不得约定与物权法定内容不相符合的权能内容。例如,当事人不得约定在房屋上设立质权,土地承包经营权的承包期限、何时设立、流转权限等。(2)当事人的约定不得违反物权法关于物权内容的强行性规定,如当事人不得约定"流质契约"。

【例】甲(因女儿出国留学)向乙借款60万元(无利息),约定以甲的房屋为乙设立质权担保,甲向乙交付了房屋。

分析:甲、乙的约定违反物权内容法定原则,因不动产不能设立质权,因此,乙不享有质权。

3. 效力法定包括两方面的内容:(1)当事人必须按照法律规定的效力来确定物权的效力。(2)当事人不得协议变更法律关于物权效力的规定。

【例】甲从某银行贷款1200万元,以自有房产设定抵押,并办理了抵押登记。后甲届期无力清偿贷款,某银行欲行使抵押权。法院拟拍卖甲的房产。甲为了留住房产,与丙达成备忘录,约定:"由丙参与竞买,价款由甲支付,房屋产权归甲。"丙依法参加竞买,以1000万元竞买成功。甲将筹得的1000万元交给丙,丙将这1000万元交给了法院。法院依据竞拍结果制作民事裁定书,甲据此将房产过户给丙。问:甲、丙达成的备忘录效力如何?为什么?

分析:首先,依照《民法典》第209条,基于法律行为的不动产物权变动,以登记作为物权变动的生效要件,因此,甲、丙的约定违反物权变动规则,仅有该备忘录,甲不能取得房产所有权。法院必须裁定甲将此房产过户给丙。其次,甲、丙的约定无其他无效事由,可产生合同效力,该备忘录作为一个合同是有效的,丙因此负有将房产过户登记给甲的合同义务。

4. 公示方法法定:指物权的享有和物权变动的公示方法只能由法律作出规定。例如,以应收账款质押的,根据《民法典》第445条的规定,应到"法定登记机关"办理质押登记,于法定登记机关之外的其他机关办理质押登记的,权利质权"未设立"。

二、物权的变动

物权的变动,是指物权的设立、变更、转让和消灭。

(一)物权变动的原则

1."物债两分"原则

《民法典》第 215 条:"当事人之间订立有关设立、变更、转让和消灭不动产物权的合同,除法律另有规定或者合同另有约定外,自合同成立时生效;未办理物权登记的,不影响合同效力。"

【例】甲继承了一套房屋,在办理产权登记前将房屋出卖并交付给乙,办理产权登记后又将该房屋出卖给丙并办理了所有权转移登记。甲、乙、丙三方的关系如何理解?

分析:甲、乙之间的房屋买卖合同有效;甲、丙之间的房屋买卖合同也有效;乙、丙之间,根据不动产物权变动效力模式,只有登记才能发生物权转移的后果,所以甲、乙之间的合同虽然在先,但甲、丙之间率先完成了所有权登记,丙先于乙完成了物权变动的公示,从而取得房屋的所有权。

2. 公示公信原则

所谓公示,即"让人知",是指物权在变动时,必须将物权变动的事实通过一定的方法向社会公开,从而使第三人知道物权变动的情况,以避免第三人遭受损害并保护交易安全。

所谓公信,即"使人信",是指物权变动经过公示后所产生的公信力。

《民法典》第 208 条:"不动产物权的设立、变更、转让和消灭,应当依照法律规定登记。动产物权的设立和转让,应当依照法律规定交付。"

(二)基于民事法律行为的物权变动:不动产登记

1. 不动产物权变动规则:有效的债权合同＋登记

《民法典》第 209 条:"不动产物权的设立、变更、转让和消灭,经依法登记,发生效力;未经登记,不发生效力,但是法律另有规定的除外。依法属于国家所有的自然资源,所有权可以不登记。"

不动产物权变动以登记为生效要件(不登记,物权不变动,仅具有合同债权效力)的有:(1)建设用地使用权的设立、转让、抵押;(2)荒地承包经营权的抵押;(3)乡镇企业用地连同乡镇企业用房的抵押;(4)房屋所有权的转让及抵押,在建房屋的抵押;(5)居住权的设立。

例外:不动产物权变动以登记为对抗要件(不登记,物权仍变动,但"变动了的物权"不能对抗"善意第三人")的有:(1)地役权的设立。地役权自地役合同生效时设立。当事人要求登记的,可以向登记机构申请地役权登记;未经登记的,不得对抗善意第三人。(2)土地承包经营权的设立、互换和转让。当事人要求登记的,应当向县级以上地方人民政府申请土地承包经营权变更登记;未登记的,不得对抗善意第三人。(3)土地经营权的设立。当事人可以向登记机构申请土地经营权登记,未经登记的,不得抵抗善意第三人。

【注意】物权变动效力与变动物权合同的效力相区分,当事人之间订立有设立、变更、转让和消灭不动产物权的合同,除法律另有规定或者合同另有约定外,自合同成立时生效;未办理物权登记的,不影响合同效力。

【例】A 土地的建设用地使用权人甲与 B 土地的所有权人乙约定,甲在乙的 B 土地上设立取水地役权,但未办理地役权设立登记。此后,甲将其对 A 土地的建设用地使用权全部转让给丙。乙将其 B 土地承包给不知情的丁。问:如何理解"未经登记的地役权不得对抗善意第三人"?

分析:首先,地役权从属于需役地,具有移转上的从属性,甲将建设用地使用权转让给丙时,甲的地役权虽未登记,基于移转上的从属性,丙在受让建设用地使用权的同时,一般取得该未登记的地役权。这里不存在"善意第三人"。

其次,丁自乙处在供役地取得土地承包经营权时,不知甲对该地享有抵押权,丁系善意第三人,丙享有未登记的地役权,不能对抗善意第三人丁,即无权对丁主张。

综上,所谓"未经登记的地役权不得对抗善意第三人",仅指不得对抗自"供役地"受让权利的善意第三人。

2. 登记规则

(1)登记事项自记载于不动产登记簿时完成登记(《不动产登记暂行条例》第 21 条第 1 款)。物权变动的时间点是将注销登记、移转登记、设立登记、变更登记记载到不动产登记簿之日,而不是发放权属证书(房产证、建设用地使用权证等)之日。(《民法典》第 214 条)

(2)①不动产登记由不动产所在地的县级人民政府不动产登记机构办理(《不动产登记暂行条例》第 7 条第 1 款);②跨县级行政区域的不动产登记,由所跨县级行政区域的不动产登记机构分别办理。不能分别办理的,由所跨县级行政区域的不动产登记机构协商办理;协商不成的,由共同的上一级人民政府不动产登记主管部门指定办理(《不动产登记暂行条例》第 7 条第 2 款)。

(3)原则上由当事人双方共同申请。属于下列情形之一的,可以由当事人单方申请:①尚未登记的不动产首次申请登记的;②继承、接受遗赠取得不动产权利的;③生效的法律文书或者人民政府生效的决定等设立、变更、转让、消灭不动产权利的;④权利人姓名、名称或者自然状况发生变化,申请变更登记的;⑤不动产灭失或者权利人放弃不动产权利,申请注销登记的;⑥申请更正登记或者异议登记的。(《不动产登记暂行条例》第 14 条)

3. 三种情形下的登记

(1)更正登记

《民法典》第 220 条第 1 款:"权利人、利害关系人有证据证明不动产登记簿记载事项确有错误的,可以直接向登记机关申请更正登记。不动产登记簿记载的权利人书面同意更正或者有证据证明登记簿确有错误的,登记机关应依法定程序予以更正。"

(2)异议登记

《民法典》第 220 条第 2 款:"不动产登记簿记载的权利人不同意更正的,利害关系人可以申请异议登记。登记机构予以异议登记,申请人自异议登记之日起十五日内不提起诉讼的,异议登记失效。异议登记不当,造成权利人损害的,权利人可以向申请人请求损害赔偿。"

①利害关系人即使无足够证据证明异议成立,登记机构也应办理异议登记;

②异议登记的功能在于排除善意取得的适用;

③临时性保护措施,异议登记后 15 日内未起诉的,异议登记失效,但不影响法院对案件的实体审理。

（3）预告登记

《民法典》第 221 条："当事人签订买卖房屋或者其他不动产的协议，为保障将来实现物权，按照约定可以向登记机构申请预告登记。预告登记后，未经预告登记的权利人同意，处分该不动产的，不发生物权效力。预告登记后，债权消灭或者自能够进行不动产登记之日起 90 日内未申请登记的，预告登记失效。"

①功能：限制一房二卖、在已出售的房屋上设定抵押权等行为。

②预告登记后，未经预告登记权利人同意，再处分该不动产的，不发生物权效力，但处分时签订的合同有效。

③效力期间：债权消灭之前或办理不动产登记之日起 90 日。预告登记权利人放弃债权、买卖合同被认定无效、被撤销的，应当认定为债权消灭。

【例】甲公司因企业改制分立成乙公司和丙公司。乙公司对登记在丙公司名下一栋房产的归属提出异议，认为该房产应属于乙公司所有。咨询律师后，乙公司于 8 月 8 日到登记机关办理了异议登记手续。8 月 10 日，丙公司将该栋房产抵押给丁公司，以担保到期支付约定的货款，双方签订了书面抵押合同，但未办理抵押登记。9 月 8 日，付款期限届至，丙公司无力支付，丁公司准备行使抵押权，乙公司提出异议，引起纠纷。经查，乙公司自办理了异议登记后未再采取任何其他措施。问：(1)丙公司是否有权处分其房产？(2)丁公司是否有权对该房产主张抵押权？

分析：(1)乙公司与丙公司对房产的所有权归属发生争议，在无法办理更正登记的情况下，利害关系人乙公司有权申请异议登记，以暂时限制登记记载的权利人处分该物权的行为。但这种权利的行使应当受到限制，即申请人应当在异议登记之日起 15 日内起诉，否则异议登记失效。乙公司申请异议登记后没有在法定的期间内起诉，其登记失效，所以丙公司有权处分其房产。(2)丙公司与丁公司达成了抵押协议，并未办理抵押登记，致使抵押权未设立(注意抵押协议有效，只是抵押权未设立)，故丁公司无权对该房产主张抵押权。

（三）基于民事法律行为的物权变动：动产交付

1. 动产物权变动规则：有效的债权合同＋交付

动产物权的变动以交付为生效要件(若无交付，物权不变动，但不影响债权合同的效力)。

特殊动产物权仍以交付为生效要件，但以登记为对抗要件的有：(1)机动车、航空器、船舶的转让和抵押；(2)正在建造的船舶的抵押；(3)浮动抵押。

所谓浮动抵押，是以企业现在和将来所有的全部财产，包括动产、不动产、知识产权和财产性权利设立抵押的一项担保制度。《民法典》第 369 条规定："企业、个体工商户、农业生产经营者可以将现有的以及将有的生产设备、原材料、半成品、产品抵押，债务人不履行到期债务或者发生当事人约定的实现抵押权的情形，债权人有权就实现抵押权时的动产优先受偿。"

例外：以下权利质权的变动以登记为生效要件。

(1)《民法典》第 441 条："以汇票、本票、支票、债券、存款单、仓单、提单出质的，质权自权利凭证交付质权人时设立；没有权利凭证的，质权自办理出质登记时设立。法律另有规定的，依照其规定。"

（2）《民法典》第443条："以基金份额、股权出质的，质权自办理出质登记时设立。

基金份额、股权出质后，不得转让，但是出质人与质权人协商同意的除外。出质人转让基金份额、股权所得的价款，应当向质权人提前清偿债务或者提存。"

（3）《民法典》第444条："以注册商标专用权、专利权、著作权等知识产权中的财产权出质的，质权自办理出质登记时设立。"

（4）《民法典》第445条："以应收账款出质的，质权自办理出质登记时设立。"

2. 交付的方式

（1）现实交付

现实交付是最常规的交付方式。

（2）拟制交付

交付标的物的权利凭证，如仓单、提单。

（3）观念交付

①简易交付：已为买受人占有，占有在先。

《民法典》第226条："动产物权设立和转让前，权利人已经占有该动产的，物权自民事法律行为生效时发生效力。"如先租再买、先借再买。

②指示交付：返还请求权的让与。

《民法典》第227条："动产物权设立和转让前，第三人占有该动产的，负有交付义务的人可以通过转让请求第三人返还原物的权利代替交付。"如先租再卖。

③占有改定。《民法典》第228条："动产物权转让时，当事人又约定由出让人继续占有该动产的，物权自该约定生效时发生效力。"如先卖后租。

【例1】甲公司借用乙公司的一套测量仪器，在使用过程中，不慎将某部件弄坏，于是甲公司向乙公司提出买下该套仪器，乙公司同意以2.5万元的价格卖给甲公司。双方还口头约定在甲公司支付价款前，乙公司保留这套仪器的所有权。在甲公司支付价款前，甲公司生产车间失火，造成该套仪器烧毁。问：该交付属于何种交付？该套仪器最后所有权归谁？风险应由谁承担？

分析：简易交付。根据《民法典》第641条、第604条的规定，在甲公司支付价款前，该设备所有权仍属于乙公司。由于乙公司完成了交付义务，交付以后的风险责任应由买受人承担。

【例2】甲有一辆货车，租于乙经营，租期半年，在第三个月甲将该车卖给丙，因租期未满，甲无法现实交付，便与丙达成协议，在租期届满时，丙直接向乙请求交付该车。甲通知了乙。至第四个月，该车因泥石流被损害。因保险金额不足以弥补该车损失而引起纠纷。问：甲、丙买卖合同效力如何？该损失应由谁承担？

分析：本题中，乙虽为承租人，但是承租人的优先购买权仅限于房屋，对于汽车承租人不享有优先购买权。甲与丙之间的买卖合同有效。甲与丙之间的交付为指示交付，丙从甲通知乙之日起就取得了该车的所有权，因当事人之间未对风险承担进行约定，故风险由所有权人承担。

（四）非基于民事法律行为的物权变动

1. 因法律文书、征收决定发生物权变动

《民法典》第229条："因人民法院、仲裁机构的法律文书或者征收决定等，导致物权设立、变更、转让或者消灭的,自法律文书或者征收决定等生效时发生效力。"

《最高人民法院关于适用〈中华人民共和国民法典〉物权编的解释(一)》[以下简称《物权编解释(一)》]第 7 条规定:"人民法院、仲裁机构在分割共有不动产或者动产等案件中作出并依法生效的改变原有物权关系的判决书、裁决书、调解书,以及人民法院在执行程序中作出的拍卖成交裁定书、以物抵债裁定书,应当认定为《民法典》第 229 条所称导致物权设立、变更、转让或者消灭的人民法院、仲裁委员会的法律文书。"上述"法律文书"不包括给付判决以及确认判决,仅限于形成判决。

【例1】甲将 A 车卖给乙,约定甲于 2017 年 1 月 1 日向乙交付 A 车。因甲到期未交车,乙诉请法院判令甲交付该车并移转所有权,法院于 2017 年 7 月 1 日作出乙胜诉的终审判决。甲于 2017 年 8 月 1 日依照生效判决向乙交付了 A 车。问:乙何时取得该车的所有权?

分析:该生效判决为"给付判决",7 月 1 日判决生效时,乙尚未取得 A 车所有权,8 月 1 日甲向乙交付 A 车时,乙取得所有权。

【例2】甲投资 50 万元在批准的宅基地上建了一栋三层楼房,于 2016 年 1 月 1 日封顶。房屋建好后,甲的弟弟乙主张该房屋系甲、乙按份共有,甲因此提起确认之诉,二审法院于 2017 年 7 月 1 日判决该房屋系甲单独所有。问:甲何时取得该房的所有权?

分析:甲合法建房属事实行为,于 2016 年 1 月 1 日取得房屋所有权。2017 年 7 月 1 日的生效判决系"确认判决",内容是对 2016 年 1 月 1 日所发生之物权变动效果(甲于该日取得房屋所有权)的确认。物权变动发生在 1 月 1 日,而非确认判决生效的 7 月 1 日。

【例3】甲、乙是夫妻,共有一套房屋,所有权登记在甲的名下。2015 年 3 月 1 日,法院终审判决甲、乙离婚,并且判决房屋归乙所有,但并未办理房屋所有权变更登记。问:乙何时享有房屋所有权?

分析:该判决为形成判决,不用办理房屋所有权变更登记,判决书生效时,乙享有房屋所有权。

【例4】甲、乙是夫妻,共有一套房屋,所有权登记在甲名下。2015 年 3 月 1 日,法院终审判决甲、乙离婚,并且判决甲必须变更房屋所有权登记。但过后甲一直未予办理。问:房屋所有权是否发生变动?

分析:该判决非形成判决,房屋所有权并未发生变动。

2. 因继承取得物权

《民法典》第 230 条:"因继承取得物权的,自继承开始时发生效力。"

3. 因事实行为设立或消灭物权

《民法典》第 231 条:"因合法建造、拆除房屋等事实行为设立或者消灭物权的,自事实行为成就时发生效力。"

"合法建造房屋",无须(初始)登记,建造人自事实行为成就(房屋封顶)时,取得房屋所有权。

"拆除房屋",无须(注销)登记,自事实行为成就(拆除房屋屋顶)时,房屋所有权消灭。

三、物权的保护

《民法典》物权编第三章专章设置了物权的保护。

物权的保护,是指通过法律规定的方法和程序,保障物权人在法律许可的范围内,对其所有权的财产行使占有、使用、收益、处分权利的制度。

《民法典》第233条规定:"物权受到侵害的,权利人可以通过和解、调解、仲裁、诉讼等途径解决。"

该条规定了物权纠纷解决的两种方式。一是物权的自我保护即自力救济,是指物权人在权利受到侵害时依法自行行使其享有的请求权,如果侵害人依所有人的请求实施了一定的行为,如停止侵害、返还原物、赔偿损失,所有人的所有权就得到了保护的救济方法。二是通过民事诉讼程序对物权进行保护,也称为公力救济,是指物权人在其权利受到侵害时,有权向法院提起民事诉讼,请求法院予以保护,恢复物权人被侵害的合法权益。

1. 首先,先确认物权的归属

《民法典》第234条:"因物权的归属、内容发生争议的,利害关系人可以请求确认权利。"

2. 其次,行使物上请求权

(1)返还原物请求权

《民法典》第235条:"无权占有不动产或者动产的,权利人可以请求返还原物。"

返还原物是物权请求权的一种。物权人的物被他人侵占,物权人对物的支配权受到侵害时,物权人有权请求返还原物,使物复归于物权人事实上的支配。

(2)排除妨害、消除危险请求权

《民法典》第236条:"妨害物权或者可能妨害物权的,权利人可以请求排除妨害或者消除危险。"

排除妨害、消除危险也是一种物权请求权。妨害是指以非法、不正当的行为,包括施加无权施加的设施,影响了特定物的权利人行使物权。例如,在他人车库门口停放汽车,妨碍他人通行。消除危险,是指对于某种尚未发生确有发生可能性的危险,物权人可以请求有关当事人采取预防措施加以防止。例如,某人的房屋随时有倒塌的可能,危及邻居的房屋安全。

(3)修理、重作、更换或者恢复原状请求权

《民法典》第237条:"造成不动产或者动产毁损的,权利人可以依法请求修理、重作、更换或者恢复原状。"

修理、重作、更换或者恢复原状请求权性质上属于债权请求权。本条的"依法",是指依照《民法典》侵权责任编以及其他相关法律规范的规定。

(4)损害赔偿请求权

《民法典》第238条:"侵害物权,造成权利人损害的,权利人可以依法请求损害赔偿,也可以依法请求承担其他民事责任。"

损害赔偿请求权性质上也属于债权请求权。损害赔偿请求权是指由于他人的非法行为造成了财产的毁损和灭失,侵害权利人的物权时,权利人所享有的补偿其损失的侵权请求权。本条的"依法",是指确定侵害物权的侵权请求权,应当依照《民法典》第944条或者其他条文规定,具备侵权责任的构成要件。"也可以依法请求承担其他民事责任",是指损害其赔偿之外的其他民事责任方式,如返还原物、停止侵害、排除妨害、消除危险等民事责任方式。

3. 物权保护方式的适用规则

《民法典》第239条:"本章规定的物权保护方式,可以单独适用,也可以根据权利被侵害的情形合并适用。"

👉 **真题试接**

1. 甲的父母去世后,甲因法定继承取得房屋所有权,但尚未办理过户手续。甲欲出卖该房屋,遂与乙订立房屋买卖合同,约定房屋一旦交付,所有权即转移给乙。合同缔结后不久,甲即完成了该房屋的交付。对此,下列哪一说法是正确的?(　　)(2020/02/06,单)

A. 房屋买卖合同全部有效　　　　B. 房屋买卖合同全部无效

C. 房屋所有权没有转移　　　　　D. 房屋所有权已经转移

2. 庞某有1辆名牌自行车,在借给黄某使用期间,达成转让协议,黄某以8000元的价格购买该自行车。次日,黄某又将该自行车以9000元的价格转卖给了洪某,但约定由黄某继续使用1个月。关于该自行车的归属,下列哪一选项是正确的?(　　)(2017/03/05,单)

A. 庞某未完成交付,该自行车仍归庞某所有

B. 黄某构成无权处分,洪某不能取得自行车所有权

C. 洪某在黄某继续使用1个月后,取得该自行车所有权

D. 庞某既不能向黄某,也不能向洪某主张原物返还请求权

3. 蔡永父母在共同遗嘱中表示,二人共有的某处房产由蔡永继承。蔡永父母去世前,该房由蔡永之姐蔡花借用,借用期未明确。2012年上半年,蔡永父母先后去世,蔡永一直未办理该房屋所有权变更登记,也未要求蔡花腾退。2015年下半年,蔡永因结婚要求蔡花腾退,蔡花拒绝搬出。对此,下列哪一选项是正确的?(　　)(2016/03/05,单)

A. 因未办理房屋所有权变更登记,蔡永无权要求蔡花搬出

B. 因诉讼时效期间届满,蔡永的房屋腾退请求不受法律保护

C. 蔡花系合法占有,蔡永无权要求其搬出

D. 蔡永对该房屋享有物权请求权

4. 甲、乙和丙于2012年3月签订了散伙协议,约定登记在丙名下的合伙房屋归甲、乙共有。后丙未履行协议。同年8月,法院判决丙办理该房屋过户手续,丙仍未办理。9月,丙死亡,丁为其唯一继承人。12月,丁将房屋赠给女友戊,并对赠与合同作了公证。下列哪一表述是正确的?(　　)(2016/03/06,单)

A. 2012年3月,甲、乙按份共有房屋

B. 2012年8月,甲、乙按份共有房屋

C. 2012年9月,丁为房屋所有人

D. 2012年12月,戊为房屋所有人

5. 甲与乙签订《协议》,由乙以自己名义代甲购房,甲全权使用房屋并获取收益。乙与开发商和银行分别签订了房屋买卖合同和贷款合同。甲把首付款和月供款给乙,乙再给开发商和银行,房屋登记在乙名下。后甲要求乙过户,乙主张是自己借款购房。下列哪一选项是正确的?(　　)(2015/03/05,单)

A. 甲有权提出更正登记

B. 房屋登记在乙名下,甲不得请求乙过户

C.《协议》名为代购房关系,实为借款购房关系

D. 如乙将房屋过户给不知《协议》的丙,丙支付合理房款则构成善意取得

6. 叶某将自有房屋卖给沈某,在交房和过户之前,沈某擅自撬门装修,施工导致邻居赵某经常失眠。下列哪些表述是正确的?(　　　)(2013/03/55,多)

A. 赵某有权要求叶某排除妨碍

B. 赵某有权要求沈某排除妨碍

C. 赵某请求排除妨碍不受诉讼时效的限制

D. 赵某可主张精神损害赔偿

【答案】

1. C。《民法典》第 209 条、第 230 条。

2. D。《民法典》第 226 条、第 228 条。

3. D。《民法典》第 196 条、第 209 条、第 230 条。

4. C。《民法典》第 209 条、第 229 条、第 230 条。

5. A。《民法典》第 220 条。

6. ABC。《民法典》第 196 条、第 236 条。

案例讨论

1. 甲有两子女,因其生前主要有大女儿乙照顾,就立遗嘱将自己一套三居室的房屋留给乙,乙一直居住其中。而乙的妹妹丙对此一直耿耿于怀,认为是乙强迫母亲立的遗嘱。某年,乙买了一处新房,为了筹措购房款,决定将这处房子卖掉,就在买卖双方准备办理过户登记手续时,乙才发现丙已经将房子抢先过户,而且正与人谈价钱准备卖出去。

问:乙该如何维护自己的合法权益呢?

2. 2018 年 1 月 12 日,为了规避 F 市市政府的房屋限购政策,甲与乙签订了《协议》,由甲以自己的名义代替乙购买位于该市 A 区某小区一套单元房,房屋购得后归乙使用并可获得收益。甲与小区开发商及中国工商银行某市支行分别签订了房屋买卖合同及贷款合同。乙把首付款 260 万元和月供款给了甲,由甲再给开发商和工商银行,房屋登记在甲的名下。

问:(1)甲与乙签订的《协议》效力如何?为什么?

(2)两年后,乙取得了 F 市购房资格后,请求甲协助自己办理过户登记手续,遭到甲的拒绝。乙是否有权请求法院确认其为所有权人?为什么?

(3)在乙取得购房资格后,要求甲协助办理过户登记手续,遭到甲的拒绝。于是,乙于2020 年 2 月 10 日,向法院起诉请求确认自己为房屋的所有权人。9 月 10 日,经 F 市中级人民法院终审判决房屋所有权归乙所有。9 月 11 日,乙基于法院的判决请求登记机构更正登记。9 月 12 日,登记机构进行了更正登记。问:乙何时取得房屋的所有权?为什么?

(4)2020 年 9 月 11 日,乙基于法院的判决书请求登记机构更正登记。问:登记机构应否进行更正登记?为什么?

(5)假设 2020 年 9 月 10 日,F 市中级人民法院终审判决房屋所有权归乙所有,但由于乙工作原因出差在外,一直未办理过户登记手续。9 月 20 日,甲将房屋卖给丙,丙基于对登

记簿的信赖支付了 760 万元的购房款并办理了过户登记手续。问:丙是否可以主张善意取得房屋所有权? 为什么?

第二讲　所有权

经典案例

【案情】上海市虹口区久乐大厦小区业主大会诉上海环亚实业总公司业主共有权纠纷案①

2004 年 3 月,被告上海环亚实业总公司(以下简称"环亚公司")取得上海市虹口区久乐大厦底层、二层房屋的产权,底层建筑面积 691.36 平方米、二层建筑面积 910.39 平方米。环亚公司未支付过上述房屋的专项维修资金。2010 年 9 月,原告久乐大厦小区业主大会(以下简称"久乐业主大会")经征求业主表决意见,决定由久乐业主大会代表业主提起追讨维修资金的诉讼。久乐业主大会向法院起诉,要求环亚公司就其所有的久乐大厦底层、二层的房屋向原告缴纳专项维修资金 57566.9 元。被告环亚公司辩称,其于 2004 年获得房地产权证,至本案诉讼有 6 年之久,原告从未主张过维修资金,该请求已超过诉讼时效,不同意原告诉请。

【裁判要旨】专项维修资金是专门用于物业共用部位、共用设施设备保修期满后的维修和更新、改造的资金,属于全体业主共有。缴纳专项维修资金是业主为维护建筑物的长期安全使用而应承担的一项法定义务。业主拒绝缴纳专项维修资金,并以诉讼时效提出抗辩的,人民法院不予支持。

点评:根据《民法典》第 281 条的规定,"建筑物及其附属设施的维修资金,属于业主共有。经业主共同决定,可以用于电梯、屋顶、外墙、无障碍设施等共有部分的维修、更新和改造。建筑物及其附属设施的维修资金的筹集、使用情况应当定期公布"。

本案中,首先,环亚公司所花费的专项维修资金,即上海市虹口区久乐大厦底层、二层房屋的产权,底层建筑面积 691.36 平方米、二层建筑面积 910.39 平方米的相关资金,依据《民法典》的规定为久乐大厦小区业主共有。

其次,《物业管理条例》第 7 条规定,业主在物业管理活动中,应当履行按照国家有关规定交纳专项维修资金的义务。第 54 条第 1 款规定:"住宅物业、住宅小区内的非住宅物业或者与单幢住宅楼结构相连的非住宅物业的业主,应当按照国家有关规定交纳专项维修资金。"根据此规定,为以维修共有部分的资金是业主为共同利益而特别确立的一项法定义务,其只存在补缴问题,不存在因时间经过而可以不缴的问题。因此,环亚公司在未履行法定义务的,且享受了权利的情形之下,应当对其未缴纳的维修资金进行补足,且由上述可知,本资金为业主共有,在环亚公司未缴纳资金,且使用其他业主的资金使自己获利的情形下,更应该补缴此笔费用,其他业主就有可能在维护共有部分上支付超出自己份额的金钱。

---

① 参见最高人民法院指导案例 65 号。

最后,《民法典》第 277 条以及第 278 条规定,业主大会是由业主进行设立,且业主大会在重大问题上有表决权,用民主的方式来保障绝大部分业主的权利。环亚公司应根据业主大会的要求补缴此笔费用。

本案,法院的审判明确了维修金的公益性,以为维护全体业主的共同或公共利益为目的,始终坚持以人民为中心,杜绝此类有违社会主义法治下公平原则的情形发生,有利于保障住宅物业的长期安全使用和广大业主的共同利益。另外,贯彻了社会主义法治理念,以及核心价值观,考虑民生,将德治与法治兼顾,基于物业维修资金的公共性、公益性,以及缴纳物业维修资金属于法定义务,并且该种法定义务具有时间上的持续性等特点,业主以已过诉讼时效为由对追讨物业维修资金诉讼提出抗辩的,法院不予支持。

知识梳理

一、所有权的概述

所有权指财产所有人在法律规定的范围内,对自己的财产享有占有、使用、收益、处分的权利。所有权是自物权,具有完全性、永久性、弹力性的特征。

(一)所有权的内容

1. 占有,是指所有权的权利主体对财产的实际管领和支配的内容,它不是行使所有权的目的,而是所有人对物进行使用、收益或处分的前提。

2. 使用,是指所有权人按照物的性能和用途对物加以利用,以满足生产、生活需要的权能,它是所有权内容中的一个重要内容,如居住房屋、耕作田地、乘坐汽车等。

3. 收益,是指收取由原物产生出来的新增经济价值的内容。所有物新增的经济价值包括孳息与利润。孳息分为天然孳息和法定孳息。收益除孳息外,还包括将物投入生产经营活动中所产生的利润。

4. 处分,是指权利主体对其财产在事实上和法律上处置的内容。事实上的处分,指对标的物实施实质上的变形、改造或毁损等物理上的事实行为,如拆除房屋、撕毁书籍等。法律上的处分,指对标的物所有权加以转移、限制或消灭,从而使所有权发生变动的法律行为,如将财产转让或赠与他人、设定他物权等。

(二)所有权的类型

根据《物权法》的规定,所有权被分为国家所有权、集体所有权、私人所有权和其他所有权。

1. 国家所有权

《民法典》第 246 条第 1 款规定:"法律规定属于国家所有的财产,属于国家所有即全民所有。"国家所有权的客体有:

(1)矿藏、水流和海域属于国家所有。(《民法典》第 247 条)

(2)无居民海岛属于国家所有,国务院代表国家行使无居民海岛所有权。(《民法典》第 248 条)

(3)城市的土地,属于国家所有。法律规定属于国家所有的农村和城市郊区的土地,属于国家所有。(《民法典》第249条)

(4)森林、山岭、草原、荒地、滩涂等自然资源,属于国家所有,但是法律规定属于集体所有的除外。(《民法典》第250条)

(5)法律规定属于国家所有的野生动植物资源,属于国家所有。(《民法典》第251条)

(6)无线电频谱资源属于国家所有。(《民法典》第252条)

(7)法律规定属于国家所有的文物,属于国家所有。(《民法典》第253条)

(8)国防资产属于国家所有。(《民法典》第254条)

(9)铁路、公路、电力设施和油气管道等基础设施,依照法律规定为国家所有的,属于国家所有。(《民法典》第254条)

其中,专属于国家所有的有:矿藏、水流、海域,无居民海岛,城市的土地,无线电频谱资源,国防资产。

2. 集体所有权

集体所有权是指集体全体成员或集体组织对集体所有的不动产和动产享有的占有、使用、收益、处分的权利,它包括农村集体所有权、城镇集体所有权。集体所有权的客体有:

(1)森林、山岭、草原、荒地、滩涂等自然资源——原则上归国家所有,法律有特殊规定的归集体所有;

(2)集体所有的建筑物、生产设施、农田水利设施;

(3)集体所有的教育、科学、文化、卫生、体育等设施;

(4)集体所有的其他动产和不动产。

3. 私人所有权和其他所有权

私人所有权是指私人(包括自然人、个体工商户、合伙、各类企业法人等)对其不动产和动产享有的占有、使用、收益、处分的权利。

《民法典》第207条:"国家、集体、私人的物权和其他权利人的物权受法律平等保护,任何组织或者个人不得侵犯。"

(三)所有权的限制

《民法典》第117条:"为了公共利益的需要,依照法律规定的权限和程序征收、征用不动产或者动产的,应当给予公平、合理的补偿。"

1. 征收

《民法典》第243条:"为了公共利益的需要,依照法律规定的权限和程序可以征收集体所有的土地和组织、个人的房屋以及其他不动产。

征收集体所有的土地,应当依法及时足额支付土地补偿费、安置补助费以及农村村民住宅、其他地上附着物和青苗等的补偿费用,并安排被征地农民的社会保障费用,保障被征地农民的生活,维护被征地农民的合法权益。

征收组织、个人的房屋以及其他不动产,应当依法给予征收补偿,维护被征收人的合法权益;征收个人住宅的,还应当保障被征收人的居住条件。

任何组织或者个人不得贪污、挪用、私分、截留、拖欠征收补偿费等费用。"

2. 征用

《民法典》第 245 条:"因抢险救灾、疫情防控等紧急需要,依照法律规定的权限和程序可以征用组织、个人的不动产或者动产。被征用的不动产或者动产使用后,应当返还被征用人。组织、个人的不动产或者动产被征用或者征用后毁损、灭失的,应当给予补偿。"

二、所有权取得的特别规定

所有权的取得,是指民事主体获得财产所有权的合法方式和根据。以所有权的取得方式,可以分为原始取得和继受取得。

原始取得是指不以他人的权利及意思为依据,而是依据法律直接取得物权,它包括无主物的先占、埋藏物的发现、遗失物的拾得、添附、善意取得、公用征收。

继受取得是指以他人的权利及意思为依据取得物权,它包括继承、买卖、互易、赠与。

(一)善意取得

善意取得,是指受让人以财产所有权转移为目的,善意、对价受让且占有该财产,即使出让人无转移所有权的权利,受让人仍取得其所有权。善意取得既适用于动产,也适用于不动产。

1. 善意取得的适用条件

根据《民法典》第 311 条的规定,善意取得需同时具备以下条件:

(1)无权处分

①无权处分包括处分他人财产,也包括部分共同共有人处分共有财产。

②处分的客体可以是动产,也可以是不动产。

(2)第三人善意

①关于如何认定"善意"? 根据《物权编解释(一)》第 14 条的规定,善意第三人对于无权处分不知情,且无重大过失。

②关于"是否有重大过失"的判断? 根据《物权编解释(一)》第 15 条、第 16 条的规定:

动产:受让人受让动产时,交易的对象、场所或者时机等不符合交易习惯。

不动产:登记簿上存在有效的异议登记;预告登记有效期内,未经预告登记的权利人同意;登记簿上已经记载司法机关或者行政机关依法裁定、决定查封或者以其他行使限制不动产权利的有关事项;受让人知道登记簿上记载的权利主体错误;受让人知道他人已经依法享有不动产物权。

③判断善意的时间点:根据《物权编解释(一)》第 17 条的规定,动产交付之时,不动产登记之时。

(3)合理的价格转让

关于如何认定"合理的价格"? 根据《物权编解释(一)》第 18 条的规定,应当根据转让标的物的性质、数量以及付款方式等具体情况,参考转让时交易地市场价格以及交易习惯等因素综合认定。

(4)交付或登记

不动产完成登记、动产完成交付(不包括占有改定)。

《物权编解释(一)》第 19 条规定,转让人将船舶、航空器和机动车等的善意取得以完成交付为标志。

【例】甲、乙结婚后购得房屋一套,仅以甲的名义进行了登记。后甲、乙感情不和,甲擅自将房屋以时价出售给不知情的丙,并办理了房屋所有权变更登记手续。问:甲、丙之间的房屋买卖合同效力如何?房屋所有权是否转移?

分析:买卖合同有效,房屋所有权已经转移。

2. 善意取得的法律效果

(1)第三人通过善意取得制度,原始取得标的物的所有权;原所有权人丧失所有权,不得向第三人主张返还原物请求权。

(2)第三人依据善意取得规定取得不动产或者动产的所有权的,原所有权人有权向无处分权人请求损害赔偿。

3. 他物权的善意取得

当事人善意取得其他物权的,参照适用前两款规定。注意:

(1)抵押权、质权的善意取得不要求具备"以合理的价格受让"这一要件。

【例】甲将相机交给乙保管。为担保丙对丁的5万元借款债务,乙谎称是相机的所有权人,将相机质押给不知情的丁,并交付相机。

分析:丁善意取得对相机的质权。丁善意取得对相机的质权仅需四个条件:①标的物为占有委托物;②占有人以自己的名义实施无权处分(质押);③受让人(债权人)受让时为善意;④已经(以占有改定以外的其他方式)完成交付。

(2)不动产抵押权的善意取得以办理"抵押登记"为构成要件;动产抵押权的善意取得则不以"登记"或者"交付"为构成要件。

【例】甲将其相机交给乙保管,乙谎称己有,擅自以自己的名义抵押给不知情的丙,但一直未办理抵押登记。

分析:根据《民法典》第403条的规定,设立动产抵押权时,交付与登记均非动产抵押权设立的生效要件。再结合《民法典》第311条的规定,交付与抵押登记亦非动产抵押权善意取得的要件。故而,动产抵押权之善意取得仅须三个要件:①动产系占有委托物;②动产的占有人无权处分,以该动产为受让人设立抵押权;③抵押合同生效时,受让人为善意。结论:丙善意取得该相机的抵押权。同时,根据《民法典》第403条的规定,因未办理抵押登记,丙善意取得的相机抵押权,不能对抗善意第三人。

(3)动产质权的善意取得以动产"交付"为构成要件,但以占有改定方式交付的,不发生动产质权善意取得的效果。

(二)拾得遗失物

遗失物是指非基于遗失人的意志而暂时丧失占有的物。

【例】甲遗失结婚钻戒一枚,被乙拾得。为找回钻戒,甲张贴了悬赏1000元的寻物告示。后有人告知,钻戒为乙拾得,甲要求乙返还,乙索要1000元报酬,甲不同意,双方数次交涉无果。

问:(1)拾得人乙有什么义务?

(2)拾得人乙有什么权利?可否主张悬赏报酬?

(3)拾得人乙在什么情况下可能会丧失权利?

(4)如果甲没有悬赏,那甲如果找到乙要求返还钻戒,乙可否要求甲给自己1000元的报酬?

分析:(1)返还遗失物,妥善保管遗失物。(2)有权请求支付保管等必要费用,也有权获得悬赏报酬。(3)乙拾得遗失物后,甲向其数次交涉未果,足见乙有"侵占"遗失物的意思,既丧失了必要费用请求权,又丧失了悬赏报酬请求权。(4)遗失物拾得人无法定报酬请求权。

1. 拾得人的权利和义务

(1)拾得人的权利

①有权请求支付保管等必要费用。

②获得悬赏报酬。权利人悬赏寻找遗失物的,领取遗失物时应当按照承诺履行义务。

权利人悬赏寻找遗失物,拾得人归还遗失物时可主张悬赏报酬。但若权利人拒绝履行义务的,拾得人不得行使留置权,而应当先将遗失物返还给失主,再通过诉讼之类的途径向遗失物的失主索要相关费用或者报酬。

③拾得人权利的丧失。

根据《民法典》第317条的规定,拾得人侵占遗失物的,无权请求保管遗失物等支出的费用,也无权请求权利人按照承诺履行义务。

(2)拾得人的义务

①返还遗失物的义务。

根据《民法典》第314条的规定,拾得遗失物,应当返还权利人。

权利人既包括所有权人,也包括其他有权占有人,如物的承租人、借用人等。

②报告义务。

根据《民法典》第314条的规定,拾得人应当及时通知权利人领取,或者送交公安等有关部门。

③妥善保管义务。

根据《民法典》第316条的规定,拾得人在遗失物送交有关部门前,有关部门在遗失物被领取前,应当妥善保管遗失物。因故意或者重大过失致使遗失物毁损、灭失的,应当承担民事责任。

2. 遗失物的归属

①正常情况下,由权利人领回,即物归原主。

②自发布公告之日起一年内无人认领的,归国家所有。

3. 遗失物能否善意取得

遗失物不适用善意取得制度。遗失物的追回,根据《民法典》第312条的规定,有以下规则:

(1)所有权人或者其他权利人有权追回遗失物,这是一般性原则。

这就是说,无论遗失物辗转流失到何人之手,也无论占有人取得遗失物是否为善意或者是否支付合理对价,失主都有权基于所有权请求其返还原物。

(2)如果该遗失物通过转让被他人占有的,赋予了权利人两项选择:

第一项:权利人有权向无处分权人请求损害赔偿,这样则可以视为其认同取得人取得遗失物。

第二项:权利人可以自知道或者应当知道受让人之日起两年内向受让人请求返还原物。

此两年为除斥期间,即如果权利人自知道或应当知道受让人之日起两年内未向受让人请求返还的,则权利人丧失主张返还原物的权利。此时受让人可以取得遗失物的所有权。

(3)当权利人作出第二项选择即向受让人追回原物时,如果受让人通过拍卖或者向具有经营资格的经营者购得该遗失物的,此时权利人追回遗失物对受让人而言明显不公平。

为了平衡权利人和受让人的利益,规定受让人通过拍卖或者向具有经营资格的经营者购得该遗失物的,权利人请求返还原物时应当支付受让人所付的费用。

(4)权利人向受让人支付所付费用,并取得返还的遗失物后,有权向无处分权人追偿。

【例1】甲有一枚珍贵寿山石,不慎丢失。古玩商乙误以为无主物捡回家,在古玩城自己经营的摊位上以5000元的价格卖给了丙。不久后甲发现,向丙追索,可否?

分析:可以,但要支付丙付出的5000元,就该5000元甲可以向乙追偿。

【例2】设例1中,市民乙捡回家后陈列于客厅。乙的朋友丙十分喜欢,乙遂以之相赠或以5000元的价格出售。后甲发现,向丙追索,可否?

分析:可以,且不需付费。至于乙、丙之间,相赠的,相安无事;出售的,丙可以向乙追回卖款。

【例3】设例1中或例2中,乙赠与或者出售给丙,甲知道后又过了3年,甲要求丙返还被拒,甲向法院起诉欲向丙追回寿山石,该诉讼请求是否会得到支持?

分析:否,过了两年的除斥期间。

(三)先占

先占,是指以所有的意思占有无主动产而取得其所有权的事实。该取得方式属于原始取得。

1. 先占应具备以下构成要件:
(1)须为无主物。
(2)须为动产。
(3)以所有的意思占有无主物。
2. 不适用先占的动产:
(1)遗失物不是无主物;
(2)埋藏物不是无主物,参照遗失物的规定处理;
(3)国家所有的物,如珍稀动植物、文物,不属于无主物;
(4)他人享有独占权利的物,如他人取得狩猎权、捕捞权、采矿权的相应范围内的物,不适用先占。

(四)添附

添附,是指不同所有权人的物被结合,混合在一起成为一个新物,或者利用别人之物加工成为新物的事实状态。

1. 添附的类型
(1)加工,是指将他人的物加工制造成新物。
(2)附合,是指不同所有人的物结合形成新物而无法分离或分离会大大降低其价值。
(3)混合,是指不同所有人的动产结合形成新物而无法识别或识别所需费用过巨。

2. 物的归属的认定规则

根据《民法典》第 322 条的规定,有约定的,按照约定;没有约定或者约定不明确的,依照法律规定;法律没有规定的,按照充分发挥物的效用以及保护无过错当事人的原则确定。因一方当事人的过错或者确定物的归属造成另一方当事人损害的,应当给予赔偿或者补偿。

【例】甲的父亲爱好收藏,收藏了许多奇石。甲继承了父亲的遗产后,对其中一块鸡血石钟爱有加,遂将其加工雕刻成石雕。雕刻完成后,鸡血石身价倍增,有人愿意以 10 万元的价格购买,但甲不舍得卖。某日,甲的父亲的老战友来家中索要该鸡血石,甲方得知该鸡血石是其父亲从战友处借来的鉴赏之物。但甲认为此时鸡血石身价倍增,早已不是当初那块只值数千元的普通的石头了,应当归自己所有。问:该鸡血石应该归谁所有?

分析:本案系一方利用他人之物附加自己的劳动,而使之成为具有更高价值的新物,属于添附中的加工情形。对于加工物的归属,双方有约定的按约定;没有约定的,一般应由原材料所有人取得所有权并给予加工人补偿。但本案中甲的加工行为使得鸡血石身价倍增,加工创造的价值明显大于原物价值,应由加工人取得加工物的所有权为宜,但加工人应对原物所有人予以补偿。所以,该鸡血石应该归甲所有。

三、业主的建筑物区分所有权

(一)业主的建筑物区分所有权概念

根据《民法典》第 271 条的规定,业主对建筑物内的住宅、经营性用房等专有部分享有所有权,对专有部分以外的共有部分享有共有和共同管理的权利。

1. 业主的认定

根据《最高人民法院关于审理建筑物区分所有权纠纷案件适用法律若干问题的解释》(以下简称《建筑物区分所有权解释》)第 1 条的规定:

(1)依法登记取得专有部分所有权的人;

(2)通过合法建造、继承、受遗赠或生效文书等取得专有部分所有权的人;

(3)基于建筑单位之间的商品房买卖民事法律行为,已经合法占有该专有部分,但尚未依法办理所有权登记的人。

【例 1】甲购买 A 房地产公司开发的小区房屋一套,双方于 2016 年 5 月 1 日签订合同。A 房地产公司于 2017 年 5 月 1 日交付房屋,双方于 2017 年 11 月 1 日办理过户登记手续。问:甲何时取得业主资格?

分析:2017 年 5 月 1 日取得该小区业主资格,但于 2017 年 11 月 1 日取得房屋的所有权。

【例 2】甲有 B 花园小区商品房一套,卖于乙,双方签订合同并交付了房屋,但未办理过户登记。一个月后,房屋价格上涨,甲又将该房屋出卖于丙,双方办理了过户登记。请问:该房屋的业主是乙还是丙?

分析:丙。丙基于登记取得商品房的所有权,依法取得业主身份。只有"一手房"的业主,才能在交付之后办理登记之前例外取得业主身份。

2. 构成

建筑物区分所有权实质上是三个权利相加的结果,即建筑物的区分所有权=专有权+

共有权＋成员权。

【例】甲购买了实达花园 2 号楼 302 号房,那甲取得了该房屋套内空间面积的专有权;同时,对于楼梯、外墙皮、楼顶等也就取得了共有权;对于该小区的事务和选聘物业服务企业、选举业主委员会等事务,甲就具有了表决权(作为该小区成员的权利)。

对于这三项权利,专有权是共有权和成员权的前提,如果没有购买实达花园的房屋,甲就不是该小区的业主,也就不可能享有共有权和成员权。

(二)专有权

《民法典》第 272 条:"业主对其建筑物专有部分享有占有、使用、收益和处分的权利。业主行使权利不得危及建筑物的安全,不得损害其他业主的合法权益。"

1. 专有部分的认定

根据《建筑物区分所有权解释》第 2 条的规定,建筑区划内的房屋,以及车位、摊位等特定空间,应当认定为专有部分,须符合以下条件:(1)具有构造上的独立性,能够明确区分;(2)具有利用上的独立性,可以排他使用;(3)能够登记成为特定业主所有权的客体。此外,规划上专属于特定房屋,且建设单位销售时已经根据规划列入该特定房屋买卖合同中的露台等,应当认定为专有部分的组成部分。

2. 专有权的行使限制

(1)业主行使权利不得危及建筑物的安全,不得损害其他业主的合法权益。

(2)专有权用途的限制:不得住宅商用。

《民法典》第 279 条:"业主不得违反法律、法规以及管理规约,将住宅改变为经营性用房。业主将住宅改变为经营性用房的,除遵守法律、法规以及管理规约外,应当经有利害关系的业主一致同意。"

利害关系的业主包括两类:①本栋建筑物内的其他业主;②建筑区划内,本栋建筑物之外的业主,主张与自己有利害关系的,应证明其房屋价值、生活质量受到或者可能受到不利影响。(《建筑物区分所有权解释》第 11 条)

【注意】住宅改为经营性用房,应当经过有利害关系的 100% 业主的同意而非大部分业主同意。

【例1】甲是 A 县某住宅小区 2 座 3 单元 302 号房业主。该小区业主乙将其位于 1 楼的住宅用于开办麻将馆,并证明其开办麻将馆得到了多数有利害关系业主的同意。问:甲认为此举不妥,可否要求乙停止该行为?

分析:可以。因业主住宅商用需经全体利害关系业主同意,甲有权提出反对。

【例2】某小区 2 号楼共 26 层,甲、乙、丙分别住在 1 层、2 层和 26 层,丁住在隔壁 1 号楼 2 层。甲准备将其房屋用于茶馆经营,若乙、丙、丁分别反对,如何处理?

分析:如果乙反对,甲不得用于经营;如果丙反对,甲也不得用于经营;如果丁反对,若其证明了房屋价值、生活质量受到或者可能受到不利影响,则甲不得用于经营,否则甲无须取得其同意。

(三)共有权

《民法典》第 273 条:"业主对建筑物专有部分以外的共有部分,享有权利,承担义务;不得以放弃权利为由不履行义务。"

1. 共有部分的认定

根据《民法典》第 274 条、第 281 条,《建筑物区分所有权解释》第 3 条的规定,共有的范围有:

(1)建筑物的共有部分。具体包括:①建筑物的基础、承重结构、外墙、屋顶等基本结构部分;②通道、楼梯、大堂等公共通行部分;③消防、公共照明等附属设施、设备,避难层、设备层或者设备间等结构部分。

(2)建筑区划内的建设用地使用权。

(3)建筑物及其附属设施的维修资金,属于业主共有。

(4)建筑区划内的道路,属于业主共有,但属于城镇公共道路的除外。

(5)建筑区划内的绿地,属于业主共有,但属于城镇公共绿地或明示属于个人的除外。

(6)建筑区划内的其他公共场所、公用设施和物业服务用房,属于业主共有。

(7)特殊问题:车位的归属。(《民法典》第 275 条、第 276 条)

①"占用业主共有的道路或者其他场地"用于停放汽车的车位,属于业主共有。也可以理解为,建筑区划内在规划用于停放汽车的车位之外,占用也主共有道路或者其他场地增设的车位,才属于业主共有。

②建筑区划内,规划用于停放汽车的车位、车库原则上归属于开发商,通过出售、附赠或者出租等方式约定使用方式,但应当首先满足业主的需要。

2. 共有部分的权利行使

(1)业主通过业主大会行使对共有部分的权利。改变共有部分的用途、利用共有部分从事经营性活动、处分共有部分,都应当由业主共同决定。

(2)利用共有部分产生的收入归属,在扣除合理成本之后,属于业主共有。(《民法典》第 282 条)

(3)业主在特定情况下有权单独使用共有部分。业主对于住宅、经营性用房等专有部分特定使用功能的合理需要,可以无偿利用屋顶即其专有部分相对应的外墙面等共有部分,如楼顶摆放花盆、自家窗外悬挂自己使用的广告牌。

(4)费用分摊。建筑物及其附属设施的费用分摊、收益分配等事项,有约定的,按约定;没有约定或者约定不明确的,按照业主专有部分占建筑物总面积的比例确定。(《民法典》第 283 条)

(5)业主不得以放弃权利为由拒绝履行义务。(《民法典》第 273 条第 1 款)

【注意】业主大会请求业主缴付公共维修基金的权利不受诉讼时效的限制。

(6)共有部分不得分割,也不得单独转让。(《民法典》第 273 条第 2 款)

(四)成员权(管理权)

成员权,是指建筑物区分所有人基于一栋建筑物的构造、权利归属和使用上的密切关系而形成的作为建筑物管理团体的一名成员所享有的权利和承担的义务。

1. 业主有权设立业主大会并选举业主委员会(《民法典》第 277 条)

(1)业主大会,由全体业主组成,是业主的意思形成机构。

业主委员会,是由业主大会选举产生的部分业主组成的组织,是业主大会的执行机构。

【例】原告滨江市某花园(一期)小区的 A 业主委员会向被告小区开发商 B 公司主张确认物业管理用房所有权。问:业委会是否具备独立的民事主体资格?

分析:根据《民法典》第 277 条的规定,依法成立的业委会,具有一定目的、名称、组织机构与场所,并管理相应财产,属于"非法人组织"的一种类型,业委会依据业主共同或者业主大会决议,在授权范围内,以业委会的名义从事签订物业服务合同等民事法律行为,具备主体资格。在民事诉讼中属于《民事诉讼法》第 48 条规定的"其他组织"。因此,业委会可以代表小区业主参与案件诉讼,具备诉讼主体资格。

(2)业主大会或者业主委员会的决定,对全体业主具有约束力。(《民法典》第 280 条)

(3)业主的撤销权。(《民法典》第 280 条、《建筑物区分所有权解释》第 12 条)

业主大会或者业主委员会作出的决定侵害业主的合法权益的,受侵害的业主可以请求人民法院予以撤销。业主的撤销权,当在知道或者应当知道业主大会或者业主委员会作出决定之日起一年内行使。

2. 业主共同决定事项及表决程序(《民法典》第 278 条)

(1)下列事项由业主共同决定

①制定和修改业主大会议事规则;

②制定和修改管理规约;

③选举业主委员会或者更换业主委员会成员;

④选聘和解聘物业服务企业或者其他管理人;

⑤使用建筑物及其附属设施的维修资金;

⑥筹集建筑物及其附属设施的维修资金;

⑦改建、重建建筑物及其附属设施;

⑧改变共有部分的用途或者利用共有部分从事经营活动;

⑨有关共有和共同管理权利的其他重大事项。

(2)表决程序

业主共同决定事项,应当由专有部分面积占比 2/3 以上的业主且人数占比 2/3 以上的业主参与表决。决定前款第 6 项至第 8 项规定的事项,应当经参与表决专有部分面积 3/4 以上的业主且参与表决人数 3/4 以上的业主同意。决定前款其他事项,应当经参与表决专有部分面积过半数的业主且参与表决人数过半数的业主同意。

【例】甲有一栋四层楼房,在楼顶上设置了一个商业广告牌。后甲将该楼房的第二层卖给了乙,第三层卖给了丙,第四层卖给了丁。

分析:首先,甲、乙、丁就该楼房成立建筑物区分所有权;其次,楼顶属于楼房共有部分,业主均享有共有和共同管理的权利,并有权共享收益;最后,利用共有部分从事经营性活动,应当经参与表决专有部分面积 3/4 以上的业主且参与表决人数 3/4 以上的业主同意。

3. 关于维修资金的归属和使用

《民法典》第 281 条:"建筑物及其附属设施的维修资金,属于业主共有。经业主共同决定,可以用于电梯、屋顶、外墙、无障碍设施等共有部分的维修、更新和改造。建筑物及其附属设施的维修资金的筹集、使用情况应当定期公布。紧急情况下需要维修建筑物及其附属设施的,业主大会或者业主委员会可以依法申请使用建筑物及其附属设施的维修资金。"

4. 小区物业的管理

(1)物业管理方式。《民法典》第284条:"业主可以自行管理建筑物及其附属设施,也可以委托物业服务企业或者其他管理人管理。"

(2)业主对物业的监督。根据《民法典》第285条的规定,物业服务企业应当接受业主的监督,并及时答复业主对物业服务情况提出的询问。

四、相邻关系

相邻关系是指不动产相邻各方对各自所有或占有的不动产行使所有权或使用权,因相互间依法应给予方便或接受限制而发生的权利义务关系。

相邻关系与地役权的重要区别之一是相邻关系的"必需"性,及不动产权利人一定要借助相邻不动产,才能对自己的不动产正常使用,因此,他有权要求相邻的不动产一方提供必要的便利。

【例1】甲的邻居乙准备给自己的房子重新做个装修,乙在装修的过程中,产生巨大噪声,对甲的睡眠造成了严重影响。甲可以依照相邻关系要求乙排除妨碍。相邻关系需要邻居之间彼此适当的容忍,但是有限度。

【例2】甲、乙都是集体所有土地的承包经营人,甲承包的A块土地处于乙承包的B块土地与公用通道之间,乙如果不通过甲承包的A土地就不能到达公用通道,或者虽有其他通道但非常不便,乙就有权通过甲承包的A土地到达公用通道或者自己承包的B土地,这在甲、乙之间就发生了相邻关系。这种相邻关系对于乙来说,是其土地使用权的合理延伸;而对于甲来说,是对其土地使用权的必要限制。

(一)处理相邻关系的原则

有利于生产、方便生活、团结互助、公平合理。

(二)相邻关系的类型

相邻关系包括土地相邻关系、水流相邻关系、环境相邻关系、建筑物相邻关系。

1. 用水排水关系

《民法典》第290条:"不动产权利人应当为相邻权利人用水、排水提供必要的便利。对自然流水的利用,应当在不动产的相邻权利人之间合理分配。对自然流水的排放,应当尊重自然流向。"

2. 邻地使用关系

(1)袋地通行权

根据《民法典》第291条的规定,不动产权利人对相邻权利人因通行等必须利用其土地的,应当提供必要的便利。

(2)管线通过

根据《民法典》第292条的规定,相邻人因铺设电线、电缆、水管、暖气和燃气管线等必须利用相邻土地、建筑物的,该土地、建筑物的权利人应当提供必要的便利。

(3)营建利用

根据《民法典》第292条的规定,相邻人因建造、修缮建筑物而必须利用相邻土地、建筑物的,该土地、建筑物的权利人应当提供必要的便利。

3. 通风采光关系

根据《民法典》第293条的规定,建造建筑物时,不得违反国家有关工程建设标准,妨碍相邻建筑物的通风、采光和日照。

4. 侵害防免关系

(1)开掘危险、建筑物危险

根据《民法典》第295条的规定,不动产权利人挖掘土地、建造建筑物、铺设管线以及安装设备等,不得危及相邻不动产的安全。

(2)不可量物侵害

根据《民法典》第294条的规定,不动产权利人不得违反国家规定弃置固体废物,排放大气污染物、水污染物、噪声、光、电磁波辐射等有害物质。

五、共有

(一)按份共有

1. 概念和特征

按份共有,是指各个共有人对共有物按照各自份额享有所有权,也即各共有人对共有物按既定的各自份额分享权利,分担义务、责任。特征:

(1)按份共有中的份额是抽象的,是"所有权"的份额,而不是"共有物"的份额。

(2)共有人的份额抽象地(而非具体地)及于共有物的整体以及共有物的每一部分。

(3)按份共有人对其份额享有独立的所有权,有权自主决定转让、抵押其份额(无须其他共有人同意)。

【例】甲、乙、丙3人共同出资,购买了6辆出租车,三者的出资额比例为1:2:3,甲、乙、丙享有的份额分别是1/6、1/3、1/2。对此,下列说法正确的是( )。

A. 甲有1辆出租车的所有权,乙有2辆出租车的所有权,丙有3辆出租车的所有权

B. 甲、乙两者享有的所有权份额和丙的份额相同

C. 甲、乙、丙三者共同享有一个所有权

D. 甲、乙、丙三者的权利都及于全部出租车

分析:BCD。甲、乙、丙三人对于6辆车共同享有一个所有权,6辆出租车是一个整体。

2. 按份共有的内部关系

(1)共有份额的认定

按份共有人对共有的不动产或者动产享有的份额,没有约定或者约定不明确的,按照出资额确定;不能确定出资额的,视为等额享有。(《民法典》第309条)

(2)收益:按份额行使

(3)管理及管理费用(《民法典》第300条、第302条)

按约定管理,没有约定或约定不明确的,各个共有人都有管理的权利和义务。

共有人对共有物的管理费用以及其他负担,有约定的,按照其约定;没有约定或者约定不明确的,按共有人按照其份额负担。

(4)对共有财产重大事项的表决权规则(《民法典》第301条)

处分共有的不动产以及对共有的不动产或动产作重大修缮、变更性质或用途的,须取得2/3以上的份额的共有人同意,但是共有人之间另有约定的除外。若其中一人或几个共有人擅自处分,构成无权处分。若第三人为有偿、善意的,依善意取得规则取得所有权,其他共有人再来追究擅自处分人的侵权责任。

【例】甲、乙、丙共有一套别墅和一艘游艇。三人别墅的份额各为1/3,游艇则由甲占80%的份额,乙、丙各占10%的份额。为提高别墅的价值,甲主张将别墅的地板全部铺上名贵大理石,乙表示赞同,但是丙反对。后甲准备将该游艇抵押给银行贷款,乙、丙均反对。问:甲可否铺设大理石地板?甲可否将该游艇设定抵押?

分析:甲可以铺设大理石地板。因为甲、乙对该别墅的份额已经达到2/3。甲可以将该游艇设定抵押,因为甲对该游艇的份额超过了2/3。

(5)分割共有物(《民法典》第303条)

①明确约定共有期间不得分割,从之;但是,有重大理由需要分割的,仍然可以请求分割。②如没有约定不得分割的或者约定不明确的,按份共有人随时可以请求分割。

3. 按份共有的外部关系

根据《民法典》第307条的规定,在对外关系上,共有人享有连带债权、承担连带债务,但是法律另有规定或者第三人知道共有人不具有连带债权债务关系的除外;对内,除共有人另有约定外,按份共有人按照份额享有债权、承担债务,偿还债务超过自己应当承担份额的按份共有人,有权向其他共有人追偿。

4. 按份共有人的优先购买权

《民法典》第305条:"按份共有人可以转让其享有的共有的不动产或者动产份额。其他共有人在同等条件下享有优先购买的权利。"

(1)仅适用于共有人向共有人以外的人转让份额,不适用于共有人之间转让份额。

(2)必须以"同等条件"行使。"同等条件"认定需要考虑的因素有:共有份额的转让价格、价款履行方式及期限等。

(3)当共有人的优先购买权与承租人的优先购买权发生冲突时,共有人的优先购买权优先。

(4)优先购买权行使的程序。

《民法典》第306条:"按份共有人转让其享有的共有的不动产或者动产份额的,应当将转让条件及时通知其他共有人。其他共有人应当在合理期限内行使优先购买权。"

(5)优先购买权的行使期间。

按份共有人之间有约定的,从其约定;没有约定或者约定不明确的,按照下列情形处理:

①按照转让人向其他共有人发出的包含同等条件的通知中载明的行使期间;

②通知中未载明行使期间的,或者载明的期间短于通知送达之日起15日的,为15日;

③转让人未通知的,为其他按份共有人知道或者应当知道最终确定的同等条件之日起15日;

④转让人未通知,且无法确定其他按份共有人知道或者应当知道最终确定的同等条件的,为共有份额权属转移之日起6个月。

(6)多个共有人主张优先购买权的处理。

《民法典》第306条第2款:"两个以上其他共有人主张行使优先购买权的,协商确定各自的购买比例;协商不成的,按照转让时各自的共有份额比例行使优先购买权。"

【例1】甲、乙按比例共有一个商铺,甲拟将自己的份额出售。遂将出售的价格、拟出售的时间等通知乙,单位要求乙在多长时间内行使优先购买权。乙接到通知1个月后提出行使优先购买权,可否获得法律支持?

分析:得不到支持。甲的通知没有载明行使时间,乙的优先权行使期间为购买通知到达乙后的15日内。

【例2】甲、乙、丙、丁四人各以1/4的份额共有一间商铺,出租给戊。现甲欲将自己的份额转让给乙,丙主张行使优先购买权。丁欲将自己的份额转让给庚,丙、戊同时主张优先购买权。问:丙的主张能否获得法律的支持?

分析:丙的前一主张不能获得法律支持,因为甲将份额转让给乙,属于共有人之间内部份额转让,其他共有人不能主张优先购买权。丙的后一主张可以获得法律支持,按份共有人的优先购买权优先于承租人。

(二)共同共有

1. 概念和特征

共同共有,是指各个共有人不分份额地对共有物享有权利承担义务,共同共有存续期间,每个共有人对共有物分享共同的权利,承担共同的义务、责任,即每个共有人并无明确份额,份额是潜在的,唯在共有关系终止时,每个共有人的份额才清楚显现。特征:

(1)须有家庭、夫妻、共同继承等共同关系。

(2)共有人不分份额地对共有物分享一个所有权。

2. 共同共有的类型

(1)夫妻共有财产;

(2)家庭共同财产;

(3)共同继承的财产;

(4)合伙财产。

3. 共同共有的内部关系

(1)不分份额的共有。

(2)收益:共有人之间享有平等的权利和义务。

(3)共同管理。《民法典》第300条:"共有人按照约定管理共有的不动产或者动产;没有约定或者约定不明确的,各共有人都有管理的权利和义务。"

(4)共同处分。根据《民法典》第301条的规定,处分共有的不动产或者动产以及对共有的不动产或者动产作重大修缮、变更性质或者用途的,应当经全体共同共有人同意,但是共有人之间另有约定的除外。

(5)不得分割共有物。根据《民法典》第303条的规定,共同共有在共同关系存续中,各共有人不得请求分割共有物,有重大理由的除外。

4. 共有的外部关系

对外享有连带债权,承担连带债务。

☞ **真题试接**

1. 白某将登记在自己名下的某公司汽车一辆以市价转让给不知情的洪某,并完成了交付;后白某又将汽车抵押给不知情的黄某,并办理了抵押权登记。现黄某债权已到期,白某因非法集资罪被判入狱,并没收全部财产。下列说法正确的有( )。(2020/02/23,多)

A. 白某因被没收财产不再承担还款义务

B. 洪某已取得汽车所有权

C. 黄某有对汽车的优先受偿权

D. 该汽车不能没收

2. 收藏家游某获得名贵文房四宝一套,邀请书法家王某等前来品鉴。王某一时技痒,趁游某带人参观家藏古董之际,泼墨挥毫,在该名贵宣纸上书就《滕王阁序》一篇并加盖私章,游某发现后十分生气,但认为该书法作品收藏价值极高,遂主张该作品归其所有,并要求王某赔偿。关于该幅书法作品,根据《民法典》,下列说法正确的是( )。(2020/02/24,多)

A. 如果最终认定归王某所有,则王某应给予游某赔偿或补偿

B. 属于游某与王某共有

C. 由王某享有著作权

D. 王某未经许可使用他人宣纸,构成对游某财产权的侵害

3. 刘某、关某、张某按照 3∶3∶2 的比例,共同出资 80 万元购买了一套房屋,按照按份共有进行了登记。为大幅提高租金效益,刘某和关某倾向于对该房重新装修,预计需再投入 8 万元装修资金,张某反对。关于刘某、关某二人主张,下列说法正确的有( )。(2020/02/25,多)

A. 张某就此可转让份额

B. 张某就此可主张分割共有物

C. 张某就此可主张刘某、关某侵权

D. 刘某、关某有权主张重新装修

4. 陈某与肖某系夫妻。婚后二人共同购买了一套房屋,登记在陈某名下。2019 年 2 月 3 日,陈某找来老相好蔡某,以夫妻名义做了一张假结婚证和蔡某一起将房屋过户给不知情的秦某。妻子肖某发现后,要求撤销合同。关于本案,下列说法正确的有( )。(2019/02/11,多)

A. 虽然房屋登记在陈某名下,但依然系陈某和肖某共同共有

B. 肖某有权请求撤销房屋买卖合同

C. 秦某有权主张善意取得房屋所有权

D. 肖某有权请求蔡某赔偿损失

5. 刘某是一个小有名气的雕刻家,孟某喜欢收藏各种奇石。刘某借用孟某收藏的一块太湖石(价值 3 万元)和一块汉白玉(价值 1 万元)把玩欣赏。后刘某在装修房屋时将太湖石镶嵌在自己家中的电视背景墙中,并将汉白玉雕刻成了柏拉图雕像(价值 3 万元)。对此,下列哪些说法是正确的? ( )(2019/02/12,多)

A. 因太湖石已经与背景墙附合,应归刘某所有

B. 刘某应该因太湖石给予孟某赔偿

C. 柏拉图雕像可以归刘某所有

D. 刘某应因柏拉图雕像给予孟某赔偿

6. 某地因地理位置得天独厚经常有陨石掉落,当地人多以陨石买卖为业且收入颇丰。一天,一块陨石从天而降,落入乙家的菜地里。邻居甲看到后将其捡到。关于陨石的归属,下列哪一说法是正确的?(   )(2018/02/03,单)

    A. 归甲所有   B. 归乙所有

    C. 归甲、乙共同共有   D. 归国家所有

7. 2018年春节前夕,孟某的妻子刘某收拾房间时发现一件孟某穿了5年的旧大衣一件。刘某欲购买一件新衣服给孟某,遂将孟某的旧大衣扔到楼下的垃圾箱里。第二天,孟某问妻子刘某自己的大衣为何不见了。刘某说已经扔掉了。孟某问:"大衣里27500元的欧米茄手表拿出来了吗?"刘某说没有。经查,该大衣连同手表被捡拾垃圾的同小区徐老太捡走。关于本案,下列哪一说法是正确的?(   )(2018/02/08,单)

A. 刘某将孟某大衣扔掉的行为属于事实行为

B. 大衣属于遗失物,徐老太应当返还

C. 手表属于无主物,徐老太可以先占

D. 徐老太应当返还手表,但大衣可以先占

8. 孟某系北京市海淀区幸福小区2号楼2单元402室的业主,购买商品房后欲在自家卧室对应的外墙上安装空调外机。隔壁401业主老王认为2号楼外墙属于全楼业主共有,如孟某安装空调外机应获得全楼业主2/3以上业主同意并支付相应的使用费。孟某不同意。各方产生纠纷。关于本案,下列哪些说法是错误的?(   )(2018/02/18,多)

A. 2号楼外墙属于全楼业主共有

B. 孟某未经其他业主同意在外墙安装空调外机的行为构成侵权

C. 孟某安装空调外机需交纳合理费用

D. 孟某有权无偿利用与其专有部分相对应的外墙面

9. 甲遗失手链1条,被乙拾得。为找回手链,甲张贴了悬赏500元的寻物告示。后经人指证手链为乙拾得,甲要求乙返还,乙索要500元报酬,甲不同意,双方数次交涉无果。后乙在桥边玩耍时手链掉入河中被冲走。下列哪一选项是正确的?(   )(2017/03/06,单)

A. 乙应承担赔偿责任,但有权要求甲支付500元

B. 乙应承担赔偿责任,无权要求甲支付500元

C. 乙不应承担赔偿责任,也无权要求甲支付500元

D. 乙不应承担赔偿责任,有权要求甲支付500元

10. 甲、乙、丙、丁按份共有某商铺,各自份额均为25%。因经管理念发生分歧,甲与丙商定将其份额以100万元转让给丙,通知了乙、丁;乙与第三人戊约定将其份额以120万元转让给戊,未通知甲、丙、丁。下列哪些选项是正确的?(   )(2017/03/54,多)

A. 乙、丁对甲的份额享有优先购买权

B. 甲、丙、丁对乙的份额享有优先购买权

C. 如甲、丙均对乙的份额主张优先购买权,双方可协商确定各自购买的份额

D. 丙、丁可仅请求认定乙与戊之间的份额转让合同无效

11. 蒋某是 C 市某住宅小区 6 栋 3 单元 502 号房业主,入住后面临下列法律问题,请根据相关事实予以解答。请回答第(1)～(3)题。(2017/03/86—88,任)

(1)小区地下停车场设有车位 500 个,开发商销售了 300 个,另 200 个用于出租。蒋某购房时未买车位,现因购车需使用车位。下列选项正确的是(　　)。

A. 蒋某等业主对地下停车场享有业主共有权

B. 如小区其他业主出售车位,蒋某等无车位业主在同等条件下享有优先购买权

C. 开发商出租车位,应优先满足蒋某等无车位业主的需要

D. 小区业主如出售房屋,其所购车位应一同转让

(2)该小区业主田某将其位于一楼的住宅用于开办茶馆,蒋某认为此举不妥,交涉无果后向法院起诉,要求田某停止开办。下列选项正确的是(　　)。

A. 如蒋某是同一栋住宅楼的业主,法院应支持其请求

B. 如蒋某能证明因田某开办茶馆而影响其房屋价值,法院应支持其请求

C. 如蒋某能证明因田某开办茶馆而影响其生活质量,法院应支持其请求

D. 如田某能证明其开办茶馆得到多数有利害关系业主的同意,法院应驳回蒋某的请求

(3)对小区其他业主的下列行为,蒋某有权提起诉讼的是(　　)。

A. 5 栋某业主任意弃置垃圾

B. 7 栋某业主违反规定饲养动物

C. 8 栋顶楼某业主违章搭建楼顶花房

D. 楼上邻居因不当装修损坏蒋某家天花板

12. 甲、乙二人按照 3∶7 的份额共有一辆货车,为担保丙的债务,甲、乙将货车抵押给债权人丁,但未办理抵押登记。后该货车在运输过程中将戊撞伤。对此,下列哪一选项是正确的?(　　)(2016/03/08,单)

A. 如戊免除了甲的损害赔偿责任,则应由乙承担损害赔偿责任

B. 因抵押权未登记,戊应优先于丁受偿

C. 如丁对丙的债权超过诉讼时效,仍可在 2 年内要求甲、乙承担担保责任

D. 如甲对丁承担了全部担保责任,则有权向乙追偿

13. 甲被法院宣告失踪,其妻乙被指定为甲的财产代管人。3 个月后,乙将登记在自己名下的夫妻共有房屋出售给丙,交付并办理了过户登记。在此过程中,乙向丙出示了甲被宣告失踪的判决书,并将房屋属于夫妻二人共有的事实告知丙。1 年后,甲重新出现,并经法院撤销了失踪宣告。现甲要求丙返还房屋。对此,下列哪一说法是正确的?(　　)(2016/03/06,单)

A. 丙善意取得房屋所有权,甲无权请求返还

B. 丙不能善意取得房屋所有权,甲有权请求返还

C. 乙出售夫妻共有房屋构成家事代理,丙继受取得房屋所有权

D. 乙出售夫妻共有房屋属于有权处分,丙继受取得房屋所有权

14. 甲将一套房屋转让给乙,乙再转让给丙,相继办理了房屋过户登记。丙翻建房屋时在地下挖出一瓷瓶,经查为甲的祖父埋藏,甲是其祖父的唯一继承人。丙将该瓷瓶以市价卖给不知情的丁,双方钱物交割完毕。现甲、乙均向丙和丁主张权利。下列哪一选项是正确

的？（   ）(2015/03/06，单)

A．甲有权向丙请求损害赔偿

B．乙有权向丙请求损害赔偿

C．甲、乙有权主张丙、丁买卖无效

D．丁善意取得瓷瓶的所有权

【答案】

1．BCD。《民法典》第 224 条、第 225 条、第 311 条、第 187 条。

2．ACD。《民法典》第 322 条。

3．ABD。《民法典》第 298 条、第 301 条、第 303 条。

4．ACD。《民法典》第 311 条。

5．ABCD。《民法典》第 322 条。

6．A。先占、共同共有。

7．D。民事法律行为的分类、动产遗失物的拾得、先占。

8．BC。《民法典》第 272 条、第 273 条。

9．B。《民法典》第 314 条、第 316 条、第 317 条。

10．BC。《民法典》第 305 条。

11．(1)C。《民法典》第 273 条、第 275 条、第 276 条。(2)ABC。《民法典》第 279 条。(3)D。《民法典》第 286 条。

12．D。《民法典》第 307 条、第 403 条、第 419 条。

13．B。《民法典》第 43 条、第 311 条。

14．A。《民法典》第 311 条。

案例讨论

1．甲在某小区购买了一套 3 居室住宅。开发商 2019 年 4 月交房后，甲将该房屋租给了乙，并约定由乙负责物业费的缴纳，对于这一约定，甲也及时书面告知了物业服务公司，物业公司予以认可。然而，就在乙退租后的一个月，甲突然接到物业服务公司的催缴通知，要求甲结清乙承租期间所欠交的物业费 6000 多元。甲认为，既然当时自己与乙约定该笔费用由乙承担，并且物业服务公司也认可该约定，那么，物业服务公司就应该要求乙偿还，而不是向自己催缴。

问：甲是否有权拒绝缴纳这笔欠交的物业费？

2．甲于年初正式搬入自己位于 A 市某小区的新居，并以每月 680 元的价格向开发商租赁了一个紧挨自家楼下的露天停车位来停放自己的爱车。然而，不久前，甲在小区业主群里听说：按照相关规定，小区内的露天停车位都应属于小区业主共同所有，开发商无权处置或是出租，甚至有业主提出应当向开发商收回露天车位的所有权及管理权，并提议业主间应采用先到先停的原则使用小区内有限的露天停车位。对此，甲一方面既对其他业主提出的免费停车颇感兴趣，另一方面更担心一旦停车位认定为业主共有后，自己与开发商所签订的定点车位租赁合同将不受法律保护，那么自己将很有可能因为下班时间较晚而找不到停车的地方。

问：甲所租赁的停车位究竟是否属于业主共有车位？

第三讲　用益物权

经典案例

【案情】王某与王×某居住权纠纷①

王某系王×某与李某所育之女，王×某与李某早年离婚，双方协议王某由王×某抚养，涉案房屋归王×某所有，王×某承诺王某可随他共同生活在涉案房屋内。后王×某与张某再婚，王某称张某不让其在涉案房屋内居住，将其赶出家门。为维护合法权益，王某诉至法院，其依据王×某与李某签订的离婚协议及王×某单方书写的承诺进行主张，要求确认对涉案房屋享有居住权。

点评：首先，根据《民法典》第366条的规定，居住权人有权按照合同约定，对他人的住宅享有占有、使用的用益物权，以满足生活居住的需要。本案中，王某依据王×某与李某签订的离婚协议及王×某单方书写的承诺进行主张居住权，不符合《民法典》第366条的规定。王×某与李某约定的内容仅为王×某对王某享有抚养的权利，以及王×某对案涉房屋的所有权归属问题，并非《民法典》第366条的所规定的"居住权的内容"。王×某单方承诺王某的居住，仅仅是为了履行抚养的义务，而非法律意义上的"居住权"。

其次，《民法典》第367条规定，设立居住权，当事人应当采用书面形式订立居住权合同。本案中，案涉协议的内容仅为离婚后对子女的抚养以及物权的归属达成的意思表示，并非对"居住权"进行约定的内容。

最后，《民法典》第368条规定，设立居住权的，应当向登记机构申请居住权登记，居住权自登记时设立。本案中，不存在且也未向登记机构办理"居住权"登记的客观事实。

本案也从侧面反映了"居住权"这一新型用益物权，是坚持以人民为中心发展思想、实现人民对美好生活向往的重大立法举措，也是贯彻党的十九大提出的"加快建立多主体供给、多渠道保障住房制度"的要求，且在法治领域内回应了国家关于"实现全体人民住有所居为最终目标，以加快建立多主体供给、多渠道保障、租购并举的住宅制度"政策，更是体现了国家对养老问题、住房问题等现实问题的关照。

知识梳理

一、用益物权的概念和特征

用益物权是指对他人所有的不动产或者动产，依法享有占有、使用和收益的权利。

用益物权的特征：第一，标的物主要是不动产；第二，以对物的占有为前提；第三，是他物

---

① 案件源自北京市海淀区人民法院首例居住权案件。

权、期限物权、限制物权;第四,是以使用、收益为目的的独立物权。

我国的用益物权主要研究的是土地制度。《民法典》规定的用益物权体系主要包括土地承包经营权、建设用地使用权、宅基地使用权、居住权和地役权。

二、土地承包经营权

(一)概念

土地承包经营权,是指土地承包经营权人依法对其承包经营的耕地、林地、草地等所享有的占有、使用和收益的权利,有权从事种植业、林业、畜牧业等农业生产。(《民法典》第331条)

土地承包经营,是我国农村经济体制改革的产物,对于促进我国农村经济的发展起到了重大推动作用。《民法典》第330条作出了"农村集体经济组织实行家庭承包经营为基础、统分结合的双层经营体制"的规定。

1. 双层经营体制包含两个经营层次:

(1)家庭分散经营层次。家庭分散经营是指农村集体经济组织的每一个农户家庭全体成员为一个生产经营单位,承包集体农村土地后,以家庭为单位进行的农业生产经营。

(2)集体统一经营层次。集体统一经营就是农村集体经济组织以村或者村民小组为生产经营单位,对集体所有的土地、房屋等集体资产享有、行使集体所有权,并组织本集体经济组织成员开展统一的生产经营。

需注意,双层经营的基础是家庭承包,但必须统分结合,不能因为家庭经营而忽略集体经营,特别是必须强调对农村土地的集体所有权,承包方享有的仅仅是农村土地的用益物权。

2. 农村土地承包的方式

农村土地,是指农民集体所有和国家所有依法由农民集体使用的耕地、草地、林地,以及其他依法用于农业的土地(主要是指养殖水面、"四荒地"以及农田水利设施用地等)。

农村土地承包经营制度包括两种承包方式,即家庭承包和以招标、拍卖、公开协商等方式的承包。

(1)家庭承包。家庭承包,是指以农民集体经济组织的每一个农户家庭全体成员为一个生产经营单位,作为承包人与发包人建立承包关系,承包耕地、草地、林地(数量最多,涉及面最广,与每一个农民利益最密切)等用于农业的土地。家庭承包中的承包人是农村集体经济组织的农户。发包人在将土地发包给农户经营时,应当按照每户所有成员的人数来确定承包土地的份额,也就是通常所说的"按户承包,按人分地",也叫"人人有份"。其具有很强的社会保障和福利功能。

(2)招标、拍卖、公开协商等方式承包。对于荒山、荒沟、荒丘、荒滩("四荒"土地)等农村土地,本集体经济组织成员有的不愿意承包,有的根据自己的能力承包的数量不同。这些不宜采取家庭承包方式的农村土地,可以采取招标、拍卖、公开协商等方式承包。由最有经济能力和经营能力的人承包。发包人按"效率优先,兼顾公平"原则选择承包人。

①根据《农村土地承包法》第51条的规定,以其他方式承包农村土地,在同等条件下,本集体经济组织成员有权优先承包。

②根据《农村土地承包法》第52条的规定,发包方将农村土地发包给本集体经济组织以外的单位或者个人承包,应当事先经本集体经济组织成员的村民会议2/3以上成员或2/3以上村民代表的同意,并报乡(镇)人民政府批准。

3. 承包期

《民法典》第332条规定:"耕地的承包期为三十年。草地的承包期为三十年至五十年。林地的承包期为三十年至七十年。前款规定的承包期限届满,由土地承包经营权人依照农村土地承包的法律规定继续承包。"

(二)土地承包经营权的设立

《民法典》第333条规定:"土地承包经营权自土地承包经营权合同生效时设立。登记机构应当向土地承包经营权人发放土地承包经营权证、林权证等证书,并登记造册,确认土地承包经营权。"

(三)土地承包经营权的互换和转让

《民法典》第334条规定:"土地承包经营权人依照法律规定,有权将土地承包经营权互换、转让。未经依法批准,不得将承包地用于非农建设。"

《民法典》第335条规定:"土地承包经营权互换、转让的,当事人可以向登记机构申请登记;未经登记,不得对抗善意第三人。"

1. 互换:承包方之间为方便耕种或者各自需要,可以对属于同一集体经济组织的土地的土地承包经营权进行互换,并向发包方备案。(《农村土地承包法》第33条)

2. 转让:土地承包经营权人将其拥有的未到期的土地承包经营权以一定的方式和条件移转给他人的行为。转让必须具备三个条件:第一,程序上,转让土地承包经营权需要征得发包方的同意;第二,主体上,转让方为承包方,受让方必须是本集体经济组织的其他农户;第三,后果上,受让方与发包方成立新的承包关系,转让方与发包方的原承包关系终止。(《农村土地承包法》第34条)

3. 土地承包经营权的互换、转让采用登记对抗主义。

【例】2020年3月20日,A市幸福村上街村民甲与村集体经济组织签订了一份耕地的土体承包经营权合同,合同生效时,甲即取得耕地的土地承包经营权。后承包人甲欲外出前往B市打工。经发包方同意,4月15日,甲将土地承包经营权转让(流转)给同村村民乙,并于当日签订了转让合同,但没有办理变更登记。4月20日,甲又将土地承包经营权(流转)转让给同村村民丙,也于当日签订了转让合同并同时办理了变更登记手续。乙和丙就该块地的土地承包经营权发生纠纷。问:谁的权利应该受到保护?

分析:丙的承包经营权受到保护。因为丙取得土地承包经营权进行了登记。对于乙,可以根据生效的合同要求甲承担违约责任。

(四)土地承包经营权的继承

关于土地承包经营权的继承,《民法典》未作规定。《农村土地承包法》第32条规定:"承包人应得的承包收益,依照继承法的规定继承。林地承包的承包人死亡,其继承人可以在承包期内继续承包。"《农村土地承包法》第54条规定:"依照本章规定通过招标、拍卖、公开协商等方式取得土地经营权的,该承包人死亡,其应得的承包收益,依照继承法的规定继承;在承包期内,其继承人可以继续承包。"

1. 承包收益可以继承。

2. 林地承包经营权可以继承。

3. 四荒地的土地承包经营权可以继承。

4. 我国立法原则上否认家庭承包的耕地承包经营权的继承。家庭承包经营权只能属于农户整个家庭,而不属于其中某个家庭成员。因此,当家庭中某个成员死亡,作为承包方的"户"还存在,不产生继承问题。而当承包方的家庭整体消亡时,承包地应由集体经济组织收回重新进行分配,不允许继承。其原因在于家庭承包制度下的土地承包经营权并非单纯的财产权,同时也是对集体经济组织成员的一种社会保障,否定耕地承包经营权的继承有利于根据人口变动调整土地分配。

(五)土地承包经营权的调整与收回

1. 土地承包经营权的调整

《民法典》第336条规定:"承包期内发包人不得调整承包地。因自然灾害严重毁损承包地等特殊情形,需要适当调整承包的耕地和草地的,应当依照农村土地承包的法律规定办理。"

根据《农村土地承包法》第28条的规定,承包期内,因自然灾害严重毁损承包地等特殊情形对个别农户之间承包的耕地和草地需要适当调整的,必须经本集体经济组织成员的村民会议三分之二以上成员或者三分之二以上村民代表的同意,并报乡(镇)人民政府和县级人民政府农业农村、林业和草原等主管部门批准。承包合同中约定不得调整的,按照其约定。

2. 土地承包经营权的收回

《民法典》第337条规定:"承包期内发包人不得收回承包地。法律另有规定的,依照其规定。"

《农村土地承包法》第27条规定:"承包期内,发包方不得收回承包地。国家保护进城农户的土地承包经营权。不得以退出土地承包经营权作为农户进城落户的条件。承包期内,承包农户进城落户的,引导支持其按照自愿有偿原则依法在本集体经济组织内转让土地承包经营权或者将承包地交回发包方,也可以鼓励其流转土地经营权。承包期内,承包方交回承包地或者发包方依法收回承包地时,承包方对其在承包地上投入而提高土地生产能力的,有权获得相应的补偿。"

(六)土地经营权的流转

《民法典》第339条规定:"土地承包经营权人可以自主决定依法采取出租、入股或者其他方式向他人流转土地经营权。"

1. 三权分置制度(所有权、承包权、经营权)

三权分置,即在农村土地集体所有权的基础上,设立土地承包经营权,再在土地承包经营权之上设立土地经营权,构成三权分置的农村土地权利结构。

建立在土地承包经营权上的土地经营权,是土地承包经营权人的权利,权利人可以将其转让,由他人享有和行使土地经营权,而土地承包经营权人保留土地承包经营权,并因转让土地经营权而使自己获益。

2. 土地经营权的设立

土地经营权需要特定主体通过一定民事法律行为,依照法律规定的原则和方式,按照法律程序设立。

(1)主体

土地经营权流转有双方当事人,一方是作为出让方的土地承包经营权人,另一方是作为受让方的土地经营权人(个人或组织)。出让方和受让方经过协商一致以合同方式设立土地经营权。

(2)客体

土地经营权的客体就是农村土地,即农民集体所有和国家所有依法由农民集体使用的耕地、林地、草地,以及其他依法用于农业的土地,如养殖水面、荒山、荒丘、荒滩等。农村的建设用地,如宅基地则不能成为土地经营权的客体。

(3)设立原则

土地承包经营权是土地经营权设立的前提和基础,因此土地经营权的设立原则上由承包方自主决定、依法设立。集体经济组织、基层群众自治组织以及有关政府部门不得干预。设立的程序不得违反法律的强制性要求,如确保农业用途,未经依法批准不得用于非农建设;土地经营权的设立应当向发包方备案等。

(4)流转的方式

根据《民法典》第339条的规定,土地承包经营权人可以自主决定依法采取出租、入股或者其他方式向他人流转土地经营权。其他方式,如根据《农村土地承包法》第47条的规定,承包方可以用承包地的土地经营权向金融机构融资担保。

(5)设立时间与登记

《民法典》第341条规定:"流转期限为五年以上的土地经营权,自流转合同生效时设立。当事人可以向登记机构申请土地经营权登记;未经登记,不得对抗善意第三人。"

此条规定中流转期限未满5年的未涉及,引争议。可这样理解,土地经营权的流转期限有长有短,如果期限较短,不满5年,可以不考虑登记;如果期限较长,5年以上,为了维护交易安全,可以申请登记,实行登记对抗。

三、建设用地使用权

(一)概念

建设用地使用权,是指建设用地使用权人依法对国家所有的土地享有占有、使用和收益的权利,有权利用该土地建造建筑物、构筑物及其附属设施。(《民法典》第344条)

(二)建设用地使用权的设立

1. 适用的对象:国家所有的土地。
2. 适用的范围:建设用地使用权可以在土地的地表、地上或者地下分别设立。
3. 取得方式

(1)划拨:经县级以上人民政府批准,在土地使用者缴纳补偿、安置等费用后,将国有土地交付其使用,或者将建设用地使用权无偿交付给土地使用者使用的行为。法律严格限制以划拨方式设立建设用地使用权。

根据《土地管理法》第54条的规定,可以以划拨方式取得建设用地使用权的包括:国家机关用地和军事用地,城市基础设施用地和公益事业用地,国家重点扶持的能源、交通、水利等基础设施用地,法律、行政法规规定的其他用地。

(2)出让:指国家以土地所有人身份将建设用地使用权在一定期限内让与土地使用者,并由土地使用者向国家支付建设用地出让金。

工业、商业、旅游、娱乐和商品住宅等经营性用地以及同一土地有两个以上意向用地者的,应当采取招标、拍卖等公开竞价的方式出让。

4. 登记生效

《民法典》第349条规定:"设立建设用地使用权的,应当向登记机构申请建设用地使用权登记。建设用地使用权自登记时设立。登记机构应当向建设用地使用权人发放权属证书。"

(三)建设用地使用权的内容

1. 建设用地使用权的流转

《民法典》第353条:"建设用地使用权人有权将建设用地使用权转让、互换、出资、赠与或者抵押,但是法律另有规定的除外。"

(1)原则上,权利人有权将建设用地使用权转让、互换、出资、赠与或者抵押,期限为原合同剩余的期限。

(2)上述流转的场合下,附着于该土地上的建筑物、构筑物及其附属设施一并处分(房随地走)。(《民法典》第356条)

(3)建筑物、构筑物及其附属设施转让、互换、出资或者赠与的,该建筑物、构筑物及其附属设施占用范围内的建设用地使用权一并处分(地随房走)。(《民法典》第357条)

2. 获得补偿权(《民法典》第358条)

建设用地使用权期限届满前,因公共利益需要提前收回该土地的,应当依对该土地上的房屋以及其他不动产给予补偿,并退还相应的出让金。

3. 自动续期权(《民法典》第359条)

(1)住宅建设用地使用权期限届满的,自动续期。续期费用的缴纳或者减免,依照法律、行政法规的规定办理。

(2)非住宅建设用地使用权期限届满后的续期,依照法律规定办理。该土地上的房屋以及其他不动产的归属,有约定的,按照约定;没有约定或者约定不明确的,依照法律、行政法规的规定办理。

按照土地的不同用途,土地使用权出让的最高年限为:①居住用地70年,期满后自动续期;②工业用地50年;③教育、科技、文化、卫生、体育用地50年;④商业、旅游、娱乐用地40年;⑤综合或者其他用地50年。

四、宅基地使用权

宅基地使用权,是指宅基地使用权人依法享有的对集体所有的土地占有和使用以及利用该土地建造住宅及其附属设施的权利。宅基地使用权具有一定的社会福利性质,是农民的安身立业之本。

1. 主体:农村集体经济组织的成员,并且通常只能是本集体经济组织的成员,不能是城镇居民。由于我国现阶段实行一户一宅原则,因此农村集体经济组织成员作为宅基地使用权的主体并不是以自然人的身份单独出现的,而是以"农户"的名义出现的。此外,某些回乡落户的离退休干部、退休、退职职工、复转军人、回乡定居的华侨和港澳台同胞,也可依法取得宅基地的使用权。

2. 取得:可以通过法律直接规定或者集体经济组织依法无偿援与而取得。(所谓无偿援与,是指农村村民存在实际居住需求的情况下,集体经济组织负有设定宅基地使用权并转移给村民,供其建造并保有房屋及附属设施的义务。)宅基地使用权的设立是否以登记为生效要件或者对抗第三人的要件,民法典没有作出规定。一般认为,登记并非宅基地使用权的生效要件,法律亦没有必要规定宅基地使用权设立登记的对抗效力。但如果宅基地使用权人意欲对其权利进行处分,则应当办理登记。

《民法典》第 365 条:"已经登记的宅基地使用权转让或者消灭的,应当及时办理变更登记或者注销登记。"

3. 基本上无流转权:《土地管理法》第 62 条,宅基地使用权实行一户一宅原则,权利人不得买卖或者变相买卖(抵押、出租、出资、赠与)宅基地;当然,权利人可以出卖、出租宅基地上的房屋,但不得另行申请宅基地。

【例】甲在厦门打工,但其户口仍在老家某村集体,申请获得宅基地一块,准备建造住宅。

(1)在开工前觉得还是想去城里买房,于是将其宅基地使用权出卖于同村尚无宅基地的乙。问:双方签订的宅基地使用权买卖合同效力如何?

分析:无效。因为宅基地使用权具有社会福利性质,禁止单独转让。

(2)甲在申请的宅基地上建造了住宅,一段时间后觉得还是想去厦门买房,于是将农村的住宅出卖于同村尚无宅基地的乙。问:乙可否取得房屋所有权和宅基地使用权?

分析:可以。宅基地上建造的房屋可以在本集体经济组织内部合法转让,宅基地使用权随之转让。但甲未来将丧失再次申请宅基地的权利。

(3)甲在厦门读完大学找到工作取得了城镇户口,父亲丙在老家自建宅基地住房一套,丙死亡时,唯一继承人甲可否取得老家房屋的宅基地使用权?

分析:否。甲可以继承取得房屋所有权,但因无集体组织成员资格,无法取得宅基地使用权。该房屋可以合法使用,但若该房屋被拆迁,甲仅能取得房屋所有权补偿,而不能取得宅基地使用权的征收补偿。

五、居住权

居住权,是指居住权人对他人所有住宅的全部或者部分及其附属设施,享有占有、使用的权利。

（一）特征

1. 居住权是一种独立的用益物权制度，属于他物权；
2. 居住权主体范围限定于自然人；
3. 居住权客体为他人所有的建筑的全部或一部分，还包括其他附着物；
4. 居住权设立居住权的目的只能是用于居住；
5. 居住权具有时间性，期限一般为长期性、终身性；
6. 居住权一般具有无偿性；
7. 居住权具有不可转让性。

（二）居住权的设立

1. 当事人应当采用书面形式订立居住权合同。
2. 居住权无偿设立，但是当事人另有约定的除外。
3. 设立居住权的，应当向登记机构申请居住权登记。居住权自登记时设立。

（三）居住权的流转

居住权不得转让、继承，设立居住权的住宅不得出租。

（四）居住权的消灭

居住期限届满或者居住权人死亡的，居住权消灭。居住权消灭的，应当及时办理注销登记。

【例1】甲起诉与乙离婚，法院判决双方离婚。因离婚后，乙生活困难且无住房，依据《民法典》第1090条的规定，离婚后甲对乙负有提供居住条件的法定义务，法院在作出的离婚判决中判令甲在其所有的房屋上为乙设立居住权。判决生效后，甲、乙订立合同约定："甲无偿在其个人所有的A房屋上为乙设立居住权，居住权自乙再婚时或者自乙有能力自行解决居住问题时消灭。"甲、乙共同办理了A房屋的居住权设立登记。

【例2】A市甲被确诊重病后，订立了一份《自书遗嘱》，其中载明："甲死亡后，现住的房屋由儿子丙继承，在该房屋上为保姆乙设立居住权，由丙负责办理居住权设立登记。出现下列原因之一，乙对该房屋的居住权消灭：第一，乙确定永久不在A市经常居住；第二，乙在A市购买房屋用作住宅；第三，乙死亡。"

六、地役权

地役权，是指按照合同约定，利用他人不动产供自己的不动产便利之用的用益物权。在地役权法律关系中，为自己不动产的便利而使用他人不动产的一方当事人称为地役权人，也叫需役地人；将自己不动产提供给他人使用的一方当事人称为供役地人。

【例】某市甲单位有东门可以出入，后来由于东门前交通较为拥堵，想另开南门，供甲单位内部职工出入使用。但这必须借用相邻乙单位的道路通行。于是两家单位便约定，由甲向乙适当支付使用费，乙允许甲的职工从此通行，并签订了书面合同，办理了登记。问：甲单位享有的是什么权利？

分析:地役权。

(一)地役权的法律特征

1. 地役权的主体为不动产的权利人,包括所有权人和使用权人,如建设用地使用权人、土地承包经营权人、宅基地使用权人、承租人。

2. 地役权的客体即供役地,包括他人的土地、房屋、空间等。

3. 地役权的内容是利用他人的不动产,并对他人的权利加以限制。

4. 地役权设立的目的是提高自己不动产的效益。

(二)地役权的设立

设立地役权,当事人应当采用书面形式订立地役权合同。地役权自地役权合同生效时设立,当事人要求登记的,可以向登记机构申请地役权登记,未经登记的,不得对抗善意第三人。

(三)地役权与相邻权的区别

1. 权利性质不同。地役权是一种独立的物权;相邻权不是一个独立的物权,是所有权的延伸与限制。

2. 目的不同。地役权是满足权利人的特殊需求,相邻权是调和权利行使的冲突。

3. 权利取得的方式不同。地役权是约定的权利,相邻权是法定的权利。

4. 对不动产是否相邻的要求不同。地役权的不动产不以毗邻为前提,相邻权的不动产是毗邻的关系。

5. 权利的有偿性不同。地役权可能无偿,也可能有偿,取决于地役权合同的约定;相邻权是无偿的。

【例】甲、乙、丙依次毗邻而居。甲的房屋年久失修,于春暖花开之季动工修缮,但因为无处堆放建筑材料而发愁。甲向邻居乙提出在其院内堆放建材,但乙素与甲有矛盾,不允此事。甲遂向邻居丙提出在其院内堆放建材,丙同意,但要求甲付"存放费"800 元,并提出不得超过 1 个月,甲同意。修房过程中,甲搬运建材须从乙家门前经过,乙予以阻拦,并要求甲也向自己付 800 元"过路费"。请分析甲与乙、甲与丙的法律关系。

分析:甲与丙因约定而成立地役权关系,甲与丙应当依法签订书面协议。但甲与乙之间的通行关系则可通过相邻关系来调整,即乙无权阻拦甲的通行,并且乙无权向甲索要费用。

(四)地役权的从属性

《民法典》第 380 条:"地役权不得单独转让。土地承包经营权、建设用地使用权等转让的,地役权一并转让,但是合同另有约定的除外。"

《民法典》第 381 条:"地役权不得单独抵押。土地经营权、建设用地使用权等抵押的,在实现抵押权时,地役权一并转让。"

1. 地役权不得与需役地分离而单独转让。

2. 地役权不得与需役地分离单独抵押。

3. 需役地权利转让的,只要让与人与受让人无相反约定,受让人同时取得地役权。

4. 如果地役权人丧失了对需役地的权利,其地役权消灭。

(五)地役权的不可分性

《民法典》第 382 条:"需役地以及需役地上的土地承包经营权、建设用地使用权等部分转让时,转让部分涉及地役权的,受让人同时享有地役权。"

《民法典》第 383 条:"供役地以及供役地上的土地承包经营权、建设用地使用权等部分转让时,转让部分涉及地役权的,地役权对受让人具有法律约束力。"

地役权的不可分性,是指地役权及于需役地的全部,也及予供役地的全部,不因需役地或者供役地的分割而受影响。地役权的不可分性是从属性的延伸。

【例1】甲公司和乙公司约定:为满足甲公司开发住宅小区观景的需要,甲公司向乙公司支付 100 万元,乙公司在 20 年内不在自己厂区建造 6 米以上的建筑。甲公司将全部房屋售出后不久,乙公司在自己的厂区建造了一栋 8 米高的厂房。问:谁有权请求乙公司拆除超过6 米高的建筑?

分析:小区业主。"需役地"是需要看风景的那块土地,"供役地"是供他人看风景的那块地。一旦甲将所有的房屋出售后,地役权随之转移,所有业主都有权主张地役权。这体现了地役权的从属性和不可分性。

【例2】甲为了能在自己的房子里欣赏江边风景,便与相邻的乙约定:乙不在自己的土地上建造高层建筑;作为补偿,甲每年支付给乙 6000 元。两年后,乙将该土地使用权转让给丙。丙在该土地上建造了一座高楼,与甲发生纠纷。对此纠纷,问:甲是否有权不让丙建造高楼?

分析:无权。地役权自地役合同生效时设立,不登记不得对抗善意第三人;题目未提及是否已经登记,视为没有登记。由于甲与乙签订的地役权合同并没有登记,因此不得对抗善意第三人丙,丙有权建造高楼。

【例3】甲为了能在自己房中欣赏江边风景,便与相邻的乙约定:乙不在自己的土地上建造高层建筑,作为补偿,甲一次性支付给乙 5 万元。两年后,甲将房屋转让给丙,乙将该土地转让给丁。问:丙是否可以禁止丁建造高楼?

分析:丙无权禁止。因为地役权合同没有登记,不得对抗善意第三人丁,丁有权建高楼。

👉 真题试接

1. 孤寡老人甲欲出卖自己的房屋,但由于无处居住,便在乙订立买卖合同时,约定乙取得房屋所有权后,在该房屋上以甲生命存续期限为期限设定居住权,在房屋所有权过户登记时,一并登记居住权。双方办理过户登记时,因故未办理居住权登记,遂约定事后登记。后甲再找乙办理居住权登记时,乙拒绝。根据《民法典》,下列哪些表述是正确的?(　　)(2020/02/26,多)

A. 甲与乙的约定在双方之间具有债权效力

B. 甲有权请求乙承担迟延履行的违约责任

C. 居住权作为物权没有有效设立

D. 甲有权请求乙继续登记并设立居住权

2. 村民胡某承包了一块农民集体所有的耕地,订立了土地承包经营权合同,未办理确权登记。胡某因常年在外,便与同村村民周某订立了土地承包经营权转让合同,将地交给周某耕种,未办理变更登记。关于该土地的承包经营权,下列哪一说法是正确的?(   )(2017/03/07,单)

A. 未经登记不得处分

B. 自土地承包经营权合同生效时设立

C. 其转让合同自完成变更登记时起生效

D. 其转让未经登记不发生效力

3. 河西村在第二轮承包过程中将本村耕地全部发包,但仍留有部分荒山,此时本村集体经济组织以外的 Z 企业欲承包该荒山。对此,下列哪些说法是正确的?(   )(2016/03/54,多)

A. 集体土地只能以家庭承包的方式进行承包

B. 河西村集体之外的人只能通过招标、拍卖、公开协商等方式承包

C. 河西村将荒山发包给 Z 企业,经 2/3 以上村民代表同意即可

D. 如河西村村民黄某也要承包该荒山,则黄某享有优先承包权

4. 季大与季小兄弟二人,成年后各自立户,季大一直未婚。季大从所在村集体经济组织承包耕地若干。关于季大的土地承包经营权,下列哪些表述是正确的?(   )(2014/03/56,多)

A. 自土地承包经营权合同生效时设立

B. 如季大转让其土地承包经营权,则未经变更登记不发生转让的效力

C. 如季大死亡,则季小可以继承该土地承包经营权

D. 如季大死亡,则季小可以继承该耕地上未收割的农作物

【答案】

1. ABCD。《民法典》第 366 条、第 368 条。

2. B。《民法典》第 333 条、第 335 条。

3. BD。《农村土地承包法》第 3 条、第 48 条、第 51 条、第 52 条。

4. AD。《民法典》第 333 条、第 335 条。

案例讨论

2005 年,某村实行家庭联产承包责任制,甲一家承包了耕地 1.3 亩,承包期 30 年。甲又于 2014 年 2 月 24 日与其所在的村签订了土地承包合同,双方在合同中约定由甲承包该村 5 亩柚子园,承包期为 30 年,每年承包费 6500 元。甲的土地承包经营权未进行登记。2014 年 4 月 12 日,村委会将柚子园交给甲,甲开始经营。甲的柚子园与乙的菜园相邻,甲的柚子园周围没有井,井在乙的菜园东边,甲要想浇灌要绕过乙的菜园,于是希望从乙的菜园穿行。乙不同意,后在双方协商下订立合同约定甲可以从菜园穿行,但每年给乙 600 元,一直到承

包期满,双方未进行登记。2016 年,甲因病去世,其妻丙继续经营,但丙因欠缺经验,柚子收成不好,遂于 2017 年将柚子园转让给丁。丁要继续从乙的菜园穿行,但乙认为穿行造成很多菜苗被踩坏,不同意丁从其菜园穿行。丙和其子女 2018 年迁至县城居住,户口也转为非农业户口,其家的耕地在其迁走后即由村委会调整给戊。

问:(1)甲是否有权基于相邻关系通行乙的菜园?为什么?

(2)假设 2014 年 11 月 26 日,柚子价格上涨,村委会将该柚子另行发包给庚,双方签订了承包经营合同,承包费 8000 元,庚预交了承包费,村委会将柚子园交给了庚。甲发现后提出异议。庚是否有权取得该柚子园的承包经营权?为什么?

(3)村委会可否以丙不是承包人为由收回柚子园?为什么?

(4)丙和丁的承包经营权转让合同,村委会可否主张无效?为什么?

(5)假设丙和丁的承包经营权转让合同有效,丁可否请求穿行乙的菜园?为什么?

(6)在丁承包经营期间,因穿行不慎而被踩坏的菜苗的损失由谁承担?

(7)村委会将丙家的耕地调整给戊的做法是否正确?为什么?

(8)假设甲在 2014 年 11 月 19 日以柚子园的承包经营权做抵押向辛借款 5 万元,借款期限 1 年。问:到期不能归还借款,辛可否就柚子园的承包经营权行使抵押权?为什么?

第四讲 担保物权

经典案例

【案情】中国长城资产管理股份有限公司山西省分公司与山西朔州平鲁区华美奥崇升煤业有限公司等借款合同纠纷案[①]

华美奥公司分三笔向中信银行太原分行借款,截至一审诉讼期间,华美奥公司尚欠中信银行太原分行借款本金 492443528.38 元。中信银行太原分行与秦发实业公司等 8 名保证人分别签订《最高额保证合同》,约定保证人为华美奥公司借款提供最高额保证担保,债权最高额限度为"债权本金 5 亿元整和相应的利息、罚息、违约金、损害赔偿金以及为实现债权、担保权利等所发生的一切费用"。

因华美奥公司逾期还款,中信银行太原分行起诉请求:(1)华美奥公司偿还借款本金 492443528.38 元及利息、罚息、复利、违约金及实现债权的费用;(2)秦皇岛秦发实业集团有限公司(以下简称"秦发实业公司")、山西朔州平鲁区华美奥崇升煤业有限公司(以下简称"崇升煤业公司")、山西朔州平鲁区华美奥冯西煤业有限公司(以下简称"冯西煤业公司")、徐吉华、王桂敏、徐达、邓冰晶 8 名保证人对上述借款本息承担连带清偿责任。

【裁判要旨】在最高额保证合同关系中,如果合同明确约定所担保的最高债权额包括主债权的数额和相应的利息、违约金、损害赔偿金以及实现债权的费用,保证人即应当依照约定对利息、违约金、损害赔偿金以及实现债权的费用承担保证责任,而不受主债权数额的限制。

---

① 参见《最高人民法院公报》2020 年第 5 期(总第 283 期)。

点评:《最高人民法院关于适用〈中华人民共和国民法典〉有关担保制度的解释》第 15 条规定:最高额担保中的最高债权额,是指包括主债权及其利息、违约金、损害赔偿金、保管担保财产的费用、实现债权或者实现担保物权的费用等在内的全部债权,但是当事人另有约定的除外。登记的最高债权额与当事人约定的最高债权额不一致的,人民法院应当依据登记的最高债权额确定债权人优先受偿的范围。

本条对之前最高额到底是指最高额的主债权本金(如果是本金,银行授信放款是比较好操作的)还是主债权及其利息、损害赔偿金、违约金相关费用等之总和的争议,进行了统一,采取了"最高额债权"的做法。最高额担保中的最高债权额,是指包括主债权及其利息、违约金、损害赔偿金、保管担保财产和实现担保物权的费用等在内的全部债权,但是当事人另有约定的除外。另外,本条针对《九民纪要》作了一定改变,当约定债权额和登记债权额不一致的时候,一概以登记债权额为准。无论是在内部当事人之间,还是对第三人外部效力之间,统统都以登记的债权额为主。

结合本案来看,根据《最高额保证合同》的约定,各保证人应对实现债权的律师费、保全费等相关费用承担连带保证责任。本案已查明,中信银行太原分行为实现债权,委托律师事务所指派律师提供法律服务,并实际支出了 20 万元律师费和诉讼保全费 5000 元,根据争议标的、诉讼难易程度、律所及其律师提供法律服务的内容等方面的综合考量,该 20 万元的律师费数额合理,故主债务人华美奥公司应根据主合同的约定承担该费用。中信银行太原分行与各保证人之间的保证合同中,已约定律师费为担保范围,案涉保证人亦应对该部分主债务承担保证责任。关于保全费 5000 元,亦是本案债权实现的费用,应由华美奥公司、秦发实业公司、崇升煤业公司、冯西煤业公司、徐吉华、王桂敏、徐达、邓冰晶共同负担。

本案反映了为集中地吸收有益且成熟的商业习惯并将其规范化,体现了我国民事立法的时代特征,进一步完善了担保物权制度,为优化营商环境提供了法治保障,体现了我国目前经济高速发展下法律的开放性和包容性。其有利于坚持和完善社会主义基本经济制度、推动经济高质量发展,使得经济市场在法治环境下,更加充满活力,也更能鼓励和促进民事主体之间交易的形成。

知识梳理

一、担保物权的一般原理

(一)概念

《民法典》第 386 条规定:"担保物权人在债务人不履行到期债务或者发生当事人约定的实现担保物权的情形,依法享有就担保财产优先受偿的权利,但是法律另有规定的除外。"

担保物权,是指以担保债务的清偿为目的,以债务人或第三人的特定物或权利作为担保物,在债务人不清偿到期债务或出现约定的情形的,债权人就担保物的交换价值所享有的优先受偿的他物权。它包括抵押权、质权和留置权。

(二)担保物权的特征

1. 优先受偿性

担保物权的存在价值在于担保债权的实现,担保的效果在于确保债权人可以就担保物的价值优先受偿,这是担保物权的核心功能。

2. 从属性

担保合同是主债权债务合同的从合同不具有独立性,从属于债权而存在,主要包括:

(1)成立与消灭上的从属性

主债权不成立,担保物权不成立。主债权消灭的,担保物权消灭。但若主债务部分消灭,基于担保物权的不可分性,担保物权并不消灭,其内容和范围相应缩减。

(2)效力上的从属性

《民法典》第 388 条规定:"担保合同是主债权债务合同的从合同。主债权债务合同无效的,担保合同无效,但是法律另有规定的除外。"

(3)移转上的从属性

债权让与时,担保物权随同债权转让给受让人,但是当事人之间另有约定或者法律另有规定的除外。但是在债务承担的情况下,则不能体现担保物权的从属性。《民法典》第 391 条规定:"第三人提供担保,未经其书面同意,债权人允许债务人转移全部或者部分债务的,担保人不再承担相应的担保责任。"

3. 物上代位性

担保物权的担保效力及于担保财产的代位物。《民法典》第 390 条规定:"担保期间,担保财产毁损、灭失或者被征收等,担保物权人可以就获得的保险金、赔偿金或者补偿金等优先受偿。被担保债权的履行期限未届满的,也可以提存该保险金、赔偿金或者补偿金等。"

【例】A 城的甲欠乙 1000 万元债务,约定 9 月 1 日前偿还,甲以楼房一栋抵押。8 月 1 日,A 城遭百年不遇的洪水,抵押楼房倒塌。洪水过后,楼房仅余一堆建筑材料,残留价值 30 万元。问:

(1)若甲到期不还债,乙可否就该 30 万元优先受偿?

(2)假设抵押楼房投了保险,倒塌后甲获得保险公司赔偿金 800 万元。若甲到期不还债,乙可否就该 800 万元优先受偿?

(3)假设抵押楼房倒塌的原因不在水灾,而是第三人丙所为。甲从丙处获损害赔偿金 900 万元。若甲到期不能还债,乙可否就该 900 万元优先受偿?

(4)假设楼房未倒塌,但因公共利益需要被政府征用,甲从 A 城政府处获补偿金 950 万元。甲到期不还债,乙可否就该 950 万元优先受偿?

分析:(1)(2)(3)(4)均可。均为物上代位性的体现。

4. 不可分性

不可分性,是指被担保的债权在未受全部清偿前,担保物权人可以就担保物全部行使权利。不可分性强调的是担保物权的整体性,具体体现在以下几个方面:

(1)担保物部分灭失,以残存部分担保全部债权。

(2)担保物被分割或者部分转让属于不同所有权人,抵押权人可"追及"分割或者转让后的抵押物而行使抵押权。

(3)主债权部分消灭,仍以全部担保物担保剩余债权,但优先受偿的范围相应地缩减。

(4)主债权被分割或者部分转让的,各债权人均得以就其享有的债权份额行使抵押权。

【例】甲公司欠乙公司1000万元,约定9月1日还款。甲以自有厂房5幢提供抵押,每幢厂房估价200万元,后甲到期不能还款。问:

(1)若遭遇地震,2幢厂房被毁。其余3幢价值均上涨至400万元以上。乙可否以此3幢房卖款中的1000万元优先受偿?

(2)若甲分立为丙、丁公司,丙分得3幢厂房,丁分得2幢厂房,且每幢厂房都涨至400万元。乙只请求拍卖丙的3幢厂房以足额优先受偿,可否?

(3)后甲还款400万元,余款600万元到期不还,乙主张一并拍卖5幢厂房以优先受偿,可否?

(4)若乙分立为丙、丁两公司,丙分得对甲债权中的600万元,丁分得400万元。现丙请求一并拍卖5幢楼房以优先受偿,可否?

分析:(1)(2)(3)(4)均可。

(三)担保物权的种类

《民法典》物权编中的担保物权体系为:

1. 约定担保物权

(1)抵押权:动产抵押、不动产抵押。

(2)质权:动产质权、权利质权。

2. 法定担保物权:留置权

二、抵押权

(一)抵押权的概念和特征

抵押权,是指为担保债务的履行,债务人或者第三人不转移财产的占有,将该财产抵押给债权人的,债务人不履行到期债务或者发生当事人约定的实现抵押权的情形,债权人有权就该财产优先受偿的权利。其中债务人或者第三人为抵押人,债权人为抵押权人,提供担保的财产为抵押财产。

抵押权具有以下特征:

1. 为约定担保物权。

2. 客体为债务人或第三人的特定财产,不动产、动产、权利均可。

3. 抵押权的成立不转移抵押财产的占有。

(二)抵押财产

1. 可以抵押的财产(《民法典》第395条)

(1)建筑物和其他土地附着物;

(2)建设用地使用权;

(3)海域使用权;

(4)生产设备、原材料、半成品、产品;

（5）正在建造的建筑物、船舶、航空器；

（6）交通运输工具；

（7）法律、行政法规未禁止抵押的其他财产。

抵押规则：

（1）动产的浮动抵押

《民法典》第396条规定："企业、个体工商户、农业生产经营者可以将现有的以及将有的生产设备、原材料、半成品、产品抵押，债务人不履行到期债务或者发生当事人约定的实现抵押权的情形，债权人有权就抵押财产确定时的动产优先受偿。"

【例】个体工商户甲将自己饲养的5000只羊以及饲料等一并抵押给银行，借款期限5年。在抵押期间，乙找甲购买了15只羊并支付合理价款，甲将羊交给了乙，乙将羊带回家吃了。2年后，甲不能偿还银行贷款。请问：银行是否可以要求乙将当初从甲处购买的羊返还？

分析：不可以。原因在于该效力的特殊性，既然是动产浮动抵押，那么，银行在设立该种抵押权时就应该事先考虑到期后，财产可能会变少。

（2）房地一并抵押规则

《民法典》第397条规定："以建筑物抵押的，该建筑物占用范围内的建设用地使用权一并抵押。以建设用地使用权抵押的，该土地上的建筑物一并抵押。抵押人未依据前款规定一并抵押的，未抵押的财产视为一并抵押。"

（3）乡镇、村企业的建设用地使用权与房屋一并抵押规则

《民法典》第398条规定："乡镇、村企业的建设用地使用权不得单独抵押。以乡镇、村企业的厂房等建筑物抵押的，其占用范围内的建设用地使用权一并抵押。"

2. 禁止抵押的财产（《民法典》第399条）

（1）土地所有权；

（2）宅基地、自留地、自留山等集体所有土地的使用权，但是法律规定可以抵押的除外；（有些集体所有土地的使用权可以抵押，如《民法典》以及《农村土地承包法》规定的以家庭承包方式取得的承包地的土地经营权，以招标、拍卖、公开协商等方式承包农村土地的土地经营权，《土地管理法》规定的通过出让等方式取得的集体经营性建设用地使用权等。）

（3）学校、幼儿园、医疗机构等为公益目的成立的非营利法人的教育设施、医疗卫生设施和其他公益设施；

（4）所有权、使用权不明或者有争议的财产；

（5）依法被查封、扣押、监管的财产；

（6）法律、行政法规规定不得抵押的其他财产。

（三）抵押权的设立

1. 抵押合同

（1）形式要件：必须先签订书面抵押合同，自双方在合同书上签章时，抵押合同成立并生效。

（2）禁止流抵。《民法典》第401条规定："抵押权人在债务履行期限届满前，与抵押人约定债务人不履行到期债务时抵押财产归债权人所有的，只能依法就抵押财产优先受偿。"

【注意】①必须是在履行期届满前作出约定的,方为无效;若履行期限届满后达成协议,抵押物折价归债权人所有的,有效。②流抵条款本身无效,不影响抵押合同其他部分的效力,抵押权的有效设立也不受影响。

2. 抵押权

《民法典》第 402 条规定:"以本法第三百九十五条第一款第一项至第三项规定的财产或者第五项规定的正在建造的建筑物抵押的,应当办理抵押登记。抵押权自登记时设立。"

《民法典》第 403 条规定:"以动产抵押的,抵押权自抵押合同生效时设立;未经登记,不得对抗善意第三人。"

(1)不动产抵押权:有效合同+登记=不动产抵押权。

(2)动产抵押权:有效合同=动产抵押权+登记>第三人(登记不是生效要件,而是对抗要件)。

【注意】动产抵押权登记的对抗效力不是绝对的。《民法典》第 404 条规定:"以动产抵押的,不得对抗正常经营活动中已经支付合理价款并取得抵押财产的买受人。"

【例 1】甲向某银行贷款,由乙提供房产抵押为甲进行担保。乙把房产证交给银行,因登记部门原因抵押物未登记。乙向登记部门申请挂失房产证后补办了新证,将房屋卖给了知情的丙并办理了过户手续。问:银行对房屋是否享有抵押权?

分析:否。不动产抵押以登记为生效要件,仅交付房产证不能设定抵押权。

【例 2】甲将工厂里的生产设备、原材料、半成品、产品一并抵押给了乙银行,但未办理抵押登记。抵押期间,甲未经乙同意以合理价格将三台生产设备卖给了丙。后甲不能向乙履行到期债务。问:甲、乙的抵押合同是否生效?乙是否享有抵押权?能否对抗丙?

分析:抵押合同有效。享有抵押权。不能对抗丙。

(四)抵押权的效力范围

抵押权所担保的债权范围包括主债权及利息、违约金、损害赔偿金和实现抵押权的费用。抵押合同另有约定的,按其约定。

(五)抵押权人的权利

1. 保全请求权(《民法典》第 408 条)

(1)抵押人的行为足以使抵押财产价值减少的,抵押权人有权请求抵押人停止其行为。

(2)抵押财产价值已经减少的,抵押权人有权请求恢复抵押财产的价值,或者提供与减少的价值相应的担保。抵押人不恢复抵押财产的价值,也不提供担保的,抵押权人有权请求债务人提前清偿债务。

【注意】由于抵押人具有可归责性的行为使抵押物价值减少,且抵押人不能恢复财产价值或提供相应补充担保,因此,此权利是抵押权人唯一可以主张提前清偿的权利。

2. 孳息收取权

《民法典》第 412 条规定:"债务人不履行到期债务或者发生当事人约定的实现抵押权的情形,致使抵押财产被人民法院依法扣押的,自扣押之日起,抵押权人有权收取该抵押财产的天然孳息或者法定孳息,但是抵押权人未通知应当清偿法定孳息义务人的除外。前款规定的孳息应当先充抵收取孳息的费用。"

【注意】收取的孳息,不是直接获得孳息的所有权,而是用来优先受偿。具体抵充顺序:收取孳息的费用、主债权的利息、主债权。

3.优先受偿权

(1)变价的方式:折价、拍卖、变卖。

(2)行使期限:抵押权人应当在主债权诉讼时效期间内行使抵押权,未行使的,人民法院不予保护。(《民法典》第419条)

【注意】约定的抵押期间无效。一旦过了主债务时效,抵押权消灭。

【例】甲公司向乙银行贷款1000万元,约定2015年12月2日一次性还本付息。丙公司以自己的一栋房屋做抵押。甲到期没有还债,乙银行每月向甲催收,均无效果。最后一次催收的时间是2017年3月6日,乙银行在什么时间前行使抵押权,才能得到法院的保护?

分析:抵押权的行使期限为主债权诉讼时效期间内,主债权的诉讼时效期间为2017年3月6日起算3年,因此,答案为2020年3月6日。

(3)行使的程序

①协议实现:抵押权人可以与抵押人通过协议,以抵押财产折价或者以拍卖、变卖该抵押财产所得的价款优先清偿债务。如果协议损害其他债权人的利益,则其他债权人可以行使撤销权,请求法院撤销该协议。

②诉讼实现:协议实现抵押权不成的,抵押权人可以向人民法院提起诉讼,由法院判决或者调解拍卖、变卖抵押财产实现抵押权,就抵押财产的变价款优先受偿。

4.抵押权顺位的变更与放弃

(1)抵押权的顺位

《民法典》第414条规定:"同一财产向两个以上债权人抵押的,拍卖、变卖抵押财产所得的价款依照下列规定清偿:(一)抵押权已经登记的,按照登记的时间先后确定清偿顺序;(二)抵押权已经登记的先于未登记的受偿;(三)抵押权未登记的,按照债权比例清偿。其他可以登记的担保物权,清偿顺序参照适用前款规定。"

(2)抵押权顺位的变更(《民法典》第409条)

抵押权顺位的变更,是指将同一抵押财产上的数个抵押权的清偿顺序调换。

抵押权人与抵押人可以协议变更抵押权顺位以及被担保的债权数额等内容。但是,抵押权的变更未经其他抵押权人书面同意的,不得对其他抵押权人产生不利影响。

【例】A公司以其房屋做抵押,先后向甲银行借款100万元,乙银行借款300万元,丙银行借款500万元,并依次办理了抵押登记。后丙银行与甲银行商定交换各自抵押权的顺位,并办理了变更登记。但乙银行并不知情。因A公司无力偿还三家银行到期债务,银行拍卖其房屋,仅得价款600万元。问:三家银行对该价款如何分配?

分析:丙300万元,乙300万元,甲无余款受偿。

(3)抵押权顺位的放弃(《民法典》第409条)

抵押权人可以放弃抵押权的顺位。抵押权人放弃抵押权顺位的,该抵押权人将处于最后顺位,所有后顺位抵押权人的顺位依次递进。但是在抵押权人放弃抵押权顺位之后新设定的抵押权不受该放弃的影响,其顺位仍应在抵押权人的抵押权顺位之后。

(六)抵押人的权利

1. 孳息收取权

抵押人收取孳息的时间:(1)财产被扣押前;(2)扣押期间至变卖前,抵押权人未通知应当清偿法定孳息的义务人的。

2. 抵押物出租权(《民法典》第 405 条)

抵押物可以出租。抵押权与租赁权的关系如下:

(1)先租后抵。抵押权设立前,抵押财产已经出租并转移占有,原租赁关系不受抵押影响。抵押权实现后,不破租赁,承租人可继续承租。

(2)先抵后租。抵押人将已经抵押的财产出租,该租赁关系不得对抗已经登记的抵押权。抵押权实现后,原租赁关系对抵押物的受让人没有约束力。未登记的按照不得对抗善意第三人的规则来判断抵押权与租赁权的效力。

3. 抵押物转让权(《民法典》第 406 条)

抵押物可以转让。具体规则为:

(1)抵押期间,抵押人可以转让抵押财产,并不加以禁止,只是再转让时应当通知抵押权人。

(2)如果当事人对此另有约定的,按照其约定。

(3)抵押权人将抵押财产转让的,抵押权不受影响,即抵押权随着所有权的转让而转让,取得抵押财产的受让人在取得所有权的同时,也负有抵押人所负担的义务,受到抵押权的约束。

(4)抵押权人能够证明抵押财产转让可能损害抵押权的,可以请求抵押人将转让所得的价款向抵押权人提前清偿债务或者提存。转让的价款超过债权数额的部分归抵押人所有,不足部分由债务人清偿。

(七)最高额抵押

最高额抵押,是指为担保债务的履行,债务人或者第三人对一定期间内将要连续发生的债权提供担保财产的,债务人不履行到期债务或者发生当事人约定的实现抵押权的情形,抵押权人有权在最高债权额限度内就该担保财产优先受偿。

1. 最高额抵押的特征

(1)最高额抵押是限额抵押权;

(2)最高额抵押是为将来发生的债权提供担保;

(3)最高额抵押所担保的最高债权额是确定的,但是实际发生额不确定;

(4)最高额抵押是对一定期间内连续发生的债权作担保。

2. 部分债权转让与最高额抵押权的关系(《民法典》第 421 条)

最高额抵押担保的债权确定前,部分债权转让的,最高额抵押权不得转让,但是当事人另有约定的除外。

这是最高额抵押权附随性的例外,即最高额抵押权不随主债权转让而转让。只有在当事人有约定或其担保的主债权确定后可以转让。

3. 最高额抵押之债权的确定(《民法典》第 423 条)

(1)约定的债权确定期间届满;

(2)没有约定债权确定期间或者约定不明确,抵押权人或者抵押人自最高额抵押权设立之日起满两年后请求确定债权;

(3)新的债权不可能发生;

(4)抵押权人知道或者应当知道抵押财产被查封、扣押;

(5)债务人、抵押人被宣告破产或者解散;

(6)法律规定的债权确定的其他情形。

【例】甲药厂、乙银行、丙公司订立三方协议约定:"为了担保甲药厂在2021年度向乙银行的所有不定期不定额借款,丙公司以其A楼房设立最高额抵押担保,担保的最高债权限额为8000万元。"办理了A楼房的抵押登记。第一季度,甲药厂共向乙银行借款4000万元,因资产重组,乙银行按照上级要求将这4000万元债权全部转让给了丁资产管理公司。第二季度,甲药厂未向乙银行借款。第三、四季度甲药厂共向乙银行借款1.2亿元。因甲药厂到期不能清偿对乙银行的1.2亿元借款债务(不考虑利息),乙银行于2022年3月1日申请法院拍卖了丙公司抵押的A楼房,共获1.4亿元。经查,甲药厂对丁资产管理公司所负的4000万元也未清偿。问:(1)丁资产管理公司对A楼是否享有优先受偿权?(2)乙公司可以就多少拍卖款优先受偿?

分析:(1)乙银行将对甲药厂的4000万元个别债权转让给丁资产管理公司,根据《民法典》第421条的规定,最高额抵押权不随主债权的转让而转让,丁资产管理公司对A楼房不享有抵押权,对拍卖抵押物的1.4亿元,不享有优先受偿权。(2)2021年12月31日营业时间结束,约定的确定期间届满,对拍卖抵押物的1.4亿元,乙银行只能优先受偿8000万元。

三、质权

(一)质权的概念和特征

质权,是指债务人或第三人将特定的财产交由债权人占有,或者以财产权利为标的,作为债权的担保,在债务人不履行债务时,债权人得以该动产或财产权利的价值优先受偿的权利。

质权具有以下特征:

1. 质权是一种约定的担保物权。

2. 质权的客体是债务人或第三人提供的动产或者权利。

3. 质权的设立,就动产而言需要交付质押物;就权利而言,或自权利凭证交付时设立,或自办理出质登记时设立。

(二)动产质权

1. 动产质权的设立:有效合同+交付=动产质权

(1)质押合同

①应当采用书面形式。

②禁止流质。《民法典》第428条规定:"质权人在债务履行期限届满前,与出质人约定债务人不履行到期债务时质押财产归债权人所有的,只能依法就质押财产优先受偿。"

【注意】必须是在履行期届满前作出约定的,方为无效;若履行期限届满后达成协议,质物折价归债权人所有的,有效。流质条款本身无效,不影响质押合同其他部分的效力,质押权的有效设立也不受影响。

③质押合同为诺成性合同,除法定或约定外,自双方在合同书上签章,即成立并生效。

(2)动产质权交付生效

出质人交付质物时,质押权成立并生效,债权人开始对质物享有优先受偿权。

关于交付:①当事人不得约定不交付标的物;②只能是现实交付、简易交付和指示交付而不能是占有改定;③质权人占有质物后又返还给出质人的,动产质权归于消灭;④质押物约定与移交不一致的,以实际移交的物品为主。

2. 质权的效力范围

质权的担保范围包括主债权及利息、违约金、损害赔偿金、质押财产保管费用和实现质权的费用。质押合同另有约定的,按照约定。

3. 质权人的权利

(1)占有质物权

(2)孳息收取权

《民法典》第 430 条规定:"质权人有权收取质押财产的孳息,但是合同另有约定的除外。前款规定的孳息应当先充抵收取孳息的费用。"

【注意】①质权人收取孳息,不是直接获得所有权,而是在冲抵孳息的费用后,用来优先受偿;②当事人可以约定质权人不收取孳息。

(3)保全质物权

《民法典》第 433 条规定:"因不可归责于质权人的事由可能使质押财产毁损或者价值明显减少,足以危害质权人权利的,质权人有权请求出质人提供相应的担保;出质人不提供的,质权人可以拍卖、变卖质押财产,并与出质人协议将拍卖、变卖所得的价款提前清偿债务或者提存。"

(4)承诺转质权

《民法典》第 434 条规定:"质权人在质权存续期间,未经出质人同意转质,造成质押财产毁损、灭失的,应当承担赔偿责任。"

转质,是指质权人为了担保自己的或者他人的债务,将质押财产向第三人再次设定新的质权。转质依其是否经出质人同意,分为承诺转质和责任转质。

承诺转质是经出质人同意的转质,为有权处分,后设的质权优先于原质权人享有的质权。

责任转质是未经出质人同意的转质,质权人应对质物的毁损、灭失承担绝对严格责任,即无论是否具有过错,均应承担赔偿责任。

【例】甲欠乙 10 万元,约定 9 月 1 日还款。甲以汽车一辆出质给乙。乙于 6 月 1 日向丙借款 8 万元,约定 8 月 25 日前还款。征得甲的同意,乙将该汽车出质给丙。后甲、乙到期均不能还款,汽车拍卖 11 万元。问:乙、丙如何优先受偿?

分析:丙优先受偿 8 万元,剩余的 3 万元,乙受偿 2 万元,剩余 1 万元归甲所有。

(5)优先受偿权(《民法典》第 436 条)

债务人不履行到期债务或者发生当事人约定的实现质权的情形,质权人可以与出质人协议以质押财产折价,也可以就拍卖、变卖质押财产所得价款优先受偿。

4. 出质人的权利

(1)保留质物所有权。

(2)要求质权人妥善保管质物。

(3)请求返还质押财产。《民法典》第 436 条规定:"债务人履行债务或者出质人提前清偿所担保的债权的,质权人应当返还质押财产。"

(4)请求质权人及时行使质权。《民法典》第 437 条规定:"出质人可以请求质权人在债务履行期限届满后及时行使质权;质权人不行使的,出质人可以请求人民法院拍卖、变卖质押财产。出质人请求质权人及时行使质权,因质权人怠于行使权利造成出质人损害的,由质权人承担赔偿责任。"

(三)权利质权

1. 权利质权的客体(《民法典》第 440 条)

(1)汇票、本票、支票;

(2)债券、存款单;

(3)仓单、提单;

(4)可以转让的基金份额、股权;

(5)可以转让的注册商标专用权、专利权、著作权等知识产权中的财产权;

(6)现有的以及将有的应收账款;

(7)法律、行政法规规定可以出质的其他财产权利。

2. 权利质权的设立:质押合同+交付(登记)=质权

(1)有价证券(汇票、本票、支票、债券、存款单):书面合同+交付或登记。

有权利凭证的交付,不能交付的登记。

(以票据出质的,应背书记载"质押"字样;否则,不得对抗善意第三人。)

(2)基金份额、股权:书面合同+登记=质权。

(3)知识产权:书面合同+登记=质权。

(4)应收账款:书面合同+登记=质权。

四、留置权

(一)留置权的概念和构成要件

留置权,是指债权人按照合同约定占有债务人的财产,在债务人逾期不履行债务时,有留置该财产,并就该财产优先受偿的权利。留置权是唯一的一种法定担保物权。

留置权的构成要件包括积极要件和消极要件:

1. 积极要件

(1)合法占有债务人动产;

(2)债务人不履行到期债务;

(3)债权人占有的动产,应当与债权属于同一法律关系,但企业之间留置的除外。

留置权包括两类:民事留置和商事留置(企业之间的留置)。债权的发生与动产的占有要基于同一法律关系。这里的同一法律关系主要是指保管合同、加工承揽合同、委托合同、行纪合同、运输合同、仓储合同。而商事留置,则不要求基于同一法律关系,只要债权已到期且合法占有债务人的动产即可。

【例】甲公司欠乙公司货款 200 万元,乙公司与丙公司签订了一份价款为 150 万元的电脑买卖合同。合同签订后,丙公司指示乙公司将该合同项下的电脑交付给甲公司。因甲公司届期未清偿所欠货款,故乙公司将该批电脑扣留。问:乙公司的行为是在行使何种权利?

分析:对于商事留置来说,其构成要件只有两个:(1)债权已到期;(2)且合法占有债务人的动产。本例乙公司对甲公司的债权已到期且合法占有甲公司的电脑。因此,属于商事留置。

2. 消极要件

(1)因侵权行为取得动产占有的,不成立留置权;

(2)当事人约定不得留置的,不得留置;

(3)留置不得违背公序良俗;

(4)留置不得与留置人所承担的义务相抵触。

(二)留置权人的权利和义务

1. 权利

(1)留置并占有动产的权利;(2)优先受偿的权利;(3)收取留置物所产生的孳息;(4)必要费用偿还请求权。

2. 义务

(1)妥善保管留置物的义务;(2)不得擅自使用、出租或处分留置财产的义务;(3)留置权消灭后返还留置财产的义务。

(三)留置权的实现

《民法典》第 453 条规定:"留置权人与债务人应当约定留置财产后的债务履行期限;没有约定或者约定不明确的,留置权人应当给债务人六十日以上履行债务的期限,但是鲜活易腐等不易保管的动产除外。债务人逾期未履行的,留置权人可以与债务人协议以留置财产折价,也可以就拍卖、变卖留置财产所得的价款优先受偿。留置财产折价或者变卖的,应当参照市场价格。"

五、混合担保与担保物权的竞合

(一)混合担保

混合担保,是指同一债权既有物保(抵押或质押)又有人保(保证)的情形。

《民法典》第 392 条规定:"被担保的债权既有物的担保又有人的担保的,债务人不履行到期债务或者发生当事人约定的实现担保物权的情形,债权人应当按照约定实现债权;没有约定或者约定不明确,债务人自己提供物的担保的,债权人应当先就该物的担保实现债权;第三人提供物的担保的,债权人可以就物的担保实现债权,也可以请求保证人承担保证责任。提供担保的第三人承担担保责任后,有权向债务人追偿。"

1. 约定优先。债权人应当先按照当事人之间的约定实现债权。

2. 没有约定或约定不明确的：

(1)若保证与债务人提供物保并存,先实行债务人物权,后执行保证。

(2)若保证与第三人提供物保并存,债权人有选择权,即可要求实现物保也可要求实现保证。

3. 提供担保的第三人承担责任后,有权向债务人追偿。担保人之间原则上相互不追偿。

混合担保人之间可否追偿？《最高人民法院关于适用〈中华人民共和国民法典〉有关担保制度的解释》第13条规定："同一债务有两个以上第三人提供担保,担保人之间约定相互追偿及分担份额,承担了担保责任的担保人请求其他担保人按照约定分担份额的,人民法院应予以支持；担保人之间约定承担连带共同担保,或者约定相互追偿但是未约定分担份额的,各担保人按照比例分担向债务人不能追偿的部分。

同一债务有两个以上第三人提供担保,担保人之间未对相互追偿作出约定且未约定承担连带共同担保,但是各担保人在同一份合同书上签字、盖章或者按指印,承担了担保责任的担保人请求其他担保人按照比例分担向债务人不能追偿部分的,人民法院应予以支持。

除前两款规定的情形外,承担了担保责任的担保人请求其他担保人分担向债务人不能追偿部分的,人民法院不予支持。"

【例】甲公司向乙银行贷款,丙公司作为甲公司的连带责任保证人,同时甲公司将自己所有的办公楼作为抵押,丁公司也以自己所有的厂房作为抵押担保乙银行对甲公司的债权。甲公司、丙公司和丁公司未与乙银行约定甲公司、丙公司和丁公司之间的担保顺序和比例。甲公司到期无力还本付息。问:乙银行应如何实现自己的债权？

分析:乙银行应当先就甲公司提供的办公楼行使抵押权,仍有未实现的债权的,乙银行可以就丁公司提供的厂房行使抵押权,也可以要求丙公司承担保证责任,还可以同时就丁公司的厂房行使抵押权和要求丙公司承担保证责任来实现自己的债权。

(二)担保物权的竞合

担保物权的竞合,亦称为物的担保的竞合,是指在同一标的物上存在不同种类的担保物权,且担保不同的债权,此时应以何类担保物权的效力优先。担保物权的竞合包括抵押权之间的竞合,抵押权与质权的竞合,抵押权、质权与留置权的竞合。

1. 动产抵押权与质权并存(《民法典》第415条)

(1)先设立质权,后设立抵押权:质权当然优先于抵押权。

(2)先设立抵押权,后设立质权:①登记的抵押权优先于质权；②未登记的抵押权不得对抗善意的质权人。(已登记的抵押权＞质权＞未登记的抵押权)

2. 留置权、质权、抵押权竞合

《民法典》第456条规定:"同一动产上已设立抵押权或者质权,该动产又被留置的,留置权人优先受偿。"

同一动产上同时存在质权、抵押权、留置权(最后设立)的优先顺序:

(1)动产中质押先于抵押设立的:留置权＞质权＞抵押权。

(2)动产中抵押先于质押设立的:留置权＞登记的抵押权＞质权＞未登记的抵押权。

【例】同升公司以一套价值100万元的设备作为抵押,向甲借款10万元,未办理抵押登记手续。同升公司又向乙借款80万元,以该套设备作为抵押,并办理了抵押登记手续。同升公司欠丙货款20万元,将该套设备出质给丙。丙不小心损坏了该套设备送丁修理,因欠丁5万元修理费,该套设备被丁留置。分析担保物权的清偿顺序。

分析:丁、乙、丙、甲。

👉 **真题试接**

1. 甲向乙借款100万元,同时又与乙签订了房屋抵押合同,约定如果甲到期不能偿还借款,乙可以取得房屋所有权,并作了抵押登记。借款到期后,甲不能偿还债务。对此,下列哪些说法是正确的?(　　)(2020/02/27,多)

　　A. 双方关于乙取得房屋所有权的约定不发生效力

　　B. 乙可以请求拍卖房屋而从中优先受偿

　　C. 抵押合同因属虚假行为而无效

　　D. 抵押合同应认定有效

2. 徐某是甲公司总经理,甲公司为其配置了一辆轿车供其上下班使用。后徐某辞职,甲公司尚欠其10万元工资。徐某与甲公司多次交涉无果,欲对轿车行使留置权。关于本案,下列哪一说法是正确的?(　　)(2018/02/04,单)

　　A. 徐某可以行使留置权

　　B. 徐某不可以行使留置权

　　C. 徐某向甲公司主张10万元工资的债权请求权不受诉讼时效的限制

　　D. 徐某向甲公司主张10万元工资的债权请求权受2年诉讼时效期间的限制

3. 甲以某商铺作抵押向乙银行借款,抵押权已登记,借款到期后甲未偿还。甲提前得知乙银行将起诉自己,在乙银行起诉前将该商铺出租给不知情的丙,预收了1年租金。半年后经乙银行请求,该商铺被法院委托拍卖,由丁竞买取得。下列哪一选项是正确的?(　　)(2017/03/08,单)

　　A. 甲与丙之间的租赁合同无效

　　B. 丁有权请求丙腾退商铺,丙有权要求丁退还剩余租金

　　C. 丁有权请求丙腾退商铺,丙无权要求丁退还剩余租金

　　D. 丙有权要求丁继续履行租赁合同

4. 甲公司以一地块的建设用地使用权作抵押向乙银行借款3000万元,办理了抵押登记。其后,甲公司在该地块上开发建设住宅楼,由丙公司承建。甲公司在取得预售许可后与丁订立了商品房买卖合同,丁交付了80%的购房款。现住宅楼已竣工验收,但甲公司未能按期偿还乙银行借款,并欠付丙公司工程款1500万元,乙银行和丙公司同时主张权利,法院拍卖了该住宅楼。下列哪些选项是正确的?(　　)(2017/03/55,多)

　　A. 乙银行对建设用地使用权拍卖所得价款享有优先受偿权

　　B. 乙银行对该住宅楼拍卖所得价款享有优先受偿权

C. 丙公司对该住宅楼及其建设用地使用权的优先受偿权优先于乙银行的抵押权

D. 丙公司对该住宅楼及其建设用地使用权的优先受偿权不得对抗丁对其所购商品房的权利

5. 甲服装公司与乙银行订立合同,约定甲公司向乙银行借款 300 万元,用于购买进口面料。同时,双方订立抵押合同,约定甲公司以其现有的以及将有的生产设备、原材料、产品为前述借款设立抵押。借款合同和抵押合同订立后,乙银行向甲公司发放了贷款,但未办理抵押登记。之后,根据乙银行要求,丙为此项贷款提供连带责任保证,丁以一台大型挖掘机作质押并交付。

关于甲公司的抵押,下列选项正确的是(　　　)。(2017/03/89,任)

A. 该抵押合同为最高额抵押合同

B. 乙银行自抵押合同生效时取得抵押权

C. 乙银行自抵押登记完成时取得抵押权

D. 乙银行的抵押权不得对抗在正常经营活动中已支付合理价款并取得抵押财产的买受人

6. 甲对乙享有债权 500 万元,先后在丙和丁的房屋上设定了抵押权,均办理了登记,且均未限定抵押物的担保金额。其后,甲将其中的 200 万元债权转让给戊,并通知了乙。乙到期清偿了对甲的 300 万元债务,但未能清偿对戊的 200 万元债务。对此,下列哪些选项是错误的?(　　　)(2016/03/55,多)

A. 戊可同时就丙和丁的房屋行使抵押权,但对每个房屋价款优先受偿权的金额不得超过 100 万元

B. 戊可同时就丙和丁的房屋行使抵押权,对每个房屋价款优先受偿权的金额依房屋价值的比例确定

C. 戊必须先后就丙和丁的房屋行使抵押权,对每个房屋价款优先受偿权的金额由戊自主决定

D. 戊只能在丙的房屋价款不足以使其债权得到全部清偿时就丁的房屋行使抵押权

7. 方某、李某、刘某和张某签订借款合同,约定:"方某向李某借款 100 万元,刘某提供房屋抵押,张某提供保证。"除李某外其他人都签了字。刘某先把房本交给了李某,承诺过几天再作抵押登记。李某交付 100 万元后,方某到期未还款。下列哪一选项是正确的?(　　　)(2015/03/13,单)

A. 借款合同不成立　　　　　　B. 方某应返还不当得利

C. 张某应承担保证责任　　　　D. 刘某无义务办理房屋抵押登记

8. 2014 年 7 月 1 日,甲公司、乙公司和张某签订了《个人最高额抵押协议》,张某将其房屋抵押给乙公司,担保甲公司在一周前所欠乙公司货款 300 万元,最高债权额 400 万元,并办理了最高额抵押登记,债权确定期间为 2014 年 7 月 2 日到 2015 年 7 月 1 日。债权确定期间内,甲公司因从乙公司分批次进货,又欠乙公司 100 万元。甲公司未还款。关于有抵押担保的债权额和抵押权期间,下列哪些选项是正确的?(　　　)(2015/03/54,多)

A. 债权额为 100 万元　　　　　B. 债权额为 400 万元

C. 抵押权期间为 1 年　　　　　D. 抵押权期间为主债权诉讼时效期间

9. 2016 年 3 月 3 日,甲向乙借款 10 万元,约定还款日期为 2017 年 3 月 3 日。借款当

日,甲将自己饲养的市值5万元的名贵宠物鹦鹉质押交付给乙,作为债务到期不履行的担保;另外,第三人丙提供了连带责任保证。关于乙的质权,下列哪些说法是正确的?(　　)(2017/03/56,多)

  A. 2016年5月5日,鹦鹉产蛋一枚,市值2000元,应交由甲处置

  B. 因乙照管不善,2016年10月1日鹦鹉死亡,乙需承担赔偿责任

  C. 2017年4月4日,甲未偿还借款,乙未实现质权,则甲可请求乙及时行使质权

  D. 乙可放弃该质权,丙可在乙丧失质权的范围内免除相应的保证责任

  10. 下列哪些情形下权利人可以行使留置权?(　　)(2015/03/55,多)

  A. 张某为王某送货,约定货物送到后一周内支付运费。张某在货物运到后立刻要求王某支付运费被拒绝,张某可留置部分货物

  B. 刘某把房屋租给方某,方某退租搬离时尚有部分租金未付,刘某可留置方某部分家具

  C. 何某将丁某的行李存放在火车站小件寄存处,后丁某取行李时认为寄存费过高而拒绝支付,寄存处可留置该行李

  D. 甲公司加工乙公司的机器零件,约定先付费后加工。付费和加工均已完成,但乙公司尚欠甲公司借款,甲公司可留置机器零件

【答案】

1. ABD。《民法典》第401条。
2. B。《民法典》第448条、第188条。
3. C。《民法典》第405条。
4. ACD。《民法典》第397条、第417条、第807条。
5. BD。《民法典》第396条、第404条、第420条。
6. ABCD。《民法典》第407条。
7. C。《民法典》第215条、第402条、第490条。
8. BD。《民法典》第419条、第420条。
9. BCD。《民法典》第429条、第430条、第432条、第435条、第437条。
10. CD。《民法典》第447条、第783条、第903条。

案例讨论

  甲公司为了扩大生产经营需要大量资金购买机器设备,于2015年8月5日以其价值1000万元的自由厂房作抵押向乙银行借款540万元,借款期限自合同签订之日起至2016年12月31日止,抵押期限为借款到期后6个月。2016年2月8日,甲公司以该厂房作抵押向丙银行借款400万元,借款期限为1年。其后,2016年5月10日,甲公司在告知了丁银行该厂房已抵押的事实后,以该厂房作抵押向丁银行借款108万元,借款期限为6个月。上述抵押借款均办理了登记手续,乙银行为第一顺位抵押权人,丙银行和丁银行分别为第二顺位和第三顺位抵押权人。在生产经营过程中,因周转不灵急需流动资金,2016年9月2日,甲公司又将价值30万元的汽车质押给戊取得借款15万元,合同

约定借款期限 6 个月,汽车于 2016 年 9 月 13 日交给戊。

后来,甲公司将生产出的 100 台价值 50 万元的电视机存放在庚的仓库,约定存放 3 个月,保管费 2 万元。一家电代理商急需电视机,甲公司要求庚允许其将电视机提走,10 日内即付清保管费。庚不同意,并将 100 台电视机全部扣留。两日后,该仓库遭雷击失火,100 台电视机损毁,甲公司无法向家电代理商交货,支付给家电代理商违约金 1 万元。

问:(1)乙银行可否于 2017 年 8 月 11 日行使抵押权?为什么?

(2)若甲公司与乙银行之间对借款利息支付期限未作约定,应如何支付利息?

(3)甲公司与丁银行之间的抵押权设立行为效力如何?为什么?

(4)若乙银行为了丁银行的抵押权利益,将自己第一顺位的优先受偿利益抛弃给丁银行,其后,甲不能清偿三个银行的到期债务,厂房变价 900 万元,那么这 900 万元应如何分配?

(5)甲公司与戊的质押合同何时生效?为什么?

(6)甲公司电视机的损失应当如何承担?

第五讲　占　有

经典案例

【案情】黄某超、黄某枝占有保护纠纷[①]

案外人黄某兴(黄某枝、陈某笑之女,黄某超之姐)因犯职务侵占罪被判处有期徒刑七年,案外人福十小组追讨赃款未果,便以福海工业园 C 区债务追讨小组的名义,将黄某枝、陈某笑夫妻兴建并由其子黄某超对外出租的涉案建筑物进行处置。陈某高在福十小组组织的"拍卖"活动中竞得涉案建筑物,并对建筑物进行控制。黄某超等人随即以其占有的涉案建筑物被侵占为由,要求陈某高、福永居委会、福星公司返还。

点评:因权利人的占有源于某种特定的权利,其可直接基于本权对占有进行权利主张。

首先,占有人仅需证明占有存在即有权主张返还原物请求权。本案中现有证据均不能证明黄某超等人为涉案不动产的合法产权人。但黄某超、黄某枝、陈某笑基于对涉案房产的建造、出租和长期控制,已对该不动产形成稳定的占有,应受法律保护。

其次,《民法典》第 462 条第 2 款规定,占有人提出返还原物请求权亦应以一年为除斥期间。本案中,黄某兴职务侵占罪一案的案发时间是 2013 年 7 月,之后因追讨赃款引发"拍卖"事件,出现侵占涉案建筑物的行为。黄某枝、陈某笑在 2014 年 1 月即提起占有保护之诉,请求人民法院回复原有的占有状态,未超过一年的除斥期间,属于占有制度的保护范围。

再次,占有的事实状态非因权利人的合法权利主张不得破坏。破坏占有的事实状态的行为,除非有权利人之授权或追认,可径行排除;即便有权利人提出权利主张,有权占有人亦可依据其占有背后的本权与之对抗。本案中,占有人黄某超等人已提供证据证明其对涉案

---

① 案例源自:案号(2018)粤 03 民终 2268 号。

建筑物形成长期、持续的占有,陈某高虽通过"拍卖"形式控制了该建筑物,但前述所谓的"拍卖"并非基于合法权利人的意思表示或者授权,本身即为无权处分行为,故黄某超等人可行使返还原物请求权,以回复其原本的占有。

最后,本案中,福十小组在黄某兴职务侵占罪一案案发后,不按照法律程序追讨黄某兴的违法所得,而私自以全体村民的名义对其父黄某枝、其母陈某笑、其弟黄某超占有的建筑物组织所谓"拍卖",并根据"拍卖"结果将该建筑物交由陈某高强行接收,破坏了原有的占有状态,严重扰乱了社会秩序,造成了恶劣的社会影响,根据《民法典》第462条第1款的规定,"占有的不动产或者动产被侵占的,占有人有权请求返还原物;对妨害占有的行为,占有人有权请求排除妨害或者消除危险;因侵占或者妨害造成损害的,占有人有权依法请求损害赔偿",应当予以纠正。

占有制度的目的在于稳定社会秩序,维护对物的和平控制,故占有人的身份、占有的事实状态一经确认,即受法律保护,非因合法事由、合法程序,非占有人均不得以私力加以破坏。占有制度即为实现定分止争,促进物尽其用提供制度保障。物权编对占有的贯彻实施,更好地维护了人民群众的财产权益,增加了人民的安全感,让"恒产者有恒心",进一步促进了人的全面发展和经济社会的全面进步。

知识梳理

一、占有的概念

占有,即人对于物管领控制的事实概念。其特点为:①占有虽为权利的外衣,但占有本身为事实,而非权利。②占有是一种受法律保护的财产利益。有权占有与无权占有均受保护,仅保护程度不同。③占有的客体为物。④民法承认观念占有(间接占有、占有继承、通过占有辅助人的占有),虽对物无事实上的管领控制,但认可占有的成立。

二、占有的种类

(一)有权占有与无权占有

区分依据:占有是否有权利基础(本权)。

1. 有权占有,指有本权(有权源)的占有,凡对物享有占有的物权、债权、监护权、身份权、扣押之公权力等,均为有权占有。所有权人、建设用地使用权人、留置权人、质权人的占有为有权占有(本权为物权);借用人、承租人、保管人、运输人、买受人的占有亦属有权占有(本权为债权);替孩子保管财产的父母对财产的占有也属于有权占有(本权为监护权)。

2. 无权占有,指欠缺本权的占有。遗失物拾得人的占有(构成无因管理的除外)、小偷对赃物的占有、无效买卖合同中买受人的占有、租赁期届满后承租人(不顾出租人的反对)对租赁物的占有均为无权占有。

3. 区分意义

(1)返还原物请求权,以相对人系无权占有人为构成要件。对有权占有人,物权人无返还原物请求权。

(2)以侵权行为占有他人之物的,不发生留置。

【注意】基于合同的有权占有只能约束合同当事人,不能对抗物权人。①物权是绝对权,基于物权取得的有权占有具有绝对性,即对所有人都是有权占有。②基于合同取得的有权占有具有相对性,仅对债务人成立有权占有。

【例1】甲将 A 手机借给乙,乙擅自质押给不知情的丙。丙善意取得 A 手机的质权,丙对手机基于质权而占有,丙的质权存续期间,丙相对于所有权人甲是有权占有,甲对丙不享有返还原物请求权。

假设甲知情后将 A 手机出卖给丁,并完成指示交付。新的所有权人丁对丙亦不享有返还原物请求权,因为,丙基于质权这一绝对权而成立有权占有,丙的有权占有具有“绝对性”,在丙的质权消灭前,丙对任何人均成立有权占有。

基于物权、监护权、身份权、扣押之公权力等绝对权成立的有权占有具有绝对性,这是由绝对权的效力范围所决定的。

【例2】甲将 A 房屋出卖给乙,交付了房屋,但未办理过户登记。房屋所有权人甲对占有人乙不享有返还原物请求权。因为,甲、乙间的房屋买卖合同已成立并生效,乙基于有效的买卖合同产生的债权占有 A 房屋,系有权占有,甲系乙的债务人,乙对甲成立有权占有。

假设甲又将该 A 房屋出卖给丙,并为丙办理了过户登记,则新的所有权人丙对占有人乙享有返还原物请求权。因为,乙虽系有权占有,但系基于债权成立的有权占有。债权具有相对性,进而,基于债权成立的有权占有亦具有“相对性”,原则上仅对债务人成立有权占有。乙虽相对于原所有权人甲成立有权占有,但相对于新的所有权人丙仅成立无权占有。这是由相对权的效力范围所决定的。

(二)善意占有与恶意占有(系“无权占有”的再分类)

区分依据:以无权占有人是否知道自己是无权占有为标准,是对无权占有的进一步分类。

1. 善意占有,即善意的无权占有,指无权占有人不知道也不应当知道自己没有占有的权利;相反,无权占有人(根据其掌握的信息)有理由相信自己享有占有的权利。例如,小偷甲将偷来的手表出卖给“不知情”的乙,乙的占有为善意占有。

2. 恶意占有,即恶意的无权占有,指无权占有人明知无占有的权利,或者虽非明知但仍有所怀疑所形成的占有。例如,小偷甲将偷来的手表出卖给“知情”的乙,乙对手表的占有即为恶意占有。

3. 区分意义

(1)使用利益(《民法典》第 459 条)

恶意占有人:因使用占有物致使标的物受到损害的,应负赔偿责任。

善意占有人:自主占有人,不承担赔偿责任。他主占有人,超越假想占有权限的使用,应承担赔偿责任。

(2)返还责任(《民法典》第 460 条)

恶意占有人:应返还原物及孳息,无权请求支付必要费用。

善意占有人:应返还原物及孳息,有权请求必要费用。

(3)赔偿责任(《民法典》第461条)

恶意占有人:不仅要返还现存利益,还要承担不足部分的赔偿责任;无论其对损毁的发生是否具有过错,均要承担赔偿责任。

善意占有人:仅返还现存利益,无论是否存在过错,均不负赔偿责任。但善意的他主占有人超越假想的占有权限对占有物造成的损害,承担赔偿责任。

【例1】甲的手机丢失,被乙拾得。乙谎称自己所有,以市价出卖给不知情的丙(因手机系遗失物,根据《民法典》第312条,丙不能善意取得,手机仍归甲所有)。甲于1年后发现,对丙行使返还请求权要回该手机。但手机因丙遭受了两个损害。第一个损害,因丙正常使用1年而有相当程度的磨损、折旧;第二个损害,因丙使用该手机钉钉子,手机玻璃破损。

问:就这两个损害,所有权人甲是否有权请求无权占有人丙承担损害赔偿责任?

分析:无权。理由:丙为善意的自主占有人,他相信自己是手机的所有权人,没有注意义务的,即使丙肆无忌惮地用手机钉钉子,只能意识到这样做会损害手机,而不可能意识到这样做会造成对他人权利的损害。因此,根据《民法典》第459条和第461条,就这两个损害,甲对丙无损害赔偿请求权。当然,甲对丙享有不当得利返还请求权(1年的使用费)。

【例2】甲的手机丢失,被乙拾得。乙谎称自己所有,出租给不知情的丙,租期2年(乙、丙间的租赁合同有效,丙相对于乙系有权占有,但基于债权占有的丙相对于甲系无权占有)。甲于1年后发现,对丙行使返还请求权要回该手机。但手机因丙遭受了两个损害。第一个损害,因丙正常使用1年而有相当程度的磨损、折旧;第二个损害,因丙使用该手机钉钉子,手机玻璃破损。

问:就这两个损害,所有权人甲是否有权请求无权占有人丙承担损害赔偿责任?

分析:(1)就第一个损害,无权。理由:丙于甲虽是无权占有,但系"善意的他主占有",他相信自己是手机承租人,丙于是有理由相信"其按照租赁合同约定的用途和租赁物的性质使用租赁物造成的磨损、折旧,系租赁物所有权人应当容忍的损害,不构成对租赁物所有权的损害"。该损害,系善意的他主占有人"未超越假想占有权限"造成的损害,因此,甲无权请求丙赔偿。(2)就第二个损害,有权。理由:丙系"善意的他主占有人",因此负有特定的注意义务,当丙肆无忌惮地用手机钉钉子时,应当意识到"自己的行为越界了,若因此砸坏手机,不仅构成义务的违反,也构成对手机所有权的侵害"。该损害,系善意的他主占有人"超越假想占有权限"造成的损害,因此,甲有权请求丙赔偿。

【例3】甲的手机丢失,被乙拾得。乙谎称自己所有,质押给不知情的丙(因手机系遗失物,根据《民法典》第312条,丙不能善意取得质权。丙相对于甲系无权占有)。甲于1年后发现,对丙行使返还请求权要回该手机。但手机因丙遭受了两个损害。第一个损害,因丙正常使用1年而有相当程度的磨损、折旧;第二个损害,因丙使用该手机钉钉子,手机玻璃破损。

问:就这两个损害,所有权人甲是否有权请求无权占有人丙承担损害赔偿责任?

分析:均有权。理由:丙为善意的他主占有人,他是手机的质权人,因此负有特定的注意义务,当丙擅自使用该手机时,丙应当意识到"自己的行为越界了",自己不享有使用手机的权利,若因使用造成手机磨损、折旧,构成对手机所有权的侵害。丙用手机钉钉子,就更不用说了。这两个损害,均系善意的他主占有人"超越假想的占有权限"造成的损害,甲有权请求丙赔偿。

（三）直接占有与间接占有

区分依据：占有人是否直接在物理上控制标的物。

1. 直接占有，是指占有人直接对物进行事实上的管领和控制。

2. 间接占有，是指对于他人直接占有之物本于特定法律关系有返还请求权，因此对其物有间接管领力。例如，出质人、出租人、寄托人为间接占有人。

3. 区分意义

返还原物请求权之相对人，既包括无权的直接占有人，也包括无权的间接占有人。《民法典》第462条规定的占有保护请求权，既保护直接占有，也保护间接占有。仅保护方式稍有差异。

【例】甲的手机丢失，被乙拾得，乙出借给丙。甲可对丙行使返还原物请求权，因为丙为无权的直接占有人。甲亦可对乙行使返还原物请求权，因为乙为无权的间接占有人。

（四）自主占有与他主占有

区分依据：占有人的主观心态。

1. 自主占有，是指以据为己有的意思而占有。自主占有不以享有所有权为前提。占有通常为自主占有，所有人的占有、小偷的占有、侵占遗失物的拾得人的占有、不知买卖合同无效的买受人的占有均为自主占有概念。

2. 他主占有，是指不以据为己有的意思而占有。凡基于意定占有媒介关系占有"他人"之物者，如承租人、保管人、质权人、留置权人的占有均为他主占有。

3. 区分意义

根据《民法典》第461条的规定，善意无权占有的标的物毁损、灭失的，自主占有人和他主占有人的责任范围不同。善意的自主占有人无论是否具有过错，均不承担损害赔偿责任。善意的他主占有人，因超越假想的占有权限对占有物造成的损害，应承担赔偿责任。

三、占有的保护

《民法典》第462条规定："占有的不动产或者动产被侵占的，占有人有权请求返还原物；对妨害占有的行为，占有人有权请求排除妨害或者消除危险；因侵占或者妨害造成损害的，占有人有权依法请求损害赔偿。占有人返还原物的请求权，自侵占发生之日起一年内未行使的，该请求权消灭。"

占有保护请求权的体系：

（1）占有物返还请求权：占有的不动产或动产被侵占的，自侵占发生之日起1年内，占有人有权请求返还占有物——1年的除斥期间。

（2）占有妨害排除及消除危险请求权：对妨害占有的行为，占有人有权请求排除妨害或者消除危险——无时间限制。

（3）占有损害赔偿请求权：因侵占或者妨害造成损害的，占有人有权请求损害赔偿——适用一般诉讼时效（3年）。

☞ **真题试接**

1. 某日,张三在步行街上游玩时,拾得一精美挂件。正当张三准备上交时,巧遇朋友李四,张三出于炫耀向李四展示该挂件并谎称为自己所有,李四羡慕不已,央求张三借其把玩几天,张三答应,交给了李四。次日,王二趁李四不备,将挂件偷走。王二在某二手古玩市场准备倒卖时,被失主麻大认出。对此,正确的是(   )。(2020/02/45,任)

A. 李四构成恶意占有　　　　　　B. 张三属于无权占有

C. 李四可向王二主张返还原物　　D. 麻大可向王二主张返还原物

2. 甲、乙就乙手中的一枚宝石戒指的归属发生争议。甲称该戒指是其在 2015 年 10 月 1 日外出旅游时让乙保管,属甲所有,现要求乙返还。乙称该戒指为自己所有,拒绝返还。甲无法证明对该戒指拥有所有权,但能够证明在 2015 年 10 月 1 日前一直合法占有该戒指,乙则拒绝提供自 2015 年 10 月 1 日后从甲处合法取得戒指的任何证据。对此,下列哪一说法是正确的?(   )(2016/03/09,单)

A. 应推定乙对戒指享有合法权利,因占有具有权利公示性

B. 应当认定甲对戒指享有合法权利,因其证明了自己的先前占有

C. 应当由甲、乙证明自己拥有所有权,否则应判决归国家所有

D. 应当认定由甲、乙共同共有

3. 甲拾得乙的手机,以市价卖给不知情的丙并交付。丙把手机交给丁维修。修好后丙拒付部分维修费,丁将手机扣下。关于手机的占有状态,下列哪些选项是正确的?(   )(2015/03/56,多)

A. 乙丢失手机后,由直接占有变为间接占有

B. 甲为无权占有、自主占有

C. 丙为无权占有、善意占有

D. 丁为有权占有、他主占有

4. 顺风电器租赁公司将一台电脑出租给张某,租期为 2 年。在租赁期内,张某谎称电脑是自己的,分别以市价与甲、乙、丙签订了三份电脑买卖合同并收取了三份价款,但张某把电脑实际交付给了乙。后乙的这台电脑被李某拾得,因暂时找不到失主,李某将电脑出租给王某获得很高收益。王某租用该电脑时出了故障,遂将电脑交给康成电脑维修公司维修。王某和李某就维修费的承担发生争执。康成公司因未收到修理费而将电脑留置,并告知王某如 7 天内不交费,将变卖电脑抵债。李某听闻后,于当日潜入康成公司偷回电脑。关于康成公司的民事权利,下列说法正确的是(   )。(2015/09/91,任)

A. 王某在 7 日内未交费,康成公司可变卖电脑并自己买下电脑

B. 康成公司曾享有留置权,但当电脑被偷走后,丧失留置权

C. 康成公司可请求李某返还电脑

D. 康成公司可请求李某支付电脑维修费

5. 丙找甲借自行车,甲的自行车与乙的很相像,均放于楼下车棚。丙错认乙车为甲车,遂把乙车骑走。甲告知丙骑错车,丙未理睬。某日,丙骑车购物,将车放在商店楼下,因墙体

倒塌将车砸坏。下列哪些表述是正确的?(　　)(2012/03/58,多)

A. 丙错认乙车为甲车而占有,属于无权占有人

B. 甲告知丙骑错车前,丙修车的必要费用,乙应当偿还

C. 无论丙是否知道骑错车,乙均有权对其行使占有返还请求权

D. 对于乙车的毁损,丙应当承担赔偿责任

【答案】

1. BCD。《民法典》第 458 条、第 459 条、第 460 条。

2. B。占有的推定效力。

3. ABCD。占有的分类。

4. BC。《民法典》第 447 条、第 453 条、第 462 条。

5. ABCD。《民法典》第 459 条、第 460 条、第 462 条。

案例讨论

甲与其妻 2019 年迁往外地居住,将自己的三间正房及院落全部交给丁某看管,不收房租,并约定直到甲返回后再让其迁出。在此期间,丁某精心照管甲的房屋,随时修缮。同时,丁某花了近 3000 元在院子中间盖起两间房屋,并将其中四间房屋出租,共取得租金 1 万元。1 年后,甲与妻子一同返回,要求丁某搬走并向其交付租金 1 万元。丁某以其一直尽心照管房屋并进行修缮且修建两间房屋为由拒绝搬出,由此引发纠纷。

由于纠纷未解决,甲与其妻在外另购置房屋居住,由于甲不会开车便雇佣司机丙为其司机。于 2021 年 2 月甲与其妻外出过春节,丙私自驾甲的路虎车外出,由于戊车速过快不慎追尾,导致丙所驾车受损,经戊、丙协商,戊赔付给丙 5000 元。节后,甲归来得知此事,便向丙索要那 5000 元。后甲将车送去维修花费 1 万元,又向丙追偿。

丙赔付后,由于无生活来源,只好外出打工,外出时将祖传古董交由其好友己保管。一日,己的好友庚来己家玩耍时,觉得此古董不错,拿走卖掉能解燃眉之急,于是将此古董偷走。得手后,庚以 10 万元的价格将此古董卖给古玩行家辛,辛此时对庚的行为不知情。几日后,己一时兴起在逛古玩街时发现辛的古董与其为丙保管的一模一样,便向辛询问,得知事实后,要求辛某返还古董。

问:(1)房屋出租产生的孳息归谁所有?

(2)丁能否以修建的两间房屋为由拒绝返还甲的房屋?

(3)甲能否向丙要回其车的赔偿金?甲自费修缮汽车的费用能否向丙进行追偿?

(4)庚与辛之间的买卖合同是否有效?

(5)辛能否取得古董的所有权?己能否向辛主张返还权利?

第三编

合　同

　　合同制度是社会主义市场经济的基本法律制度。《民法典》第三编在合同法的基础上,贯彻全面深化改革的精神,坚持维护契约、平等交换、公平竞争,促进商品自由流动,完善了合同制度。为实现"两个一百年"奋斗目标、实现中华民族伟大复兴中国梦,提供了有力的法治保障。

　　一是突出对民生的保护。《民法典》合同编在保留《中华人民共和国合同法》(以下简称《合同法》)所规定的 15 类典型合同的前提下,新增了四种典型合同,其中专门规定了物业服务合同,这主要是考虑到物业服务对老百姓安居乐业的重要性,与广大业主的权益密切相关。为落实党的十九大报告提出的"要加快建立多主体供给、多渠道保障、租购并举的住房制度",合同编在租赁合同一章中进一步完善了买卖不破租赁规则(第 725 条)、优先购买权规则(第 726 条)、承租人优先承租权规则(第 734 条)、承租人死亡后共同居住人的继续承租权规则(第 732 条)等,这都有助于加强对承租人的保护,有利于实现租售并举的住房制度改革。

　　二是彰显了绿色原则。21 世纪是一个面临严重生态危机的时代,生态环境被严重破坏,人类生存与发展的环境不断受到严峻挑战。良好的生态环境是人民美好幸福生活的重要内容,是最普惠的民生福祉。合同编直面这一问题,充分贯彻了绿色原则。例如,《民法典》第 509 条规定:"当事人在履行合同过程中,应当避免浪费资源、污染环境和破坏生态。"这就明确规定了当事人在合同履行中应当避免浪费资源和破坏生态。此外,在买卖合同中,合同编还明确规定,没有通用方式的,应当采取足以保护标的物且有利于节约资源、保护生态环境的包装方式(第 619 条),出卖人负有自行或者委托第三人对标的物予以回收的义务(第 625 条)。

　　三是强化了对弱势群体的人文关怀。现代社会高速发展,合同自由并没有也不可能完全实现社会正义,由于信息不对称、竞争不充分、集体合作规模大等原因,市场不能够完全自发、有效地配置资源,有时无法通过自发的合同交易实现社会财富的最有效流通,尤其是不能体现对弱势群体的关爱。因此,我国民法典合同编强化了对弱势群体的保护与关爱,彰显了这一实质正义和实质平等的要求。合同编强化对弱势群体的保护是为了体现实质正义和实质平等,但不是说放弃了形式正义和形式平等,而是说在弱势群体保护上,合同编既要维护形式公平,也要实现实质公平,对弱势群体之外的主体,仍要以形式平等为原则。

四是体现了承继与创新并重。合同编在合同法的基础上进行了较大的修订,吸纳了原最高人民法院关于适用《合同法》若干问题的解释中的精华,借鉴了两大法系的经验,是符合我国国情的民法典合同编。

《民法典》合同编体例
第一分编　通则
第一章　一般规定(第 463 条至第 468 条)
第二章　合同的订立(第 469 条至第 501 条)
第三章　合同的效力(第 502 条至第 508 条)
第四章　合同的履行(第 509 条至第 534 条)
第五章　合同的保全(第 535 条至第 542 条)
第六章　合同的变更和转让(第 543 条至第 556 条)
第七章　合同的权利义务终止(第 557 条至第 576 条)
第八章　违约责任(第 577 条至第 594 条)
第二分编　典型合同
第九章　买卖合同(第 595 条至第 647 条)
第十章　供用电、水、气、热力合同(第 648 条至第 656 条)
第十一章　赠与合同(第 657 条至第 666 条)
第十二章　借款合同(第 667 条至第 680 条)
第十三章　保证合同
　第一节　一般规定(第 681 条至第 690 条)
　第二节　保证责任(第 691 条至第 702 条)
第十四章　租赁合同(第 703 条至第 734 条)
第十五章　融资租赁合同(第 735 条至第 760 条)
第十六章　保理合同(第 761 条至第 769 条)
第十七章　承揽合同(第 770 条至第 787 条)
第十八章　建设工程合同(第 788 条至第 808 条)
第十九章　运输合同
　第一节　一般规定(第 809 条至第 813 条)
　第二节　客运合同(第 814 条至第 824 条)
　第三节　货运合同(第 825 条至第 837 条)
　第四节　多式联运合同(第 838 条至第 842 条)

第一讲　合同概述

经典案例

【案情】网购货物快递时被他人冒领,应当由谁进行索赔?

近日,网传郑州一大学生小李花近 3400 元网购了 1 部手机、1 个耳机,却因错把收货手机号写错一位数,被陌生人冒领,引发热议。如今,网购已成为市民消费的最常用渠道之一,而快递则是网购的终端环节。领不到手的快递,到底该向谁索赔?

点评:从法律关系上来看,网购过程中,有两层法律关系,一个是消费者与卖家之间的买卖合同关系,另一个是卖家与快递公司的承运合同关系。本案中,大学生小李已经向商家支付了手机与耳机的货款,商家却没有完全履行交付义务,属于违约。商家已经履行义务向快递公司支付了运输费,快递公司却因为自身的疏忽,没有将货物送达消费者手中,属于违约。根据合同相对性原则,合同只约束缔约双方当事人,快递公司将货物错交给他人,属于商家与快递公司之间的运输关系。快递公司不应在本案中承担赔偿责任。因此,根据合同相对性,大学生小李只能向商家索赔,而不能向快递公司索赔,商家赔偿完毕后,可以依据运输合同向快递公司主张违约责任。

知识梳理

一、合同的概念和特征

(一)合同的概念

《民法典》第 464 条规定:"合同是民事主体之间设立、变更、终止民事法律关系的协议。婚姻、收养、监护等有关身份关系的协议,适用有关该身份关系的法律规定;没有规定的,可以根据其性质参照适用本编规定。"

合同编调整范围为财产关系性质的协议,不包括婚姻、收养、监护等有关身份关系的协议。

【例】下列协议中哪个可以适用《民法典》合同编?

A. 甲与乙签订的遗赠扶养协议

B. 乙与丙签订的监护责任协议

C. 丙与本集体经济组织签订的联产承包协议

D. 丁与戊企业签订的企业承包协议

分析:D。

(二)合同的特征

1. 合同是一种合意。合同的本质是一种合意或协议。

合同必须包括以下要素:(1)合同的成立必须有两个或两个以上的当事人。(2)各方当事人须互相作出(要约和承诺的)意思表示。(3)当事人就主要条款达成协议(意思表示一致)。

2. 合同是依照当事人的意愿发生法律效果的民事法律行为,能够产生当事人所预期的法律效果。

3. 合同是发生民法上效果的法律行为,合同以设立、变更或终止民事权利义务关系为目的。

4. 合同关系具有相对性。

《民法典》第 465 条第 2 款规定:"依法成立的合同,仅对当事人具有法律约束力,但是法律另有规定的除外。"

合同相对性原则是指合同项下的权利和义务只由合同当事人享有或者承担,合同仅对当事人具有法律约束力,对合同当事人之外的第三人不具有约束力。

(1)相对性的体现

①《民法典》第 522 条第 1 款关于不真正第三人利益合同的规定。当事人约定由债务人向第三人履行债务,债务人未向第三人履行债务或者履行债务不符合约定的,应当由债务人向债权人,而不是向第三人承担违约责任。

②《民法典》第 523 条关于由第三人履行合同的规定。当事人约定由第三人向债权人履行债务,第三人不履行债务或者履行债务不符合约定的,由债务人向债权人承担违约责任,

而不是由第三人向债权人承担违约责任。

（2）相对性的例外（法律另有规定）

①合同的保全。代位权，债权人以自己的名义向次债务人起诉，债务人为第三人；撤销权，债权人撤销债务人与第三人的法律关系，使债权的效力及于第三人。

②真正的利益第三人合同制度。《民法典》第 522 条第 2 款，法律规定或者当事人约定第三人可以直接请求债务人向其履行债务，第三人未在合理期限内明确拒绝的，第三人不仅对债务人取得债务履行请求权，还可以在债务人不履行债务或者履行债务不符合约定时，请求债务人承担违约责任。

③当事人之外的第三人对履行债务具有合法利益情形时的代为履行制度。《民法典》第 524 条第 1 款规定，债务人不履行债务，第三人对履行该债务具有合法利益的，第三人有权向债权人代为履行；但是，根据债务性质、按照当事人约定或者依照法律规定只能由债务人履行的除外。

④"买卖不破租赁"制度。《民法典》第 725 条规定，租赁物在承租人按照租赁合同占有期限内发生所有权变动的，不影响租赁合同的效力，即租赁合同对新的所有权人仍然具有法律约束力。

二、合同的分类

(一)有名合同与无名合同

区分标准：依据合同是否以法律作出规定并赋予特定名称为标准，可分为有名合同和无名合同。

1. 有名合同，指《民法典》合同编或其他法律已经确定了名称及规则的合同。《民法典》合同编第二分编规定的 21 类合同均为有名合同。《民法典》物权编规定的抵押合同、质押合同，《保险法》规定的保险合同，《海商法》规定的海上货物运输合同、海上旅客运输合同、船舶租用合同、海上拖航合同，《城市房地产管理法》规定的土地使用权出让与转让合同，都属于有名合同。

2. 无名合同又称非典型合同，指法律上尚未确定一定名称与规则的合同，如演出合同、信用卡合同、瘦身美容合同。无名合同又可分为三种：

（1）纯粹的无名合同，指不以任何有名合同的事项为内容的合同，如肖像权许可使用合同。

（2）混合合同，指在一个有名合同中添加规定其他有名合同事项的合同，如在租赁合同中规定，以承租人借给出租人的借款利息充抵租金。

（3）准混合合同，指在一个有名合同中添加其他无名合同事项的合同，如在租赁合同中规定，由承租人教出租人的子女弹钢琴以充抵租金。

3. 分类意义：填补合同漏洞时，所适用的法律规则不同：（1）有名合同适用《民法典》合同编第二分编或者其他法律的规定。（2）无名合同适用《民法典》合同编第一分编并可以参照第二分编或者其他法律最相类似的规定。

(二)诺成合同与实践合同

区分标准:依据合同的成立是否需要完成给付行为为标准,可分为诺成合同与实践合同。

1. 诺成合同,指当事人意思表示一致即告成立的合同,如动产质押合同、赠与合同。

2. 实践合同,又称要物合同,指除当事人意思表示一致以外,还需要以标的物的交付为成立要件的合同。它包括但不限于以下几种:定金合同、自然人之间的借款合同、代物清偿协议等。

3. 分类意义:(1)判断合同是否成立。须交付标的物,实践合同才能生效。(2)当事人义务的性质不同。在诺成合同中,交付标的物或完成其他给付是当事人的给付义务,违反义务便产生违约责任。在实践合同中,交付标的物或完成其他给付不是当事人的义务,只是先合同义务,可能构成缔约过失责任。

(三)双务合同与单务合同

区分标准:依据合同当事人是否互负给付义务为标准,可分双务合同和单务合同。

1. 双务合同,指当事人互负对待给付义务的合同。双务合同中当事人双方均承担合同义务,且互为对价,一方当事人所享有的权利,即为对方当事人所负担的义务。

2. 单务合同,指只有一方当事人承担给付义务或者双方的义务不具有对待给付关系的合同。

3. 分类意义:双务合同的当事人互负的债务具有牵连性,故:(1)履行抗辩权仅发生于双务合同,单务合同无履行抗辩权问题。(2)双务合同存在风险负担问题,单务合同无风险负担问题。

(四)有偿合同与无偿合同

分类标准:依据合同当事人取得权益是否应支付相应对价为标准,分为有偿合同和无偿合同。

1. 有偿合同,指合同当事人一方享有合同规定的权益,必须向对方偿付相应代价的合同。

2. 无偿合同,指合同当事人一方享有合同规定的权益,不必向对方偿付相应代价的合同。

3. 分类意义

(1)确定合同的性质。

①买卖、互易、租赁只能是有偿合同;

②赠与、借用、保证、质押、抵押只能是无偿合同;

③委托、保管、消费借贷既可为有偿合同也可为无偿合同。

(2)义务人的注意义务不同,责任不同。保管合同、委托合同如果为无偿合同的,保管人、受托人的注意义务较低,仅对故意或者重大过失造成的损害承担责任;相反,如果保管合同、委托合同为有偿合同,则保管人、受托人对自己的一般过失给对方造成的损害亦需承担责任。

（3）对缔约当事人行为能力的要求不同。订立有偿合同的当事人原则上应具有完全民事行为能力，限制民事行为能力人非经法定代理人同意，不能订立超出其行为能力范围的有偿合同；但限制民事行为能力人可以独立订立使自己纯获利益的无偿合同。

（4）决定债权人撤销权的构成要件。债权人撤销权的对象仅限于债务人无偿处分或以不合理的低价转让财产（以不合理的高价收购财产）的行为，对债务人以合理价格有偿处分财产的行为，债权人无撤销权。

（五）要式合同与不要式合同

区分标准：以法律对合同的成立是否要求具备一定形式为标准，可分为要式合同和不要式合同。

1. 要式合同，指法律规定应当采用特定形式的合同。法律规定应当采用特定形式包括书面、登记、批准、公证等。

2. 不要式合同，指法律不要求采用特定形式的合同。

3. 分类意义：法律对于合同形式的要求可能会成为影响合同成立或生效的因素。不过为了贯彻鼓励交易的原则，《民法典》合同编第 490 条规定"法律、行政法规规定或者当事人约定合同应当采用书面形式订立，当事人未采用书面形式但是一方已经履行主要义务，对方接受时，该合同成立"。

（六）实定合同与射幸合同

区分标准：以合同的效果在签订合同时是否确定为标准，可分为实定合同与射幸合同。

1. 实定合同，又称确定合同，指给付的内容和范围在合同成立时已经确定的合同。一般合同均为实定合同。

2. 射幸合同，又称机会合同，指给付的内容和范围在合同成立时尚不确定，其确定取决于合同成立后是否发生偶然事件的合同。保险合同、抽奖合同、博彩合同都是射幸合同。

3. 分类意义：确定合同一般要求等价有偿，不能显失公平，否则会影响合同的效力，如显失公平的合同为可撤销合同，暴利合同因违背公序良俗可被认定无效；射幸合同则不要求等价有偿。射幸合同因双方的给付义务严重不对等，法律从公序良俗出发，对其种类、效力加以限制。如押赌合同在我国被认为是非法的，购买彩票的合同限于特定的种类，抽奖式有奖销售的奖金金额不得超过法定限额。

（七）束己合同与涉他合同

区分标准：以合同是否涉及第三人为标准，可分为束己合同和涉他合同。

1. 束己合同，指严格遵循合同相对性原则，合同当事人为自己设定并承受权利义务，第三人不能向合同当事人主张权利，当事人也不得向第三人主张权利的合同。

2. 涉他合同，指部分突破合同相对性，合同当事人在合同中为第三人设定了合同权利或义务的合同。涉他合同包括为第三人利益的合同和由第三人履行的合同。涉他合同突破了合同主体的相对性，但并未突破违约责任的相对性。

3. 分类意义：（1）缔约目的不同。束己合同是为缔约当事人自己设定合同权利义务，涉他合同是为第三人设定权利或者义务。（2）效力不同。束己合同对缔约当事人有约束力，涉他合同对第三人不能当然地有约束力。涉他合同虽然对合同的相对性原则有所突破,却未突破违约责任的相对性,第三人未向债权人履行义务或者债务人未向第三人履行义务的,仍由债务人对债权人承担违约责任。(3)当事人的法律地位不同。在涉他合同中,第三人并非合同的当事人,第三人不享有撤销、变更、解除合同等专属于合同当事人的权利。

三、合同的形式

《民法典》第 469 条规定:"当事人订立合同,可以采用书面形式、口头形式或者其他形式。书面形式是合同书、信件、电报、电传、传真等可以有形地表现所载内容的形式。以电子数据交换、电子邮件等方式能够有形地表现所载内容,并可以随时调取查用的数据电文,视为书面形式。"

(一)书面形式

书面形式,是指可以有形地表现所载内容的形式。合同书和合同确认书是典型的书面形式的合同。除此之外,其还包括信件和数据电文(包括电报、电传、传真、电子数据交换和电子邮件)等可以有形地表现所载内容的形式。

(二)口头形式

口头形式,是指面对面的谈话或者以电话交流等方式形成民事法律行为的形式。

(三)其他形式

除了书面形式和口头形式,合同订立还可以其他形式订立。如租赁房屋合同,在租赁期满后,出租人未提出让承租人退房,承租人也未表示退房而是继续交房租,出租人仍接受租金,根据双方当事人的行为可以推定合同的成立。

四、合同的内容

《民法典》第 470 条规定:"合同的内容由当事人约定,一般包括下列条款:(一)当事人的姓名或者名称和住所;(二)标的;(三)数量;(四)质量;(五)价款或者报酬;(六)履行期限、地点和方式;(七)违约责任;(八)解决争议的方法。当事人可以参照各类合同的示范文本订立合同。"

以上规定的当事人姓名或者名称和住所、标的、数量,此三项为合同成立的必备条款,其他项则均为一般条款。

解决争议的条款在效力上具有相对的独立性。《民法典》第 507 条规定:"合同不生效、无效、被撤销或者终止的,不影响合同中有关解决争议方法的条款的效力。"

五、合同的解释

合同的解释,是指对合同及其相关资料的含义所作的分析和说明,以确定双方当事人的共同意思。

合同的解释规则见《民法典》第 466 条规定:"当事人对合同条款的理解有争议的,应当依据本法第一百四十二条第一款的规定,确定争议条款的含义。合同文本采用两种以上文字订立并约定具有同等效力的,对各文本使用的词句推定具有相同含义。各文本使用的词句不一致的,应当根据合同的相关条款、性质、目的以及诚信原则等予以解释。"

合同的解释的方法主要有:文义解释、整体解释、习惯解释、诚信解释、目的解释、不利解释。

☞ **真题试接**

1. 甲和某音乐学院研究生乙约定,乙租甲房屋,期限1年,但乙可以通过每晚为女儿辅导钢琴1小时,代替房屋租金的支付。双方依约行事。3个月后寒假开始,乙房屋上锁不知所终,甲无奈聘请某音乐学院本科生为女儿辅导1个月,每晚1小时,共支付2000元。后乙返回,告知甲随导师去国外巡演1个月,甲提出乙应当支付1个月的房租租金。下列说法正确的是（　　）。(2020/02/07,单)

A. 乙应当按照甲的房屋在当地的平均租金4000元向甲支付

B. 甲无权请求乙支付租金

C. 乙应当向甲支付2000元

D. 乙应当按照当地音乐学院研究生授课的平均报酬向甲支付3000元

2. 古某携幼子古晓(5周岁)出游,古晓对农户张某的鸽子甚是喜爱。为取悦儿子,古某向张某选购一只,张某微信收款后把鸽子交给古某时,古某示意其直接把鸽子交给古晓。不料古晓害怕,接鸽子时手一缩,鸽子飞了。关于鸽子权属,下列哪一说法是正确的?（　　）(2020/02/09,单)

A. 古晓

B. 古某

C. 张某

D. 鸽子的所有权不适用物权变动规则

3. 甲欠乙100吨钢材,为偿还该债务,甲与乙订立了100吨钢材的买卖合同,约定由乙向丙直接交付钢材,丙也可以直接向乙请求履行,丙对此知情,也未拒绝,以下说法正确的是（　　）。(2020/02/10,单)

A. 如乙不交付,丙可请求其履行且要求承担违约责任

B. 甲对乙已经没有任何义务

C. 乙不能向丙主张其对甲的抗辩

D. 因合同相对性,丙不能直接向乙请求履行交付义务

4. 张某、方某共同出资,分别设立甲公司和丙公司。2013年3月1日,甲公司与乙公司签订了开发某房地产项目的《合作协议一》,约定如下:"甲公司将丙公司10%的股权转让给乙公司,乙公司在协议签订之日起三日内向甲公司支付首付款4000万元,尾款1000万元在次年3月1日之前付清。首付款用于支付丙公司从某国土部门购买A地块土地使用权。如协议签订之日起三个月内丙公司未能获得A地块土地使用权致双方合作失败,乙公司有权终止协议。"

《合作协议一》签订后,乙公司经甲公司指示向张某、方某支付了4000万元首付款。张某、方某配合甲公司将丙公司10％的股权过户给了乙公司。

2013年5月1日,因张某、方某未将前述4000万元支付给丙公司致其未能向某国土部门及时付款,A地块土地使用权被收回挂牌卖掉。

2013年6月4日,乙公司向甲公司发函:"鉴于土地使用权已被国土部门收回,故我公司终止协议,请贵公司返还4000万元。"甲公司当即回函:"我公司已把股权过户到贵公司名下,贵公司无权终止协议,请贵公司依约支付1000万元尾款。"

2013年6月8日,张某、方某与乙公司签订了《合作协议二》,对继续合作开发房地产项目作了新的安排,并约定:"本协议签订之日,《合作协议一》自动作废。"丁公司经甲公司指示,向乙公司送达了《承诺函》:"本公司代替甲公司承担4000万元的返还义务。"乙公司对此未置可否。

关于《合作协议一》,下列表述正确的是(　　)。(2014/03/86,任)

A. 是无名合同

B. 对股权转让的约定构成无权处分

C. 效力待定

D. 有效

5. 甲、乙与丙就交通事故在交管部门的主持下达成《调解协议书》,由甲、乙分别赔偿丙5万元,甲当即履行。乙赔了1万元,余下4万元给丙打了欠条。乙到期后未履行,丙多次催讨未果,遂持《调解协议书》与欠条向法院起诉。下列哪一表述是正确的?(　　)(2013/03/12,单)

A. 本案属侵权之债

B. 本案属合同之债

C. 如丙获得工伤补偿,乙可主张相应免责

D. 丙可要求甲继续赔偿4万元

【答案】

1. C。无名合同。

2. C。合同相对性、束己与涉他合同。

3. A。涉他合同。《民法典》第522条。

4. ABD。《民法典》第467条。

5. B。《民法典》第464条。

案例讨论

A市甲单位与乙旅行社签订了一份旅游合同,约定甲单位组织职工参加被告组织的日照两日游旅行团。后旅行社原定的日照第三海滨浴场变更为太公岛浴场,当时的太公岛浴场正处于维修阶段,是非正常营业的场所。日照当地的导游向游客作出书面提示,提示海水浴不在服务范围内,属自愿项目,发生意外责任自负。丙等17位游客在提示上签字。到达日照当日下午,丙在太公岛浴场下海游泳时发生溺水事故,经抢救无效死亡。

问：履行辅助人造成游客损害的，死者亲属可否要求旅行社承担赔偿责任？[①]

第二讲　合同的订立和效力

经典案例

【案情】说好的人车分流岂能说改就改

购房前，周某等业主在开发商的楼盘宣传册、沙盘、广告片等宣传资料中看到，自己所购买的小区设有人车分流设施和露天泳池。但后来业主们得知，在开发商公司向有关部门备案的建设规划中，该小区并未人车分流。随后开发商公司在竣工验收后，竟然以草皮覆盖地面车位的方式营造人车分流的"假象"。此外，宣传册和广告里面提到的"室外泳池"，事实上属于违法建筑，需要拆除不能使用。

然而，当业主与开发商公司交涉时，开发商竟声称，双方签订的《商品房预售合同》中已明确约定："售楼广告、样板房等宣传资料仅为宣传目的而设立或提供，不列为本合同的附件或组成部分。"同时开发商表示，《商品房预售合同》是双方真实意思表示，具有约束力，公司有权对小区配套建筑、附属设施进行变更。而且目前小区现状未对业主造成任何损失，也未对小区品质造成任何影响。

但业主们自觉受到了欺骗，开发商的违约行为也给自己造成了重大损失，于是愤怒之下向法院进行起诉，要求开发商按照 3000 元/平方米计算赔偿损失。

点评：本案中，开发商作为提供格式条款的一方，应当公平地设置双方的权利义务，以及应当承担必要的警示和注意义务，但其在合同中约定"开发商保留对小区平面布局的修改权以及宣传资料所载内容不列为合同组成部分"，明显属于减轻己方责任，排除对方主要权利。根据《民法典》第 497 条的规定，"有下列情形之一的，该格式条款无效……（二）提供格式条款一方不合理地免除或者减轻其责任、加重对方责任、限制对方主要权利；（三）提供格式条款一方排除对方主要权利"。因此，业主可以依法请求该合同条款无效，并要求开发商承担违约责任。

知识梳理

一、合同订立的一般过程

（一）要约

1. 要约的定义及构成要件

《民法典》第 472 条规定："要约是希望与他人订立合同的意思表示，该意思表示应当

[①]　参见《最高人民法院公报》2012 年第 6 期（总第 188 期）。

符合下列条件:(一)内容具体确定;(二)表明经受要约人承诺,要约人即受该意思表示约束。"

2. 要约邀请

《民法典》第 473 条规定:"要约邀请是希望他人向自己发出要约的表示。拍卖公告、招标公告、招股说明书、债券募集办法、基金招募说明书、商业广告和宣传、寄送的价目表等为要约邀请。商业广告和宣传的内容符合要约条件的,构成要约。"

《最高人民法院关于审理商品房买卖合同纠纷案件适用法律若干问题的解释》(以下简称《商品房买卖合同解释》)第 3 条规定:"商品房的销售广告和宣传资料为要约邀请,但是出卖人就商品房开发规划范围内的房屋及相关设施所作的说明和允诺具体确定,并对商品房买卖合同的订立以及房屋价格的确定有重大影响的,应当视为要约。该说明和允诺即使未载入商品房买卖合同,亦应当视为合同内容,当事人违反的,应当承担违约责任。"

【例1】甲公司通过发布广告,称其有 50 辆某型号汽车,每辆 10 万元,广告有效期 10 天。问:甲公司发布的广告属于要约还是要约邀请?

分析:要约,甲公司发布的商业广告内容具体确定,构成要约。

【例2】2015 年 1 月,原告甲与被告乙房地产公司签订《商品房买卖合同》,约定甲购买乙公司开发的某商铺。乙公司在宣传该商铺的商业广告内载明"该街将打造该地区第一条拥有户外天幕的商业步行街。天窗、室内商业街、屋顶花园等丰富元素共同打造出又一城市购物中心的综合魅力。商业街通过天幕、连廊、连续的商业景观、楼梯等将地上三层商业设施以及地下空间连为一体,大大丰富了室内及室外空间的景观及趣味性",并对广场、景观步行街等相关设施进行了介绍。甲以乙公司未能兑现其要约中所作的宣传承诺为由,向法院提起诉讼,请求乙公司采取补救措施、兑现以上宣传承诺。问:以上商业广告的内容为要约还是要约邀请?

分析:一般情况下,商业广告是要约邀请,但是,乙公司在宣传广告中所说的商业步行街、天窗等内容,明确具体,并会对标的房屋的价值产生重大影响,构成要约内容。

3. 要约生效的时间

根据《民法典》第 137 条、第 474 条的规定,我国的要约生效时间采用到达主义。要约的生效时间具体为:

(1)以对话方式作出的意思表示,相对人知道其内容时生效。

(2)以非对话方式作出的意思表示,到达相对人时生效。以非对话方式作出的采用数据电文形式的意思表示,相对人指定特定系统接收数据电文的,该数据电文进入该特定系统时生效;未指定特定系统的,相对人知道或者应当知道该数据电文进入其系统时生效。当事人对采用数据电文形式的意思表示的生效时间另有约定的,按照其约定。

4. 要约的撤回

要约的撤回,是指在要约发出之后、生效之前,要约人欲使该要约不发生法律效力而作出的意思表示。

根据《民法典》第 141 条、第 475 条的规定,要约可以撤回。行为人可以撤回意思表示,撤回意思表示的通知应当在意思表示到达相对人前或者与意思表示同时到达相对人。

【例】某市三中因准备建立电脑室,需购买 100 台电脑,便向电脑公司甲发出传真,要求以每台电脑 3000 元的价格购买 100 台电脑,并要求甲在半个月内送货上门。传真发出后,学校收到了乙电脑公司的广告,其价格比甲公司的价格低5%并且能马上送货上门。于是,学校立即要求乙电脑公司送货上门。收货后,学校想起自己曾经答应过购买甲公司的电脑,便立即打电话联系退货。因电话没有打通,便派专人到甲公司联系退货事宜。学校派出人还未到达甲公司,甲公司发来一传真,称同意学校意见,半个月内按时送货。问:学校撤回要约成立吗?

分析:甲的承诺在学校撤回要约的意思表示之前到达学校,甲和学校之间的合同成立有效。

5. 要约撤销

要约撤销,是指要约人在要约发生法律效力之后,受要约人作出承诺之前,欲使该要约失去法律效力的意思表示。

(1)要约不得撤销的情形

《民法典》第476条规定:"要约可以撤销,但是有下列情形之一的除外:(一)要约人以确定承诺期限或者其他形式明示要约不可撤销;(二)受要约人有理由认为要约是不可撤销的,并已经为履行合同做了合理准备工作。"

关于何为有理由认为要约是不可撤销的,举个例子,如甲是古董商,要求乙在5个月内修复10幅壁画,价格不超过某一具体金额。乙告知甲为了决定是否承诺,有必要先对一幅画进行修复,然后在5天内作出一个明确的答复。甲同意。乙便立马开始工作。以上例子乙基于对甲的要约的信赖,先修复一幅画,因此,甲在5天内不可撤销该要约。

(2)要约撤销的条件

根据《民法典》第477条的规定,要约撤销的要求:撤销要约的意思表示①以对话方式作出的,该意思表示的内容应当在受要约人作出承诺之前为受要约人所知道;②以非对话方式作出的,应当在受要约人作出承诺之前到达受要约人。

6. 要约失效

《民法典》第478条规定:"有下列情形之一的,要约失效:(一)要约被拒绝;(二)要约被依法撤销;(三)承诺期限届满,受要约人未作出承诺;(四)受要约人对要约的内容作出实质性变更。"

承诺是对要约内容的全部接受,凡是对要约的内容作出实质性变更的,都是新要约。受要约人变成了新要约人,原要约人成为受要约人,原要约人发出的要约失效。

【例1】甲给乙发了一个短信:"我把你上次看到的那部手机以8000元的价格卖给你,一周内回复有效。"乙立即给甲回复一个短信:"7000元我要了。"第二天,乙见甲没有反应,又给甲发了一个短信:"昨天的短信不算数,你那个手机8000元我要了。"甲接到短信后还是未置可否。问:甲、乙间手机买卖合同是否已经成立?

分析:未成立,乙给甲回复的第一个短信对甲的要约作出实质性变更,甲的要约因此失效。甲的要约失效后,乙丧失承诺的资格,乙给甲发的第二个短信不是承诺,仅为一个新的要约。

【例2】甲公司于6月10日向乙公司发出要约订购一批红木,要求乙公司于6月15日前答复。6月12日,甲公司欲改向丙公司订购红木,遂向乙公司发出撤销要约的信件,于6月14日到达乙公司。而6月13日,甲公司收到乙公司的回复,乙公司表示红木缺货,问甲公司能否用杉木代替。甲公司的要约于何时失效?

分析:甲公司的要约于 6 月 13 日失效,乙公司于 6 月 13 日对甲公司的回电称"红木缺货,能否用杉木代替"已经构成了对要约的实质性变更,因此甲公司于 6 月 10 日发出的要约已经失效,乙公司 6 月 13 日的回电相当于新的要约。

(二)承诺

1. 承诺的概念和构成要件

《民法典》第 479 条规定:"承诺是受要约人同意要约的意思表示。"

构成要件:(1)承诺由受要约人作出;(2)承诺须向要约人作出;(3)承诺的内容要与要约的内容相一致;(4)承诺必须在规定的期限内到达要约人。

2. 承诺的方式

《民法典》第 480 条规定:"承诺应当以通知的方式作出;但是,根据交易习惯或者要约表明可以通过行为作出承诺的除外。"

承诺原则上以通知方式作出,可以包括口头或者书面,但行为当事人一方已经履行主要义务,对方接受时,该合同成立。

【例】业主甲向原告乙物业交纳了一年物管费 1000 元后,一直未再交纳。同年 12 月 31 日前期物业合同期满,但乙物业继续为小区提供物业服务。次年 6 月,乙物业起诉要求被告甲交纳拖欠的物业费,甲以双方无物业合同关系为由予以抗辩。问:甲的抗辩理由是否成立?

分析:本案乙物业在合同期满后继续为小区提供服务,甲居住使用位于该小区内的房屋,接受了乙物业提供的物业服务系客观事实。因此,甲以前期物业服务合同期限届满为由拒绝交纳物业服务费的抗辩没有法律依据。

3. 承诺的撤回

承诺的撤回,是指在发出承诺之后,承诺生效之前,阻止承诺发生法律效力的意思表示。

根据《民法典》第 485 条、第 141 条的规定,承诺可以撤回。撤回意思表示的通知应当在意思表示到达相对人前或者与意思表示同时到达相对人。

4. 逾期承诺

《民法典》第 486 条规定:"受要约人超过承诺期限发出承诺,或者在承诺期限内发出承诺,按照通常情形不能及时到达要约人的,为新要约;但是,要约人及时通知受要约人该承诺有效的除外。"

逾期承诺的效力:

(1)逾期承诺不发生承诺的法律效力;

(2)逾期承诺是一项新要约;

(3)要约人及时通知受要约人该承诺有效的情况下,逾期承诺具有承诺的法律效力。

【例】A 地甲公司向 B 地乙公司以信件形式发出一份要约,但该信件并未载明发出日期,只规定承诺期限是 15 天。信件发邮戳日期是 6 月 1 日,6 月 5 日送达乙公司秘书手中,乙公司总裁出差回来后 6 月 10 日看到该要约信。乙公司于 6 月 17 日发出承诺,到达 A 地甲公司时为 6 月 19 日,甲公司收到承诺保持沉默。请问:乙公司的承诺是否有效?为什么?

分析:根据信件发邮戳日期是 6 月 1 日,则承诺期限的起算日为 6 月 1 日,于 6 月 16 日承诺期限截止,乙公司于 6 月 17 日才发出承诺,属于逾期承诺,此时乙公司的承诺无效,乙公司的逾期承诺视为新要约。

5. 迟到的承诺

《民法典》第 487 条规定:"受要约人在承诺期限内发出承诺,按照通常情形能够及时到达要约人,但是因其他原因致使承诺到达要约人时超过承诺期限的,除要约人及时通知受要约人因承诺超过期限不接受该承诺外,该承诺有效。"

非可归责与承诺人的原因而发生的迟到承诺,原则上是有效的,但要约人表示不接受的除外。要约人接到承诺后,有及时通知的义务。

6. 承诺对要约内容的实质与非实质性变更

《民法典》第 488 条规定:"承诺的内容应当与要约的内容一致。受要约人对要约的内容作出实质性变更的,为新要约。有关合同标的、数量、质量、价款或者报酬、履行期限、履行地点和方式、违约责任和解决争议方法等的变更,是对要约内容的实质性变更。"

《民法典》第 489 条规定:"承诺对要约的内容作出非实质性变更的,除要约人及时表示反对或者要约表明承诺不得对要约的内容作出任何变更外,该承诺有效,合同的内容以承诺的内容为准。"

【注意】实质性条款不限于所列的这些项目,如对合同所适用法律的选择也可以归为实质性条款。本条对于实质性条款项目的开列具有提示的性质,在实践当中,哪些条款构成实质性变更,还需要根据个案的情况具体问题具体分析。

【例 1】甲向乙订购一定数量的玉米。在订单确认书中,乙增加了一项仲裁条款,而该条款是该行业商品交易中的标准做法。请问:乙的行为是否构成对要约内容的实质变更?

分析:不构成。题目中特地交代"该条款是该行业商品交易的标准做法",表明甲对于该条款的增加并不会感到意外,除非甲毫不迟延地拒绝该条款,否则该条款构成合同的一部分。乙的行为不构成对要约内容的实质变更。

【例 2】甲向乙订购了十台机器,如果乙在订单确认书中增加了仲裁条款,那么乙的行为是否构成对要约内容的实质变更?

分析:构成。争议解决的方式属于要约内容实质性变更的范围,因此,除非有相反的表示,这一条款构成了对要约的实质性变更,结果就是乙的承诺变成了新要约。

【例 3】甲向乙订购了 10 台机器,并提出在甲的工地上调试。在订单确认书中,乙表示接受,但希望能够参加检验其机器。请问:乙的行为是否构成要约内容的变更?

分析:不构成。参加检验机器并不属于《民法典》中关于构成要约实质性变更的规定,除非甲毫不延迟地拒绝,否则乙的要求将构成合同条款,不构成要约内容的实质变更。

【例 4】甲公司向乙农场发了一份订购棉花的要约,关于甲、乙履行合同的期限,要约均用"农历某月某日"表明。乙给甲发出的承诺于承诺期限内到达,表示完全同意甲的要约,但乙在承诺中将要约中提出的甲、乙的履行期限均改为"与农历对应的""公历的某月某日"。请问:乙的承诺是否有效?

分析:乙虽在承诺中将履行期限由"农历计算法"改为"公历计算法",但履行期限并未变更,乙的承诺未对要约作出实质性变更。乙的承诺有效。

二、特殊的订立方式

(一)悬赏广告

《民法典》第 499 条规定:"悬赏人以公开方式声明对完成特定行为的人支付报酬的,完成该行为的人可以请求其支付。"

对于悬赏广告的属性,历来存在争议,主要有"单方允诺说"与"要约说"两种观点。

单方允诺说。该观点主张,悬赏广告为附生效条件的单方法律行为(单方允诺),相对人完成指定行为时,所附生效条件成就,该单方法律行为生效,在悬赏人与完成指定行为者之间成指定行为时,成立单方允诺之债。

要约说。该观点主张,悬赏广告为对不特定人的要约,悬赏广告作出时,要约生效,相对人完成指定行为时,承诺生效,在悬赏人与完成指定行为者之间成立悬赏广告合同之债。根据《民法典》的立法原意,倾向于采取"要约说"。

【例 1】甲的名贵手表丢失,张贴悬赏广告,声明:"发现并送还者,酬谢 3000 元。"乙不知道该悬赏广告,捡到该手表并送还。请问:乙是否有权要求甲支付报酬?

分析:根据《民法典》第 499 条的立法原意,乙的报酬请求权不受任何影响,即乙可以向甲请求 3000 元的报酬。

【例 2】甲的名贵手表丢失,张贴悬赏广告,声明:"发现并送还者,酬谢 3000 元。"8 岁的乙为了获得该酬谢金,四处寻找,终于找到该手表并送还。请问:乙是否有权要求甲支付报酬?

分析:同上。

(二)招标投标与拍卖

《民法典》第 473 条规定:"要约邀请是希望他人向自己发出要约的表示。拍卖公告、招标公告、招股说明书、债券募集办法、基金招募说明书、商业广告和宣传、寄送的价目表等为要约邀请。"

1. 招标投标,是指由招标人向数人或公众发出招标通知或公告,在诸多投标中选择自己认为最优的投标人并与之订立合同的方式。

关于招标、投标程序中各行为的定性:

(1)招标公告或招标邀请书——要约邀请(《招标投标法》第 16 条至第 17 条)

(2)投标——要约(《招标投标法》第 27 条第 1 款)

(3)决标(定标)——承诺(《招标投标法》第 45 条)

(4)订立书面合同——合同成立(《招标投标法》第 46 条)

2. 拍卖,是指以公开竞价的形式,将特定物品或者财产权利转让给最高应价者的买卖方式。

关于拍卖程序中各行为的定性:

(1)拍卖公告——要约邀请(《拍卖法》第 45 条)

(2)拍卖(竞价)——要约(《拍卖法》第 36 条)

(3)拍定(卖定)——合同成立(《拍卖法》第 51 条)

(4)签订成交确认书——对合同的确认(《拍卖法》第 52 条)

(三)强制缔约

《民法典》第 494 条规定:"国家根据抢险救灾、疫情防控或者其他需要下达国家订货任务、指令性任务的,有关民事主体之间应当依照有关法律、行政法规规定的权利和义务订立合同。依照法律、行政法规的规定负有发出要约义务的当事人,应当及时发出合理的要约。依照法律、行政法规的规定负有作出承诺义务的当事人,不得拒绝对方合理的订立合同要求。"

根据民法上的自愿原则,民事主体可以自主决定要不要订立合同、与谁订立合同以及合同内容。但民法上的自愿原则并不是无限制的,出于维护国家利益、社会公共利益或者照顾弱势一方利益等的政策考量,有必要在特定情形下对民法自愿原则予以适当限制。民事主体的强制缔约义务即属于对民法自愿原则的限制,在特定情形下,民事主体具有与相对人订立相关合同的义务,不得以自愿原则为由拒绝订立合同。

本条新规则的要点是:

1. 国家根据抢险救灾、疫情防控或者保证国防军工、重点建设以及国家战略储备需要,下达国家订货任务、指令性任务的,必须予以充分保障,有关民事主体不得以合同自愿为借口而不落实国家订货任务、指令性任务。

2. 关于强制发出要约义务的规定。民事主体在特定情形下负有发出要约的义务,这是强制缔约义务的一种类型。目前我国法律、行政法规中,对发出要约义务作出规定的主要是证券法。《中华人民共和国证券法》第 65 条第 1 款规定:"通过证券交易所的证券交易,投资者持有或者通过协议、其他安排与他人共同持有一个上市公司已发行的有表决权股份达到百分之三十时,继续进行收购的,应当依法向该上市公司所有股东发出收购上市公司全部或者部分股份的要约。"证券法设立强制要约收购制度,是对投资者、收购人从事上市公司股份收购交易的重大限制,有其特殊的政策考量,即保证收购的公平性,保护上市公司广大中小股东在公司并购过程中的利益,避免中小股东因持有股份份额较小、获取的信息不对称等原因而利益受损,使中小股东也可以分享上市公司因控制权转移而获得的股份溢价,为中小股东提供一个以合理价格退出上市公司的选择。

3. 关于强制作出承诺义务的规定。目前,我国法律、行政法规中,对作出承诺义务的规定主要集中于具有公共服务属性的行业,这些行业与社会公众利益密切相关。例如,《中华人民共和国电力法》(以下简称《电力法》)、《民法典》合同编对供电人、从事公共运输的承运人作出承诺的义务进行了规定。对于供电行业,《电力法》第 26 条第 1 款规定,供电营业区内的供电营业机构,对本营业区内的用户有按照国家规定供电的义务;不得违反国家规定对其营业区内申请用电的单位和个人拒绝供电。

(四)预约合同

《民法典》第 495 条规定:"当事人约定在将来一定期限内订立合同的认购书、订购书、预订书等,构成预约合同。当事人一方不履行预约合同约定的订立合同义务的,对方可以请求其承担预约合同的违约责任。"

预约合同,是指当事人之间约定在将来一定期限内应当订立合同的预先约定。将来应当订立的合同称本约,或者本合同。预约合同是独立的合同,具体表现形式通常是认购书、订购书、预定书等。

预约成立,当事人即负有履行预约所规定的订立本约的义务,只要本约未订立,就是预约未履行。

三、合同的格式条款

格式条款,是指当事人为了重复使用而预先拟订,并在订立合同时未与对方协商的条款。

(一)格式条款订立规则

根据《民法典》第496条第2款的规定,格式条款订立的规则为:

1. 采用格式条款订立合同的,提供格式条款的一方应当遵循公平原则确定当事人之间的权利和义务。

2. 采取合理的方式提示对方注意免除或者减轻其责任等与对方有重大利害关系的条款,按照对方的要求,对该条款予以说明。

3. 提供格式条款的一方未履行提示或者说明义务,致使对方没有注意或者理解与其有重大利害关系的条款的,对方可以主张该条款不成为合同的内容。

(二)格式条款无效的情形

根据《民法典》第497条的规定,格式条款无效的情形有:

1. 具有民事法律行为无效的一般情形,即无民事行为能力人实施的民事法律行为、虚假的民事法律行为、违反法律强制性规定的民事法律行为、违背公序良俗的民事法律行为、恶意串通的民事法律行为。

2. 造成对方人身损害、因故意或者重大过失造成对方财产损害的免责条款。

3. 提供格式条款一方不合理地免除或者减轻其责任、加重对方责任、限制对方的主要权利。举例:格式条款作出的下列免责应属无效:"本店对所销售的新手机一律不承担三包责任""消费金额100元以下,谢绝出具发票""存款被人冒领,本行不承担责任"。加重对方责任的格式条款无效,如规定消费者对不可抗力发生的后果也应承担责任,规定消费者承担超乎常理的违约金或损害赔偿金("偷一罚十")。

4. 提供格式条款一方排除对方的主要权利。举例:经营者在格式条款中规定,消费者对受领的具有严重瑕疵的标的物只能请求修理或更换,不能解除合同或者请求减少价金,亦不能请求损害赔偿。再如,格式条款规定消费者在发生纠纷时只能与经营者协商解决,而不能提起诉讼或仲裁。又如对普通商品规定"商品离柜,概不退换"的格式条款。

【例1】甲向房产公司购买商品房一套,合同约定房产公司应当于2014年5月20日前通知甲办理房屋交接手续。在合同约定的交房日到期后,房产公司迟迟未能通知甲接收房屋,买房人甲遂诉至法院,要求房产公司交付房屋,承担延期交房的违约责任。经查明,在甲交付完房款之后,甲与房产公司还签订了合同的补充条款,其中约定,交房期限届满,买房人仍未收到书面收房通知的,应自行索取,房产公司认为可以不履行交房的通知义务。房产公司以此为由进行抗辩,请问:房产公司是否应当承担延期交付的违约责任?

分析:房产公司应当承担延期交房的违约责任。该商品房买卖合同的补充条款,属于免除卖方即开发商通知买方收房的义务的格式条款,属于减免出卖方责任,加重买受方责任,因此该条款应认定为无效。据此,开发商仍应向购房人承担延时交房的违约责任。

【例2】甲首饰专卖店门口立有一块木板,上书"假一罚十"四个醒目大字。乙从该店购买了一枚钻戒,后经有关部门鉴定,该钻戒属于假冒产品,乙遂要求甲履行其"假一罚十"的承诺。问:甲可否以"假一罚十"不当加重其责任而认定为无效?

分析:否。"假一罚十"的格式条款为甲自愿作出的真实意思表示,且加重的是"格式条款提供者"乙方的责任,并非加重对方的责任,并无无效情形,应当认定有效。

(三)格式条款的解释规则

《民法典》第498条规定:"对格式条款的理解发生争议的,应当按照通常理解予以解释。对格式条款有两种以上解释的,应当作出不利于提供格式条款一方的解释。格式条款和非格式条款不一致的,应当采用非格式条款。"

1. 通常理解规则。对格式条款的理解发生争议时,应当按照通常理解予以解释。

2. 不利解释规则。对格式条款有两种以上的理解时,应当作出不利于提供格式条款一方的解释。

3. 非格式条款效力优先规则。当格式条款与非格式条款不一致时,应当采用非格式条款。

【例】大学生甲应聘商场导购,每日报酬300元,法定节假日每日600元。十一黄金周结束后与商场结账,双方对"法定节假日"的理解发生了争议。甲认为7天均应按照每日600元结算报酬,而商场则认为只有3天按照每日600元结算,应当如何解释?

分析:应按通常理解来解释。根据《全国年节及纪念日放假办法》的规定,国庆节放假3天,即10月1、2、3日。因此,3天按照每日600元计酬,剩余4天调休假期只能按照每日300元计酬。不能当然地适用不利于格式条款提供者解释。

四、合同的成立

合同的成立是指当事人之间形成合意,产生合同关系。

(一)合同成立的时间(《民法典》第490条、第491条)

1. 一般承诺到达,合同成立,不需要通知的,依据交易习惯和要约要求作出承诺行为时合同成立。

2. 当事人采用合同书形式订立合同的,自当事人均签名、盖章或者按指印时合同成立。在签名、盖章或者按指印之前,当事人一方已经履行主要义务,对方接受时,该合同成立。

3. 法律、行政法规规定或者当事人约定合同应当采用书面形式订立,当事人未采用书面形式但是一方已经履行主要义务,对方接受时,该合同成立。

4. 当事人采用信件、数据电文等形式订立合同要求签订确认书的,签订确认书时合同成立。

5. 当事人一方通过互联网等信息网络发布的商品或者服务信息符合要约条件的,对方选择该商品或者服务并提交订单成功时合同成立,但是当事人另有约定的除外。

（二）合同成立的地点（《民法典》第 492 条、第 493 条）

1. 承诺生效的地点为合同成立的地点。

2. 采用数据电文形式订立合同的，收件人的主营业地为合同成立的地点；没有主营业地的，其住所地为合同成立的地点。当事人另有约定的，按照其约定。

3. 当事人采用合同书形式订立合同的，最后签名、盖章或者按指印的地点为合同成立的地点，但是当事人另有约定的除外。

【例】甲和乙采用书面形式签订一份买卖合同，双方在 A 地谈妥合同的主要条款，甲于 B 地在合同上签字，乙于 C 地在合同上摁了手印，合同在 D 地履行。问：合同的签订地是在哪里？

分析：当事人采用合同书形式订立合同的，最后签名、盖章或者按指印的地点为合同成立的地点，本案中乙是最后一个签订合同的人，他于 C 地摁了手印，因此合同的签订地在 C 地。

五、缔约过失责任

（一）概念

缔约过失责任，是指在订立合同过程中，当事人一方因违背诚实信用原则而给对方造成损失的赔偿责任。

（二）构成要件

1. 在缔结合同过程中发生的民事责任；

2. 一方当事人违反依诚实信用原则所负担的先合同义务；

3. 另一方的信赖利益因此而受到损失。

（三）基本类型（《民法典》第 500 条）

1. 假借订立合同，恶意进行磋商；

2. 故意隐瞒与订立合同有关的重要事实或者提供虚假情况；

3. 有其他违背诚信原则的行为。

（四）赔偿范围

缔约过失损害赔偿的范围是相对人因缔结过失而遭受的信赖利益损失，包括直接损失和间接损失。具体为：

1. 订约支出的成本费用、丧失商机带来的机会损失；

2. 未尽照顾、保护义务使对方遭受人身损害，赔偿因此产生的财产损失；

3. 未尽通知、说明义务致使对方遭受财产损失，应赔偿其财产损失。

【例】甲公司与韩国的乙公司签订了在南海合作开发天然气的合同，约定由甲公司办理相关审批手续。乙公司将主要设备运往南海开发区域并安装后，甲公司依然没有办理有关手续。问：(1)甲的行为构成什么？(2)乙为什么不能请求法院判决甲公司去办理批准手续呢？

分析:(1)甲的行为构成缔约过失,乙公司有权起诉,要求法院判决由自己去办理有关审批手续。(2)甲公司违反的是先合同义务。先合同义务的特点是:违反先合同义务的,对方有权请求损害赔偿,但先合同义务不得诉请强制履行。如果乙公司未能办理相关手续,则合同未生效,乙公司有权请求甲公司赔偿设备往返费用、装卸费用等实际损失(合理的信赖利益损失)。如果乙公司成功办理审批手续,合同生效,乙公司仍有权请求甲公司赔偿办理手续的费用等损失(仍为合理的信赖利益损失)。

六、合同的生效

(一)合同生效的概念

合同的生效,是指已经成立的合同具有了法律约束力。

《民法典》第502条规定:"依法成立的合同,自成立时生效,但是法律另有规定或者当事人另有约定的除外。"

(二)合同效力的特殊规则

1. 未办理批准手续的合同

根据《民法典》第502条的规定,依照法律、行政法规的规定,合同应当办理批准等手续的,依照其规定。未办理批准等手续影响合同生效的,不影响合同中履行报批等义务条款以及相关条款的效力。应当办理申请批准等手续的当事人未履行义务的,对方可以请求其承担违反该义务的责任。

2. 无权代理订立的合同

《民法典》第503条规定:"无权代理人以被代理人的名义订立合同,被代理人已经开始履行合同义务或者接受相对人履行的,视为对合同的追认。"

3. 越权订立合同

《民法典》第504条规定:"法人的法定代表人或者非法人组织的负责人超越权限订立的合同,除相对人知道或者应当知道其超越权限外,该代表行为有效,订立的合同对法人或者非法人组织发生效力。"

4. 超越经营范围订立的合同

《民法典》第505条规定:"当事人超越经营范围订立的合同的效力,应当依照本法第一编第六章第三节和本编的有关规定确定,不得仅以超越经营范围确认合同无效。"

5. 免责条款

《民法典》第506条规定:"合同中的下列免责条款无效:(一)造成对方人身损害的;(二)因故意或者重大过失造成对方财产损失的。"

6. 解决争议方法条款

《民法典》第507条规定:"合同不生效、无效、被撤销或者终止的,不影响合同中有关解决争议方法的条款的效力。"

(三)合同效力适用指引

《民法典》第508条规定:"本编对合同的效力没有规定的,适用本法第一编第六章的有关规定。"

《民法典》总则编第6章对民事法律行为的效力作了全面、系统的规定,合同属于双方或者多方民事法律行为,故在确定合同效力上,适用《民法典》总则编关于民事法律行为效力的规则。

真题试接

1. 某日,甲公司与乙公司订立《合作意向书》,约定待甲公司取得某地建设用地使用权后双方订立《合作开发合同》,并初步约定了出资比例、收益分享等事宜,当日乙公司依《合作意向书》向甲公司支付了100万元预付款。甲公司取得建设用地使用权后,因决定与其他公司合作而拒绝与之签订《合作开发合同》。以下说法正确的是(   )。(2020/02/08,单)

A. 乙公司有权请求甲公司承担违约责任

B.《合作意向书》不具有法律约束力

C. 乙公司有权请求甲公司支付《合作开发合同》项下的违约金

D. 甲公司应向乙公司双倍返还预付款

2. 某日深夜,乙擅自将自己的轿车停放在甲的停车位上。甲深夜回来时,无法联系上乙,也无其他车位供停车,遂致电拖车公司将乙的轿车拖走,并支付了拖车费300元。对此,下列说法正确的是(   )。(2020/02/28,多)

A. 甲有权请求乙赔偿因支付拖车费造成的损失

B. 甲有权请求乙承担缔约过失责任

C. 乙侵害了甲对停车位享有的物权

D. 乙构成不当得利

3. 甲在某大学摆设饮料自动贩卖机,乙投入两枚硬币购买了一罐咖啡,咖啡出来后,两枚硬币因机器故障跳出。乙见四处无人,乃取两枚硬币放入口袋。这一场景恰好被甲的职员丙发现,遂产生纠纷。关于本案,下列哪些说法是正确的?(   )(2018/02/19,多)

A. 甲摆设自动贩卖机的行为属于要约

B. 乙投币购买咖啡的行为属于承诺

C. 乙将两枚硬币放入口袋的行为构成不当得利

D. 甲有权请求乙给付两枚硬币

4. 甲与乙公司订立美容服务协议,约定服务期为半年,服务费预收后逐次计扣,乙公司提供的协议格式条款中载明"如甲单方放弃服务,余款不退"(并注明该条款不得更改)。协议订立后,甲依约支付5万元服务费。在接受服务1个月并发生费用8000元后,甲感觉美容效果不明显,单方放弃服务并要求退款,乙公司不同意。甲起诉乙公司要求返还余款,下列哪一选项是正确的?(   )(2017/03/11,单)

A. 美容服务协议无效

B. "如甲方放弃服务,余款不退"的条款无效

C. 甲单方放弃服务无须承担违约责任

D. 单方放弃服务应承担继续履行的违约责任

5. 德凯公司拟为新三板上市造势,在无真实交易意图的情况下短期内以业务合作为由邀请多家公司来其主要办公地点洽谈。其中,真诚公司安排授权代表往返十余次,每次都准备了详尽可操作的合作方案,德凯公司佯装感兴趣并屡次表达将签署合同的意愿,但均在最后一刻推脱拒签。其间,德凯公司还将知悉的真诚公司的部分商业秘密不当泄露。对此,下列哪一说法是正确的?(　　)(2017/03/12,单)

A. 未缔结合同,则德凯公司就磋商事宜无须承担责任

B. 虽未缔结合同,但德凯公司构成恶意磋商,应赔偿损失

C. 未缔结合同,则商业秘密属于真诚公司自愿披露,不应禁止外泄

D. 德凯公司也付出了大量的工作成果,如被对方主张赔偿,则据此可主张抵销

6. 甲公司对乙公司负有交付葡萄酒的合同义务。丙公司和乙公司约定,由丙公司代甲公司履行,甲公司对此全不知情。下列哪一表述是正确的?(　　)(2012/03/11,单)

A. 虽然甲公司不知情,丙公司的履行仍然有法律效力

B. 因甲公司不知情,故丙公司代为履行后对甲公司不得追偿代为履行的必要费用

C. 虽然甲公司不知情,但如丙公司履行有瑕疵的,甲公司需就此对乙公司承担违约责任

D. 虽然甲公司不知情,但如丙公司履行有瑕疵从而承担违约责任的,丙公司可就该违约赔偿金向甲公司追偿

【答案】

1. A。《民法典》第 495 条。

2. ACD。《民法典》第 179 条、第 500 条、第 985 条。

3. ABCD。《民法典》第 471 条、第 472 条、第 479 条、第 985 条。

4. B。《民法典》第 497 条。

5. B。《民法典》第 500 条、第 501 条。

6. D。《民法典》第 497 条、第 506 条、第 533 条。

案例讨论

乙空调厂库存 300 台 AJK-4210 型空调机。2018 年 11 月 15 日,乙空调厂在报纸上发布了一条广告,空调每台价格 3600 元,备有现货,多买可以优惠。甲商场恰逢本商场的空调机脱销,急需进一批空调机,于是发电子邮件给乙空调厂,表示如果每台能降价 300 元,愿意购买 200 台,到货后验收合格立即付款。乙空调厂收到甲商场的邮件后,11 月 20 日回复表示同意,邮件 20 日到达甲邮箱。甲商场负责人 23 日看到邮件,25 日打电话向乙表示,邮件已经收到。

问:(1)本案中,乙刊登的广告,在性质上是什么?

(2)甲向乙发出的邮件,在性质上是什么?

(3)本案中,合同何时成立?合同成立的地点在哪里?如果甲、乙约定要就购买空调签订书面合同,此时合同约定的签订地与实际的签订地不同,该如何确定?

(4)如果本案甲在发出邮件后反悔,应当采取什么措施?

(5)如果乙回复,每台空调只能降价 200 元,则乙的回复在性质上是什么?会产生什么后果?

(6)如果甲 11 月 15 日的邮件中称,希望乙在 3 日内回复,如果乙在 20 日回复,产生什么后果?

(7)如果乙收到甲的邮件,发现库存已不足,表示不能供货,则产生什么后果?

第三讲　合同的履行

经典案例

【案情】新冠肺炎疫情影响下,是否可以援用情势变更原则?

原告孙某是宁波市海曙区某楼盘一间公寓的房主,被告王某是网约房经营者。2018 年 11 月,孙某将房屋租赁给被告王某用作网约房。双方约定房屋租赁期间为 5 年,每月租金 2750 元。其间,被告一直按期支付房租。随后受新冠肺炎疫情影响,被告称因出于社会责任,已经全部取消春节订单并全额退款,2020 年 1 月底,其曾与原告协商租金减免事宜,原告未及时回复。2 月 2 日,涉案房屋所在的楼房采取全封闭式管理,不允许外来人员进入。被告认为案涉房屋已无法正常使用,符合不可抗力情形,要求与原告解除合同。原告于 2020 年 2 月 5 日联系被告,表示愿意减免半个月房租,后期租金减免情况视疫情发展再协商,但被告坚持解除合同。

原告于是在 2 月 15 日向海曙法院提交诉状,诉称原、被告双方之间的合同长达 5 年,此次新冠肺炎疫情影响不足以影响合同的继续履行,被告解除合同系违约行为,要求被告支付 10000 元违约金。

点评:本案中,受新冠肺炎疫情影响,涉案房屋采取全封闭式管理,不允许外来人员进入,被告无法正常使用以经营网约房,属于当事人订立合同时(2018 年 11 月)不能预见、不能避免且不能克服的客观情况,构成不可抗力。但不可抗力的发生,却并不一定导致被告人具有法定的合同解除权,根据《民法典》第 562 条第 1 款第 1 项的规定,因不可抗力致使不能实现合同目的的,才能解除合同。在本案中,受疫情影响,涉案房屋采取全封闭式管理,无法正常使用,但是原、被告双方约定房屋租赁期间为 5 年,即从 2018 年 11 月至 2023 年 11 月止,2020 年暴发新冠肺炎疫情后,政府采取了防控措施,但至 2020 年 4 月已陆续解除防控措施(取消封闭式管理、允许复工等),房屋剩余租期与封闭管理的时间相比明显更长,因此不属于"因不可抗力致使不能实现合同目的"的情形,不能解除合同。

本案应当适用情势变更的条款,《民法典》关于情势变更的规定是指合同成立后,合同的基础条件发生了当事人在订立合同时无法预见的、不属于商业风险的重大变化,继续履行合同对于当事人一方明显不公平的,受不利影响的当事人可以与对方重新协商;在合理期限内协商不成的,当事人可以请求人民法院或者仲裁机构变更或者解除合同。删除了此前最高人民法院《关于适用〈中华人民共和国合同法〉若干问题的解释(二)》对情势变更"非不可抗力"的限定,因此,在《民法典》颁布后,尽管是属于不可抗力的情形,也可以援用情势变更。

知识梳理

一、合同履行的原则

《民法典》第 509 条规定:"当事人应当按照约定全面履行自己的义务。当事人应当遵循诚信原则,根据合同的性质、目的和交易习惯履行通知、协助、保密等义务。当事人在履行合同过程中,应当避免浪费资源、污染环境和破坏生态。"

合同履行的原则为:全面履行原则、诚信履行原则及绿色原则。

二、合同内容的确定

(一)合同内容(非主要条款)不明的补充和确定方法

《民法典》第 510 条规定:"合同生效后,当事人就质量、价款或者报酬、履行地点等内容没有约定或者约定不明确的,可以协议补充;不能达成补充协议的,按照合同相关条款或者交易习惯确定。"

合同的标的和数量是主要条款,其他条款属于非主要条款。当事人就合同的主要条款达成合意合同成立,非主要条款没有约定或者约定不明确的,并不影响合同成立,采用确定的方法予以确定。对合同的非主要条款没有约定或者约定不明的解决办法是:

1. 当事人协议补充。按照民法自愿原则,当事人有权自主决定合同内容。在当事人就合同有关内容没有约定或者约定不明确时,由当事人通过协商的方式达成补充协议。这是对民法自愿原则的体现和落实,也是最有效地补充合同内容、保障合同得以履行的方式。

2. 按照合同有关条款或者交易习惯确定。如果当事人就有关内容不能达成补充协议,则按照合同有关条款或者交易习惯确定。

交易习惯在一定范围内被普遍接受和采用,或者在特定当事人之间经常使用。下列情形,不违反法律、行政法规强制性规定的,人民法院可以认定为本条所称"交易习惯":

(1)在交易行为当地或者某一领域、某一行业通常采用并为交易对方订立合同时所知道或者应当知道的做法;

(2)当事人双方经常使用的习惯做法。

【例】甲向乙出售绿豆 50 万斤,没有约定交付地点,关于绿豆的交付地点的漏洞应如何补充?

分析:甲、乙先协商确定,协商不成的依照交易习惯或者合同的解释确定,还不行的,适用《民法典》第 603 条,需要运输的,适用第一承运人规则。不需要运输的,甲、乙订立买卖合同时知道绿豆所在地的,交付地点在该地;不知道绿豆在何地的,交付地点为甲订立合同时的营业地。

(二)合同内容(非主要条款)不明时的履行规则(《民法典》第 511 条、第 514 条)

1. 质量要求不明确的

按照强制性国家标准履行;没有强制性国家标准的,按照推荐性国家标准履行;没有推荐性国家标准的,按照行业标准履行;没有国家标准、行业标准的,按照通常标准或者符合合同目的的特定标准履行。

2. 价款或者报酬不明确的

按照订立合同时履行地的市场价格履行;依法应当执行政府定价或者政府指导价的,依照规定履行。

3. 履行地点不明确的

给付货币的,在接受货币一方所在地履行;交付不动产的,在不动产所在地履行;其他标的,在履行义务一方所在地履行。

4. 履行期限不明确的

债务人可以随时履行,债权人也可以随时请求履行,但是应当给对方必要的准备时间。

5. 履行方式不明确的

按照有利于实现合同目的的方式履行。

6. 履行费用的负担不明确的

由履行义务一方负担;因债权人原因增加的履行费用,由债权人负担。

7. 货币的种类不明确的

以支付金钱为内容的债,除法律另有规定或者当事人另有约定外,债权人可以请求债务人以实际履行地的法定货币履行。

三、合同履行的特殊规则

(一)选择之债的履行

选择之债,是指债的标的有多项,债务人只需履行其中一项,可选择一项履行的债。选择之债一经确定其标的,即转化为简单之债。

1. 选择之债中选择权的归属与转移(《民法典》第 515 条)

(1)选择权的归属

①有约定,按约定;可约定由债权人、债务人或第三人享有选择权。

②无约定,可按法律规定或者交易习惯确定。

③没有约定、法律未规定且无交易习惯可确定,选择权归债务人享有。

(2)选择权的转移

享有选择权的当事人在约定期限内或者履行期限届满未作选择,经催告后在合理期限内仍未选择的,选择权转移至对方。

【例】甲欠乙 10000 元,双方约定 2 年后甲以自己的一枚钻戒或一幅古画抵债。问:(1)2 年后,甲将自己的钻戒交给乙抵债,乙可否拒绝,要求甲用古画抵债?(2)假如债务到期后,又过了 5 个月,甲既没有交给乙钻戒,也没有交给乙古画,此时,乙可否请求甲交付古画抵债?

分析:(1)不可,因为无约定、无法定,也无交易习惯,选择权归债务人。(2)可以,因为甲在合理期限内没有行使选择权,选择权已转归债权人。

2.选择权的行使方式

《民法典》第 516 条规定:"当事人行使选择权应当及时通知对方,通知到达对方时,标的确定。标的确定后不得变更,但是经对方同意的除外。可选择的标的发生不能履行情形的,享有选择权的当事人不得选择不能履行的标的,但是该不能履行的情形是由对方造成的除外。"

选择之债的选择权属于形成权的一种。选择权一旦经当事人行使,将直接导致民事权利义务关系的变动,债的标的得以确定,债务人应当按照确定后的标的履行义务,债权人有权按照确定后的标的请求债务人履行义务。

为了公平、合理地平衡双方当事人之间的利益,作出了除外规定,即"但是该不能履行的情形是由对方造成的除外"。即如果该不能履行的情形是由相对方即无选择权的当事人造成的,则享有选择权的当事人既可以在剩余标的中选择,也可以选择该不能履行的标的进而主张相应的法律效果。例如,在一项合同交易中约定了多项可选择的标的,如果债权人享有选择权,标的不能履行是由债务人造成的,那么债权人也可以选择该不能履行的标的,进而依法主张解除合同或者要求债务人承担违约责任。

(二)多数人之债的履行

1.按份之债的履行

《民法典》第 517 条规定:"债权人为二人以上,标的可分,按照份额各自享有债权的,为按份债权;债务人为二人以上,标的可分,按照份额各自负担债务的,为按份债务。按份债权人或者按份债务人的份额难以确定的,视为份额相同。"

【注意】对外份额的确定:(1)因合同负担的按份债务,按当事人的约定确定;因侵权负担的按份债务,根据侵权人的过错程度与原因力大小确定;因其他法定原因负担按份债务的,依照法律规定确定。(2)按份债务人的份额难以确定的,视为份额相同。

【例】甲、乙、丙分别排污给丁造成 100 万元的损失。法院判决甲、乙、丙承担按份责任,甲承担 50 万元、乙承担 30 万元、丙承担 20 万元。

分析:第一,100 万元的责任,由两个以上的人共同承担,系共同责任。第二,按份债务人按照确定的份额对于共同承担赔偿 100 万元的责任,对超过自己份额的部分,无责任。第三,丁能够也只能够请求甲赔偿 50 万元、乙赔偿 30 万元、丙赔偿 20 万元。第四,甲对丁清偿 50 万元后,无权请求乙、丙分担(无权向乙、丙追偿)。按份责任人无内部追偿关系。

2.连带之债的履行

《民法典》第 518 条规定:"债权人为二人以上,部分或者全部债权人均可以请求债务人履行债务的,为连带债权;债务人为二人以上,债权人可以请求部分或者全部债务人履行全部债务的,为连带债务。连带债权或者连带债务,由法律规定或者当事人约定。"

【注意】连带债务:①对外:每一债务人对债权人均负有清偿全部债务的义务;对内:每一债务人仅就自己的份额承担最终责任。②连带债务系加重责任,构成连带债务需要法律规定或当事人明确约定,否则,视为按份债务。

（1）连带债务人的份额确定

《民法典》第 519 条第 1 款："连带债务人之间的份额难以确定的,视为份额相同。"

（2）连带债务人的追偿权

《民法典》第 519 条第 2 款："实际承担债务超过自己份额的连带债务人,有权就超出部分在其他连带债务人未履行的份额范围内向其追偿,并相应地享有债权人的权利,但是不得损害债权人的利益。其他连带债务人对债权人的抗辩,可以向该债务人主张。被追偿的连带债务人不能履行其应分担份额的,其他连带债务人应当在相应范围内按比例分担。"

【例 1】甲系债权人,乙、丙、丁系连带债务人,甲对乙、丙、丁享有 150 万元的债权,乙、丙、丁约定平均分担该笔债务,即就内部关系而言每人的债务份额为 50 万元。现乙向甲清偿了全部债务,乙如何向丙、丁追偿?

分析:连带债务人就超出部分在其他连带债务人未履行的份额范围内行使追偿权,即只能主张其他连带债务人各自应当承担的债务份额内未履行的部分,而不是就该超出部分要求其他债务人承担连带责任。本案中乙就超过自己份额的部分即 100 万元有权向丙、丁追偿。但这 100 万元丙、丁并不对乙承担连带债务,而是每人只承担各自份额 50 万元,乙也无权要求丙或者丁各自承担超过 50 万元的债务部分。

【例 2】G 系债权人,A、B、C 为连带债务人,G 对 A、B、C 享有 100 万元的债权,连带债务人 A、B、C 内部约定了各自份额,A 承担 50 万元,B 承担 30 万元,C 承担 20 万元,D 就自己的财产为债务人 B 就连带债务向 G 设定了抵押。现 A 向 G 清偿了 70 万元债务,B、C 未向 G 清偿。问:A 如何行使追偿权?

分析:A 不仅享有追偿权,还享有债权人 G 的权利,即 A 就超过自己份额的部分即 20 万元,有权向 B、C 追偿,同时也取得了 G 对 D 提供的抵押财产所享有的抵押权。但是,本案债权人 G 还有 30 万元未获清偿,依照规定,连带债务人享有债权人的权利不得损害债权人的利益,那么 G 就未获清偿的 30 万元债务对 D 提供的抵押财产所享有的抵押权,在顺位上要优先于 A 就抵押财产所取得的抵押权。

【例 3】连带债务人甲、乙、丙、丁对债权人戊负 200 万元债务,连带债务人内部平均分担债务,即每个债务人的内部分担份额为 50 万元。甲向戊清偿了 200 万元,使连带债务人对债权人的债务全部消灭。甲就自己实际承担的债务超出自己份额的部分即 150 万元享有向乙、丙、丁的追偿权,乙、丙、丁各自向甲分担 50 万元。现乙破产,甲向乙只追偿到了 20 万元,乙应分担的另外 30 万元份额已经不能履行。问:甲如何追偿?

分析:乙不能履行的 30 万元份额,由甲、丙、丁三个连带债务人按照比例分担,每人分担 10 万元份额,即甲就乙不能履行的 30 万元债务,自己承担 10 万元,可以向丙、丁每人主张 10 万元。因此,甲最终可向丙、丁分别追偿 60 万元。

（三）电子合同的履行

电子合同交付时间的确定,根据《民法典》第 512 条的规定,当事人有约定的按约定,没有约定的按以下规则处理:

1. 电子合同标的为交付商品并采用快递物流方式交付的,收货人的签收时间为交付时间。

2. 电子合同的标的为提供服务的,生成的电子凭证或者实物凭证中载明的时间为提供服务时间;前述凭证没有载明时间或者载明时间与实际提供服务时间不一致的,以实际提供服务的时间为准。

3. 电子合同的标的物为采用在线传输方式交付的,合同标的物进入对方当事人指定的特定系统且能够检索识别的时间为交付时间。

(四)向第三人履行

1. 关于不真正利益第三人的合同规定

《民法典》第 522 条第 1 款规定:"当事人约定由债务人向第三人履行债务,债务人未向第三人履行债务或者履行债务不符合约定的,应当向债权人承担违约责任。"

本款规定坚守了合同的相对性原则。所谓合同的相对性是指合同项下的权利与义务只由合同当事人享有或者承担,合同仅对当事人具有法律约束力。例如,出卖人甲依照买受人乙的指示向第三人丙交付标的物,甲和乙之间约定的检验标准与乙和丙之间约定的检验标准不一致的,以甲和乙之间约定的检验标准为标的物的检验标准。

【注意】(1)第三人并不是债权人,第三人不能直接请求债务人向自己履行;(2)第三人也不是双务合同的债务人,第三人不负有给付价款的义务;(3)发生违约时,第三人不能直接追究债务人的违约责任,而只能由债权人追究债务人的违约责任。

2. 关于真正利益第三人合同的规定

《民法典》第 522 条第 2 款规定:"法律规定或者当事人约定第三人可以直接请求债务人向其履行债务,第三人未在合理期限内明确拒绝,债务人未向第三人履行债务或者履行债务不符合约定的,第三人可以请求债务人承担违约责任;债务人对债权人的抗辩,可以向第三人主张。"

本款规定打破合同相对性,是法律规定或者当事人约定的情况下,第三人可以直接要求债务人向自己履行,只要第三人未拒绝此权利,债务人未向第三人履行的,第三人可以主张债务人承担违约责任。此时,债务人对债权人的抗辩可以向第三人主张。例如,依据《保险法》的规定,对于投保人与保险人订立的保险合同,被保险人或者受益人即使不是投保人,在保险事故发生后,也享有请求赔偿的权利。

(五)由第三人履行

《民法典》第 523 条规定:"当事人约定由第三人向债权人履行债务,第三人不履行债务或者履行债务不符合约定的,债务人应当向债权人承担违约责任。"

由第三人履行,又称为第三人负担的合同,是指双方当事人约定债务由第三人履行的合同。

本条规定还是遵循合同相对性原则,应注意:

1. 合同双方当事人仍是债权人与债务人,第三人不是合同当事人。

2. 合同标的是第三人向债权人的履行行为。

3. 第三人不履行债务的违约责任由债务人承担,而不是由第三人承担。

【注意】由第三人履行与独立的第三人代为履行不同,两者区别如下:

1. 发生原因不同。由第三人履行,是债权人与债务人之间的约定;第三人代为履行,是第三人与债权人之间的约定。

2.第三人地位不同。由第三人履行,第三人没有履行合同的法律义务;第三人代为履行,第三人具有履行合同的法律义务。

3.第三人责任不同。由第三人履行,履行不合格时债务人承担违约责任;第三人代为履行,履行不合格时第三人承担违约责任。

4.与债务人的关系。由第三人履行,第三人与债务人无法律关系;第三人代为履行,第三人一般基于赠与、无因管理等关系代为履行。

【例】甲欠乙1万元,约定由丙每月代甲向乙偿还债务1000元,期限10个月。后丙反悔,拒绝向乙继续履行。甲找到好友丁,丁自愿接受甲剩余的债务,并征得了乙的同意。后丁又反悔,拒绝履行。丙应否承担违约责任?丁应否承担违约责任?甲应否承担违约责任?

分析:丙无须承担违约责任,根据合同的相对性,对乙承担责任的是债务人。丁应承担违约责任,其受让了甲剩余的债务,属于债务的移转,丁是新的债务人。甲无须承担违约责任,债务转移给丁以后,甲从债务关系中退出,不再是当事人。

(六)有合法利益的第三人代为履行

《民法典》第524条规定:"债务人不履行债务,第三人对履行该债务具有合法利益的,第三人有权向债权人代为履行;但是,根据债务性质、按照当事人约定或者依照法律规定只能由债务人履行的除外。债权人接受第三人履行后,其对债务人的债权转让给第三人,但是债务人和第三人另有约定的除外。"

【例】甲、乙双方签订了房屋买卖合同,合同履行过程中,卖方甲因民间债务纠纷,房屋被债权人丙申请法院强制查封。卖方甲和债权人丙经法院调解,出具了调解书。卖方甲在还钱期限内未还款,买方乙为了清除房屋买卖合同履行障碍,通过法院和债权人丙沟通乙代为履行,但是债权人丙明确表示除非卖方甲亲自偿还债务,否则任何第三方偿还都不认可。卖方甲知晓后也对此表示反对,称未经自己同意,外人不得代替自己还债。问:丙的理由是否成立?

分析:不成立。甲、丙之间有民间借贷法律关系,基于合同的相对性,甲负有还款义务,乙不是当事人,乙不负有还款义务。但是,乙对于甲向丙还款的债务具有合理利益,即解除对乙所买房屋的查封以办理过户登记手续。乙属于有法律上利害关系的第三人,有权代为清偿,债权人丙不得拒收,债务人甲无资格反对。如买方乙代替卖方甲偿还债务,则法院出具解除查封裁定,乙请求甲配合办理房屋过户手续,其代为履行金额可以与其向甲支付的购房款进行冲抵。

四、双务合同履行抗辩权

(一)同时履行抗辩权

《民法典》第525条规定:"当事人互负债务,没有先后履行顺序的,应当同时履行。一方在对方履行之前有权拒绝其履行请求。一方在对方履行债务不符合约定时,有权拒绝其相应的履行请求。"

1.同时履行抗辩权的成立,需具备以下条件:

(1)必须基于同一双务合同互负债务,在履行上存在关联性。

(2)双方当事人的债务没有先后履行顺序。

(3)双方所负债务均已届清偿期。

(4)对方当事人未履行自己所负的债务或者履行债务不符合约定。

(5)对方的对待给付是可能履行的。

2.法律效果:一时地阻却对方请求权的行使。

【例1】甲、乙订立的委托合同约定乙免费为甲打官司,但未约定双方履行的顺序。问:若乙请求甲预付差旅费等必要费用,甲能否以乙尚未履行处理事务的义务为由,对乙主张同时履行抗辩权?

分析:不能,甲、乙间成立的是无偿委托合同,系单务合同,不是双务合同。甲向乙支付必要费用的义务与乙处理委托事务的义务不属于对待给付义务,甲不能对乙主张同时履行抗辩权。

【例2】甲向乙高价出售名马一匹。甲已经向乙交付了该马,但未按照约定向乙交付该马的血统证明和获奖证书,若甲请求乙支付价款,乙能否对甲主张同时履行抗辩权?

分析:甲向乙交付马的义务,以及乙向甲支付价款的义务,均系主给付义务,彼此可成立同时履行抗辩权。甲向乙交付马之血统证明和获奖证书系从给付义务,若甲不履行该从给付义务将导致乙订立合同的目的不能实现(如转售、参加比赛),乙可对甲主张同时履行抗辩权。

(二)后履行抗辩权

《民法典》第526条规定:"当事人互负债务,有先后履行顺序,应当先履行债务一方未履行的,后履行一方有权拒绝其履行请求。先履行一方履行债务不符合约定的,后履行一方有权拒绝其相应的履行请求。"

1.后履行抗辩权的成立,需要具备以下条件:

(1)基于同一双务合同。与同时履行抗辩权一样,单务合同不适用先履行抗辩权。

(2)当事人的债务有先后履行顺序。双务合同的履行顺序,可以由当事人自行约定,也可以由法律规定。如果既没有法律约定也没有当事人约定,由交易习惯确立。

(3)应当先履行的当事人不履行债务或者履行债务不符合约定。

(4)后履行一方当事人的债务已届履行期。

2.法律效果:后履行的一方可以暂时不履行合同义务。

【例】甲公司与乙公司签订了一份绿豆购销合同。合同约定:甲公司供给乙公司国际中级毛绿豆(含水量2%)3000吨,每吨价格1000元,总货款300万元,于2018年9月20日前交货,并负责办理商检证、免疫证、产地证、供货证和化验单。乙公司在合同生效后预付20万元定金,8月底付足货款的50%,包括定金共150万元,余下货款在货到后付清。合同签订后,乙公司于8月11日给付合同定金20万元,于同年8月25日将合计金额为130万元的两张汇票交给A公司。甲公司收到定金及汇票后,于9月13日向乙公司发出毛绿豆3000吨,并要求乙收到货物后结清余款。乙公司在验货后发现:毛绿豆的含水量高出合同约定标准4%,无法制浆,所以,以甲公司履约有瑕疵为由,拒付余款。而甲公司则认为:合同约定需方在"货到后结清余款",但需方在收货后迟迟未将余款结清,构成违约,双方遂发生纠纷。请问:甲、乙哪个公司的主张有根据?

分析：乙公司可以行使后履行抗辩权。本案中，按照合同供需双方当事人互负给付义务，甲公司负有"提供符合约定标准的绿豆"的义务，乙公司则负有"支付约定的货款与定金"的义务，且根据合同约定，双方的履行次序依次是：需方支付定金及部分货款，然后供方供货，最后需方结清余款。

（三）不安抗辩权

《民法典》第527条规定："应当先履行债务的当事人，有确切证据证明对方有下列情形之一的，可以中止履行：（一）经营状况严重恶化；（二）转移财产、抽逃资金，以逃避债务；（三）丧失商业信誉；（四）有丧失或者可能丧失履行债务能力的其他情形。当事人没有确切证据中止履行的，应当承担违约责任。"

1. 不安抗辩权要具备以下要件：

（1）当事人需要基于同一双务合同互负债务。

（2）当事人互负的债务有先后履行顺序。

（3）后履行的当事人发生了丧失或者可能丧失债务履行能力的情形。

①经营状况严重恶化；

②转移财产、抽逃资金，以逃避债务；

③丧失商业信誉；

④有丧失或可能丧失债务能力的其他情形。

2. 不安抗辩权的行使

不安抗辩权无须以诉讼方式进行，而是有权利人直接行使且无须经对方当事人同意。但当事人行使不安抗辩权时有两大义务：

（1）通知义务：先履行方中止履行后，应及时通知对方，若违反该义务，应由违反义务人承担损害赔偿责任。

（2）举证义务：为了防止不安抗辩权的滥用，先履行方当事人必须举出确切证据证明后履行方当事人存在上述法定丧失或可能丧失履行债务能力的情形。

3. 法律效果

（1）先履行一方中止履行通知对方；

（2）如果对方恢复履行能力或提供担保，应继续履行；

（3）如果对方不能消除不安，则先履行方可以解除合同。

【例】甲、乙5月7日订立一份"三升"牌自动扶梯。合同约定，6月1日甲先付款，6月15日乙交付自动扶梯。合同订立后15天，乙销售的"三升"牌自动扶梯发生重大安全事故，质监局介入调查。问：甲是否享有不安抗辩权？

分析：是。因后履行方乙产品发生重大安全事故，已经丧失商业信誉，甲有权行使不安抗辩权。

五、情势变更

《民法典》第533条规定："合同成立后，合同的基础条件发生了当事人在订立合同时无法预见的、不属于商业风险的重大变化，继续履行合同对于当事人一方明显不公平的，受不利影响的当事人可以与对方重新协商；在合理期限内协商不成的，当事人可以请求人民法院或者仲裁机构变更或者解除合同。人民法院或者仲裁机构应当结合案件的实际情况,根据公平原则变更或者解除合同。"

情势变更的适用条件:

1. 合同成立后,合同的基础条件发生了重大变化。第一,这种重大变化是一种客观情况,要达到足以动摇合同基础的程度。第二,这种重大变化应当是当事人在订立合同时无法预见的。第三,这种重大变化不能属于商业风险。对于合同履行中的商业风险,按照独立决定、独立负责的原则,遭受不利的当事人应当自行承担不利的后果。

2. 继续履行合同对当事人一方明显不公平。尽管意思自治应当得到双方当事人的严格遵守,但在某些情况下过于尊重意思自治将会有违公正。情势变更原则是为了实现合同的公平,对当事人的意思自治所作的调整,但这种调整必须限定在必要的限度内。只有在继续履行合同对一方当事人明显不公平时,才能适用情势变更。

【例】甲煤气公司与乙仪表厂于1991年1月签订购买1万台煤气表的合同,约定每块煤气表价格40元,交货期限为1993年1月。当时,制造煤气表的原材料铝的价格为每吨4000元。1992年春天,有一位老人在中国的南海边画了一个圈,铝的市场价格暴涨为每吨16000元。请问:乙可否引用情势变更?

分析:本案中,铝的价格大幅上涨是由于国家政策的原因,既不属于不可抗力又不属于商业风险,双方当事人在合同订立前也不可预见,也不可归责于双方当事人,继续按照原合同履行,将会导致乙仪表厂的生存毁灭,因此乙仪表厂可以向法院要求引用情势变更。

👉 **真题试接**

1. 甲与乙公司签订的房屋买卖合同约定:"乙公司收到首期房款后,向甲交付房屋和房屋使用说明书;收到二期房款后,将房屋过户给甲。"甲交纳首期房款后,乙公司交付房屋但未立即交付房屋使用说明书。甲以此为由行使先履行抗辩权而拒不支付二期房款。下列哪一表述是正确的?(　　)(2015/03/10,单)

A. 甲的做法正确,因乙公司未完全履行义务

B. 甲不应行使先履行抗辩权,而应行使不安抗辩权,因乙公司有不能交付房屋使用说明书的可能性

C. 甲可主张解除合同,因乙公司未履行义务

D. 甲不能行使先履行抗辩权,因甲的付款义务与乙公司交付房屋使用说明书不形成主给付义务对应关系

2. 甲、乙订立一份价款为10万元的图书买卖合同,约定甲先支付书款,乙两个月后交付图书。甲由于资金周转困难只交付5万元,答应余款尽快支付,但乙不同意。两个月后甲要求乙交付图书,遭乙拒绝。对此,下列哪一表述是正确的?(　　)(2010/03/13,单)

A. 乙对甲享有同时履行抗辩权

B. 乙对甲享有不安抗辩权

C. 乙有权拒绝交付全部图书

D. 乙有权拒绝交付与 5 万元书款价值相当的部分图书

【答案】

1. D。《民法典》第 526 条、第 527 条、第 563 条。

2. D。《民法典》第 526 条。合同约定甲先付款,乙后交付图书,乙享有后履行抗辩权。因为甲支付了 5 万元,还有 5 万元未支付,乙有权拒绝交付与 5 万元书款价值相当的部分图书。

案例讨论

甲为送女友乙圣诞礼物,在玉器加工商丙处定制了一件玉手镯。甲在订货单上写明,应当在 2017 年 12 月 25 日之前将加工好的玉手镯交付到乙的手中。甲向丙交付了预付款 3000 元和定金 500 元,手镯送到后,甲一周内付清剩余货款。丙于 12 月 20 日加工好了玉手镯,委托丁给乙送货。丁在送货的路上,不慎将玉手镯摔坏,乙拒绝收货,要求丙重做。甲则主张丙承担违约责任,退还预付款,并双倍返还定金。

问:(1)谁有权向丙主张违约责任?

(2)丙承担违约责任后,可否向丁追偿?

(3)如果丙没有按照约定向乙交付玉手镯,戊向甲表示,自己也从事玉手镯的加工,愿意履行丙的债务,甲同意。在戊履行之后,丙的债务是否消灭? 戊与丙之间能成立什么法律关系? 如果戊履行不合格,应当由谁承担违约责任? 为什么?

(4)如果本案中,甲、乙、丙三方签订书面协议,丙向乙提供玉手镯一件,甲向丙支付了价款。此时,若丙向乙提供的手镯不符合约定,违约责任应如何承担? 若甲没有向丙支付价款,则违约责任又如何承担?

第四讲　合同的保全

经典案例

【案情】被保险人仅按其内部责任份额向保险公司申请理赔,则对剩余未获赔部分,交通事故受害人能否以被保险人怠于行使权利为由,代位被保险人直接向保险公司行使保险金请求权?

2009 年 12 月 23 日,陶某勇对其拥有的临时牌号为沪 AX0690 的奇瑞牌小型轿车向安邦财产保险股份有限公司投保了交通事故责任强制保险和机动车商业保险。2010 年 2 月,受害人陈某业驾驶牌号为浙 E11993 的中型普通客车被第三人驾驶的被保险车辆后撞击中央护栏,受害人陈某业被抛出车外落于地面上。随后,案外人黄某发驾驶牌号为苏 A83R88 的小型轿车行经此处,遇前方事故现场减速时,紧随其后的案外人张某前驾驶牌号为浙 BCW165 的小型轿车撞击苏 A83R88 车辆后部,致苏 A83R88 车辆骑压落于路面的受害人并撞击中央护栏,致受害人当场死亡。2010年3月4日,镇江市公安局交通巡逻警察支队沪宁高速公路大队认定,针对第一起浙E11993车辆与被保险车辆事故,受害人陈某业负事故主要责任,第二人负事故次要责任;针对第二起浙BCW165车辆与苏A83R88车辆并骑压受害人的事故,张某前负事故全部责任。之后,受害人父亲陈某海起诉要求赔偿。镇江市润州区人民法院出具(2010)润南民初字第292号民事判决书(以下简称"第292号民事判决书"),认定受害人的死亡系浙E11993车辆与被保险车辆相撞致其抛出车外落于路面以及被其后浙BCW165车辆撞击苏A83R88车辆致其骑压受害人共同所致。被保险车辆与浙BCW165车辆的交强险投保公司安邦财保公司和中国人民财产保险股份有限公司应在有责交强险范围内承担赔偿责任。超出交强险部分对外由浙BCW165车辆和被保险车辆相关责任主体连带承担65%的责任,内部由浙BCW165车辆承担超出部分的50%,被保险车辆承担超出部分的15%。受害人死亡赔偿金576760元等共计630093.50元,由安邦财保公司承担11万元,人民保险公司承担11万元,中华保险公司承担11000元,并由该三家保险公司在交强险限额内优先赔付精神抚慰金32500元,超出部分399093.50元的65%计259410.77元,由陶某勇、张某前连带赔付(对内陶某勇承担59864.02元、张某前承担199546.75元)。安邦保险公司已替陶某勇赔付了其应当承担的赔偿份额的钱款,但受害人父亲陈某海认为,陶某勇与张某前对事故的发生存在连带责任,其有权请求陶某勇承担剩余的全部赔款,即259410.77元,现陶某勇只向其保险公司主张了其对内应当承担的赔偿金额,对于剩余的199546.75元,是怠于行使其向保险公司要求赔付的权利,损害了受害人的利益。因此,对于剩余的199546.77.元,陈某海要求代位求偿。

点评:本案的争议焦点集中在以下两个方面:(1)陶某勇与安邦财保公司签订的第三者责任险保险合同中关于"保险人依据被保险机动车在事故中应负的事故责任比例,承担相应的赔偿责任"的约定对陶某勇是否具有法律约束力;(2)陶某勇是否怠于向安邦财保公司请求赔付保险金。

关于争议焦点一:本争议焦点所涉及的知识点为部分格式条款的提示义务,在前面的章节中已有讲解,分析过程在此便不赘述,直接给出结论。因安邦保险公司未就本案争议的"保险人依据被保险机动车在事故中应负的事故责任比例,承担相应的赔偿责任"的约定条款向陶某勇履行明确的提示和说明义务,故该条款不产生法律效力。安邦财保公司应在保险金额范围内对陶某勇依法应负的赔偿责任承担支付保险金的义务。根据第292号民事判决书,陶某勇和张某前连带赔付陈某海人民币259410.77元。据此,陈某海有权要求陶某勇在259410.77元范围内承担赔偿责任,安邦财保公司则应在陶某勇对陈某海依法应负的上述赔偿责任范围内承担支付保险金的义务。对于超出陶某勇对内应承担份额部分,安邦财保公司支付后可依法向张某前进行追偿。

关于争议焦点二:我国《民法典》第535条规定因债务人怠于行使其债权或者与债权有关的从权利,影响债权人到期债权实现的,债权人可以向人民法院请求以自己的名义代位行使债务人对相对人的权利。《保险法》第65条第2款赋予保险事故的受害人在被保险人怠于请求保险公司支付保险金的情况下,代位被保险人有直接要求保险公司向其赔偿保险金的权利。本案中,陶某勇虽根据第292号民事判决书,就其与张某前之间应分担的赔偿份额部分请求安邦财保公司予以赔付,并将该部分款项实际支付给了陈某海,但因陶某勇尚应就张某前承担部分对陈某海承担连带支付义务,故陶某勇对陈某海仍负有偿付义务。现陶某勇既未履行其应承担的连带赔偿义务,又未积极向安邦财保公司请求支付保险金,该事实足以表明其怠于行使请求支付保险金的权利,该行为损害了陈某海的合法权益,因此,陈某海就陶某勇应连带赔偿部分直接要求安邦财保公司赔付保险金于法有据。

知识梳理

一、债权人的代位权

(一)代位权的概念

代位权,是指债务人怠于行使权利,债权人为了保全债权,以自己的名义代位行使债务人对相对人的权利。

《民法典》第535条规定:"因债务人怠于行使其债权或者与该债权有关的从权利,影响债权人的到期债权实现的,债权人可以向人民法院请求以自己的名义代位行使债务人对相对人的权利,但是该权利专属于债务人自身的除外。代位权的行使范围以债权人的到期债权为限。债权人行使代位权的必要费用,由债务人负担。相对人对债务人的抗辩,可以向债权人主张。"

(二)债权人行使代位权应当符合以下条件

1. 需要债务人对外享有债权。这是代位权存在的基础。
2. 需债务人怠于行使其债权或者与该债权相关的从权利。

首先,代位权的客体不能是专属于债务人自身的权利,如基于扶养关系所产生的抚养费、赡养费、扶养费请求权只能由债务人自己行使,债权人不能代位行使。

其次,《民法典》修改了代位权的客体。原《合同法》将代位权的客体限定为"债务人的到期债权",即债权人只能就债务人的到期债权行使代位权,不能就债务人所享有的其他权利行使代位权,比如债务人所享有的合同解除权、因意思表示瑕疵所产生的合同撤销权等,债权人均不能代位行使。《民法典》合同编予以修改主要是为了解决实践中债务人的债权所设立的担保权利能否代位行使的问题。本条中"与该债权有关的从权利"指的就是担保权利,包括担保物权和保证。

【例】债权人A对债务人B享有债权,债务人B对相对人C享有债权,D为B对C的债权设定了抵押,也就是债务人B对抵押人D享有抵押权。如果相对人C没有债务清偿能力,但债务人B怠于行使对抵押人D的抵押权,影响债权人A的债权实现的,A依照本条规定,可以代位行使B对D的抵押权。

3. 债务人怠于行使其权利,已经影响债权人的到期债权实现。
4. 债权人对债务人的债务已到期。

(三)代位权的保存行为

《民法典》第536条"债权人的债权到期前,债务人的债权或者与该债权有关的从权利存在诉讼时效期间即将届满或者未及时申报破产债权等情形,影响债权人的债权实现的,债权人可以代位向债务人的相对人请求其向债务人履行、向破产管理人申报或者作出其他必要的行为"。

1. 原则：代位权的行使，债权人对债务人的债权已经到期。

2. 例外：即使债权人对债权尚未到期，若债权人确有"保存"债务人对第三人债权的必要，可以行使代位权。保存行为的两种典型类型：

(1)债权人可以代位债务人作出中断诉讼失效的行为。针对的是债权人的债权到期前，债务人的债权或者与债权有关的从权利存在诉讼时效期间即将届满的情况。

【例】甲对乙享有债权，乙对丙享有债权，保证人丁为乙对丙的债权提供了保证担保。丙自身无财产，现乙对丁所享有的保证债权的诉讼时效期间即将届满仍不积极主张权利，影响到了甲对乙的债权将来实现，甲可以依照本条规定，代位向丁主张保证债权，请求丁向乙履行保证债务。

(2)债权人可以代位向破产管理人申报破产债权。针对的是债务人的相对人破产，债务人不积极申报破产债权，影响债权人的债权将来实现。债权人可以代位向债务人的相对人的破产管理人申报破产债权。

(四)代位权行使的法律效果

《民法典》第537条规定："人民法院认定代位权成立的，由债务人的相对人向债权人履行义务，债权人接受履行后，债权人与债务人、债务人与相对人之间相应的权利义务终止。债务人对相对人的债权或者与该债权有关的从权利被采取保全、执行措施，或者债务人破产的，依照相关法律的规定处理。"

1. 债权人行使代位权的方法：债权人行使代位权，应当向人民法院起诉，由法院确认是否可以行使代位权。

2. 法律效果：人民法院经过审理，认定债权人主张的代位权成立，就可以判决由债务人的相对人直接向债权人履行债务。债权人接受相对人的履行后，债权人与债务人、债务人与相对人之间相应的权利义务终止。债务人对相对人的债权或者该债权有关的从权利被采取保全、执行措施，或者债务人破产的，依照相关法律规定处理。

【例】甲对乙享有100万元的到期债权，乙对丙享有80万元债权，乙怠于行使对丙的债权，影响乙对甲的债权实现。甲依法对丙提起代位权诉讼。法院认为代位权成立，由丙向甲履行80万元债务后，乙与丙之间的债权债务终止，但甲与乙之间的债权债务并没有全部终止，只是80万元部分的债权债务终止。代位权诉讼后，甲仍然可以向乙另行提起诉讼，要求乙清偿剩余的20万元债务。

二、债权人的撤销权

(一)撤销权的概念

撤销权，是指债权人对债务人所为的危害债权的行为，可以申请法院予以撤销的权利。撤销权具有形成权和请求权的双重特点。

（二）债权人撤销权的成立要件

1. 债权人对债务人的债权合法、有效（无须到期）。

2. 债务人实施了减少责任财产或者可能增加债务的行为。

（1）债务人以放弃其债权、放弃债权担保、无偿转让财产等方式无偿处分财产权益，或者恶意延长其到期债权的履行期限，影响债权人的债权实现。（《民法典》第 538 条）

以上为债务人无偿处分财产权益的行为，直接减少了责任财产，无论第三人是否知情，债权人都享有撤销权。

（2）债务人以明显不合理的低价转让财产、以明显不合理的高价受让他人财产或者为他人的债务提供担保，影响债权人的债权实现，债务人的相对人知道或者应当知道该情形。（《民法典》第 539 条）

以上为债务人有偿处分财产权益的行为，是不合理的交易行为，"低卖""高买"或者对外担保。为了维护交易安全，法律特别要求第三人存在知道或者应当知道债务人的行为有损于债权人的债权时，债权人才享有撤销权。

不合理价格：①转让价格达不到交易时交易地的指导价或者市场交易价 70％的，可以视为明显不合理的低价；②对转让价格高于当地指导价或者市场交易价 30％的，可以视为明显不合理的高价。

3. 债务人的行为有害于债权人的债权。

（三）撤销权的权利范围即费用承担

《民法典》第 540 条规定："撤销权的行使范围以债权人的债权为限。债权人行使撤销权的必要费用，由债务人负担。"

（四）撤销权的行使期间

《民法典》第 541 条规定："撤销权自债权人知道或者应当知道撤销事由之日起一年内行使。自债务人的行为发生之日起五年内没有行使撤销权的，该撤销权消灭。"

1 年、5 年都是除斥期间，不能中断、中止、延长。

（五）债务人行为被撤销的法律效果

《民法典》第 542 条规定："债务人影响债权人的债权实现的行为被撤销的，自始没有法律约束力。"

☞ **真题试接**

1. 甲公司欠乙公司和丙公司债务均无法全部偿还。甲公司名下还剩下一辆汽车和一套房屋，乙公司带着礼物去找甲公司说你干脆把房屋和汽车都抵押给我正好还我的债，不然也是被丙拿去了，甲想了想同意后签了抵押合同。甲到期后无法偿还，乙申请实现抵押权。

关于本案,下列说法正确的有(　　)。(2019/02/14,多)

　　A. 丙可以主张甲、乙之间的抵押合同因未登记而不发生效力

　　B. 丙可以主张甲、乙之间的抵押合同无效

　　C. 丙可以主张撤销甲、乙之间的行为

　　D. 汽车和房屋的所有权依然归甲公司所有

　　2. 甲欠乙30万元到期后,乙多次催要未果。甲与丙结婚数日后即办理离婚手续,在《离婚协议书》中约定将甲婚前的一处住房赠与知悉甲欠乙债务的丙,并办理了所有权变更登记。乙认为甲侵害了自己的权益,遂聘请律师向法院起诉,请求撤销甲的赠与行为,为此向律师支付代理费2万元。下列哪些选项是正确的?(　　)(2017/3/58,多)

　　A.《离婚协议书》因恶意串通损害第三人利益而无效

　　B. 如甲证明自己有稳定工资收入及汽车等财产可供还债,法院应驳回乙的诉讼请求

　　C. 如乙仅以甲为被告,法院应追加丙为被告

　　D. 如法院认定乙的撤销权成立,应一并支持提出乙的由甲承担律师代理费的请求

　　3. 乙向甲借款20万元,借款到期后乙的下列哪些行为导致无力偿还甲的借款时,甲可申请法院予以撤销?(　　)(2016/3/58,多)

　　A. 乙将自己所有的财产用于偿还对他人的未到期债务

　　B. 乙与其债务人约定放弃对债务人财产的抵押权

　　C. 乙在离婚协议中放弃对家庭共有财产的分割

　　D. 乙父亲去世,乙放弃对父亲遗产的继承权

　　4. 杜某拖欠谢某100万元。谢某请求杜某以登记在其名下的房屋抵债时,杜某称其已把房屋作价90万元卖给赖某,房屋钥匙已交,但产权尚未过户。该房屋市值为120万元。关于谢某权利的保护,下列哪些表述是错误的?(　　)(2014/03/54,多)

　　A. 谢某可请求法院撤销杜某、赖某的买卖合同

　　B. 因房屋尚未过户,杜某、赖某买卖合同无效

　　C. 如谢某能举证杜某、赖某构成恶意串通,则杜某、赖某买卖合同无效

　　D. 因房屋尚未过户,房屋仍属杜某所有,谢某有权直接取得房屋的所有权以实现其债权

【答案】

　　1. BCD。《民法典》第154条、第539条。

　　2. BD。《民法典》第538条、第539条、第540条。

　　3. ABC。《民法典》第538条、第539条、第540条。

　　4. ABD。《民法典》第154条、第215条、第538条、第539条、第540条。

案例讨论

　　1. 甲对乙享有10万元到期债权未还,乙对丙享有20万元到期债权亦未还,现甲欲向丙提起代位权诉讼。根据上述案情,请回答:

　　(1)甲向丙提起代位权诉讼应符合哪些要件?

（2）如符合代位权的行使条件，该案应由何地法院管辖？

（3）在该案中，诉讼地位如何确定？谁为原告？谁为被告？谁为第三人？

（4）甲起诉丙的数额为 10 万元还是 20 万元？

（5）丙可否基于其与乙之间的借款合同中存在仲裁条款而抗辩？

（6）甲胜诉后，应由谁承担诉讼费用？

（7）甲胜诉后，丙应将该 10 万元给付给乙还是直接给付给甲？

（8）丙将 10 万元给付给甲后产生何种效力？

（9）代位权诉讼结束后，乙立即向丙主张剩余的 10 万元债权，丙可否以"诉讼时效已过"为由进行抗辩？

2. 甲建筑公司为乙公司建了一幢职工宿舍，乙公司一直拖欠甲公司工程款 800 万元。甲公司向乙公司催要工程款，乙公司表示一直在设法筹措资金偿还这笔工程款，准备将一幢办公楼和已经出租的店铺卖给他人。两幢楼房，市价估值约 1000 万元。后来，乙公司将两幢楼房卖给了丙公司，约定价款 300 万元。一周后，乙公司又租用了丙公司的一幢小楼作为办公场所，租期 10 年。甲公司了解到，乙公司与丙公司之间的租赁合同，租金很低，因此甲公司认为，乙公司与丙公司之间有恶意串通行为。乙公司准备向法院起诉，保护自己的合法权利。

问：（1）甲公司可否撤销乙公司与丙公司之间的转让合同？

（2）若甲公司可以证明乙公司与丙公司之间存在恶意串通行为，应当如何理解恶意串通与甲公司之债权人撤销权之间的关系？

（3）如果甲公司与乙公司的债务发生在乙公司与丙公司的转让合同后，甲公司可否撤销乙公司与丙公司之间的转让行为？

（4）一旦甲公司行使了撤销权，会产生什么法律后果？

（5）甲公司行使撤销权产生的费用应当如何承担？

第五讲　合同的担保

经典案例

【案情】开发商与购房人签订认购合同，其后由于不可归责于买受人单方原因而未签订《商品房买卖合同》，开发商是否应当返还定金？[①]

2018 年 7 月 29 日，尹某盼、黄某丽（买受人，乙方）与恒展公司（出卖人，甲方）签订编号为 1000977 号的《江山时代花园认购书》，内容为：第一条　认购的商品房　乙方自愿认购甲方江山时代花园项目中的××栋××号×房……该商品房总价为 1414040 元。第二条　付款方式　乙方应于签订本《认购书》时给付甲方购房定金 5 万元，选择按揭付款方式支付购房款。乙方应在签订本认购书之日起即《商品房买卖合同》签订网上备案的同时给付总房款

---

① 案例源自：案号（2019）粤 01 民终 22269 号。

30%，即434040元。按揭首付比例以银行信贷政策为准，若发生政策变动需提高首期款支付比例，乙方同意支付调整后的首期款数额。乙方就全部房款70%，即980000元申请办理银行按揭贷款。乙方应于签订本认购书之日起7日内到甲方位于增城市朱村街凤岗村江山时代销售中心办理银行按揭贷款申请。第三条　甲、乙双方约定（1）甲、乙双方确定甲方已将《江山时代花园商品房买卖流程》《江山时代花园项目商品房买卖有关收费标准》《商品房买卖合同》及其补充协议在销售中心公示。在本认购书签订前，乙方确认已详细阅读并充分理解上述文件，同意并接受上述文件中的全部条款及内容、双方不存在任何异议，乙方承诺不再就前述文件的条款提出任何异议……（4）若因乙方原因导致乙方逾期未按本认购书确定日期签订《商品房买卖合同》等法律文件或未按本认购书约定的付款方式和时限支付房款；或逾期未按甲方要求办理按揭手续，或因提交资料不合格、资信状况或其他乙方原因导致按揭贷款未获批准，若发生上述事项，则自发生之日起，本认购书效力即行终止，甲方无须事先通知乙方且有权单方将本房产收回另行出售，乙方所交定金不予退还。（5）如因甲方原因导致本认购书无法履行且双方未能在本认购书约定的时间内签订《商品房买卖合同》的，则甲方须将乙方已付定金如数返还。补充：该商品房达到约定的支付标准时是否选择委托精装修施工。签订本认购书的同时签订《装修协议书》，该物业装修协议中的装修款为324409元（不包含已付定金）。现在甲、乙双方在签订《商品房买卖合同》过程中对房屋装修款的性质以及履行期限发生争议，乙方要求甲方退还已收取的5万元定金，并支付利息。

点评：双方签订的认购书补充条款中约定了签订该认购书的同时签订装修协议书。但认购书并无对装修协议书的具体内容进行约定，且就一个买卖房屋的行为，恒展公司要求尹某盼、黄某丽同时签订买卖合同和装修协议书，却不能证明具体的装修协议内容和该款项支出的必要性，该情况存在以签订双合同形式规避政府限价政策的高度可能性。在此情形下，尹某盼、黄某丽对此提出异议，双方就装修款的性质、支付金额等不能协商一致而未能签订正式买卖合同的责任不能归责于尹某盼、黄某丽，故双方解除认购书后，恒展公司应将已收取的定金退还给尹某盼、黄某丽，并支付占用资金期间的利息。

知识梳理

合同的担保，包括抵押权、质押权、留置权、保证和定金五种方式。其中，抵押权、质押权、留置权在担保物权部分已经进行了梳理。保证制度，在《民法典》中以"保证合同"的形式列为一种有名合同，《民法典》合同编第13章专门规定了保证合同，本书将在合同编第15讲中专门予以梳理，此处仅作简单介绍；至于定金，则放在了《民法典》合同编第8章"违约责任"部分，本讲将作重点梳理。

一、保证

（一）保证的概念

保证，是第三人以其信誉和不特定的财产为他人的债务提供担保，当债务人不履行其债务时，该第三人按照约定履行债务或者承担责任的担保方式。

（二）保证的特征

1. 保证具有从属性。保证与所担保的债形成主从关系,保证之债是一种从债,保证合同是主合同的从合同,保证债务是主债务的从债务。

2. 保证具有相对独立性。保证债务虽为主债务的从债务,依主债务的存在而存在,随主债务的消灭而消灭,但是保证合同是独立于主合同的单独合同,保证债务是独立于主债务的单独债务。

3. 保证具有单务性。保证合同是单务合同,在保证之债中只有保证人一方负担义务即负有保证债务,而债权人一方原则上仅享有权利,而不负担义务。

4. 保证具有补充性。保证债务不仅是对主债务的加强,而且是对主债务的一种补充。因为只有"当债务人不履行债务时",保证人才"按照约定履行债务或者承担责任",所以保证债务具有补充性。

二、定金

（一）定金的概念和特征

1. 概念

定金,是指当事人双方为了保证债务的履行,约定由当事人一方在合同订立时或订立后至合同履行之前,先行支付给对方一定数额的货币作为担保。

《民法典》第586条规定:"当事人可以约定一方向对方给付定金作为债权的担保。定金合同自实际交付定金时成立。定金的数额由当事人约定;但是,不得超过主合同标的额的百分之二十,超过部分不产生定金的效力。实际交付的定金数额多于或者少于约定数额的,视为变更约定的定金数额。"

2. 定金合同具有以下特征:

(1)定金合同为从合同。定金合同随主合同的存在而存在,随主合同的消灭而消灭。

(2)定金合同是实践合同。定金合同从实际交付定金之日起生效。实际交付的定金多于或者少于约定数额的,视为变更定金合同。

(3)定金具有双重担保性。交付定金的一方不履行义务的,丧失定金;收受定金的一方不履行义务的,双倍返还定金。(《民法典》第587条)

(4)定金具有限额性。定金数额由当事人自由约定,但上限不得超过主合同标的额的20%。若超过20%,则超过的部分无效。对于超过的部分定金不产生定金的效力,应当予以返还或者按照约定抵作价款。

(5)定金具有预先支付性。债务人履行债务后,定金应当抵作价款或者收回。

(6)定金属于金钱担保,既不是人保,也不是物保。

【注意】定金的"定",若写成"订",或者写成"留置金、担保金、保证金、订约金、押金"之类,除非有特别约定,不产生定金效力。

（二）定金的种类

1. 违约定金。一方当事人不履行或履行不符合约定,致使双方丧失合同目的时,应承担定金罚则。

2. 订约定金。以定金交付为订立主合同之担保,若其后给付定金的一方拒绝订立主合同,无权要求返还定金;收受定金的一方拒绝订立合同的,应当双倍返还定金。

3. 成约定金。以定金交付作为主合同成立或生效要件,给付定金的一方未支付定金,但主合同已经履行或者已经履行主要部分的,不影响主合同的成立或者生效。

4. 解约定金。用以作保留合同解除权的代价的定金。定金交付后,给付定金一方可以抛弃定金以解除合同,而接受定金的当事人也可以双倍返还定金而解除合同。但要注意,解约定金是当事人关于合同解除权的一种约定,在当事人没有约定定金性质为解约定金时,不得通过抛弃或者双倍返还定金而解除合同,否则构成违约。

(三)定金罚则

《民法典》第587条规定:"债务人履行债务的,定金应当抵作价款或者收回。给付定金的一方不履行债务或者履行债务不符合约定,致使不能实现合同目的的,无权请求返还定金;收受定金的一方不履行债务或者履行债务不符合约定,致使不能实现合同目的的,应当双倍返还定金。"

适用定金罚则的前提条件首先是按照当事人的约定和法律的规定,在不存在法定或约定的情形下,当事人一方不履行债务或者履行债务不符合约定,并且该违约行为要达到致使合同目的不能实现,即根本违约的程度。若当事人一方不完全履行合同,在能够区分比例的情况下,应当按照未履行的部分所占合同约定内容的比例,适用定金罚则。

【例】某双方当事人订立一份合同,标的额100万元,履行了50万元,双方约定的定金为20万元,此时,未履行的部分占50%。问:如何适用定金罚则?

分析:定金中的10万元适用定金罚则。支付定金的一方违约的,直接丧失定金10万元,可请求返还10万元。收受定金的一方违约的,其中的10万元适用定金罚则,则应当双倍返还定金即20万元。

👉 真题试接

1. 甲公司与乙公司签订了一份手机买卖合同,约定:甲公司供给乙公司某型号手机1000部,每部单价1000元,乙公司支付定金30万元,任何一方违约应向对方支付合同总价款30%的违约金。合同签订后,乙公司向甲公司支付了30万元定金,并将该批手机转售给丙公司,每部单价1100元,指明由甲公司直接交付给丙公司。但甲公司未按约定期间交货。关于返还定金和支付违约金,乙公司向甲公司提出请求,下列表述正确的是(   )。(2010/03/91,任)

A. 请求甲公司双倍返还定金60万元并支付违约金30万元

B. 请求甲公司双倍返还定金40万元并支付违约金30万元

C. 请求甲公司双倍返还定金60万元或者支付违约金30万元

D. 请求甲公司双倍返还定金40万元或者支付违约金30万元

2. 甲、乙约定:甲将100吨汽油卖给乙,合同签订后三天交货,交货后10天内付货款。

还约定,合同签订后乙应向甲支付 10 万元定金,合同在支付定金时生效。合同订立后,乙未交付定金,甲按期向乙交付了货物,乙到期未付款。对此,下列哪一表述是正确的?( )(2010/03/14,单)

    A. 甲可请求乙支付定金

    B. 乙未支付定金不影响买卖合同的效力

    C. 甲交付汽油使得定金合同生效

    D. 甲无权请求乙支付价款

    3. 甲向乙订购 15 万元货物,双方约定:"乙收到甲的 5 万元定金后,即应交付全部货物。"合同订立后,乙在约定时间内只收到甲的 2 万元定金。下列说法哪一个是正确的?( )(2004/03/08,单)

    A. 实际交付的定金少于约定数额的,视为定金合同不成立

    B. 实际交付的定金少于约定数额的,视为定金合同不生效

    C. 实际交付的定金少于约定数额的,视为定金合同的变更

    D. 当事人约定的定金数额超过合同标的额 20%,定金合同无效

【答案】

    1. D。《民法典》第 587 条。

    2. B。《民法典》第 586 条。

    3. C。《民法典》第 586 条。

案例讨论

甲委托乙公司为其代办购买本市一座房屋的全部手续,甲向乙公司交纳了 10 万元定金,并与其签订了定金收付书,其中约定:甲委托乙公司购买本市的房屋一座,总金额为 90 万元,甲交付定金 10 万元;总周期为 15 日,如购房未成功乙公司应如数退还甲定金。在履行期限即将届满的第 14 天,乙公司电话通知甲,代购义务无法履行,要求甲取回定金。甲不同意,即起诉至法院,要求解除合同,并双倍返还定金。

请问:法院能否支持甲的请求?

第六讲　合同的变更、转让和权利义务的终止

经典案例

【案情】房屋布局与开发商宣传册相反,可否请求解除合同?①

张某华、徐某英系夫妻关系。2014 年 2 月 7 日,张某华(买受人)与取生置业(出卖人)

---

    ① 案例源自:案号(2015)通中民终字第 03134。

签订《商品房买卖合同》一份,约定买受由取生置业开发的位于启东市××镇××北路××
×号××××小区××幢××单元××××号商品房(在建),合同记载该房建筑面积为87.
88平方米,单价为7168.87元/平方米,房屋总价为人民币630000元。该合同附件一为张某
华、徐某英买受房屋的平面图。签订合同当日,张某华、徐某英一次性支付房款630000元,
取生置业开具销售不动产统一发票。

2015年6月,取生置业向张某华、徐某英发出交房通知,张某华、徐某英购买的房屋与
取生置业的房型图宣传资料以及双方的购房合同附件一载明的房型图户型一致,但实际房
间布局结构与房型图为轴对称方向,取生置业的房型宣传图及合同附件房型图的方位为:以
人员站立于门口面向房内为准,主卧、次卧、卫生间位于右侧,餐厅、客厅、厨房位于左侧。现
实际格局与宣传册及合同附件的图形位置相反。张某华、徐某英于2015年7月16日向取
生置业发出律师函一份,认为无法实现合同目的,取生置业已构成根本性违约。关于房型方
位问题,取生置业在庭审中陈述:张某华、徐某英购房所在楼的房型一致,每层有四套房屋,
每套房屋的格局(一主卧、一次卧、一客厅、一餐厅、一厨一卫)一致,四套商品房内部各房间
的方位两两相对,该栋楼所有房屋使用相同的房型图宣传册、合同附件中所画图形均一致。

点评:根据《民法典》第563条第1款第4项的规定,当事人一方迟延履行债务或者有其
他违约行为致使不能实现合同目的,当事人可以解除合同。该条赋予合同目的不能实现时
非违约方的法定解除权,案涉房屋内部布局左右相反导致张某华、徐某英的合同目的不能实
现,其有权解除购房合同。

首先,合同目的包括客观目的和主观目的。客观目的即典型交易目的,当事人购房的客
观目的在于取得房屋所有权并用于居住、孩子入学、投资等,影响合同客观目的的实现的因素
有房屋位置、面积、楼层、采光、质量、小区配套设施等,客观目的可通过社会大众的普通认知
标准予以判断。主观目的为某些特定情况下当事人的动机和本意。一般而言,《民法典》第
563条第1款第4项的合同目的不包括主观目的,但当事人将特定的主观目的作为合同的
条件或成交的基础,则该特定的主观目的客观化,属于《民法典》第563条的规制范围。

其次,本案中,双方当事人对于房屋的内部左右布局约定明确。无论是取生置业的宣传
图片还是购房合同附件中的房屋平面图,均明确了房屋进门后的左右布局。取生置业在购
房合同附件中的房屋平面图加盖合同专用章,该附件并未提醒购房者,实际交付房屋的内部
左右布局可能与平面图相反。且张某华、徐某英所购房屋为期房,在购房时参观的样板房也
与实际交付的房屋不一致,无法据此推断张某华、徐某英明知所购房屋的内部左右布局与合
同约定相反。

最后,张某华、徐某英对于房屋内部左右布局明确约定并作为特定的合同目的,并不违
反法律、行政法规的禁止性规定,亦未侵害第三人权益,属于当事人意思自治的范畴,法律尊
重和保护个体通过自身价值判断自由选择合适房屋的合法权利。房屋并非普通商品,购房
者对所购房屋的谨慎选择符合生活常理。由于取生置业并未交付符合合同约定布局的房屋
且无法调换,致使张某华、徐某英购买符合购房合同附件中约定布局房屋的合同目的落空,
张某华、徐某英要求解除合同于法有据。

知识梳理

一、合同的变更

《民法典》第 543 条规定:"当事人协商一致,可以变更合同。"

《民法典》第 544 条规定:"当事人对合同变更的内容约定不明确的,推定为未变更。"

合同的变更,包括合同主体的变更与合同内容变更。《民法典》第 534 条规定的变更仅指合同内容的变更,即当事人对合同的内容进行修改或者补充。

合同是当事人经协商一致达成的,合同成立后,就对当事人具有法律约束力,任何一方未经对方同意,都不得改变合同的内容。但是,当事人在订立合同时,有时无法对涉及合同的所有问题都作出明确的约定。合同订立后,也会出现一些新的情况,导致合同内容需要调整。因此,当事人可以本着协商的原则,依据合同成立的规定,确定是否就变更事项达成协议,《民法典》第 5 条也明确规定,民事主体从事民事活动,应当遵循自愿原则,按照自己的意思设立、变更、终止民事法律关系。如果双方当事人就变更事项达成了一致意见,变更后的内容就取代了原合同的内容,当事人就应当按照变更后的内容履行合同。

【例1】甲企业与乙企业达成口头协议,由乙企业在半年之内供应甲企业 50 吨钢材。三个月后,乙企业以原定钢材价格过低为由要求加价,并提出,如果甲企业表示同意,双方立即签订书面合同;否则,乙企业将不能按期供货。甲企业对乙企业提出的要求,未作任何回应,请问甲、乙之间的买卖合同有没有作出变更?

分析:甲、乙之间的买卖合同未作出变更,原因是合同的变更要求双方的协商一致,本案中甲企业对于乙企业变更价款的行为,没有作出回应。

【例2】甲向乙订购了 100 台取暖器,交货期为 11 月 1 日。由于当年寒冬提前到来,甲提出要求交货期改为 10 月 20 日。但是乙方货源紧张,经过双方反复协商,乙方仅答应根据当时的货源情况,尽量提前交货。若乙方未在 10 月 20 日交货,其行为是否构成违约?

分析:不构成违约。由于双方当事人对具体的交货期限没有明确作出变更的约定,事后又无法达成补充协议,在这种情况下推定为合同未变更。乙未在 10 月 20 日交货,不构成违约。

二、债权的让与

《民法典》第 545 条规定:"债权人可以将债权的全部或者部分转让给第三人,但是有下列情形之一的除外:(一)根据债权性质不得转让;(二)按照当事人约定不得转让;(三)依照法律规定不得转让。当事人约定非金钱债权不得转让的,不得对抗善意第三人。当事人约定金钱债权不得转让的,不得对抗第三人。"

(一)概念和构成要件

债权让与,是指债权人通过协议将其享有的债权全部或者部分转让给第三人的行为。债权转让是债的关系主体变更的一种形式。其构成要件包括:

1. 须有有效的债权存在。

2. 债权的转让人与受让人达成转让协议。

3. 转让的债权必须是依法可以转让的债权。

有三种债权不得转让：

(1)根据债权性质不得转让的权利。主要包括以下类型：①基于个人信任关系订立的合同，如委托合同、赠与、演讲、演出等合同所发生的债权。②专为特定债权人利益而存在的债权，如抚养费、赡养费请求权等。③不作为的债权，如竞业禁止约定中的债权。④属于从权利的债权，如保证债权不得单独转让。

(2)按照当事人约定不得转让。

(3)依照法律规定不得转让。

【例】甲与乙签订劳务合同，乙为甲提供家庭保姆服务，月工资2800元。不久，甲为讨好顶头上司丙，对丙说："明天就让我家的保姆乙到您家干活，她每月的工资由我继续按月支付。"丙欣然同意。请问：乙是否有权拒绝为丙提供服务？

分析：基于个人信任关系而生的债权，以特定当事人间的信赖为基础，债务人仅愿对该债权人承担给付义务，如果债权人变更，则债权的行使方法势必发生变更。其亦属依照性质不能转让的债权。转让这样的债权，须经债务人同意。甲转让债权的行为对债务人乙不发生效力。乙有权拒绝向丙提供劳务。

4. 债权的转让协议须通知债务人。

《民法典》第546条规定："债权人转让债权，未通知债务人的，该转让对债务人不发生效力。债权转让的通知不得撤销，但是经受让人同意的除外。"

(二)效力

1. 对内效力

(1)受让人成为新债权人。

(2)从权利随之转移。《民法典》第547条规定："债权人转让债权的，受让人取得与债权有关的从权利，但是该从权利专属于债权人自身的除外。受让人取得从权利不因该从权利未办理转移登记手续或者未转移占有而受到影响。"

【例】甲欠乙50万元，以其所有的房屋设定抵押权。2019年10月15日，乙将上述债权转让于丙，并于10月20日通知了甲。10月25日，三方共同办理了抵押权变更登记。请问：丙何时取得对甲的房屋的抵押权？

分析：10月15日。乙转让债权的，自债权转让合同生效时发生内部效力，即丙在10月15日取得主债权的同时也取得了对甲的房屋的抵押权，而不是等到20日办理登记时。

(3)让与人对于债权的真实、合法、有效承担瑕疵担保责任。

2. 对外效力

(1)对债务人发生效力的要件：通知债务人。债权人转让权利的，应当通知债务人。未经通知，该转让对债务人不发生效力。将债权转让通知对方的直接后果是，使该转让协议对债务人产生法律拘束力。一经通知，债务人即应当按照债权转让协议对受让人承担履行债务的义务，债务人不得再行向原债权人履行债务。通知不得撤销，除非受让人同意债权人撤销。

(2)抗辩权延续。《民法典》第 548 条规定:"债务人接到债权转让通知后,债务人对让与人的抗辩,可以向受让人主张。"

(3)抵销权延续。《民法典》第 549 条规定:"有下列情形之一的,债务人可以向受让人主张抵销:(一)债务人接到债权转让通知时,债务人对让与人享有债权,且债务人的债权先于转让的债权到期或者同时到期;(二)债务人的债权与转让的债权是基于同一合同产生。"

三、债务的承担

《民法典》第 551 条规定:"债务人将债务的全部或者部分转移给第三人的,应当经债权人同意。债务人或者第三人可以催告债权人在合理期限内予以同意,债权人未作表示的,视为不同意。"

《民法典》第 552 条规定:"第三人与债务人约定加入债务并通知债权人,或者第三人向债权人表示愿意加入债务,债权人未在合理期限内明确拒绝的,债权人可以请求第三人在其愿意承担的债务范围内和债务人承担连带债务。"

(一)概念和构成要件

债务承担,是指在不改变债的内容的前提下,债务人通过与第三人订立转让债务的协议,将债务全部或部分移转给第三人的法律事实。

债务承担包括免责的债务承担与并存的债务承担。

1. 免责的债务承担,是指债务人将其全部或者部分债务转让给第三人承担,就转让给第三人的部分,原债务人免除债务。其构成要件包括:

(1)债务有效且具有可移转性;

(2)达成债务转让协议;

(3)经过债权人同意。

2. 并存的债务承担,是指原债务人并不免除债务,第三人加入债的关系,与原债务人一起对债权人承担连带清偿责任。构成债务加入的要件是:

(1)第三人与债务人约定,第三人加入债务,与债务人共同承担债务;

(2)第三人或者债务人通知债权人,或者向债权人表示,第三人愿意加入债务,与债务人共同承担债务;

(3)债权人同意,或者在合理期限内未明确表示拒绝。

(二)效力

1. 免责的债务承担:债务转移。新债务人将代替原债务人成为当事人,原债务人脱离债的关系,由新债务人直接向债权人承担债务。

并存的债务的承担,债务人不退出债权债务关系,与第三人承担连带清偿责任。

2. 从债务一并随之转移。《民法典》第 554 条规定:"债务人转移债务的,新债务人应当承担与主债务有关的从债务,但是该从债务专属于原债务人自身的除外。"

3. 抗辩权的延续。《民法典》第 553 条规定:"债务人转移债务的,新债务人可以主张原债务人对债权人的抗辩。"

4. 第三人不得主张债务人的抵销权。《民法典》第 553 条规定:"原债务人对债权人享有债权的,新债务人不得向债权人主张抵销。"

四、债的概括承受

《民法典》第 555 条规定:"当事人一方经对方同意,可以将自己在合同中的权利和义务一并转让给第三人。"

《民法典》第 556 条规定:"合同的权利和义务一并转让的,适用债权转让、债务转移的有关规定。"

债的概括承受,即合同权利义务的一并转让,是指合同的一方当事人将其合同权利义务一并转移给第三人,由第三人全部地承受这些权利义务。债的概括承受可以分为意定概况承受和法定概况承受。

原则上,合同权利义务一并转让,需要经过对方当事人的同意。但是,特殊领域合同另有规定,使用特别规定。例如,在旅游合同中,旅游者有权自由转让合同,而旅行社转让合同必须经过旅游者的同意。

五、合同权利义务的终止

《民法典》第 557 条规定:"有下列情形之一的,债权债务终止:(一)债务已经履行;(二)债务相互抵销;(三)债务人依法将标的物提存;(四)债权人免除债务;(五)债权债务同归于一人;(六)法律规定或者当事人约定终止的其他情形。合同解除的,该合同的权利义务关系终止。"

(一)债的消灭

债的消灭,是指有效的债权债务因具备法定情形和当事人约定的情形,使债权、债务归于消灭。

债消灭的原因包括:清偿、抵销、提存、免除、混同、其他。

1. 债务已经履行

债务已经履行,即清偿,是债的最为正常的消灭原因。

(1)债务人对同一债权人负数笔债务时清偿抵充的顺序(《民法典》第 560 条)

清偿抵充,是指债务人对同一债权人负担数宗债务种类相同,债务人的给付不足以清偿全部债务时,决定清偿抵充何种债务的债法制度。举例:债务人欠银行数宗欠款,设置担保,利息高低各不相同,在其给付不能清偿全部债务时,该次清偿应偿还哪笔欠款,这就是清偿抵充要解决的问题。

清偿抵充规则的前提条件:①同一个债务人对同一个债权人负担数笔债务;②数笔债务的种类相同;③债务人提供的履行不足以清偿全部债务。

清偿抵充顺序:

①有约定的,首先依约定进行抵充。

②没有约定的,由债务人指定抵充顺序。

③既未约定,又未指定,按以下法定的抵充顺序:

a.已经到期债务;

b.均到期,缺乏担保或者担保最少的债务;

c.均无担保或者担保相等,债务人负担较重的债务;

d.负担相同的,按债务到期的先后顺序;

e.到期时间相同的,按照债务比例履行。

【例】甲于 2016 年 5 月 10 日向乙借款 100 万元,期限为 3 年。2019 年 5 月 20 日,双方商议再借 100 万元,期限为 3 年。两笔借款均先后由丙承担连带保证,未约定保证期间。乙未向甲和丙催讨。甲仅于 2020 年 4 月归还借款 100 万元,甲未指定清偿哪一笔借款。问:甲归还的 100 万元应为哪笔借款?

分析:应为 2016 年借款,因为先到期。虽然 2016 年借款,保证期间为 2019 年 5 月 10 日到 11 月 10 日,保证期间已过。但是偿还时仍然以谁先到期为第一顺序,所以偿还的是 2016 年的债务。

(2)同一笔债务的费用、利息和主债务的清偿抵充顺序

《民法典》第 561 条规定:"债务人在履行主债务外还应当支付利息和实现债权的有关费用,其给付不足以清偿全部债务的,除当事人另有约定外,应当按照下列顺序履行:(一)实现债权的有关费用;(二)利息;(三)主债务。"

2. 债务相互抵销

抵销,是指双方当事人互负债务,各以其债权冲抵债务的履行,双方各自的债权和对应债务在对等额内消灭。

(1)法定抵销

《民法典》第 568 条规定:"当事人互负债务,该债务的标的物种类、品质相同的,任何一方可以将自己的债务与对方的到期债务抵销;但是,根据债务性质、按照当事人约定或者依照法律规定不得抵销的除外。当事人主张抵销的,应当通知对方。通知自到达对方时生效。抵销不得附条件或者附期限。"

构成要件:

①当事人双方互负债务、互享权利。

②提出抵销的一方债权已届清偿期。

③债务的标的物种类、品质相同。

④须不存在按照合同性质或者依照法律规定不得抵销的情形。

抵销的行使:①抵销是一种形成权,单方通知即可;②抵销不得附条件或附期限。

(2)约定抵销

《民法典》第 569 条规定:"当事人互负债务,标的物种类、品质不相同的,经协商一致,也可以抵销。"

3. 债务人依法将标的物提存

提存,是指由于法律规定的原因导致债务人难以向债权人履行债务时,债务人将标的物交给提存部门而消灭债务的制度。

《民法典》第 570 条规定:"有下列情形之一,难以履行债务的,债务人可以将标的物提存:(一)债权人无正当理由拒绝受领;(二)债权人下落不明;(三)债权人死亡未确定继承人、遗产管理人,或者丧失民事行为能力未确定监护人;(四)法律规定的其他情形。标的物不适于提存或者提存费用过高的,债务人依法可以拍卖或者变卖标的物,提存所得的价款。"

提存的法律后果:

(1)成立一个向第三人履行的保管合同。提存人系寄存人，提存机关为保管人，债权人为利益第三人。

(2)对债务人的效力：提存成立的，视为债务人在其提存范围内已经交付标的物。标的物提存后，债务人应当及时通知债权人或者债权人的继承人、遗产管理人、监护人、财产代管人。债务人怠于通知的，虽不影响提存的效力，但债务人应赔偿因怠于通知给对方造成的损失。(《民法典》第 571 条、第 572 条)

(3)对债权人的效力：标的物提存后，毁损、灭失的风险由债权人承担；提存期间，标的物的孳息归债权人所有；提存费用由债权人负担。(《民法典》第 573 条)

4. 债权人免除债务

免除，是指债权人抛弃债权，从而全部或部分消灭债的关系的单方法律行为。免除是无因、无偿、不要式行为。免除可以附条件或附期限。

《民法典》第 575 条规定："债权人免除债务人部分或者全部债务的，债权债务部分或者全部终止，但是债务人在合理期限内拒绝的除外。"

5. 债权债务同归于一人

混同，是指债权和债务同归于一人，而使合同关系消灭的事实。

混同发生的原因主要有：(1)概括承受，如合并、继承。(2)特定承受，包括债务人受让债权人的债权、债权人承受债务人的债务。

6. 法律规定或者当事人约定终止的其他情形

(二)合同的解除

《民法典》第 562 条规定："当事人协商一致，可以解除合同。当事人可以约定一方解除合同的事由。解除合同的事由发生时，解除权人可以解除合同。"

1. 协商解除：是指当事人双方协商同意将合同解除。

2. 约定解除权：是指当事人以合同形式约定，合同履行过程中出现某种情况，当事人一方或双方有解除合同的权利。

3. 法定解除：是指法律规定当某种条件满足时，当事人可享有解除权，当事人因此可以通过行使法定的解除权来解除合同。

(1)一般法定解除

《民法典》第 563 条规定："有下列情形之一的，当事人可以解除合同：(一)因不可抗力致使不能实现合同目的；(二)在履行期限届满前，当事人一方明确表示或者以自己的行为表明不履行主要债务；(三)当事人一方迟延履行主要债务，经催告后在合理期限内仍未履行；(四)当事人一方迟延履行债务或者有其他违约行为致使不能实现合同目的；(五)法律规定的其他情形。以持续履行的债务为内容的不定期合同，当事人可以随时解除合同，但是应当在合理期限之前通知对方。"

(2)特别法定解除：各种有名合同中对解除权的特别规定。

任意解除权：不需一方的违约事实，发生法律规定的事由时一方就可行使解除权，具体类型有：

①不定期租赁合同中双方均享有任意解除权。(《民法典》第 730 条)

②不定期物业服务合同中当事人一方享有任意解除权。(《民法典》第 948 条)

③承揽合同中定作人享有任意解除权。(《民法典》第 787 条)

④运输合同中托运人的任意解除权。(《民法典》第 829 条)

⑤保管合同中,寄存人享有任意解除权;保管期间没有约定或约定不明确的,保管人享有任意解除权。(《民法典》第 899 条)

⑥不定期仓储中存货人或保管人都享有任意解除权。(《民法典》第 899 条)

⑦委托合同中双方均有任意解除权。(《民法典》第 933 条)

⑧业主对前期物业服务合同的任意解除权。(《民法典》第 940 条)

违约解除权:一方违约,非违约方有解除权。

①分期付款买受人未支付到期价款达全部价款 1/5 以上时,出卖人可单方解除合同。(《民法典》第 634 条)

②承租人擅自转租时,出租人可单方解除合同。(《民法典》第 716 条)

③租赁物危及安全、健康时,承租人可以单方解除合同。(《民法典》第 729 条)

【例】甲、乙约定:甲承租乙的房屋一年,每月 1400 元,押金 2800 元,甲享有转租权,若甲想要提前解除合同,则乙扣除甲的 2800 元押金,现甲由于特殊原因需要去外地出差半年,便想将房屋转租出去。在甲联系好了新的承租人丙准备入住时,却发现房屋内已经住了人,原来是房东乙知道甲要去外地出差较久便擅作主张将房屋租给了戊,由于房屋租金上涨,现甲要求房东乙令房屋占有人戊搬离房屋,房东乙却不配合,要甲自行去赶戊离开出租屋,戊也一直霸占着房屋不肯离开。请问:甲是否有权解除合同?

分析:甲有权解除合同,根据《民法典》第 563 条的规定,一方当事人有违约行为致使不能实现合同目的,另一方当事人可以解除合同。本案中,房东在已经将房屋出租给甲的情况下,又将房屋出租给戊,现戊占用房屋不肯离开,甲又身处外地,这种情况致使甲对房屋的转租权不能得到实现。因此,甲有权解除合同。

4. 解除权的期限

《民法典》第 564 条规定:"法律规定或者当事人约定解除权行使期限,期限届满当事人不行使的,该权利消灭。法律没有规定或者当事人没有约定解除权行使期限,自解除权人知道或者应当知道解除事由之日起一年内不行使,或者经对方催告后在合理期限内不行使的,该权利消灭。"

5. 合同解除权的行使规则(《民法典》第 565 条)

(1)行使方式:①单方通知;对方有异议,可以提出异议。②未通知,直接起诉或申请仲裁。

(2)解除时间:①通知的,自通知到达对方时解除;通知载明不履行债务合同自动解除的,自通知载明的期限届满时解除。②未通知直接起诉或者申请仲裁的,自起诉状副本或者仲裁申请书副本送达对方时解除。

【例】甲公司与乙公司签订并购协议:"甲公司以 1 亿元的价格收购乙公司在丙公司中51%的股权。若股权过户后,甲公司未支付收购款,则乙公司有权解除并购协议。"后乙公司依约定履行,甲公司却分文未付。乙公司向甲公司发送一份经过公证的《通知》:"鉴于你公司严重违约,建议双方终止协议,贵方向我方支付违约金,或者由贵方提出解决方案。"5 日后,乙公司又向甲公司发送《通报》:"鉴于你公司严重违约,我方现终止协议。要求你方依约支付违约金。"问:并购协议何时解除?甲公司对乙公司提出的解除通知有何权利?

分析:《通报》送达后,并购协议解除。《通知》表达协商之意,《通报》才明确表达了解除的意思表示。乙公司通知解除后,甲公司可以提出异议,这是甲的程序性权利。

6. 合同解除的效力

《民法典》第566条规定:"合同解除后,尚未履行的,终止履行;已经履行的,根据履行情况和合同性质,当事人可以请求恢复原状或者采取其他补救措施,并有权请求赔偿损失。合同因违约解除的,解除权人可以请求违约方承担违约责任,但是当事人另有约定的除外。主合同解除后,担保人对债务人应当承担的民事责任仍应当承担担保责任,但是担保合同另有约定的除外。"

👉 **真题试接**

1. 张某欠李某货款10万元,迟迟不履行。李某一气之下将该债权拆分10等份(每份1万元)分别转让给10个朋友,并通知张某逐一履行。关于李某的债权转让,根据《民法典》的规定,下列说法正确的是(　　)。(2020/02/29,多)

A. 债权转让未经张某同意无效

B. 李某无权将该债权拆分转让

C. 原则上该转让通知不得撤销

D. 履行合同增加费用应由李某承担

2. 青山公司与绿水公司签署一份采购协议,由青山公司以500万元的价格向绿水公司购买一批棉纺制品,货到后3个月付款。同时,自然人钱某提供了一套商品房为青山公司的付款义务作担保,并且完成了抵押登记。后经两家公司协商,其中200万元的付款义务转由虹达公司承担。就此,青山公司总经理电话通知了钱某,关于钱某的担保责任,根据《民法典》的规定,下列选项正确的是(　　)。(2020/02/30,多)

A. 钱某仅就300万元承担担保责任

B. 钱某仅就200万元承担担保责任

C. 该债务转让应取得钱某的书面同意

D. 钱某的担保责任因债务转移而发生变化

3. 甲公司欠乙公司100万元货款,甲公司与丙公司约定丙公司加入甲公司对乙公司的债务,但只承诺还100万元,并及时将情况通知了乙公司,乙公司表示同意,后丙公司偿还了50万元。根据《民法典》的规定,下列选项正确的是(　　)。(2020/02/31,多)

A. 该债务承担协议自通知乙公司时对乙公司有效

B. 乙公司有权请求丙再支付50万元

C. 乙公司有权请求丙支付150万元

D. 该债务承担协议自乙公司同意时对乙公司有效

4. 李某、王某、赵某三人系好友。李某向王某借款5万元。某日,王某偶遇赵某,谈及李某。王某对赵某表示:"李某生活困难,父母又生病,这钱他不用还了。"下列哪一选项是正确的?(　　)(2020/02/11,单)

A. 王某的意思表示向赵某作出时生效

B. 王某免除债务的意思表示须李某受领

C. 李某无须向王某偿还债务

D. 王某的意思表示不产生债务免除的效果

5. 甲经乙公司股东丙介绍购买乙公司矿粉,甲依约预付了 100 万元货款,乙公司仅交付部分矿粉,经结算欠甲 50 万元货款。乙公司与丙商议,由乙公司和丙以欠款人的身份向甲出具欠条。其后,乙公司未按期支付。关于丙在欠条上签名的行为,下列哪一选项是正确的?(　　)(2017/03/09,单)

A. 构成第三人代为清偿　　　　B. 构成免责的债务承担

C. 构成并存的债务承担　　　　D. 构成无因管理

6. 2016 年 8 月 8 日,玄武公司向朱雀公司订购了一辆小型客用汽车。2016 年 8 月 28 日,玄武公司按照当地政策取得本市小客车更新指标,有效期至 2017 年 2 月 28 日。2016 年年底,朱雀公司依约向玄武公司交付了该小客车,但未同时交付机动车销售统一发票、合格证等有关单证资料,致使玄武公司无法办理车辆所有权登记和牌照。关于上述购车行为,下列哪些说法是正确的?(　　)(2017/03/57,多)

A. 玄武公司已取得该小客车的所有权

B. 玄武公司有权要求朱雀公司交付有关单证资料

C. 如朱雀公司一直拒绝交付有关单证资料,玄武公司可主张购车合同解除

D. 朱雀公司未交付有关单证资料,属于从给付义务的违反,玄武公司可主张违约责任,但不得主张合同解除

7. 2013 年甲购买乙公司开发的商品房一套,合同约定面积为 135 平方米。2015 年交房时,住建部门的测绘报告显示,该房的实际面积为 150 平方米。对此,下列哪一说法是正确的?(　　)(2016/03/13,单)

A. 房屋买卖合同存在重大误解,乙公司有权请求予以撤销

B. 甲如在法定期限内起诉请求解除房屋买卖合同,法院应予支持

C. 如双方同意房屋买卖合同继续履行,甲应按实际面积支付房款

D. 如双方同意房屋买卖合同继续履行,甲仍按约定面积支付房款

8. 甲、乙两公司签订协议,约定甲公司向乙公司采购面包券。双方交割完毕,面包券上载明"不记名、不挂失、凭券提货"。甲公司将面包券转让给张某,后张某因未付款等原因被判处合同诈骗罪。面包券全部流入市场。关于协议和面包券的法律性质,下列哪一表述是正确的?(　　)(2015/03/12,单)

A. 面包券是一种物权凭证

B. 甲公司有权解除与乙公司的协议

C. 如甲公司通知乙公司停止兑付面包券,乙公司应停止兑付

D. 如某顾客以合理价格从张某处受让面包券,该顾客有权请求乙公司兑付

9. 张某、方某共同出资,分别设立甲公司和丙公司。2013 年 3 月 1 日,甲公司与乙公司签订了开发某房地产项目的《合作协议一》,约定如下:"甲公司将丙公司 10%的股权转让给乙公司,乙公司在协议签订之日起三日内向甲公司支付首付款 4000 万元,尾款 1000 万元在次年 3 月 1 日之前付清。首付款用于支付丙公司从某国土部门购买 A 地块土地使用权。

如协议签订之日起三个月内丙公司未能获得 A 地块土地使用权致双方合作失败,乙公司有权终止协议。"

《合作协议一》签订后,乙公司经甲公司指示向张某、方某支付了 4000 万元首付款。张某、方某配合甲公司将丙公司 10％的股权过户给了乙公司。

2013 年 5 月 1 日,因张某、方某未将前述 4000 万元支付给丙公司致其未能向某国土部门及时付款,A 地块土地使用权被收回挂牌卖掉。

2013 年 6 月 4 日,乙公司向甲公司发函:"鉴于土地使用权已被国土部门收回,故我公司终止协议,请贵公司返还 4000 万元。"甲公司当即回函:"我公司已把股权过户到贵公司名下,贵公司无权终止协议,请贵公司依约支付 1000 万元尾款。"

2013 年 6 月 8 日,张某、方某与乙公司签订了《合作协议二》,对继续合作开发房地产项目作了新的安排,并约定:"本协议签订之日,《合作协议一》自动作废。"丁公司经甲公司指示,向乙公司送达了《承诺函》:"本公司代替甲公司承担 4000 万元的返还义务。"乙公司对此未置可否。

关于张某、方某与乙公司签订的《合作协议二》,下列表述正确的是(　　)。(2014/03/90,任)

A. 有效

B. 无效

C. 可变更

D.《合作协议一》被《合作协议二》取代

【答案】

1. CD。《民法典》第 545 条、第 546 条、第 550 条。

2. AD。《民法典》第 391 条。

3. AB。《民法典》第 552 条。

4. B。《民法典》第 575 条。

5. C。《民法典》第 121 条、第 551 条。

6. ABC。《民法典》第 224 条、第 225 条、第 563 条、第 599 条。

7. B。《民法典》第 563 条。

8. D。《民法典》第 545 条。

9. A。《民法典》第 543 条。

案例讨论

1. 甲公司与乙公司签订一份陶瓷买卖合同,合同约定,甲公司销售给乙公司陶瓷一批,价值 200 万元,分五批供货,每批陶瓷货款价值 40 万元。合同同时对陶瓷质量、数量,履行期限、地点与方式作出了明确约定,但只简单约定货款由第三人丙公司代为给付(丙当时实欠乙公司货款 200 万元)。甲、乙、丙公司都在合同上签字盖章。此后,甲公司按约定交付了前三批货物陶瓷,价款计 120 万元,但丙公司在支付 80 万元货款后就被破产清算了。于是,甲公司就通知乙公司清偿货款 40 万元,而乙公司以债务已移转为由予以拒绝,甲公司就以乙公司违约为由停止了继续供应陶瓷,并以第三人丙公司不履行债务为由诉请法院判令乙公司清偿货款 40 万元,乙公司则以债务已转移提出抗辩,并以甲公司违约为由提起反诉。

问:法院能否支持甲公司的诉讼请求?

2. 材料一:2018 年 3 月 1 日,甲与乙公司签订了购买冰箱一台的买卖合同,约定 3 月 5 日,由乙公司送货上门,价款 5600 元。合同签订第二天,由于另一品牌的冰箱促销,大幅降价,乙公司的冰箱为了竞争,也随之降价促销,每台冰箱降价 600 元。甲知道后,与乙公司沟通,希望自己购买的冰箱也能按照促销价处理,乙表示可以,但是不再送货上门,而且甲付款时,必须用现金,不能刷信用卡,甲表示同意。

材料二:甲与乙房地产开发公司签订了一份商品房买卖合同,购买了某小区 2 号楼 303 房,约定半年后办理登记手续。后来,由于房价上涨,乙将此房卖给了丙。甲主张乙承担违约责任,乙提出可以把同一小区 5 号楼 406 房卖给甲,面积比 2 号楼 303 房多了 10 平方米,价格增加 20 万元。甲看房后,表示同意。双方按照新的约定修改了购买 2 号楼 303 房的合同。

问:(1)材料一和材料二中,合同的变更有何不同?

(2)材料二中,如果没有达成变更协议,甲可否请求乙承担实际履行的违约责任?

(3)材料二中,在达成变更协议后,甲可否请求乙赔偿因违约而给甲造成的损失?

第七讲　违约责任

经典案例

【案情】一方故意隐瞒重大风险对违约责任的影响

2015 年 8 月 15 日,原告张甲、张乙与被告亚绿公司签订系争预售合同,约定:张甲、张乙向亚绿公司购买系争房屋,暂定购房款总价为 1616228 元;亚绿公司于 2015 年 12 月 31 日前交付房屋,除不可抗力外;如违约未按期交房,亚绿公司支付已付购房款每日 0.02% 的违约金。合同补充条款一中,关于合同第 11 条修改、补充如下:甲方(亚绿公司)定于 2015 年 12 月 31 日前将该房屋交付给乙方(张甲、张乙),除不可抗力及其他甲方难以预计的客观情况外,客观情况包括但不限于非因甲方原因导致的以下情况:供水、供电、煤气、排水、通信、网络、道路等公共配套设施的延误、规划调整导致的工程推延、政府政策变化等。还约定,如遇不可抗力,本合同对于交房、大产证取得及小产证申领约定的时间相应顺延;本合同所指不可抗力的范围包括自然灾害、动乱、恶劣天气、政府行为、因市政配套的批准与安装、重大工程技术难题以及其他无法预见、无法避免或控制、无法克服的事件和情况等。另外,关于该项合同条款,被告亚绿公司均通过加粗、扩大字体等方式提示被告仔细阅读,被告也对该项合同条款的内容明知。嗣后,张甲、张乙陆续支付了购房款。2016 年 7 月 1 日,张甲、张乙与亚绿公司双方办理了交房手续。张甲、张乙认为亚绿公司逾期交房,以致涉讼。

系争房屋所在小区的燃气管道外管工程于 2015 年 3 月 23 日由上海市奉贤区金汇镇人民政府与燃气公司签订合同,施工期限为 90 天,由于属地村民为管道建设用地和该小区配套道路建设等要求办理镇保,阻挠施工,该工程不能如期完成。2016 年 2 月 16 日,政府召开协调会进行协调,工程得以顺利进行。2016 年 7 月 1 日,亚绿公司取得上海市新建住宅交付使用许可证。张甲、张乙以亚绿公司违约为由提起诉讼。请问:亚绿公司是否违约?

点评: 本案的争议焦点在于,系争责任限制条款是否应当适用于本案。双方对该条款是否应当适用的争议具体可分为两个方面:第一,亚绿公司是否在签约时对配套工程延误风险负有告知义务;第二,亚绿公司的风险隐瞒行为是否导致排除该条款适用。对此论述如下:

(一)被上诉人亚绿公司在签约时对配套工程延误风险负有告知义务

首先,被上诉人亚绿公司明知配套工程完成是整体竣工验收的前提条件,应当持续关注配套工程的进展情况,据此预判实际可交房的时间。政府部门与配套施工单位的签约日期为 2015 年 3 月 23 日,由于施工地块未完成土地征收,导致配套工程无法开工。直至 2015 年 12 月 30 日,配套施工单位在协调会议中仍然不能确定实际进场的施工日期。如果停滞状态保持延续,将造成整体工程竣工延误。因此,"配套工程延误导致逾期交付房屋"在 2015 年 3 月 27 日虽然还不是确定发生的事实,但也已经不再是抽象的理论可能,而是亚绿公司已知的现实存在的显著风险。

其次,交房期限是购房者选择购房的重要考量因素,在没有收到风险告知的情况下,购房者无法对交房期限的实际可行性进行有效评估,在签约时信息不对称。土地征收问题导致的施工停滞是根本性的延误因素,该因素并非亚绿公司可以主观控制的范围,无法于短期内快速解决。在交房期限事实上存在重大不确定性的前提下,亚绿公司的风险隐瞒行为可能会损害购房者的信赖利益。因此,亚绿公司不能以后续可能追赶进度为由免除自身的告知义务,亚绿公司对自 2015 年 3 月 27 日起签约的购房者均负有对配套工程延误风险的告知义务。系争预售合同的签约日期为 2015 年 8 月 15 日,亚绿公司未对上诉人张甲、张乙告知相应风险,违反了合同约定的告知义务。

(二)被上诉人亚绿公司的风险隐瞒行为导致排除系争责任限制条款适用

系争责任限制条款中并未明文记载免责事项的产生时间限制。《民法典》第 498 条规定了格式条款的解释规则。基于上述格式条款的解释规则,分析如下:

第一,由于被上诉人亚绿公司单方隐瞒了现实延误风险,并且有能力重新规划交房期限,购房者对交房期限具有合理信赖,购房者有理由相信原有的风险事项能够及时消除,如果没有在后续履行中出现新的免责事项,则在该期限内能够实现交房。因此,上诉人张甲、张乙主张双方约定的风险转移范围是针对后续履行中出现的风险事项,不应包括已纳入交房期限考量因素的现实条件,符合诚实信用解释原则。

第二,根据《民法典》的规定,双方当事人对于格式合同条款的理解存在冲突,应当作出不利于提供格式条款一方的解释。按照该规则,系争责任限制条款的适用范围限于签约后发生的不确定风险事项,不能适用于签约时被隐瞒的现实风险事项。

第三,本案中,被上诉人亚绿公司在 2015 年 3 月 27 日就已明知配套工程受阻停滞,产生了现实的延误风险,但其在 2015 年 8 月 15 日签约时并未向上诉人张甲、张乙告知该风险事项,而是承诺于 2015 年 12 月 31 日交房。配套工程受阻停滞的现实风险产生于系争预售合同签订之前,在后续没有出现新的风险事项的情况下,原有的风险状态延续,最终导致系争房屋于 2016 年 7 月 1 日才完成交付的违约行为。亚绿公司的上述行为违背了具有现实可行性的交房期限的承诺,无权就配套工程延误主张适用系争责任限制条款。

基于上述理由,我们认为,被上诉人亚绿公司以配套工程延误为由,主张在本案中适用系争责任限制条款,抗辩上诉人张甲、张乙的逾期交房违约金请求权,无事实与法律依据。张甲、张乙主张亚绿公司承担逾期交房违约金,符合合同约定。

知识梳理

一、违约行为

违约行为,是指违反合同义务的行为。

依当事人一方违约还是双方违约为标准,可分为单方违约和双方违约。

依违约行为是否导致另一方合同目的的不能实现为标准,可分为根本违约和非根本违约。

依违约行为是否实际发生为标准,可分为实际违约和预期违约。

(一)预期违约

《民法典》第578条规定:"当事人一方明确表示或者以自己的行为表明不履行合同义务的,对方可以在履行期限届满前请求其承担违约责任。"

预期违约包括明示毁约与默示毁约。

1. 明示毁约。它是指在履行期届至前,一方当事人无正当理由,明确、肯定地表示其将不履行合同义务的违约形态。

2. 默示毁约。它是指在履行期届至前,当事人一方以自己的行为表明不履行合同约定的债务的违约行为。

预期违约的法律后果:对方当事人可以在履行期届满之前请求承担违约责任,而不必等待履行期届满之后再主张实际违约责任。

(二)实际违约

债务履行期届至后,债务人无正当理由,未全面而适当履行合同义务的,为实际违约。一旦债务履行期届至,债务人未履行债务或者履行债务不适当,无须经债权人催告,即构成违约。实际违约包括拒绝履行、迟延履行、不完全履行三类。

1. 拒绝履行。拒绝履行又称不履行,是指履行期限到来之后,债务人无正当理由拒绝履行债务的行为。

2. 迟延履行。它是指债务人能够履行,但在履行期限届满时未履行债务的违约行为。其包括迟延给付与迟延受领。

3. 不完全履行,也称瑕疵履行。它是指债务人虽有履行行为,但在履行数量、质量、方式、地点等方面存在瑕疵。

二、违约责任

（一）违约责任的概念

违约责任，是指违反合同规定需承担的民事责任。

《民法典》第 577 条规定："当事人一方不履行合同义务或者履行合同义务不符合约定的，应当承担继续履行、采取补救措施或者赔偿损失等违约责任。"

（二）违约责任的免责事由

免责事由，是指当事人对其违约行为免于承担违约责任的事由。

1. 约定免责条款

当事人可以通过事先约定免责条款来免除一方或双方的责任。当事人关于免责事由的约定不得违反法律、国家政策和社会公共利益，不违背善良风俗。两种情况不得约定免责：

（1）造成对方人身损害的；

（2）因故意或者重大过失造成对方财产损失的。

2. 法定免责事由：不可抗力

不可抗力，是指不能预见、不能避免、不能克服的事实。

《民法典》第 180 条规定："因不可抗力不能履行民事义务的，不承担民事责任。法律另有规定的，依照其规定。"

《民法典》第 590 条第 2 款规定："当事人一方因不可抗力不能履行合同的，根据不可抗力的影响，部分或者全部免除责任，但是法律另有规定的除外。因不可抗力不能履行合同的，应当及时通知对方，以减轻可能给对方造成的损失，并应当在合理期限内提供证明。"

【例1】甲公司的货物存放于某港口乙公司货仓。在乙保存货物期间，因台风风暴的袭击，导致货物受损。经查，国家海洋局预报中心发出了预报，且预报的潮位比实际潮位要高。对于货物的毁损，乙公司可否基于不可抗力主张免责？

分析：可以。风暴来临后，虽国家海洋预报台发出预报，但从发出预报到货物受损，港口经营者已经无能力保障全部货物的安全，因此仍属于不可避免的不可抗力造成的损害。

【例2】丙公司租用丁公司的库房存放家用电器。存放电器因遭遇雷击起火而全部烧毁。经查，丁公司的仓库未按照国家有关规定对库房安装避雷设施。丁公司可否基于不可抗力主张免责？

分析：否。雷击虽属于自然灾害范围，但库房出租方未按照有关规定安装避雷针，不能给予不可抗力的规定主张免责。

（三）违约责任的形式

1. 继续履行

继续履行，又称实际履行或强制履行，是指债务人在违反合同义务时，应当依照另一方的请求依据合同的规定继续履行其承担的合同义务的责任。在外观上，实际履行的内容依然是合同约定或者法律规定的合同义务，但在本质上，违约方承担的实际履行义务，乃是对其违约行为承担的违约责任。

（1）金钱债务的实际履行。

《民法典》第 579 条规定："当事人一方未支付价款、报酬、租金、利息，或者不履行其他金钱债务的，对方可以请求其支付。"

也就是说，只要债务人未履行支付金钱的义务，债权人就有权请求其实际履行。换言之，金钱债务"不发生履行不能"。

（2）非金钱债务的实际履行。

根据《民法典》第 580 条的规定，债务人未全面、适当履行非金钱债务的，只要债权人请求债务人继续履行，债务人即应承担实际履行的责任。但下列三种情形除外：

①法律上或者事实上不能履行。

法律上不能履行的。例如，债务人破产；债务的诉讼时效期间届满；合同成立后因为法律的修改或者政府的禁令，使合同标的物成为禁止流通物（出版物成为"禁书"）。

事实上不能履行的。例如，作为合同标的物的特定物灭失或者毁损不能修复的。

②债务的标的不适于强制履行或者履行费用过高。

债务的标的不适于强制履行。例如，提供劳务的合同（包括演出合同、授课合同），因不适合强制执行，如果债务人不能或不愿履行，债权人不能请求实际履行。此外，从合同的性质来看，对于一些基于人身依赖或者信任关系而产生的合同，如委托合同、合伙合同，如果违约方不愿意继续履行，对方不得请求继续履行。

履行费用过高，可以从两方面考虑：一是如果实际履行会造成较大的损失和浪费，在经济上不具有合理性，可以认定履行费用过高。二是如果履行需要的时间过长，也不适合实际履行。

③债权人在合理的期限内未请求履行。此时债权人请求实际履行有违诚实信用原则。

继续履行，可以与违约金、定金、损害赔偿责任并用，但不能与解除合同并用。

2. 采取补救措施

《民法典》第 582 条规定："履行不符合约定的，应当按照当事人的约定承担违约责任。对违约责任没有约定或者约定不明确，依据本法第五百一十条的规定仍不能确定的，受损害方根据标的的性质以及损失的大小，可以合理选择请求对方承担修理、重作、更换、退货、减少价款或者报酬等违约责任。"

这是继续履行的特殊规则——采取补救措施，是一种独立的违约责任形式。这种责任形式与继续履行和损害赔偿具有互补性，如果采取补救措施后还有其他损失的，违约方还应对损失予以赔偿。

3. 损害赔偿

《民法典》第 583 条规定："当事人一方不履行合同义务或者履行合同义务不符合约定的，在履行义务或者采取补救措施后，对方还有其他损失的，应当赔偿损失。"

《民法典》第 584 条规定："当事人一方不履行合同义务或者履行合同义务不符合约定，造成对方损失的，损失赔偿额应当相当于因违约所造成的损失，包括合同履行后可以获得的利益；但是，不得超过违约一方订立合同时预见到或者应当预见到的因违约可能造成的损失。"

损害赔偿是违约责任中应用最广泛的一种。损害赔偿的目的是，对违约行为的损害进行补偿。

违约损害赔偿责任方式有两种：一是补偿性损害赔偿；二是惩罚性损害赔偿。一般的合同违约责任适用补偿性损害赔偿，不得适用惩罚性赔偿。惩罚性赔偿只有在商品欺诈和服务欺诈中可以适用，不得随意扩大适用范围。

违约补偿性损害的赔偿范围原则有：

(1)原则上完全赔偿：违约方对于因违约造成全部损失承担赔偿责任，包括实际损失和可得利益损失。

(2)计算赔偿数额受合理预见规则的限制，即与一般人预见为标准计算。

(3)减损规则：非违约方要采取合理措施防止损失的扩大，否则，不得就扩大的损失要求赔偿。

(4)损益相抵。如果违约行为在给对方造成损失的同时，还给对方带来了收益或者给对方减少了费用的支出，则在计算损害赔偿的数额时应当减去该收益或者节约的费用。例如，委托人甲指示受托人乙抛出 A 股票，购买 B 股票，乙未按照甲的指示办理，而是购买了 C 股票。3 个月后甲发现此事时，B 股票每股上涨了 100 元，C 股票每股上涨了 70 元。在计算乙对甲损害赔偿的数额时，应当将其在 C 股票上为甲赚的钱刨除。

4.违约金

《民法典》第 585 条规定："当事人可以约定一方违约时应当根据违约情况向对方支付一定数额的违约金，也可以约定因违约产生的损失赔偿额的计算方法。约定的违约金低于造成的损失的，人民法院或者仲裁机构可以根据当事人的请求予以增加；约定的违约金过分高于造成的损失的，人民法院或者仲裁机构可以根据当事人的请求予以适当减少。当事人就迟延履行约定违约金的，违约方支付违约金后，还应当履行债务。"

(1)约定方式：直接约定数额或者计算违约金的方法。

(2)数额限制：约定过高，可请求人民法院或仲裁机构予以降低（超出损失 30％，为过高）；约定过低，可请求人民法院或仲裁机构予以增加（不足以弥补损失为过低）。

(3)违约金责任与其他责任的关系

①解除合同的同时可以主张违约金。

②违约金与定金不得并用，只能择一而用。

③迟延履行的违约金与继续履行可以并用。

④损害赔偿金与违约金原则上不能并用，有违约时，优先适用违约金。

【例1】甲、乙二人签订一份买卖合同，约定违约方应向对方支付 18 万元违约金。后甲违约，给乙造成经济损失 15 万元。问：甲应怎样承担违约责任？

分析：甲应向乙支付违约金 18 万元，不再支付其他费用或者赔偿损失。当约定了违约金时，违约金通常优先适用，直接使用违约金足以弥补损失的，不得再主张赔偿损失。况且违约金比实际损失多了 3 万元，只超出了损失的 20％，没有约定过高，可以直接适用违约金。

【例2】甲、乙二人签订一份买卖合同，合同标的额为 10 万元，合同约定违约金 2 万元。同时，甲向乙支付了定金 5000 元。后乙违约，造成甲经济损失 2.1 万元。现在甲向法院起诉。问：甲最多可以要求乙支付（　　　　　）。

A.2.1 万元　　　　B.2.6 万元　　　　C.3 万元　　　　D.3.1 万元

分析：B。

定金、违约金、损害赔偿金的关系：

《民法典》第 588 条："当事人既约定违约金，又约定定金的，一方违约时，对方可以选择适用违约金或者定金条款。定金不足以弥补一方违约造成的损失的，对方可以请求赔偿超过定金数额的损失。"

1. 定金与违约金并存时，定金与违约金不能并用，只能选择其一适用。

2. 定金与损害赔偿金并存时，定金与损害赔偿金可以并用。定金具有非补偿性的特点，其适用不以实际损害的发生为前提，因而其与损害赔偿金在性质上并不矛盾，在功能上互补。定金具有惩罚性，损害赔偿金具有补偿性。因此，两者可并用。但是，定金和损害赔偿的数额总和不应高于因违约造成的损失。这就是对二者并用的最高限制。

3. 违约金与损害赔偿金并存时，两者原则上不能并用。我国合同法上的违约金的性质属于约定违约金，以补偿性为其基本功能，损害赔偿金也以补偿行为基本功能，故两者的基本功能相同，由此决定了两者原则上不能并用。但是可以在两者之间取高者适用。

（1）违约金＜损害赔偿金时，可要求增加；

（2）违约金＞损害赔偿金（过分高于损害赔偿金），可要求予以适当减少；

（3）违约金＞损害赔偿金（高于损害赔偿金但不过分），适用违约金。

4. 定金、违约金与损害赔偿金并存时，可分如下两步走：

（1）比较违约金、损害赔偿金的大小，以确定违约金的适用数额；

（2）违约金确定后，比较违约金与定金数额，从中选出一个最有利于非违约方的方案来。

👉 **真题试接**

1. 甲公司告知乙，公司为回馈老客户，近期会赠送价值不菲的礼品给乙，乙便嘱咐家人留意接收。邻居丙购买了一台电脑，但因供货商丁的配送员送货时看错门牌号将本该送给丙的电脑送至乙家。乙的家人误以为是甲公司寄送的礼品而接收，当晚家中失火导致该电脑毁损。根据《民法典》的规定，下列说法正确的是（   ）。（2020/02/46，任）

A. 乙对丙不负赔偿义务

B. 丙有权要求丁交付相同型号、相同配置的电脑

C. 丙有权要求甲公司向自己交付乙的礼品

D. 乙与丁对丙承担连带责任

2. 某超市经常向郊区农民采购 2 年以上的老母鸡。采购价每只 100 元，市零售价 250 元。常年应求。某日，超市与农民李某签订每季度供应 20 只老母鸡合同。李某对零售价和批发价无异议。第二季度，超市只采购到 10 只鸡，并对应支付的 1000 元。对尚未交付的 10 只鸡，超市可就下列哪一利益向李某主张损害赔偿？（   ）（2019/02/15，单）

A. 生产利润 1500 元　　　　　B. 采购价格 1000 元

C. 转售利润 1500 元　　　　　D. 零售价格 2500 元

3. 甲、乙两公司约定：甲公司向乙公司支付 5 万元研发费用，乙公司完成某专用设备的研发生产后双方订立买卖合同，将该设备出售给甲公司，价格暂定为 100 万元，具体条款另

行商定。乙公司完成研发生产后,却将该设备以 120 万元的价格卖给丙公司,甲公司得知后提出异议。下列哪一选项是正确的?(   )(2017/03/13,单)

    A. 甲、乙两公司之间的协议系承揽合同

    B. 甲、乙两公司之间的协议系附条件的买卖合同

    C. 乙、丙两公司之间的买卖合同无效

    D. 甲公司可请求乙公司承担违约责任

    4. 甲公司向乙公司购买小轿车,约定 7 月 1 日预付 10 万元,10 月 1 日预付 20 万元,12 月 1 日乙公司交车时付清尾款。甲公司按时预付第一笔款。乙公司于 9 月 30 日发函称因原材料价格上涨,需提高小轿车价格。甲公司于 10 月 1 日拒绝,等待乙公司答复未果后于 10 月 3 日向乙公司汇去 20 万元。乙公司当即拒收,并称甲公司迟延付款构成违约,要求解除合同,甲公司则要求乙公司继续履行。下列哪一表述是正确的?(   )(2014/03/12,单)

    A. 甲公司不构成违约　　　　B. 乙公司有权解除合同

    C. 乙公司可行使先履行抗辩权　　D. 乙公司可要求提高合同价格

【答案】

    1. AB。《民法典》第 986 条、第 577 条。

    2. C。《民法典》第 577 条、第 584 条。

    3. D。《民法典》第 577 条、第 770 条。

    4. A。《民法典》第 526 条、第 563 条、第 577 条。

案例讨论

    某区人民法院经审理查明,原告甲于 2017 年 3 月 4 日进入被告乙公司工作,同年 5 月 18 日中午在下班路上不慎被车撞伤。甲被认定为工伤,乙为其支付医疗费约 16 万元,双方在劳动争议仲裁期间达成如下和解协议:(1)乙一次性支付原告 48 万元作为工伤补偿待遇,双方解除劳动关系;(2)双方就本案及劳动关系存续期间产生的任何争议均已终结,任何一方不得以任何理由向对方主张权利;(3)上述款项 48 万元被告于 2018 年 10 月 30 日前转账支付给甲。因乙只付款 8 万元而尚余 40 万元没有及时支付,甲向法院申请强制执行。双方在执行过程中又达成执行和解协议:(1)甲同意 40 万元工伤补偿款分四期支付,即在 2018 年 11 月至 2019 年 2 月逐月最后一天前各付款 10 万元。(2)乙如期履行上述约定后,甲放弃其他执行请求;如乙任意一期不履行或不完全履行本协议,须向甲支付违约金 5 万元。后乙分别于 2018 年 11 月 30 日、12 月 27 日和 2019 年 2 月 6 日、2 月 28 日各转账 10 万元给原告。甲在收齐 40 万元后,以乙第三期迟延付款构成违约为由,要求乙按约支付违约金 5 万元。

    问:法院能否支持甲的诉讼请求?

第八讲 转移财产所有权的一般合同
——买卖合同

经典案例

【案情】出卖人应当按照约定的质量要求交付标的物

2020 年 1 月 29 日,原告通过微信向被告购买 24000 个医用口罩,单价1.78元,被告明确向原告承诺口罩为医用外科口罩,不要可退货退款。原告于当日向被告提供收货信息,并于 2020 年 1 月 30 日通过支付宝向被告支付该批口罩全部货款。2020 年 1 月 30 日,被告告知原告已安排发货,后被告告知口罩有问题要求原告将快递拦截并退回,但该批口罩已由厦门国贸签收。因该批口罩非医用口罩,不符合质量要求,厦门国贸将该货物退回原告。2020 年 2 月 8 日,原告因口罩质量存在问题,要求被告退货,但被告以与上家联系为由怠于处理。因原告要求先将口罩退回被告,被告于 2020 年 3 月 6 日派人将口罩取回,并确认退货数量为 23200 个,总价 41296 元。原、被告虽未签订书面买卖合同,但双方已形成事实买卖关系。被告未向原告提供符合约定的医用口罩,已构成违约,依照《合同法》第 94 条的规定及双方约定,原告有权解除合同,被告应履行退货退款义务。现原告多次要求被告退还已支付口罩款,被告均置之不理。综上,被告违约行为导致原告合同目的无法实现,构成根本违约。

被告辩称:(1)被告并未与原告签署相应的买卖合同。2020 年 1 月 29 日,被告通过和原告发微信信息以及语音后,确认帮原告从郑州市以 1.78 元/个的价格采购 24000 个口罩给原告,原告在 2020 年 1 月 29 日将货款转给被告,被告陆续通过支付宝把货款转给口罩老板张某,已告知原告运费自理并以快递形式发往厦门国贸。(2)2020 年 1 月 29 日被告从未答应过原告从郑州市寄往厦门的 24000 个口罩为医用口罩。(3)2020 年 2 月 1 日,原告已和厦门处确认诉争口罩可以使用并且已经签收不会再退货,被告也告知原告签收了货品没问题后就不可再更换。(4)被告从未签收过原告寄还的口罩,也从未接到过原告要求被告偿还 41296 元的还款信息。(5)原、被告的微信聊天记录被原告删减。

法院经审理认定事实如下:2020 年 1 月 29 日,原告与被告通过微信达成合意,建立口罩买卖合同关系,原告向被告购买 24000 个口罩,单价为 1.78 元,并支付了货款。2020 年 2 月 8 日,原告因口罩质量存在问题,要求被告退货。2020 年 3 月 6 日,原告将 23200 个口罩退还给被告指定的名为"阿旺"的收货人,但签收货物后被告未退还货款,故原告诉至法院,要求处理。

点评: 根据《民法典》第 617 条的规定,出卖人交付的标的物不符合质量要求的,买受人可以依据本法第五百八十二条至第五百八十四条的规定请求承担违约责任。《民法典》第 624 条规定,出卖人依照买受人的指示向第三人交付标的物,出卖人和买受人约定的检验标准与买受人和第三人约定的检验标准不一致的,以出卖人和买受人约定的检验标准为准。本案原告提交了双方的微信聊天记录截图作为证据,被告对该证据的真实性予以认可。通过原告该证据的体现,原、被告通过微信方式订立了买卖合同,主要是由被告为原告提供口罩,双方从中倒卖牟利。但是,在疫情期间,医用口罩系防疫物资,由政府管控,未经政府相关部门授权许可,不允许公民个人擅自倒卖。同时,从原告提交的证据来看,原告依约交付了相应的货款,被告也当庭予以了确认。但本案诉争的口罩经法庭反复查证,被告无法证明相应的生产厂家和合格的生产标准,只说一个叫张某的人提供的,由此可见,诉争口罩来历不明,原告以质量存在问题为由要求退货,符合法律规定,法院应该予以支持。从原告提交的证据来看,原告依照被告的指定已将诉争23200个口罩退还给一个叫"阿旺"的人,视为原告已经履行退货义务,因此,原告主张被告应退还货款41296元并支付资金占用利息,符合法律规定,法院予以支持。因"阿旺"系被告指示的收货人,因此,被告辩称其未签收相关货物,法院不予采信。至于被告又辩称,诉争货物退给"阿旺"后,又被原告卖给其他人的说法,被告未提供证据予以证明,法院不予认定。

知识梳理

一、买卖合同的概念和特征

买卖合同,是指出卖人转移标的物的所有权于买受人,买受人支付价款的合同。

买卖合同的法律特征:双务、有偿、有名、诺成、不要式合同。

买卖合同的内容一般包括标的物名称、数量、质量、价格、履行期限、履行地点和方式、包装方式、检验标准和方法、结算方式、合同使用的文字及其效力等条款。

【例1】2020年9月20日,甲与乙公司签订《房屋销售合同》,约定:甲购买一套价格100万元左右的房屋;合同签订之日起5日内交付首付款30万元,余款通过银行按揭的方式,在2020年12月25日房屋交付使用前交付。合同签订当日,甲即向乙公司支付首付款30万元。甲与乙公司签订《房屋销售合同》时,乙公司并未实际取得涉案房屋所有权,这是否影响合同效力?

分析:不影响。买卖合同有效成立导致出卖人负有移转标的物所有权的义务,但并不直接引起物权变动,此时即使出卖人对标的物尚无处分权也不影响合同的效力。

【例2】甲、乙结婚后购得房屋一套,仅以甲的名义进行了登记。后甲、乙二人感情不和,甲擅自将房屋以市价出售给不知情的丙,并办理了房屋所有权变更登记手续。请问:买卖合同是否有效?房屋所有权有无发生转移?

分析:无权处分的情况下,作为债权行为的买卖合同有效。受让人受让该不动产时是善意的,并且以合理的价格转让,所以丙善意取得所有权。根据《民法典》第579条的规定,出卖人因未取得所有权或者处分权致使标的物所有权不能转移,买受人要求出卖人承担违约责任或者要求解除合同的,人民法院应予以支持。

二、买卖合同的效力

(一)出卖人的主要义务

1. 主给付义务

出卖人应当履行向买受人交付标的物或者交付提取标的物的单证,并转移标的物所有

权的义务。(《民法典》第598条)

2. 从给付义务

出卖人应当按照约定或交易习惯向买受人交付提取标的物单证以外的有关单证和资料。(《民法典》第599条)

【注意】从给付义务的违反构成违约,可以追究违约责任;但原则上不可以解除合同,除非构成根本违约;从给付义务的违反并不影响风险转移;从给付义务的违反不构成重大误解;从给付义务的违反不得主张惩罚性赔偿。

3. 瑕疵担保义务

瑕疵担保分为权利瑕疵担保和物的瑕疵担保。

(1)权利瑕疵担保

《民法典》第612条规定:"出卖人就交付的标的物,负有保证第三人对该标的物不享有任何权利的义务,但是法律另有规定的除外。"

①权利瑕疵担保责任的免除。《民法典》第613条规定:"买受人订立合同时知道或者应当知道第三人对买卖的标的物享有权利的,出卖人不承担前条规定的义务。"

②买受人履行中的抗辩。《民法典》第614条规定:"买受人有确切证据证明第三人对标的物享有权利的,可以中止支付相应的价款,但是出卖人提供适当担保的除外。"

(2)物的瑕疵担保

①约定质量标准。《民法典》第615条规定:"出卖人应当按照约定的质量要求交付标的物。出卖人提供有关标的物质量说明的,交付的标的物应当符合该说明的质量要求。"

②法定质量担保。《民法典》第616条规定:"当事人对标的物的质量要求没有约定或约定不明确,依据本法第五百一十条的规定仍不能确定的,适用本法第五百一十一条第一项的规定。出卖人交付的标的物不符合质量要求的,买受人可以依据本法第五百八十二条至第五百八十四条的规定请求承担违约责任。"

③约定瑕疵担保责任免除。《民法典》第618条规定:"当事人约定减轻或免除出卖人对标的物瑕疵承担的责任,因出卖人故意或重大过失不告知买受人标的物瑕疵的,出卖人无权主张减轻或免除责任。"

4. 回收义务

《民法典》第625条规定:"依照法律、行政法规的规定或按照当事人的约定,标的物在有效使用年限届满后应予回收的,出卖人负有自行或委托第三人对标的物予以回收的义务。"

本条规定是《民法典》第9条绿色原则的具体体现。

(二)买受人的主要义务

1. 检验义务

《民法典》第620条规定:"买受人收到标的物时应当在约定的检验期限内检验。没有约定检验期限的,应当及时检验。"

①买受人检验期内的通知义务。《民法典》第621条规定:"当事人约定检验期限的,买受人应当在检验期限内将标的物的数量或者质量不符合约定的情形通知出卖人。买受人怠于通知的,视为标的物的数量或者质量符合约定。当事人没有约定检验期限的,买受人应当在发现或者应当发现标的物的数量或者质量不符合约定的合理期限内通知出卖人。买受人

在合理期限内未通知或者自收到标的物之日起 2 年内未通知出卖人的,视为标的物的数量或者质量符合约定;但是,对标的物有质量保证期的,适用质量保证期,不适用该 2 年的规定。出卖人知道或者应当知道提供的标的物不符合约定的,买受人不受前两款规定的通知时间的限制。"

②约定检验期过短与违法的处理。《民法典》第 622 条规定:"当事人约定的检验期限过短,根据标的物的性质和交易习惯,买受人在检验期限内难以完成全面检验的,该期限仅视为买受人对外观瑕疵提出异议的期间。约定的检验期限或者质量保证期短于法律、行政法规规定期限的,应当以法律、行政法规规定的期限为准。"

【例】甲公司与乙公司签订一份购买 50 台电脑的合同,约定货物检验期为货到后一周内。货到后,乙公司因为人手原因一直没有检验。直到 15 日后才派人检验,发现有 10 台电脑不符合质量要求,于是要求退货。问:乙公司主张能否成立?

分析:不成立。双方当事人约定了检验期限为货到后一周内,而乙公司在此期限内并未提出异议,故视为标的物的质量符合要求,乙公司无权要求退货。

2. 价款支付义务

《民法典》第 626 条规定:"买受人应当按照约定的数额和支付方式支付价款。对价款的数额和支付方式没有约定或者约定不明确的,适用本法第五百一十条、第五百一十一条第二项和第五项的规定。"

①付款的地点:《民法典》第 627 条规定:"买受人应当按照约定的地点支付价款。对支付地点没有约定或者约定不明确,依据本法第五百一十条的规定仍不能确定的,买受人应当在出卖人的营业地支付;但是,约定支付价款以交付标的物或者交付提取标的物单证为条件的,在交付标的物或者交付提取标的物单证的所在地支付。"

②付款的时间:《民法典》第 628 条规定:"买受人应当按照约定的时间支付价款。对支付时间没有约定或者约定不明确,依据本法第五百一十条的规定仍不能确定的,买受人应当在收到标的物或者提取标的物单证的同时支付。"

三、标的物风险负担与孳息归属

(一)标的物的风险负担

风险负担是指在合同订立后标的物因不可归责于任何一方的事由(主观要件)而发生的标的物毁损、灭失(客观要件)的损失由何方负担。

《民法典》第 604 条规定:"标的物毁损、灭失的风险,在标的物交付之前由出卖人承担,交付之后由买受人承担,但是法律另有规定或者当事人另有约定的除外。"

1. 原则:有约定的从约定。

2. 无约定,无论是动产还是不动产,均以交付为标志转移风险。

(1)现实交付与观念交付在风险转移上功能是完全相同的。

(2)风险的负担与标的物所有权的转移不挂钩。

①保留所有权的买卖中,自完成动产交付时,风险即转移给买受人;

②不动产买卖中,不动产自交付时风险由买受人承担。

（3）风险的负担不影响违约责任。

《民法典》第611条规定："标的物毁损、灭失的风险由买受人承担的,不影响因出卖人履行义务不符合约定,买受人请求其承担违约责任的权利。"

3. 特殊规则

（1）买受人受领迟延的风险负担

《民法典》第605条规定："因买受人的原因致使标的物未按照约定的期限交付的,买受人应当自违反约定时起承担标的物毁损、灭失的风险。"

（2）在途货物买卖的风险负担（路货买卖）

《民法典》第606条规定："出卖人出卖交由承运人运输的在途标的物,除当事人另有约定外,毁损、灭失的风险自合同成立时起由买受人承担。"

【注意】出卖人出卖交由承运人运输的在途标的物,在合同成立时知道或应当知道标的物已经毁损、灭失却未告知买受人,买受人可主张出卖人负担标的物毁损、灭失的风险。

（3）货交承运人的风险负担

《民法典》第607条规定："出卖人按照约定将标的物运送至买受人指定地点并交付给承运人后,标的物毁损、灭失的风险由买受人承担。当事人没有约定交付地点或者约定不明确,依据本法第六百零三条第二款第一项的规定标的物需要运输的,出卖人将标的物交付给第一承运人后,标的物毁损、灭失的风险由买受人承担。"

（4）买受人迟延提货的风险负担

《民法典》第608条规定："出卖人按照约定或者依据本法第六百零三条第二款第二项的规定将标的物置于交付地点,买受人违反约定没有收取的,标的物毁损、灭失的风险自违反约定时起由买受人承担。"

（5）未交单证的风险负担

《民法典》第609条规定："出卖人按照约定未交付有关标的物的单证和资料的,不影响标的物毁损、灭失风险的转移。"

（6）出卖人根本违约的风险负担

《民法典》第610条规定："因标的物不符合质量要求,致使不能实现合同目的的,买受人可以拒绝接受标的物或者解除合同。买受人拒绝接受标的物或者解除合同的,标的物毁损、灭失的风险由出卖人承担。"

（二）孳息归属

《民法典》第630条规定："标的物在交付之前产生的孳息,归出卖人所有;交付之后产生的孳息,归买受人所有。但是,当事人另有约定的除外。"

【例】2020年3月2日,甲为了庆祝自己和其他作者合著的新书大卖,邀请其他作者一起前往大饭店聚餐。前往饭店前,甲在海鲜市场乙处购买了一只大海螺,后交给大饭店加工,厨师丙剥开发现海螺里有一颗橙色的椭圆形大珍珠。请问:珍珠应归谁所有?

分析:标的物在交付之前产生的孳息,归出卖人所有;交付之后产生的孳息,归买受人所有。本案中,乙将大海螺出卖给甲后,大海螺中产生的孳息应当归买方甲所有。当甲将大海螺交给饭店加工时,甲依然是大海螺的所有权人。因此,孳息归甲而非承揽人大饭店。

四、特种买卖合同

(一)分期付款买卖合同

分期付款买卖,是指由出卖人先向买受人交付标的物,买受人将其应付的总价款,按照一定期限分批(至少 3 次)向出卖人支付的买卖合同。

《民法典》第 634 条规定:"分期付款的买受人未支付到期价款的数额达到全部价款的五分之一,经催告后在合理期限内仍未支付到期价款的,出卖人可以请求买受人支付全部价款或者解除合同。出卖人解除合同的,可以向买受人请求支付该标的物的使用费。"

1. 分期付款的买受人未支付到期价款的金额达到全部价款的 1/5 的,所针对的是"到期价款"未支付,如果没有到期,不算在内;"全部价款"指的是标的物的总价款,不论是否到期。

2. 达到全部价款的 1/5 以后,经过催告,出卖人可以有两种选择权:

(1)单方变更合同权:要求买受人支付全部价款(实际上就是改变分期付款的约定)。

(2)单方解除合同权:要求解除合同,同时还可以向买受人要求支付该标的物的使用费,而不论是否有约定。

【例】甲购买乙汽车销售公司的轿车一辆,总价款 20 万元,约定分 10 次付清,每次两万元,每月的第一天支付。甲按期支付六次共计 12 万元后,因该款汽车大幅降价,甲遂停止付款。乙公司有权通知甲解除合同吗?

分析:本案中,甲与乙公司之间签订的是分期付款的买卖合同,甲在支付 12 万元合同价款后拒绝支付,未支付货款 8 万元,达到了全部价款的 2/5,超过了法定的界限,乙公司有权要求甲一次性支付剩余 8 万元的价款或者解除合同。

(二)凭样品买卖合同

凭样品买卖,又称货样买卖,是指买卖双方根据样品而订立的由出卖人按照样品交付标的物的合同。

《民法典》第 635 条规定:"凭样品买卖的当事人应当封存样品,并可以对样品质量予以说明。出卖人交付的标的物应当与样品及其说明的质量相同。"

凭样品买卖的当事人应当封存样品,并可以对样品的质量予以说明。出卖人所交付的货物必须与样品具有同一品质。凭样品买卖的买受人不知道样品有隐蔽瑕疵的,即使交付的标的物与样品相同,出卖人交付的标的物的质量仍然应当符合同种物的通常标准。

(三)试用买卖合同

试用买卖,是指根据双方当事人的约定,由买受人对标的物进行试用,并由买受人决定是否购买标的物的一种特殊的买卖合同。

《民法典》第 637 条规定:"试用买卖的当事人可以约定标的物的试用期限。对试用期限没有约定或者约定不明确,依据本法第五百一十条的规定仍不能确定的,由出卖人确定。"

1. 试用期:有约定的按约定,未约定或约定不明确的,由出卖人确定。试用期内买受人享有购买与否的选择权。

2. 视为购买的情形（《民法典》第 638 条）：

（1）约定有试用期的，试用期满未作表示，视为购买；

（2）标的物因试用交付给买受人后，出卖人请求返还而买受人拒不交还的；

（3）买受人在试用期内已经支付部分价款的，视为同意购买；

（4）买受人在试用期内对标的物实施出卖、出租、设立担保物权等行为的，视为同意购买。

3. 风险负担（《民法典》第 640 条）。标的物在试用期内毁损、灭失的风险由出卖人承担。

（四）所有权保留买卖合同

所有权保留买卖，是指当事人可以在买卖合同中约定买受人未履行支付价款或者其他义务的，标的物的所有权属于出卖人。

《民法典》第 641 条规定："当事人可以在买卖合同中约定买受人未履行支付价款或者其他义务的，标的物的所有权属于出卖人。出卖人对标的物保留的所有权，未经登记，不得对抗善意第三人。"

1. 所有权保留仅适用于动产。当事人约定不动产保留所有权的，该约定无效。

2. 所有权转移前，买受人有下列情形之一对出卖人造成损害的，出卖人可以取回标的物（《民法典》第 642 条）：

（1）未按约定支付价款，经催告后在合理期限内仍未支付；

（2）未按约定完成特定条件的；

（3）将标的物出卖、出质或者作出其他不当处分的。

3. 存在下列情形之一的，出卖人不得行使取回权：

（1）买受人已经支付标的物总价款的 75% 以上；

（2）买受人将标的物出卖、出质或者作出其他不当处分时，第三人善意取得所有权或其他物权。

4. 买受人的回赎权：出卖人取回标的物后，买受人在双方约定的或者出卖人指定的回赎期内，消除出卖人取回标的物的事由的，可以请求回赎标的物。

出卖人再出卖权：买受人在回赎期内没有回赎标的物，出卖人可以合理价格将标的物出卖给第三人，出卖所得价款扣除买受人未支付的价款以及必要费用后仍有剩余的，应当返还买受人；不足部分由买受人清偿。

五、商品房买卖合同

商品房买卖合同，是指房地产开发企业将尚未建成或者已竣工的房屋向社会销售并转移房屋所有权于买受人，买受人支付价款的合同。

（一）合同的签订与效力

1. 商品房销售时，房地产开发企业和买受人应当订立书面商品房买卖合同。

2. 商品房的销售广告和宣传资料为要约邀请，但是出卖人就商品房开发规划范围内的房屋及相关设施所作的说明和允诺具体确定，并对商品房买卖合同的订立以及房屋价格的确定有重大影响的,构成要约。该说明和允诺即使未载入商品房买卖合同,亦应当为合同内容,当事人违反的,应当承担违约责任。(《商品房买卖合同解释》第3条)

3. 出卖人通过认购、订购、预订等方式向买受人收受定金作为订立商品房买卖合同担保的,如果因当事人一方原因未能订立商品房买卖合同,应当按照法律关于定金的规定处理;因不可归责于当事人双方的事由,导致商品房买卖合同未能订立的,出卖人应当将定金返还买受人。(《商品房买卖合同解释》第4条)

4. 当事人以商品房预售合同未按照法律、行政法规规定办理登记备案手续为由,请求确认合同无效的,不予支持。(《商品房买卖合同解释》第6条)

(二)合同的无效与解除

1. 买受人以出卖人与第三人恶意串通,另行订立商品房买卖合同并将房屋交付使用,导致其无法取得房屋为由,请求确认出卖人与第三人订立的商品房买卖合同无效的,应予支持。(《商品房买卖合同解释》第7条)

2. 因房屋主体结构质量不合格不能交付使用,或者房屋交付使用后,房屋主体结构质量经核验确属不合格,买受人请求解除合同和赔偿损失的,应予支持。(《商品房买卖合同解释》第9条)

3. 因房屋质量问题严重影响正常居住使用,买受人请求解除合同和赔偿损失的,应予支持。(《商品房买卖合同解释》第10条)

4. 出卖人迟延交付房屋或者买受人迟延支付购房款,经催告后在三个月的合理期限内仍未履行,解除权人请求解除合同的,应予支持,但当事人另有约定的除外。法律没有规定或者当事人没有约定,经对方当事人催告后,解除权行使的合理期限为三个月。对方当事人没有催告的,解除权人自知道或者应当知道解除事由之日起一年内行使。逾期不行使的,解除权消灭。(《商品房买卖合同解释》第11条)

5. 商品房买卖合同约定或者《城市房地产开发经营管理条例》第32条规定的办理不动产登记的期限届满后超过一年,由于出卖人的原因,导致买受人无法办理不动产登记,买受人请求解除合同和赔偿损失的,应予支持。(《商品房买卖合同解释》第15条)

☞ **真题试接**

1. 管某一直在高价收购当代画家方某的画作,包某知悉后声称自己收藏了一幅罕见的方某的《春闻秋意图》,但实际上是其替朋友花某临时保管,管某不知情向其购买,管某当即与包某缔结买卖合同,约定管某应在7日内支付全款,付款完后次日包某应交付画作,不料管某次日获悉包某是代为保管。关于该画作及其买卖合同,根据《民法典》的规定,下列哪些选项是正确的?(   )(2020/02/32,多)

A. 该画作的著作权应属于所有人花某

B. 如包某无法交付,管某可以主张解除合同

C. 管某可中止付款,除非包某提供担保

D. 如管某未在 7 日内完成付款,则构成违约

2. 甲、乙双方签订买卖合同,甲出售给乙设备一台,价格 1000 万元,合同约定交货后 3 个月内付款。甲交付货物后,乙进行验收,并在 3 个月届满后如数付款。后该合同因为甲的欺诈行为而被撤销。对此,下列说法正确的是(　　)。(2020/02/33,多)

A. 双方根本不需要返还

B. 合同撤销后双方的占有返还请求权可适用同时履行抗辩权

C. 甲因缔约过失责任而负有赔偿义务

D. 设备返还前毁损、灭失风险由占有人乙承担

3. 甲为出售一台挖掘机分别与乙、丙、丁、戊签订买卖合同,具体情形如下:2016 年 3 月 1 日,甲胁迫乙订立合同,约定货到付款;4 月 1 日,甲与丙签订合同,丙支付 20% 的货款;5 月 1 日,甲与丁签订合同,丁支付全部货款;6 月 1 日,甲与戊签订合同,甲将挖掘机交付给戊。上述买受人均要求实际履行合同,就履行顺序产生争议。关于履行顺序,下列哪一选项是正确的?(　　)(2016/03/12,单)

A. 戊、丙、丁、乙
B. 戊、丁、丙、乙
C. 乙、丁、丙、戊
D. 丁、戊、乙、丙

4. 周某以 6000 元的价格向吴某出售一台电脑,双方约定 5 个月内付清货款,每月支付 1200 元,在全部价款付清前电脑所有权不转移。合同生效后,周某将电脑交给吴某使用。其间,电脑出现故障,吴某将电脑交周某修理,但周某修好后以 6200 元的价格将该电脑出售并交付给不知情的王某。对此,下列哪些说法是正确的?(　　)(2016/03/61,多)

A. 王某可以取得该电脑的所有权

B. 在吴某无力支付最后一个月的价款时,周某可行使取回权

C. 如吴某未支付到期货款达 1800 元,周某可要求其一次性支付剩余货款

D. 如吴某未支付到期货款达 1800 元,周某可要求解除合同,并要求吴某支付一定的电脑使用费

5. 甲公司借用乙公司的一套设备,在使用过程中不慎损坏一关键部件,于是甲公司提出买下该套设备,乙公司同意出售。双方还口头约定在甲公司支付价款前,乙公司保留该套设备的所有权。不料在支付价款前,甲公司生产车间失火,造成包括该套设备在内的车间所有财物被烧毁。对此,下列哪些表述是正确的?(　　)(2016/03/57,多)

A. 乙公司已经履行了交付义务,风险责任应由甲公司负担

B. 在设备被烧毁时,所有权属于乙公司,风险责任应由乙公司承担

C. 设备虽然已经被烧毁,但甲公司仍然需要支付原定价款

D. 双方关于该套设备所有权保留的约定应采用书面形式

6. 甲、乙双方约定卖方甲负责将所卖货物运送至买方乙指定的仓库。甲如约交货,乙验收收货,但甲未将产品合格证和原产地证明文件交给乙。乙已经支付 80% 的货款。交货当晚,因山洪暴发,乙仓库内的货物全部毁损。下列哪些表述是正确的?(　　)(2013/03/61,多)

A. 乙应当支付剩余 20% 的货款

B. 甲未交付产品合格证与原产地证明,构成违约,但货物损失由乙承担

C. 乙有权要求解除合同,并要求甲返还已支付的 80% 的货款

D. 甲有权要求乙支付剩余的 20% 的货款,但应补交已经毁损的货物

【答案】

1. BC。《民法典》第 527 条、第 597 条。

2. BCD。《民法典》第 500 条、第 525 条、第 604 条。

3. A。《民法典》第 595 条,《最高人民法院关于审理买卖合同纠纷案件适用法律问题的解释》第 5 条。

4. ACD。《民法典》第 595 条、第 634 条。

5. AC。《民法典》第 604 条。

6. AB。《民法典》第 563 条、第 599 条、第 604 条。

案例讨论

1. 2017 年 6 月 12 日,钱某与某房地产公司签订《商铺认购意向书》一份,约定钱某向房地产公司支付购房意向金 5000 元,钱某随后取得小区商铺优先认购权,房地产公司负责小区正式认购时优先通知钱某前来选择认购中意的商铺,预购面积为 150 平方米,并明确小区商铺的均价为每平方米 8000 元。意向书签订后,钱某向房地产公司支付了 5000 元意向金。2017 年 11 月 12 日,房地产公司取得预售许可证。但房地产公司在销售商铺时并未通知钱某前来认购。2018 年 12 月钱某至售楼处与房地产公司交涉,要求房地产公司按意向书签订正式买卖合同。但房地产公司称商铺价格飞涨,对原约定价格不予认可,并称意向书涉及的商铺已经全部销售一空,无法履行合同,钱某所交 5000 元意向金可全数退还。双方发生争议,原告诉至法院。

问:当事人双方针对将来商品房买卖而签订的《认购意向书》的法律性质应如何界定?

2. 甲渔场、乙超市签订了一份买卖活鱼合同。约定乙向甲购买活鱼 3000 公斤,价款 6.8 万元,乙在 6 月 10 日前去甲渔场提货。甲为了保证按期向乙供货,且为了便于乙取货,提前将乙所需要的鱼放置于一个临近河流的水池中。6 月 5 日,甲催促乙前来提货,并提出也可以送货上门,但费用由乙承担。乙以库存鲜鱼还未售完为由,暂时不能收货,直到 6 月 10 日,乙仍然未前去取货。6 月 15 日,因台风下雨,导致甲水池溢满外流,很多鲜鱼借机逃进了附近的河流。经查,甲损失鱼 2000 公斤左右。甲提出,造成损失发生的原因是因为乙违约所致,故乙应承担责任。乙认为,尽管迟延了几天,但双方并未约定迟延履行之责任,鱼逃入河流,是由于甲的过错所致,自己不应承担责任。

问:(1)本案应当适用风险承担规则,还是适用违约责任规则?

(2)甲、乙之间的责任应当如何分配?

第九讲　转移财产所有权的特殊合同

经典案例

【案情】限制民事行为能力人赠与合同的效力问题

张女士与丈夫育有一子一女,丈夫多年前已去世,现张女士名下有个人住房一套。2004年,张女士患脑血管病及脑栓塞等疾病。2005年2月,张女士与女儿张甲签署赠与合同一份,表示将名下房屋赠与女儿张甲,并办理了赠与公证。同年6月,张甲办理了房屋产权过户手续。2009年8月,张女士去世。张女士的儿子张乙在张女士去世后对该赠与合同提出异议,并表示,张女士在2006年的时候即被法院判决宣告为限制行为能力人,且在案件审理期间经过司法鉴定也被确认"于2005年全年为限制行为能力",因此张女士与张甲所签署的赠与合同无效。

法院经审理认为,张女士在2005年全年被确定为限制民事行为能力,故2005年全年范围内,张女士可以进行与她的精神健康状况相适应的民事活动。但张女士与张甲签署赠与合同及办理赠与合同公证的民事行为,均已超出张女士当时的精神健康状况可适应的民事活动范围,故张女士独立实施的上述民事行为无效,其所签订的赠与合同无效。

点评:限制民事行为能力是指当事人的民事行为能力不完全,在法定范围内,当事人具有民事行为能力,可以独立地实施民事行为,但在法定范围之外,其民事行为能力有所欠缺,不能独立地实施民事行为。限制行为能力人所订立的两种合同是有效的,一种是与其精神健康状况相适应所订立的合同,另一种是纯获利益的合同。本案中,张女士与张甲订立赠与合同超出了其当时的精神健康状况可适应的民事活动范围,对于张女士而言,该合同也非纯获利益合同,因此该赠与合同依法应属于效力待定的合同,需要张女士监护人的追认方能有效。但本案中,张女士生前并无明确的监护人,因此,张女士与张甲所签订的赠与合同无效。

知识梳理

一、赠与合同

(一)赠与合同的概念和特征

《民法典》第657条规定:"赠与合同是赠与人将自己的财产无偿给予受赠人,受赠人表示接受赠与的合同。"

赠与合同是单务、无偿、诺成合同。

(二)赠与合同的效力

赠与合同为单务合同,仅赠与人一方负担合同义务。赠与人的义务主要有:

1. 交付赠与物并移转其权利

赠与人应按约定将赠与物交付给受赠人,在赠与物为不动产时,还应协助办理有关登记手续。

2. 瑕疵担保责任

《民法典》第662条规定:"赠与的财产有瑕疵的,赠与人不承担责任。附义务的赠与,赠与的财产有瑕疵的,赠与人在附义务的限度内承担与出卖人相同的责任。赠与人故意不告知瑕疵或者保证无瑕疵,造成受赠人损失的,应当承担赔偿责任。"

①一般的瑕疵,赠与人不负责任。

②附义务的赠与,赠与人在受赠的范围内承担瑕疵担保责任。

③赠与人故意不告知或有特别保证的,造成受赠人损失,应承担赔偿责任。

【例】甲赠送好友乙一部汽车,未附任何条件。乙接受赠与后非常高兴,开车沿路兜风。在行驶过程中,因汽车故障导致与另一车相撞,损失5万元。乙要求甲赔偿损失,甲拒绝赔偿。后经查明,汽车确有故障,但甲因为工作繁忙,忘记告诉乙此故障。问:甲是否应当承担乙的损失?

分析:甲未告诉乙汽车有故障,虽有过失,但不存在故意,也没有特别保证,故不承担责任。

(三)赠与合同的撤销权

1. 任意撤销权

《民法典》第658条规定:"赠与人在赠与财产的权利转移之前可以撤销赠与。经过公证的赠与合同或者依法不得撤销的具有救灾、扶贫、助残等公益、道德义务性质的赠与合同,不适用前款规定。"

2. 法定撤销权

《民法典》第663条规定:"受赠人有下列情形之一的,赠与人可以撤销赠与:(一)严重侵害赠与人或者赠与人近亲属的合法权益;(二)对赠与人有扶养义务而不履行;(三)不履行赠与合同约定的义务。赠与人的撤销权,自知道或者应当知道撤销事由之日起一年内行使。"

《民法典》第664条规定:"因受赠人的违法行为致使赠与人死亡或者丧失民事行为能力的,赠与人的继承人或者法定代理人可以撤销赠与。赠与人的继承人或者法定代理人的撤销权,自知道或者应当知道撤销事由之日起六个月内行使。"

【例】杨某生有子女三个。长子甲与杨某共同生活,多次与杨某交涉希望其将名下的房屋过户给自己,并承诺将赡养杨某直至杨某去世。杨某念及长子甲一向对自己不错,遂于2014年8月1日将房产过户给甲。从此以后,甲对杨某便不理不睬,甚至时常对杨某拳打脚踢。请问:杨某可以行使什么权利要回房屋?

分析:受赠人不履行对赠与人的抚养义务的,赠与人可行使法定撤销权,且该撤销权的行使期限为自知道或应当知道撤销原因之日起一年内行使。

3. 穷困抗辩权

《民法典》第666条规定:"赠与人的经济状况显著恶化,严重影响其生产经营或者家庭生活的,可以不再履行赠与义务。"

二、借款合同

(一)借款合同的概念和特征

《民法典》第 667 条规定:"借款合同是借款人向贷款人借款,到期返还借款并支付利息的合同。"

《民法典》借款合同适用范围:金融机构与自然人、法人、非法人组织之间的借款,自然人、法人、非法人组织相互之间的借款。

借款合同的特征:

1. 借款合同的标的物为货币。

2. 借款合同是转让货币所有权的合同。

3. 借款合同既可以是单务、无偿合同,也可以是双务、有偿合同。

在借款合同中,如果当事人之间没有约定利息或自然人之间约定的利息不清晰,那么就是没有利息。

4. 借款合同可以是诺成合同,也可以是实践合同。

《民法典》第 678 条规定:"自然人之间的借款合同,自贷款人提供借款时成立。"

5. 借款合同可以是要式合同,也可以是不要式合同。

《民法典》第 668 条规定:"借款合同应当采用书面形式,但是自然人之间借款另有约定的除外。"

(二)借款合同当事人的权利义务

1. 贷款人的权利义务

义务:

(1)按约定的日期、数额提供借款,造成借款人损失的,应当赔偿损失。(《民法典》第 671 条)

(2)借款合同中,贷款人不得预先在本金中扣除利息。利息预先在本金中扣除的,按实际借款数额返还借款并计算利息。(《民法典》第 670 条)

权利:

(1)有权请求返还本金和利息。

(2)对借款使用情况的监督检查权。(《民法典》第 672 条)

(3)借款人未按照约定的借款用途使用借款的,贷款人可以停止发放借款、提前收回借款或者解除合同。(《民法典》第 673 条)

2. 借款人的权利义务

(1)提供真实情况义务。(《民法典》第 669 条)

(2)按照约定的借款用途使用借款。(《民法典》第 673 条)

(3)按照约定的期限归还借款本金和利息。

(三)借款合同的内容

借款合同的内容一般包括借款种类、币种、用途、数额、利率、期限和还款方式等条款。

（《民法典》第 668 条）

1. 关于还款期限的规定

（1）还款期限的确定

《民法典》第 675 条规定："借款人应当按照约定的期限返还借款。对借款期限没有约定或者约定不明确,依据本法第五百一十条的规定仍不能确定的,借款人可以随时返还;贷款人可以催告借款人在合理期限内返还。"

（2）提前偿还借款

《民法典》第 677 条规定："借款人提前返还借款的,除当事人另有约定外,应当按照实际借款的期间计算利息。"

（3）借款展期

《民法典》第 678 条规定："借款人可以在还款期限届满前向贷款人申请展期;贷款人同意的,可以展期。"

2. 关于合同利息的规定

（1）关于利率的规定

《民法典》第 680 条规定："禁止高利放贷,借款的利率不得违反国家有关规定。借款合同对支付利息没有约定的,视为没有利息。借款合同对支付利息约定不明确,当事人不能达成补充协议的,按照当地或者当事人的交易方式、交易习惯、市场利率等因素确定利息;自然人之间借款的,视为没有利息。"

《关于审理民间借贷案件适用法律若干问题的规定》第 25 条规定："出借人请求借款人按照合同约定利率支付利息的,人民法院应予以支持,但是双方约定的利率超过合同成立时一年期贷款市场报价利率四倍的除外。"

（2）借款利息支付期限的确定

《民法典》第 674 条规定："借款人应当按照约定的期限支付利息。对支付利息的期限没有约定或者约定不明确,依据本法第五百一十条的规定仍不能确定,借款期间不满一年的,应当在返还借款时一并支付;借款期间一年以上的,应当在每届满一年时支付,剩余期间不满一年的,应当在返还借款时一并支付。"

【例 1】自然人甲与乙签订了为期 1 年的 1000 万元借款合同。后双方又签订了房屋买卖合同,约定："甲把房屋卖给乙,房款为甲的借款本息之和,甲须在一年内以该房款分 6 期回购房屋。如甲不回购,乙有权直接取得房屋所有权。"乙交付借款时,甲出具收到全部房款的收据。后甲未按约定回购房屋,也未把房屋过户给乙。因房屋价格上涨至 3000 万元,甲主张偿还借款本息。问:甲、乙之间是借贷合同关系还是房屋买卖合同关系?

分析:当事人以签订买卖合同作为民间借贷合同的担保,借款到期后借款人不能还款,出借人请求履行买卖合同的,法院应当按照"民间借贷法律关系"审理,并向当事人释明变更诉讼请求。本题中,甲、乙双方为担保 1000 万元借款合同本金及利息的偿还,又签订房屋买卖合同,本质是"名为买卖实为担保"的让与担保法律关系。其中,房屋买卖合同系虚假的意思表示,无效。因此,甲、乙之间的法律关系应依法认定为借贷合同关系,而非房屋买卖合同关系。

【例 2】甲系某公司的董事长,为了筹措公司运营资金殚精竭虑,最后找到了自己的大学同学乙借款 1000 万元,乙称只信任甲本人,于是甲以个人名义与乙签订了一份借款合同,载明借期 1 年,没有明确写明利息事项。公司总经理丙在借款合同书上以保证人身份签字,甲拿到钱款后转汇给公司财务账户。如乙主张还款,则甲和公司都为共同被告吗?

分析:根据《关于审理民间借贷案件适用法律若干问题的规定》第 22 条的规定,企业法定代表人或负责人以个人名义与出借人签订民间借贷合同,所借款项用于企业生产经营,出借人请求企业与个人共同承担责任的,法院应予以支持。

真题试接

1. 肖某经营的餐厅因扩大经营需要资金,戴某愿意向其提供借款 100 万元,但要求与肖某签订一份合伙协议,约定合伙期限为 3 年,戴某不承担任何经营风险,仅每年固定获取收益 10 万元,第三年年底获得本息合计 110 万元。肖某遂与之签订了该合伙协议,并取得 100 万元资金用于餐厅经营。关于该合伙协议的性质和效力,下列选项正确的是(　　)。(2020/02/47,任)

  A. 合伙合同无效　　　　　　　　B. 性质为合伙合同

  C. 借款合同有效　　　　　　　　D. 性质为借款合同

2. 甲服装公司与乙银行订立合同,约定甲公司向乙银行借款 300 万元,用于购买进口面料。同时,双方订立抵押合同,约定甲公司以其现有的以及将有的生产设备、原材料、产品为前述借款设立抵押。借款合同和抵押合同订立后,乙银行向甲公司发放了贷款,但未办理抵押登记。之后,根据乙银行的要求,丙为此项贷款提供连带责任保证,丁以一台大型挖掘机作质押并交付。如甲公司违反合同约定将借款用于购买办公用房,则乙银行享有的权利有(　　)。(2017/03/90,任)

  A. 提前收回借款

  B. 解除借款合同

  C. 请求甲公司按合同约定支付违约金

  D. 对甲公司所购办公用房享有优先受偿权

3. 郭某意外死亡,其妻甲怀孕两个月。郭某父亲乙与甲签订协议:"如把孩子顺利生下来,就送十根金条给孩子。"当日乙把八根金条交给了甲。孩子顺利出生后,甲不同意由乙抚养孩子,乙拒绝交付剩余的两根金条,并要求甲退回八根金条。下列哪些选项是正确的?(　　)(2015/03/60,多)

  A. 孩子为胎儿,不具备权利能力,故协议无效

  B. 孩子已出生,故乙不得拒绝赠与

  C. 八根金条已交付,故乙不得要求退回

  D. 两根金条未交付,故乙有权不交付

4. 甲公司员工魏某在公司年会抽奖活动中中奖,依据活动规则,公司资助中奖员工子女次年的教育费用,如员工离职,则资助失效。下列哪些表述是正确的?(　　)(2014/03/61,多)

  A. 甲公司与魏某成立附条件赠与

  B. 甲公司与魏某成立附义务赠与

C. 如魏某次年离职,甲公司无给付义务

D. 如魏某次年未离职,甲公司在给付前可撤销资助

【答案】

1. ACD。《民法典》第 146 条、第 679 条。

2. ABC。《民法典》第 673 条。

3. BC。《民法典》第 16 条、第 658 条、第 663 条。

4. AC。《民法典》第 658 条。

案例讨论

甲生前曾承诺将自己公司的部分财产赠与其母校某山区小学,以供改善教育教学设施,并亲笔签署了一份保证书以资证明。甲的保证书中写明,如果他的公司年利润达到 150 万元以上,就提取 15 万元作为赠与财产,期限为 5 年。当时该公司每年利润均在 150 万元以上。该小学同意并深表谢意,收存了保证书。半年后,甲去世,公司由他的弟弟乙继承。乙原本就反对其兄的赠与行为,现在这笔长期的债务落在自己的头上,更觉得不合理,于是便想方设法不履行义务。两年来,每当该小学催问时,均被告知因公司年利润达不到 150 万元而不能支付赠与财产。但学校得知乙的公司事实上效益尚佳,还查明了公司的部分财产已被无偿转让至乙之子所开的公司,使得公司所得利润数额下降。该小学向乙指出这一事实,要求其履行义务。乙认为这属于公司的内部事务,别人无权过问和干涉,并提出撤销该项赠与。正当双方为此而发生纠纷时,由于市场变化和决策失误导致乙公司损失惨重,濒临破产。

问:(1)甲提出的"年利润达到 150 万元以上便赠与某小学 15 万元"是什么性质的民事法律行为?

(2)乙是否有权撤销该项赠与?为什么?

(3)如果乙无权撤销该项赠与,某小学可以通过什么法律途径取得赠与财产?

(4)乙无偿转让公司财产、致使公司利润下降,并以此为借口拒不履行赠与义务,某小学应当如何处理?

(5)乙是否可以公司濒临破产为由撤销该项赠与?为什么?

第十讲　转移财产使用权的合同

经典案例

【案情】预付款在合同没有得到履行的情况下,无论是给付一方当事人违约,还是接受方违约,预付款都要原数返回

2019 年 6 月,退休多年的魏某拟盘下一个正常营业的宾馆从事住宿业务,安度余生。

根据网上所发布的信息,魏某前往王某处沟通宾馆转让事宜。王某表示工商登记为"新明光宾馆"的店铺系其实际经营,内部装修系其投资完成,其不久前已与产权房东签订长租合同,如魏某成功转租,需向其支付 30 万元转让费。通过两天时间,魏某对该宾馆装修现状及经营情况有一定了解后,有继续转租受让的意愿。便按照王某的要求于 2019 年 6 月 10 日支付×万元预付金,以便能与产权房东联系、核实相关情况、进一步沟通细节问题。王某出具相应收条一份。因王某并未在此期间主动告知房东联系方式,也未主动约产权房东协商与魏某进一步沟通的时间,魏某遂于 2019 年 6 月 15 日以短信、电话的方式催告希望约见产权房东。王某却以未签订转让协议、未交接剩余×万元转让费为由,拒绝魏某请求。

法院经审理认为,魏某交付王某×万元,在王某出具的收条中表述为"予(预)付金",结合收条内容,可以证明双方已达成转让缔约意向。根据魏某、王某在庭审中的陈述,可以看出双方在确立转让意向后,就转让标的内容、何时签订转让协议、支付剩余转让款条件等陈述并不一致,双方也未能签订正式的书面合同就此进一步约定,因未能签订书面合同系双方未能就缔约主要内容达成一致,不能归责于任一方,故王某应返还魏某支付的×万元。

点评:本案中王某出具的收条全文系王某一人所写,未有魏某任何签字认可。据审查,收条前半部分系证明收款事实及收款原因,并将该×万元定义为宾馆转让费预付款,其后半部分超出出具收条的范围系王某单方面作出的合同条款。由于魏某并不认可王某的单方规定,所以当场拒签收条。魏某支付×万元预付金的行为在前,而王某出具收条行为在后。魏某收取该收条的行为仅为证明其支付×万元的事实及支付的原因。由此可知魏某有向王某支付×万元款项之事实,该款项的性质并非单方面自行规定即可。魏某收取收条的行为并非代表魏某全盘同意该收条内容,该款项并不适用定金罚则。对于王某单方出具的收条后半部分内容,魏某认为存在诸多陷阱和不确定性,故而予以拒签。例如,转让费所包含的价值范围、双方认为的交易模式、×万元款项性质(王某理解为定金,魏某理解为预付金)等均存在理解差异。但是据审查以及收条明确写明"双方协商"和表述为"予(预)付金"字眼,可证明收条的合同性质,其×万元款项属于预付款。预付款在合同正常履行的情况下,成为价款的一部分;在合同没有得到履行的情况下,无论是给付一方当事人违约,还是接受方违约,预付款都要原数返回。该收条并不存在《合同法》及其司法解释规定的合同法定无效的情形。庭审过程中,魏某和王某均未对合同无效提出异议,因此,应当认定收条的效力。

知识梳理

一、租赁合同

(一)租赁合同的概念和特征

《民法典》第 703 条规定:"租赁合同是出租人将租赁物交付承租人使用、收益,承租人支付租金的合同。"

租赁合同具有以下特征:

1. 租赁合同是转移财产使用权的合同。

2. 承租人取得租赁物的使用权以支付租金为代价。

3. 租赁合同的标的物为有体物、非消耗物。

4. 租赁合同是双务、有偿、诺成合同。

5. 租赁合同具有临时性。

(二)租赁合同的内容、期限、形式

1. 内容(《民法典》第 704 条)

租赁合同的内容一般包括租赁物的名称、数量、用途、租赁期限、租金及其支付期限和方式、租赁物维修等条款。

2. 期限(《民法典》第 705 条)

租赁期限不得超过二十年。超过二十年的,超过部分无效。

租赁期限届满,当事人可以续订租赁合同;但是,约定的租赁期限自续订之日起不得超过二十年。

3. 形式(《民法典》第 707 条)

租赁期限六个月以上的,应当采用书面形式。当事人未采用书面形式,无法确定租赁期限的,视为不定期租赁。

(三)出租人和承租人的义务

1. 出租人的义务

(1)交付租赁物,并在租赁期间保持租赁物符合约定的用途。(《民法典》第 708 条)

(2)维修义务(《民法典》第 712 条、第 713 条)

出租人应当履行租赁物的维修义务,但是当事人另有约定的除外。

承租人在租赁物需要维修时可以请求出租人在合理期限内维修。出租人未履行维修义务的,承租人可以自行维修,维修费用由出租人负担。因维修租赁物影响承租人使用的,应当相应减少租金或者延长租期。因承租人的过错致使租赁物需要维修的,出租人不承担前款规定的维修义务。

(3)权利瑕疵担保(《民法典》第 723 条)

因第三人主张权利,致使承租人不能对租赁物使用、收益的,承租人可以请求减少租金或者不支付租金。第三人主张权利的,承租人应当及时通知出租人。

2. 承租人的义务

(1)正当使用(《民法典》第 709 条、第 711 条)

承租人应当按照约定的方法使用租赁物。

承租人未按照约定的方法或者根据租赁物的性质使用租赁物,致使租赁物受到损失的,出租人可以解除合同并请求赔偿损失。

(2)妥善保管(《民法典》第 714 条)

承租人应当妥善保管租赁物,因保管不善造成租赁物毁损、灭失的,应当承担赔偿责任。

(3)不得擅自改善和增设他物(《民法典》第 715 条)

承租人经出租人同意,可以对租赁物进行改善或者增设他物。

承租人未经出租人同意,对租赁物进行改善或者增设他物的,出租人可以请求承租人恢

复原状或者赔偿损失。

(4)未经同意不得转租(《民法典》第716条)

承租人经出租人同意,可以将租赁物转租给第三人。承租人转租的,承租人与出租人之间的租赁合同继续有效;第三人造成租赁物损失的,承租人应当赔偿损失。

承租人未经出租人同意转租的,出租人可以解除合同。

【例】甲将房屋出租给乙,乙又擅自将房屋出租给丙。丙居住期间导致房屋墙面损坏。甲可否解除与乙的租赁合同?甲可否要求乙承担违约责任?甲可否要求丙承担违约责任?甲可否要求丙承担侵权责任?甲可否要求丙搬出房屋?

分析:甲有权解除与乙的租赁合同,因为乙擅自转租给丙。甲有权要求乙承担违约责任,要求其赔偿墙面坏损造成的损失。甲无权要求丙承担违约责任,二者不存在合同关系。甲可以要求丙承担侵权责任。丙居住在甲的房屋里没有法律根据,故甲可以要求丙搬出该房屋。

(5)支付租金(《民法典》第721条、第722条)

承租人应当按照约定的期限支付租金。对支付租金的期限没有约定或者约定不明确,依据《民法典》第510条的规定仍不能确定,租赁期限不满一年的,应当在租赁期限届满时支付;租赁期限一年以上的,应当在每届满一年时支付,剩余期限不满一年的,应当在租赁期限届满时支付。

承租人无正当理由未支付或者迟延支付租金的,出租人可以请求承租人在合理期限内支付;承租人逾期不支付的,出租人可以解除合同。

(6)返还租赁物(《民法典》第733条)

租赁期限届满,承租人应当返还租赁物。返还的租赁物应当符合按照约定或者根据租赁物的性质使用后的状态。

(四)买卖不破租赁

《民法典》第725条规定:"租赁物在承租人按照租赁合同占有期限内发生所有权变动的,不影响租赁合同的效力。"

适用于所有的租赁合同,房屋租赁、汽车租赁、机器设备租赁等都适用。例外情况:先押后租和先封后租。

(五)房屋承租人的优先购买权

《民法典》第726条规定:"出租人出卖租赁房屋的,应当在出卖之前的合理期限内通知承租人,承租人享有以同等条件优先购买的权利;但是,房屋按份共有人行使优先购买权或者出租人将房屋出卖给近亲属的除外。出租人履行通知义务后,承租人在十五日内未明确表示购买的,视为承租人放弃优先购买权。"

1.只适用于房屋租赁。

2.例外:

(1)房屋共有人行使优先购买权的,此种情况属于物权优先于债权。

(2)出租人将房屋出卖给近亲属(配偶、父母、子女、兄弟姐妹、祖父母、外祖父母、孙子女、外孙子女),此种情况是基于家庭财产的安定性考虑的。

（3）出租人履行了通知义务后，承租人在 15 日内未明确表示购买的，此种情况属于承租人放弃优先购买权。

（4）第三人善意购买租赁房屋并已经办理登记手续的，此种情况属于对善意第三人的保护。

3. 救济（《民法典》第 728 条）

出租人未通知承租人或者有其他妨害承租人行使优先购买权情形的，承租人可以请求出租人承担赔偿责任。但是，出租人与第三人订立的房屋买卖合同的效力不受影响。

【例】甲将房屋租给乙，在租赁期内未通知乙就把房屋出卖并过户给不知情的丙。乙得知后劝丙退出该交易，丙拒绝。问：关于乙可以采取的民事救济措施有哪些？

分析：甲作为房屋出租人，在租赁期内未通知乙就把房屋出卖，侵犯了承租人乙的优先购买权。但作为受让人丙并不知情，不构成侵权。同时，出租人未通知承租人或者有其他妨碍承租人行使优先购买权情形的，承租人可以请求出租人承担损害赔偿责任。

（六）租赁合同的解除与终止

1. 租赁合同的解除

（1）出租人可以因为承租人擅自转租或者不能按期支付租金等解除合同；承租人也可以因为标的物不能正常使用而解除合同。（《民法典》第 724 条、第 729 条）

（2）租赁物危及承租人的安全或者健康的，即使承租人订立合同时明知该租赁物质量不合格，承租人仍然可以随时解除合同。（《民法典》第 731 条）

（3）当事人对租赁期限没有约定或者约定不明确，依据本法第 510 条的规定仍不能确定的，视为不定期租赁；当事人可以随时解除合同，但是应当在合理期限之前通知对方。（《民法典》第 730 条）

2. 租期届满的处理

（1）租赁期限届满，承租人继续使用租赁物，出租人没有提出异议的，原租赁合同继续有效，但是租赁期限为不定期。租赁期限届满，房屋承租人享有以同等条件优先承租的权利。（《民法典》第 734 条）

（2）承租人在房屋租赁期限内死亡的，与其生前共同居住的人或者共同经营人可以按照原租赁合同租赁该房屋。（《民法典》第 732 条）

（七）一房数租

根据《最高人民法院关于审理城镇房屋租赁合同纠纷案件具体应用法律若干问题的解释》（以下简称《城镇房屋租赁合同解释》）第 5 条规定，出租人就同一房屋订立数份租赁合同，在合同均有效的情况下，效力排序为：合法占有者＞登记备案者＞合同成立在先者。

对于没有履行的其他有效租赁合同的承租人，由于合同目的无法实现，承租人可以解除合同，同时要求出租人承担违约责任赔偿自己所遭受的损失。

【例】2017 年 2 月 1 日，吴某将房屋租给李某居住，租期 1 年，月租金 2500 元，并约定 10 日后入住该房屋。第二天，吴某又将同一房屋租给张某居住，租期 2 年，月租金 3500 元，并约定 15 日后入住该房屋，张某于当天即交付全部房屋租金。第三天，吴某再次将同一房屋租给王某居住，租期 4 年，月租金 4500 元，并约定 20 日后入住该房屋。二者当天即前往房管部门办理了备案登记手续。后,李某、王某、张某均要求吴某继续履行。问:法院应支持谁的主张?

分析:出租人就同一房屋订立数份租赁合同,在合同均有效的情况下,承租人均主张履行合同的,法院按照以下顺序确定履行合同的承租人:首先,已经合法占有租赁房屋的;其次,已经办理登记备案手续的;最后,合同成立在先的。因此王某已经办理了备案登记手续,法院应支持王某的主张。

二、融资租赁合同

(一)融资租赁合同的概念和特征

《民法典》第 735 条规定:"融资租赁合同是出租人根据承租人对出卖人、租赁物的选择,向出卖人购买租赁物,提供给承租人使用,承租人支付租金的合同。"

融资租赁合同具有以下特征:

1. 融资租赁合同是由两个合同(买卖合同和融资性租赁合同)、三方当事人(出卖人、出租人、承租人)结合在一起构成的新型独立合同。

2. 以融资为目的、融物为手段的合同。

3. 出租人只能是专营融资租赁业务的租赁公司,而不能是一般的自然人、法人或其他组织。

4. 融资租赁合同为诺成、要式合同。

(二)融资租赁合同的内容与形式

《民法典》第 736 条规定:"融资租赁合同的内容一般包括租赁物的名称、数量、规格、技术性能、检验方法,租赁期限,租金构成及其支付期限和方式、币种,租赁期限届满租赁物的归属等条款。融资租赁合同应当采用书面形式。"

(三)融资租赁合同的效力认定

1. 虚构租赁物的合同无效
《民法典》第 737 条规定:"当事人以虚构租赁物方式订立的融资租赁合同无效。"
2. 出租人未获经营租赁物资质不影响合同效力
《民法典》第 738 条规定:"依照法律、行政法规的规定,对于租赁物的经营使用应当取得行政许可的,出租人未取得行政许可不影响融资租赁合同的效力。"

(四)融资租赁合同当事人的权利义务

1. 出卖人的义务
(1)向承租人交付租赁物。(《民法典》第 739 条)
(2)承租标的物瑕疵担保义务和损害赔偿义务。
《民法典》第 741 条规定:"出租人、出卖人、承租人可以约定,出卖人不履行买卖合同义务的,由承租人行使索赔的权利。承租人行使索赔权利的,出租人应当协助。"
《民法典》第 743 条规定:"出租人有下列情形之一,致使承租人对出卖人行使索赔权利失败的,承租人有权请求出租人承担相应的责任:(一)明知租赁物有质量瑕疵而不告知承租人;(二)承租人行使索赔权利时,未及时提供必要协助。出租人怠于行使只能由其对出卖人行使的索赔权利,造成承租人损失的,承租人有权请求出租人承担赔偿责任。"

2.出租人的义务

(1)出租人在买卖关系中的义务。

①向出卖人支付标的物的价金;②在承租人向出卖人行使索赔时,负有协助义务。

(2)出租人在租赁关系中的义务。

应当保证承租人对租赁物的占有和使用。

《民法典》第748条规定:"出租人应当保证承租人对租赁物的占有和使用。出租人有下列情形之一的,承租人有权请求其赔偿损失:(一)无正当理由收回租赁物;(二)无正当理由妨碍、干扰承租人对租赁物的占有和使用;(三)因出租人的原因致使第三人对租赁物主张权利;(四)不当影响承租人对租赁物占有和使用的其他情形。"

3.承租人的义务

(1)向出租人支付租金的义务。(《民法典》第752条)

(2)妥善保管、使用和维修租赁物的义务。(《民法典》第750条)

(3)租赁期间届满时返还租赁物的义务。(《民法典》第757条)

(五)融资租赁物的归属

1.租赁期满租赁物的归属。

《民法典》第757条规定:"出租人和承租人可以约定租赁期限届满租赁物的归属;对租赁物的归属没有约定或者约定不明确,依据本法第五百一十条的规定仍不能确定的,租赁物的所有权归出租人。"

2.支付象征性价款时的租赁物归属。

《民法典》第759条规定:"当事人约定租赁期限届满,承租人仅需向出租人支付象征性价款的,视为约定的租金义务履行完毕后租赁物的所有权归承租人。"

3.融资租赁合同无效时租赁物的归属。

《民法典》第760条规定:"融资租赁合同无效,当事人就该情形下租赁物的归属有约定的,按照其约定;没有约定或者约定不明确的,租赁物应当返还出租人。但是,因承租人原因致使合同无效,出租人不请求返还或者返还后会显著降低租赁物效用的,租赁物的所有权归承租人,由承租人给予出租人合理补偿。"

👉 **真题试接**

1.甲公司为一家设备制造厂商,乙公司为某银行下属全资融资租赁公司。甲公司为生产经营需要,拟以回租方式向乙公司申请一笔3600万元的融资租赁款,但甲公司并无价值与之相匹配的设备,遂与乙公司协商以一套自建厂房(违章建筑)作为租赁物折价3600万元,租期为3年,月租金110万元,办理完成该笔业务。关于该笔业务,根据《民法典》的规

定,下列选项正确的是（　　）。(2020/02/34,多)

　　A. 双方签订的融资租赁合同因标的物为违章建筑而无效

　　B. 租赁物客观存在,融资租赁合同合法有效

　　C. 属于虚构租赁物,融资租赁合同无效

　　D. 名义上为融资租赁合同,实际上应认定为借款合同

　　2. 甲为了女儿上学方便与乙签订了房屋租赁合同,租期为 2 年,不得擅自转租。后因甲在学校旁购买了一套房屋,未经乙同意便将房屋转租给丙,租期为 3 年。后乙因水费发现房屋里住的非甲,但未置可否。1 年后,乙将房屋卖给丁并办理了过户登记手续。关于本案,下列选项不正确的是（　　）。(2019/02/17,多)

　　A. 丁可以请求丙搬离房屋

　　B. 甲、丙之间的转租合同无效

　　C. 甲与丙的合同因超出原租赁合同期限而无效

　　D. 丁可以追究甲的违约责任

　　3. 柳某欲出租房屋,于 2016 年 5 月与孟某签订合同 A,租期 1 年,孟某随即入住。2016 年 9 月柳某又与马某签订合同 B,租期 1 年,柳某与马某办理了备案登记手续。请问下列哪些选项是正确的?（　　）(2019/02/18,多)

　　A. 孟某因合法占有而具有优先权

　　B. A 合同虽然未经备案登记,但仍然有效

　　C. A 合同因成立在先而有优先权

　　D. B 合同因备案而具有优先权

　　4. 居民甲经主管部门批准修建了一排临时门面房,核准使用期限为 2 年,甲将其中一间租给乙开餐馆,租期 2 年。期满后未办理延长使用期限手续,甲又将该房出租给了丙,并签订了 1 年的租赁合同。因租金问题,发生争议。下列哪些选项是正确的?（　　）(2017/03/60,多)

　　A. 甲与乙的租赁合同无效　　　　B. 甲与丙的租赁合同无效

　　C. 甲无权将该房继续出租给丙　　D. 甲无权向丙收取该年租金

　　5. 甲融资租赁公司与乙公司签订融资租赁合同,约定乙公司向甲公司转让一套生产设备,转让价为评估机构评估的市场价 200 万元,再租给乙公司使用 2 年,乙公司向甲公司支付租金 300 万元。合同履行过程中,因乙公司拖欠租金,甲公司诉至法院。下列哪些选项是正确的?（　　）(2017/03/61,多)

　　A. 甲公司与乙公司之间为资金拆借关系

　　B. 甲公司与乙公司之间为融资租赁合同关系

　　C. 甲公司与乙公司约定的年利率超过 24% 的部分无效

　　D. 甲公司已取得生产设备的所有权

　　6. 居民甲将房屋出租给乙,乙经甲同意对承租房进行了装修并转租给丙。丙擅自更改房屋承重结构,导致房屋受损。对此,下列哪些选项是正确的?（　　）(2016/03/60,多)

　　A. 无论有无约定,乙均有权于租赁期满时请求甲补偿装修费用

　　B. 甲可请求丙承担违约责任

　　C. 甲可请求丙承担侵权责任

D. 甲可请求乙承担违约责任

7. 甲、乙、丙三人签订合伙协议并开始经营,但未取字号、未登记,也未推举负责人。其间,合伙人与顺利融资租赁公司签订融资租赁合同,租赁淀粉加工设备一台,约定租赁期限届满后设备归承租人所有。合同签订后,出租人按照承租人的选择和要求向设备生产商丁公司支付了价款。

如租赁期间因设备自身原因停机,造成承租人损失。下列说法正确的是( )。(2016/03/88,任)

A. 出租人应减少租金

B. 应由丁公司修理并赔偿损失

C. 承租人向丁公司请求承担责任时,出租人有协助义务

D. 出租人与丁公司承担连带责任

8. 甲将其临街房屋和院子出租给乙作为汽车修理场所。经甲同意,乙先后两次自费扩建多间房屋作为烤漆车间。乙在又一次扩建报批过程中发现,甲出租的全部房屋均未经过城市规划部门批准,属于违章建筑。下列哪些选项是正确的?( )(2015/03/59,多)

A. 租赁合同无效

B. 因甲、乙对于扩建房屋都有过错,应分担扩建房屋的费用

C. 因甲未告知乙租赁物为违章建筑,乙可解除租赁合同

D. 乙可继续履行合同,待违章建筑被有关部门确认并影响租赁物使用时,再向甲主张违约责任

【答案】

1. ACD。《民法典》第 737 条。

2. ABCD。《民法典》第 718 条、第 725 条、第 726 条。

3. AB。《城镇房屋租赁合同解释》第 5 条。

4. BCD。《民法典》第 703 条,《城镇房屋租赁合同解释》第 3 条、第 4 条。

5. BD。《民法典》第 757 条。

6. CD。《民法典》第 703 条,《城镇房屋租赁合同解释》第 6 条、第 11 条。

7. BC。《民法典》第 741 条、第 747 条。

8. AB。《民法典》第 703 条,《城镇房屋租赁合同解释》第 2 条、第 12 条。

案例讨论

乙公司系 2019 年 1 月 1 日注册成立的房地产开发公司,欲在北京市昌平区开发一楼盘,一期工程预计开发 40 栋楼房。但由于资金困难无法直接购买施工中需要的塔吊。经人介绍,乙公司找到国有企业甲公司。甲公司根据乙公司的选择,向大型机器设备销售商丙公司购买 40 台塔吊,出租给乙公司使用。根据上述案情,请回答如下问题:

(1)甲公司与丙公司签订 40 台塔吊购买合同后,丙公司应将塔吊交付给谁?

(2)乙公司在 40 台塔吊安装完毕后,发现有 2 台不能正常运行,乙公司应如何处理?

(3)乙公司可否基于有 2 台塔吊不能正常运转而要求甲公司承担违约责任?

（4）乙公司可否基于有 2 台塔吊不能正常运转而要求甲公司承担维修义务？

（5）乙公司在自行维修 2 台塔吊期间，是否需要依约支付租金？

（6）如在乙公司施工过程中，当地发生地震导致其中 10 台塔吊毁损、灭失的，该风险由谁来负担？

（7）如乙公司在施工过程中，塔吊上的零部件坠落砸伤丁，花去医药费 5000 元，丁应向谁主张权利？

（8）租期届满后，如甲公司和乙公司关于租赁物归属没有约定的，应如何处理？

第十一讲　完成工作交付成果的合同

经典案例

【案情】事实上的承揽合同关系成立的认定

原告福建某广告有限公司与被告福建省某健身俱乐部有限公司合同纠纷一案，原告福建某广告有限公司向法院提出诉讼请求：（1）判令被告支付原告广告制作安装费 38629.9 元及利息（利息按全国银行间同业拆借中心公布的贷款市场报价利率的标准，自起诉之日起计算至实际支付之日止）；（2）判令被告承担本案的全部诉讼费用（包括但不限于诉讼费、保全费、公告费等）。事实和理由：被告为全国知名健身俱乐部，在福州经营某健身俱乐部金牛山店、阳光店、金山店等门店。2019 年上半年，因媒体爆出北京某健身俱乐部出现问题，被告为避免受影响，便委托原告将上述店面"某某健身"字样的招牌更换为"某健身"字样。被告店招更换的负责人为范某，原告更换店招的相关事宜均是与范某进行联系。2019 年 8 月 1 日，原告完成被告金牛山店"某健身"字样更换，8 月 18 日完成被告阳光店"某健身"字样更换，以上两家门店店招更换制作安装费共计 38629.9 元。原告多次催促被告支付上述两家门店的费用，但被告置之不理。原告为维护自身的合法权益，提起本案诉讼。被告福建省某健身俱乐部有限公司辩称，对原告起诉的事实没有异议，对金额也没有异议。

法院经审查认定事实如下：2019 年 5 月至 10 月，原告福建某广告有限公司与被告福建省某健身俱乐部有限公司通过微信沟通联系协商确定被告旗下门店店招更换的制作样式、报价、工期、发票开具等相关事宜。2019 年 8 月 18 日，被告福建省某健身俱乐部有限公司员工在《某健身各门店招牌字报价》中签字确认金牛山店、阳光店两家门店店招制作费用合计为 38629.9 元，并确认上述两门店的店招施工已完成。原告完成施工后，被告未能向原告支付上述店招制作费用，原告遂于 2020 年 4 月 20 日诉至法院。

点评：随着依法治国方略的不断深入，守法用法成为一种社会常态，人民群众对法律服务的需求日益增长。让每一个公民均等地享有和获得法律服务，让法律服务成为人民群众都可享有的"常用品"。这种基本法律服务只是满足人民群众的基本法律需求，提供的是一种兜底性保障。原告提供的微信聊天记录、《××健身各门店招牌字报价》等证据足以认定原、被告之间形成了事实上的承揽合同关系。原告依约制作并安装了案涉两家门店的店招，共产生店招制作安装费用 38629.9 元，被告对此没有异议。原告起诉催告后被告仍未能支付上述款项,构成违约,原告诉请要求被告支付广告制作安装费38629.9元及自起诉之日起至款项付清之日止,按全国银行间同业拆借中心公布的贷款市场报价利率的标准计算的利息,有事实和法律依据,予以支持。

知识梳理

一、承揽合同

(一)承揽合同的概念和特征

《民法典》第770条规定:"承揽合同是承揽人按照定作人的要求完成工作,交付工作成果,定作人支付报酬的合同。承揽包括加工、定作、修理、复制、测试、检验等工作。"

承揽合同具有以下特征:

1. 承揽合同以完成一定工作为目的。

2. 承揽合同的标的具有特定性。

3. 承揽人应独立完成工作、独立承担风险。

(1)主要工作的完成。《民法典》第772条规定:"承揽人应当以自己的设备、技术和劳力,完成主要工作,但是当事人另有约定的除外。承揽人将其承揽的主要工作交由第三人完成的,应当就该第三人完成的工作成果向定作人负责;未经定作人同意的,定作人也可以解除合同。"

(2)辅助工作的完成。《民法典》第773条规定:"承揽人可以将其承揽的辅助工作交由第三人完成。承揽人将其承揽的辅助工作交由第三人完成的,应当就该第三人完成的工作成果向定作人负责。"

4. 承揽合同为诺成、有偿、不要式合同。

(二)承揽合同的内容

《民法典》第771条规定:"承揽合同的内容一般包括承揽的标的、数量、质量、报酬,承揽方式,材料的提供,履行期限,验收标准和方法等条款。"

(三)承揽合同当事人的权利和义务

1. 承揽人的义务

(1)按约定完成承揽工作的义务。

(2)提供或接受原材料的义务。(《民法典》第774条、第775条)

(3)及时通知和保密义务。(《民法典》第776条、第785条)

(4)接受监督的义务。(《民法典》第779条)

(5)工作成果的交付与验收。(《民法典》第780条)

【例】甲将西装面料交给明月裁缝店,要做一套西装。明月裁缝店做好西装后,将西装交给隔壁的清风裁缝店,给西装缝纽扣。甲得知此事后,大为不满。问:甲能否基于法定解除权解除合同?

分析:不能。因承揽人并未将主要工作擅自交予第三人,故定作人不能基于法定解除权解除合同。但可以依据任意解除权解除合同。

2. 定作人的义务

(1)支付价款的义务。(《民法典》第782条)

(2)协助义务。(《民法典》第778条)

(3)验收与受领的义务。

(四)承揽合同的解除

1. 承揽人的解除权(《民法典》第778条)

定作人不履行协助义务致使承揽工作不能完成的,承揽人可以催告定作人在合理期限内履行义务,并可以顺延履行期限;定作人逾期不履行的,承揽人可以解除合同。

2. 定作人的法定解除权(《民法典》第772条第2款)

承揽人未经定作人同意将其承揽的主要工作交由第三人完成的,定作人也可以解除合同。

3. 定作人的任意解除权(《民法典》第787条)

定作人在承揽人完成工作前可以随时解除合同,造成承揽人损失的,应当赔偿损失。

【例1】甲新买毛坯房,与乙装修公司订立装修合同。合同订立后,乙公司如约派人到甲家装修,发现未通水电。乙公司立即催促甲赶紧解决水电之事。现两周已过,水电问题仍未解决。问:乙公司能否解除装修合同?

分析:可以。定作人不履行协助义务致使承揽工作不能完成,经承揽人催告后的合理期间,定作人仍不履行协助义务的,承揽人可以解除承揽合同。

【例2】甲提供三块布料给某裁缝店定做一件礼服,开工不久甲觉得衣服样式不够新潮,遂要求裁缝店停止加工。裁缝店认为这是个无理要求,便继续使用剩下的两块布料,按原定样式做好了衣服。问:裁缝店是否有权继续加工礼服?

分析:无权。甲享有任意解除权。裁缝店拒绝停工,继续加工,应当赔偿给甲造成的损失。甲不需承担违约责任,但需要向裁缝店支付部分报酬。

二、建设工程合同

(一)建设工程合同的概念和特征

《民法典》第788条第1款规定:"建设工程合同是承包人进行工程建设,发包人支付价款的合同。"

建设工程合同是双务、有偿、诺成、要式合同。

建设工程合同具有以下特征:

1. 合同的标的物仅限于基本建设工程,土木建筑工程和建筑业范围内的线路,管道,设备安装,工程的新建、扩建、改建,以及大型的建筑装修装饰活动。

2. 合同的承包主体应当具备相当的条件,要具备法定的资质和要求。

3. 建设工程合同具有很强的国家管理性。

(二)建设工程合同的种类、形式及内容

1. 种类

《民法典》第 788 条第 2 款规定:"建设工程合同包括工程勘察、设计、施工合同。"

2. 形式

《民法典》第 789 条规定:"建设工程合同应当采用书面形式。"

《民法典》第 796 条规定:"建设工程实行监理的,发包人应当与监理人采用书面形式订立委托监理合同。发包人与监理人的权利和义务以及法律责任,应当依照本编委托合同以及其他有关法律、行政法规的规定。"

3. 内容

(1)勘察、设计合同的内容:一般包括提交有关基础资料和概预算等文件的期限、质量要求、费用以及其他协作条件等条款。(《民法典》第 794 条)

(2)施工合同的内容:一般包括工程范围、建设工期、中间交工工程的开工和竣工时间、工程质量、工程造价、技术资料交付时间、材料和设备供应责任、拨款和结算、竣工验收、质量保修范围和质量保证期、相互协作等条款。(《民法典》第 795 条)

(三)建设工程合同的订立方式(《民法典》第 791 条)

1. 发包

(1)总发包。发包人与总承包人就整个建设工程从勘察、设计到施工签订总承包合同,由总承包人对整个建设工程进行承包。

(2)单项工程平行发包。发包人分别与勘察人、设计人、施工人签订勘察、设计、施工承包合同,实行平行发包,各个承包人分别就建设工程的勘察、设计、施工等与发包人发生合同关系。

【注意】无论是总发包还是平行发包,都禁止发包人肢解发包,即发包人不得将应当由一个承包人完成的建设工程肢解成若干部分发包给数个承包人。至于如何确定是不是应当由一个承包人完成的建设工程,需要有国务院有关主管部门根据实际情况作出具体规定。

【例】对一幢大厦的供水管线,发包人不应分成若干部分发包给几个承包单位。但如果对一幢大厦的供水管线和空调设备的安装,尽管都属于同一建筑的设备安装,但因各有较强的专业性,发包人则可以将其分别发包给不同的承包人。

2. 分包

可以分包。分包是指工程总承包人或者勘察、设计、施工合同的承包人经发包人同意后,依法将其承包的部分工程交给第三人完成的行为。

分包应当具备以下条件:

(1)分包须经发包人同意。承包人将自己承包的部分工作交由第三人完成,第三人就其完成的工作成果与总承包人或者勘察、设计、施工承包人向发包人承担连带责任。

(2)禁止承包人将工程分包给不具备相应资质条件的单位。

(3)禁止全部转包,即承包人不得将其承包的全部建设工程转包给第三人。

(4)禁止肢解转包,即承包人不得将其承包的全部建设工程肢解以后以分包的名义分别转包给第三人。

(5)禁止分包单位将其承包的工程再分包,建设工程主体结构的施工必须由承包人自行完成。

(6)分包人须具备相应的建设资质,并且分包只能分包一次,不得再次分包。

综合以上内容,分包有以下四大禁止行为:(1)禁止发包人肢解发包;(2)禁止承包人全部转包和肢解后全部分包;(3)禁止承包人分包给不具备相应资质条件的单位;(4)禁止分包单位再分包。

(四)建设工程合同的效力

1. 建筑企业资质等级对合同效力的影响

根据《最高人民法院关于审理建设工程施工合同纠纷案件适用法律问题的解释(一)》(以下简称《建设施工合同解释(一)》)第 1 条第 1 项、第 2 项的规定,承包人未取得建筑企业资质或者超越资质等级的合同无效;没有资质的实际施工人借用有资质的建筑施工企业名义的合同无效。

2. 违反招投标规定对合同效力的影响

根据《建设施工合同解释(一)》第 1 条第 3 项的规定,建设工程必须进行招标而未进行招标或者中标无效的合同无效。

3. 转包、非法分包对合同效力的影响

根据《民法典》第 791 条的规定,承包人非法转包、违法分包的合同无效。

(五)建设施工合同无效的法律后果(《民法典》第 793 条)

1. 验收合格:参照合同关于工程价款的约定折价补偿承包人。
2. 验收不合格:(1)修复后合格,承包人承担修复费用。(2)修复后不合格,承包人无权请求补偿。(3)发包人对工程不合格有过错,承担责任。

【例】甲房地产开发公司开发一个较大的花园公寓项目,作为发包人,甲公司将该项目的主体工程发包给了乙公司,签署了建筑工程施工合同。乙公司一直未取得建筑施工企业资质。现该项目主体工程已封顶完工。该项目主体工程经竣工验收合格,乙公司可否参照合同约定请求甲公司支付工程价款?

分析:建设工程施工合同无效,但建设工程经竣工验收合格,承包人请求参照合同约定支付工程价款的法院应予支持。

(六)建设工程合同的解除(《民法典》第 806 条)

1. 发包人的解除权。承包人将建设工程转包、违法分包的,发包人可以解除合同。
2. 承包人的解除权。发包人提供的主要建筑材料、建筑构配件和设备不符合强制性标准或者不履行协助义务,致使承包人无法施工,经催告后在合理期限内仍未履行相应义务的,承包人可以解除合同。

(七)建设工程价款优先受偿权

《民法典》第 807 条规定:"发包人未按照约定支付价款的,承包人可以催告发包人在合理期限内支付价款。发包人逾期不支付的,除根据建设工程的性质不宜折价、拍卖外,承包人可以与发包人协议将该工程折价,也可以请求人民法院将该工程依法拍卖。建设工程的价款就该工程折价或者拍卖的价款优先受偿。"

1. 性质:法定优先权,类似于留置权的权利。

《建设施工合同解释(一)》第 36 条规定:"承包人根据《民法典》第 807 条规定享有的建设工程价款优先受偿权优于抵押权和其他债权。"

2. 主体:承包人

(1)与发包人订立建设工程施工合同的承包人请求其承建工程的价款就工程折价或拍卖的价款优先受偿的,法院应予支持。

(2)装饰装修工程具备折价或者拍卖条件,装饰装修工程的承包人,请求装饰装修工程价款就该装置装修工程折价或拍卖的价款优先受偿的,法院应予支持。

3. 前提:建设工程质量合格。

(1)建设工程质量合格,承包人请求其承建工程的价款就工程折价或拍卖的价款优先受偿的,法院应予支持。

(2)未竣工的建设工程质量合格,承包人请求其承建工程的价款就其承建工程部分折价或者拍卖的价款优先受偿的,法院应予支持。

4. 范围

(1)承包人建设工程价款优先受偿的范围依照国务院有关行政主管部门关于建设工程价款范围的规定确定。

(2)承包人就逾期支付建设工程价款的利息、违约金、损害赔偿金等主张优先受偿的,法院不予支持。

5. 行权

发包人与承包人约定放弃或限制建设工程价款优先受偿权的,损害建筑工人利益,发包人根据该约定主张承包人不享有建设工程价款优先受偿权的,法院不予支持。

6. 权利期限

承包人行使建设工程价款优先受偿权的期限为 6 个月,自发包人应当给付建设工程价款之日起算。

【例1】2018 年 1 月 2 日,甲公司和乙公司签订了一份建筑工程施工合同,但甲公司无资质。工程验收合格后,乙公司以甲公司无资质为由抗辩,甲公司起诉主张工程价款以及建设工程价款优先受偿权。甲公司是否有权主张建设工程价款优先受偿权?

分析:因甲公司无资质,则甲公司与乙公司签订的建筑工程施工合同无效,为保护建筑工人利益,虽合同无效,但作为发包人的乙公司依法仍应参照合同约定支付工程款,虽合同无效,但工程质量合格,则作为承包人的甲公司有权对建设工程价款主张法定优先权,行权期限为 6 个月。

【例2】甲公司以一地块的建设用地使用权作抵押向乙银行借款 3000 万元,办理了抵押登记。其后,甲公司在该地块上开发建设住宅楼,由丙公司承建。甲公司在取得预售许可与丁订立了商品房买卖合同,丁交付了 80% 的购房款。现住宅楼竣工验收,但甲公司未能按期偿还乙银行借款,并欠付丙公司工程款 1500 万元,乙银行和丙公司同时主张权利,法院拍卖了该住宅楼。试问,谁对建设用地使用权有优先受偿权?

分析:在承包人的法定优先权、银行抵押权与已交付全部或大部分购房款的消费者三者利益发生冲突时,采用如下方式解决:已交付全部或大部分购房款的消费者＞承包人法定优先权＞银行抵押权。因此丁＞丙＞乙。

👉 **真题试接**

1.2019 年 1 月 2 日,大象公司和众森公司签订了一份建筑工程施工合同,但大象公司无资质。工程验收合格后,众森公司以大象公司无资质为由抗辩,大象公司起诉主张工程价款以及建筑工程优先受偿权。关于本案,下列说法正确的有(　　)。(2019/02/19,多)

A. 大象公司应当在 6 个月内主张建筑物优先受偿权

B. 大象公司有权主张建筑物优先受偿权

C. 大象公司主张的建筑物优先受偿权不包括违约金

D. 大象公司可以请求参照合同关于工程价款的约定折价补偿

2. 甲房地产开发公司开发一个较大的花园公寓项目,作为发包人,甲公司将该项目的主体工程发包给了乙企业,签署了建设工程施工合同。乙企业一直未取得建筑施工企业资质。现该项目主体工程已封顶完工。就相关合同效力及工程价款,下列哪些说法是正确的?(　　)(2017/03/62,多)

A. 该建设工程施工合同无效

B. 因该项目主体工程已封顶完工,故该建设工程施工合同不应认定为无效

C. 该项目主体工程经竣工验收合格,则乙企业可参照合同约定请求甲公司支付工程价款

D. 该项目主体工程经竣工验收不合格,经修复后仍不合格的,乙企业不能主张工程价款

3. 甲借用乙的山地自行车,刚出门就因莽撞骑行造成自行车链条断裂,甲将自行车交给丙修理,约定修理费 100 元。乙得知后立刻通知甲解除借用关系并告知丙,同时要求丙不得将自行车交给甲。丙向甲核实,甲承认。自行车修好后,甲、乙均请求丙返还。对此,下列哪一选项是正确的?(　　)(2016/03/07,单)

A. 甲有权请求丙返还自行车

B. 丙如将自行车返还给乙,必须经过甲当场同意

C. 乙有权要求丙返还自行车,但在修理费未支付前,丙就自行车享有留置权

D. 如乙要求丙返还自行车,即使修理费未付,丙也不得对乙主张留置权

4. 甲公司与没有建筑施工资质的某施工队签订合作施工协议,由甲公司投标乙公司的办公楼建筑工程,施工队承建并向甲公司交纳管理费。中标后,甲公司与乙公司签订建筑施工合同。工程由施工队负责施工。办公楼竣工验收合格交付给乙公司。乙公司尚有部分剩余工程款未支付。下列哪一选项是正确的?(　　)(2015/03/14,单)

A. 合作施工协议有效

B. 建筑施工合同属于效力待定

C. 施工队有权向甲公司主张工程款

D. 甲公司有权拒绝支付剩余工程款

【答案】

1. BCD。《民法典》第 793 条、第 807 条,《建设施工合同解释(一)》第 36 条、第 41 条。

2. ACD。《民法典》第 788 条,《建设施工合同解释(一)》第 1 条、第 2 条、第 3 条。

3. C。《民法典》第 23447 条、第 460 条、第 783 条。

4. C。《民法典》第 793 条。

案例讨论

A 公司为修建一座综合楼,经过一系列的招标、投标,最后选定 B 公司作为承包方,并于 2016 年 8 月 10 日签订了一份合同。合同约定,B 公司于 10 月 10 日开始施工,施工前 1 个月内,A 公司提供技术资料和设计图纸,并且在正式开工前 1 个月将工程的用电、用水等前期问题解决;工程造价 800 万元,A 公司先行支付 200 万元的前期资金,余款在工程验收合格后由 A 公司一次性付清;B 公司在 2017 年 12 月 20 日前交楼;工程保修期为 3 年。

合同签订后,A 公司依约将有关图纸、资料交给了建筑公司,用水问题也得到了解决,但直至 11 月 20 日,A 公司仍未能解决工地用电问题。导致 B 公司被迫停工,造成了近 5 万元的损失。2017 年 12 月,工程的主体建筑基本完工。由于开工前延误工期,为了尽早交楼,B 公司经 A 公司同意,将工程的室内装修工程转包给 C 公司,C 公司又将该工程中的门窗安装工程分包给了 D 公司。A 公司在工程验收时发现,该室内装修工程质量和门窗安装质量均没有达到合同约定的标准,双方因此发生纠纷。

问:(1)对 B 公司的损失,A 公司是否应承担赔偿责任?为什么?

(2)B 公司的转包行为是否有效?

(3)C 公司的分包行为是否有效?

(4)室内工程不合格,谁应当向 A 公司承担赔偿责任?

(5)对于不合格的室内工程,A 公司可以采取哪些措施?

(6)如果工程验收合格后,A 公司经催告仍不按约定支付工程款,B 公司可以怎么做?

(7)若大楼使用 10 年后,因工程质量问题导致部分楼梯坍塌,给 A 公司造成重大损失。对此,B 公司是否应承担赔偿责任?

第十二讲　提供劳务的合同

经典案例

【案情】如何认定家政公司是否已完成了相应的家政服务内容

2020 年 4 月,初为人母的小玲与上海一家政公司接洽,希望公司为其推荐育儿嫂。小玲支付了 3000 元费用后,家政公司按照其要求,推荐了 3 名育儿嫂,试用后均不满意,直到第四名育儿嫂刘妈来到小玲家。虽然刘妈没有相关的育儿资质,但因小玲产假即将到期便予以留用,并签订《上海市家政服务合同》,约定服务期限为一年。

刘妈在小玲家做了一个多月的全职育儿嫂。6月的一天,刘妈因身体不适,向小玲提出辞职。小玲无奈结清工资后,刘妈便从小玲家离开。之后家政公司又先后推荐了5名育儿嫂,但都没有达到小玲的要求。小玲多次去找家政公司,询问事情进展。但公司回复极慢,态度消极。

多次协商退费事宜未果,小玲遂以家政公司推荐的育儿嫂不具备职业素养,且没有完成家政服务内容为由,起诉至上海市奉贤区人民法院(以下简称"上海奉贤法院"),要求解除与家政公司之间的家政服务合同并退还相应服务费用2638元。

被告家政公司辩称,本案涉案合同应为居间服务合同,且合同并未约定需要在服务期内为原告提供服务人员更换的要求。在第三人离职后,因原告不配合被告推荐,才停止推荐服务,故被告没有违约,不同意解除合同及退还服务费。

点评:本案的争议焦点在于家政公司是否完成了相应的家政服务内容,如何进行认定?实践中一般依据当事人签署的家政服务合同内容进行认定。从双方签订合同的内容上看,被告将刘妈推荐给原告,为原告提供照料小孩的服务,而被告对该服务内容进行管理,包括对刘妈的服务进行跟踪管理、监督指导、业务培训等,部分情况下,原告有权要求被告对第三人进行调换。上海奉贤法院经审理查明,家政公司与小玲签订的服务合同期限为2020年5月2日至2021年5月1日。家政公司在2020年5月为小玲推荐刘妈从事育儿嫂工作,并且留用。但刘妈在合同签订后仅一个多月便离职,按照合同的约定家政公司应当继续提供推荐育儿嫂的服务。虽然家政公司在刘妈离职后也曾向小玲推荐数名育儿嫂人选,但均未得到小玲的认可。之后,家政公司未再向小玲提供服务。据此,上海奉贤法院认定:家政公司在服务期限内,未向小玲提供相应的服务,小玲要求解除合同符合法律规定,确认原、被告之间的家政服务合同关系于该案开庭之日,即2020年10月27日解除。但考虑到家政公司在刘妈辞职后也先后向小玲推荐了数名育儿嫂,履行了部分合同内容,故判决家政公司退还小玲部分服务费用2000元。

知识梳理

一、保理合同

(一)保理合同的概念和特征

《民法典》第761条规定:"保理合同是应收账款债权人将现有的或将有的应收账款转让给保理人,保理人提供资金融通、应收账款管理或催收、应收账款债务人付款担保等服务的合同。

1. 保理合同的特征:(1)要式合同(书面形式);(2)可以准用债权转让的有关规定。
2. 保理人为银行或其他经批准的保理商,性质属于金融机构。
3. 保理合同的基本结构:(1)债权人存在现有的或将有的应收账款债权;(2)债权人与保理人之间签订应收账款转让合同;(3)应通知债务人应收账款债权转让的事实;(4)债务人

对于债权人享有的抗辩权、抵销权可向保理人主张。

(二)保理合同的内容与形式

《民法典》第762条规定:"保理合同的内容一般包括业务类型、服务范围、服务期限、基础交易合同情况、应收账款信息、保理融资款或者服务报酬及其支付方式等条款。保理合同应当采用书面形式。"

【例】甲公司与乙公司订立买卖合同,约定甲公司将一批货物出卖给乙公司,乙公司三个月后付款100万元。合同订立后,甲公司向乙公司交付了货物。因甲公司急需用钱,对乙公司的债权三个月后才到期,故此,经乙公司确认,甲公司与丙银行订立合同,约定甲公司将对乙公司的100万元债权,转让给丙银行,丙银行支付受让款80万元,甲、丙合同订立后,甲公司向乙公司通知了此事。三个月后,谁有权请求乙公司支付价款?

分析:丙银行。因为甲公司与丙银行之间成立保理合同,甲公司已经将对乙公司的价金债权转让给了丙银行。

(三)虚构应收账款的处理

《民法典》第763条规定:"应收账款债权人与债务人虚构应收账款作为转让标的,与保理人订立保理合同的,应收账款债务人不得以应收账款不存在为由对抗保理人,但是保理人明知虚构的除外。"

(四)保理人的通知义务

《民法典》第764条规定:"保理人向应收账款债务人发出应收账款转让通知后,应当表明保理人身份并附有必要凭证。"

《民法典》第765条规定:"应收账款债务人接到应收账款转让通知后,应收账款债权人和债务人无正当理由协商变更或终止基础交易合同,对保理人产生不利影响的,对保理人不发生效力。"

(五)保理合同的分类

1. 有追索权保理

《民法典》第766条规定:"当事人约定有追索权保理的,保理人可以向应收账款债权人主张返还保理融资款本息或者回购应收账款债权,也可以向应收账款债务人主张应收账款债权。保理人向应收账款债务人主张应收账款债权,在扣除保理融资款本息和相关费用后有剩余的,剩余部分应当返还给应收账款债权人。"

(1)保理人享有选择权:①可以向应收账款债权人主张返还保理融资款本息或者回购应收账款债权;②可以向应收账款债权人主张应收账款债权。

(2)保理人退还义务:保理人向应收账款债务人主张债权,在扣除保理融资款本息和相关费用后有剩余的,应当返还给应收账款债权人。

2. 无追索权保理

《民法典》第767条规定:"当事人约定无追索权保理的,保理人应当向应收账款债务人主张应收账款债权,保理人取得超过保理融资款本息和相关费用的部分,无须向应收账款债权人返还。"

保理人没有选择权,只能向应收账款债务人主张债权。

保理人没有退还义务,取得超过保理融资款本息和相关费用的部分,无须向应收账款债权人返还。

(六)多重保理的清偿顺序(《民法典》第 768 条)

1. 已登记的优于未登记的受偿;
2. 均已登记的,按照登记的先后顺序受偿;
3. 均未登记的,由最先到达应收账款债务人的转让通知中载明的保理人受偿;
4. 均未登记也未通知的,按照应收账款比例清偿。

二、运输合同

(一)运输合同的概念和特征

《民法典》第 809 条规定:"运输合同是承运人将旅客或货物从起运地点运输到约定地点,旅客、托运人或收费人支付票款或运输费用的合同。"

它的性质是双务、有名、有偿、诺成、不要式合同。

(二)客运合同

1. 概念

客运合同,是指承运人与旅客签订的由承运人将旅客及其行李运输到目的地而由旅客支付票款的合同。客运合同的旅客既是合同一方当事人,又是运输对象。

2. 成立(《民法典》第 814 条)

客运合同自承运人向旅客交付客票时成立,但是当事人另有约定或另有交易习惯的除外。

3.旅客的义务

(1)持有效客票承运的义务

《民法典》第 815 条规定:"旅客应当按照有效客票记载的时间、班次和座位号乘坐。旅客无票乘坐、超程乘坐、越级乘坐或持不符合减价条件的优惠客票的,应当补交票款,承运人可以按照规定加收票款;旅客不支付票款的,承运人可以拒绝运输。实名制客运合同的旅客丢失客票的,可以请求承运人挂失补办,承运人不得再次收取票款和其他不合理费用。"

【例 1】甲在火车上受伤,经查,甲是逃票乘车。问:甲能否请求火车承担违约赔偿责任?

分析:不能。甲不是旅客,与火车之间没有运输合同。

【例 2】实名制客运合同的旅客丢失客票的,请求承运人挂失补办,承运人可以收取适当的票款吗?

分析:根据《民法典》第 815 条的规定,实名制客运合同的旅客丢失客票的,可以请求承运人挂失补办,承运人不得再次收取票款和其他不合理费用。

(2)按约定携带行李的义务

《民法典》第 817 条规定:"旅客随身携带行李应当符合约定的限量和品类要求,超过限量或者违反品类要求携带行李的,应当办理托运手续。"

（3）禁止携带危险物品的义务

《民法典》第818条规定:"旅客不得随身携带或者在行李中夹带易燃、易爆、有毒、有腐蚀性、有放射性以及有可能危及运输工具上人身和财产安全的危险物品或者其他违禁物品。旅客违反前款规定的,承运人可以将危险物品或者违禁品卸下,销毁或者送交有关部门。旅客坚持携带或者夹带危险物品或者违禁物品的,承运人应当拒绝运输。"

（4）配合司机驾驶的义务

《民法典》第819条规定:"旅客对承运人为安全运输所作的合理安排应当积极协助和配合。"

4. 承运人的义务

（1）安全运送及告知义务

《民法典》第819条规定:"承运人应当严格履行安全运输义务,及时告知旅客安全运输应当注意的事项。"

《民法典》第820条规定:"承运人应当按照有效客票记载的时间、班次和座位号运输旅客。承运人迟延运输或者有其他不能正常运输情形的,应当及时告知和提醒旅客,采取必要的安置措施,并根据旅客的要求安排改乘其他班次或者退票;由此造成旅客损失的,承运人应当承担赔偿责任,但是不可归责于承运人的除外。"

（2）运输过程中的救助义务

《民法典》第822条规定:"承运人在运输过程中,应当尽力救助患有急病、分娩、遇险的旅客。"

（3）公共运输的承运人强制缔约义务

《民法典》第810条规定:"从事公共运输的承运人不得拒绝旅客、托运人通常、合理的运输要求。"

5. 承运人责任

（1）对旅客人身伤亡的责任

《民法典》第823条规定:"承运人应当对运输过程中旅客的伤亡承担赔偿责任;但是,伤亡是旅客自身健康原因造成的或者承运人证明伤亡是旅客故意、重大过失造成的除外。前款规定适用于按照规定免票、持优待票或者经承运人许可搭乘的无票旅客。"

【注意】承运人对于旅客的人身安全承担无过错责任;对于逃票的乘客,不负此种责任。

（2）对旅客自带物品毁损、灭失的责任

《民法典》第824条规定:"在运输过程中旅客随身携带无票毁损、灭失,承运人有过错的,应当承担赔偿责任。旅客托运的行李毁损、灭失的,适用货物运输的有关规定。"

【注意】承运人对于旅客自带物品的毁损、灭失承担过错责任。

【例1】甲免票乘车,因将手伸出窗外,被树枝划伤。问:甲能否请求火车承担违约赔偿责任?

分析:不能。甲虽是旅客,与火车之间存在运输合同。但损害因甲的故意或重大过失所致,存在火车无须承担违约责任的免责事由。

【例2】承运人对运输过程中发生的下列哪些旅客伤亡事件不承担赔偿责任?（　　　）

A. 一旅客因制止扒窃行为被歹徒刺伤

B. 一旅客在客车正常行驶过程中突发心脏病身亡

C. 一失恋旅客在行车途中吞服安眠药过量致死

D. 一免票乘车婴儿在行车途中因急刹车受伤

分析:BC。

【例3】2016年10月,甲乘坐A航空公司航班由北京返回乌鲁木齐。飞机起飞后,甲胃部不适呕吐不止,呕吐物中带有大量鲜血。后机组迫降敦煌,甲被送往医院救治,但是最终因抢救无效而死亡。问:甲的家属可否要求A航空公司承担赔偿责任?

分析:否。该损害是因旅客自身健康原因所致,承运人可以主张免责。

【例4】2015年,重庆B轮船公司所属客轮由南京开往重庆,当航行至长江大马洲水道时翻沉,造成442人死亡。经查,客轮翻沉是由突发罕见的强对流天气,伴有下击暴流带来的强风暴雨袭击导致的一起特别重大灾难性事件。问:B轮船公司可否主张免责?

分析:否。不可抗力并非承运人免除对旅客人身伤亡责任的事由,轮船公司应当对旅客的死亡承担赔偿责任。

(三)货运合同

1. 概念

货运合同,是指将特定的货物送至约定地点,由托运人或者收货人支付费用的合同。

2. 托运人的权利和义务

(1)权利:任意解除权与变更权。

《民法典》第829条规定:"在承运人将货物交付收货人之前,托运人可以要求承运人中止运输、返还货物、变更到达地或者将货物交给其他收货人,但是应当赔偿承运人因此受到的损失。"

(2)义务:①如实申报托运的货物;②按照规定提交审批、检验等文件;③包装义务;④托运危险物品的妥善包装、警示义务;⑤按照规定支付包括运费在内的相关费用。

3. 承运人的权利和义务

(1)权利:留置权。

《民法典》第836条规定:"托运人或者收货人不支付运费、保管费或者其他费用的,承运人对相应的运输货物享有留置权,但是当事人另有约定的除外。"

(2)义务:①安全运输义务;②及时通知收货人的义务;③货物毁损、灭失的赔偿责任;④多个运送人的连带责任。

【注意】单式联运,打破了合同的相对性,货物损失发生在某一区段,区段负责人与总承运人承担连带责任。

【例】公路运输公司A、B组成单式联运企业。甲与A订立单式联运合同,向A交付货物。B运送给收货人乙后,乙发现货物有毁损,经查,并无任何免责事由。问:谁向甲承担违约责任?

分析:A应向甲承担违约责任。如能查明是在B的运送区间发生的毁损,B与A向甲承担连带责任。

(四)多式联运合同

多式联运合同又称混合运输合同,是指用两种以上不同的运输方式将旅客或货物运抵目的地,旅客和托运人支付运输费用的合同。

在多式联运中,应严守合同的相对性。区段承运人若造成货物的损失,不直接对托运人负责,而对总承运人承担违约责任,由总承运人向托运人承担违约责任。

三、保管合同

(一)保管合同的概念和特征

《民法典》第 888 条规定:"保管合同是保管人保管寄存人交付的保管物,并返还该物的合同。寄存人到保管人处从事购物、就餐、住宿等活动,将物品存放在指定场所的,视为保管,但是当事人另有约定或者另有交易习惯的除外。"

保管合同具有以下特征:

1. 保管合同为实践、要物合同。

《民法典》第 890 条规定:"保管合同自保管物交付时成立,但是当事人另有约定的除外。"

2. 保管合同可以有偿,也可以无偿。

根据《民法典》第 889 条的规定,保管合同既可以是有偿合同,也可以是无偿合同,由保管人和寄存人自行约定。当寄存人和保管人没有就是否支付报酬作出约定,或约定不明确的,双方可以协议补充;不能达成补充协议的,按照合同相关条款或者交易习惯确定。

3. 保管合同为单务合同或者双务合同。

无偿的保管合同为单务合同,有偿的保管合同为双务合同。

4. 保管合同为不要式合同。

(二)保管人的主要权利和义务

1. 权利:留置权

《民法典》第 903 条规定:"寄存人未按照约定支付保管费或者其他费用的,保管人对保管物享有留置权,但是当事人另有约定的除外。"

2. 义务

(1)妥善保管义务。(《民法典》第 892 条)

(2)亲自保管义务。(《民法典》第 894 条)

(3)不得使用保管物。(《民法典》第 895 条)

(4)返还保管物和危险告知义务。(《民法典》第 896 条)

(三)寄存人的主要权利和义务

1. 权利:任意解除权

《民法典》第 899 条规定:"寄存人可以随时领取保管物。当事人对保管期限没有约定或者约定不明确的,保管人可以随时请求寄存人领取保管物;约定保管期限的,保管人无特别事由,不得请求寄存人提前领取保管物。"

2.义务

(1)支付保管费。(《民法典》第902条)

(2)告知义务。(《民法典》第893条)

(3)贵重物品的声明义务。(《民法典》第898条)

四、仓储合同

(一)仓储合同的概念

《民法典》第904条规定:"仓储合同是保管人储存存货人交付的仓储物,存货人支付仓储费的合同。"

仓储合同是商事主体之间的保管,性质上是双务、有偿、诺成、不要式合同。

(二)仓储合同的成立

《民法典》第905条规定:"仓储合同自保管人和存货人意思表示一致时成立。"

(三)仓储合同与保管合同的区别

1.仓储合同一律是有偿的;保管合同可以有偿,也可以无偿。

2.仓储合同是诺成合同,保管合同是实践合同。

3.仓储合同应给付仓单,其是一种有价证券,存货人或仓单持有人在仓单上背书并经保管人签字或盖章的,可以转让提取仓储物的权利;保管人应给付保管凭证,其只有证明作用,不可转让。

4.仓储人对因仓储物的性质、包装不符合约定或超过有效储存期导致的仓储物损失,不承担赔偿责任;无偿保管人对非在其重大过失的情况下导致的保管物损失,不承担赔偿责任。

(四)仓储保管人的主要义务

1.对存货的验收义务。(《民法典》第907条)

2.给付仓单的义务。(《民法典》第908条、第909条)

3.接受检查的义务。(《民法典》第911条)

4.危险通知和及时处置义务。(《民法典》第913条)

5.因保管不善的赔偿义务。(《民法典》第917条)

保管人应当按照合同的储存条件和保管要求,妥善保管仓储物。

储存期间,因保管人保管不善造成仓储物毁损、灭失的,保管人应当承担损害赔偿责任。

(五)存货人的主要义务

1.如实说明义务。(《民法典》第906条)

2.支付仓储费的义务。存货人应按合同约定支付仓储费,逾期提货的,应加付仓储费;提前提取的,不减收仓储费。

3. 按时提取仓储物的义务。(《民法典》第 914 条、第 915 条)

五、委托合同

(一)委托合同的概念和特征

《民法典》第 919 条规定:"委托合同是委托人和受托人约定,由受托人处理委托人事务的合同。"

委托合同具有以下特征:

1. 委托合同的标的是劳务。
2. 委托合同是诺成、非要式合同。
3. 委托合同可以是有偿的,也可以是无偿的。
4. 委托合同既可以是双务合同,也可以是单务合同。

(二)委托人义务

1. 提供或补偿办理委托事务所需的必要费用的义务。(《民法典》第921 条)
2. 按合同的规定支付报酬的义务。(《民法典》第 928 条)
3. 赔偿责任。(《民法典》第 930 条)

(三)受托人的义务

1. 接受指示处理委托事务。(《民法典》第 922 条)
2. 亲自处理委托事务。(《民法典》第 923 条)
3. 报告义务。(《民法典》第 924 条)
4. 转交所得利益的义务。(《民法典》第 927 条)
5. 谨慎处理义务。

《民法典》第 929 条规定:"有偿的委托合同,因受托人的过错给委托人造成损失的,委托人可以要求赔偿损失。无偿的委托合同,因受托人的故意或者重大过失给委托人造成损失的,委托人可以要求赔偿损失。受托人超越权限给委托人造成损失的,应当赔偿损失。"

【注意】受托人承担的是过错责任,无偿委托情形下,受托人只有在故意或重大过失的情形下才需要承担责任。

6. 后合同义务。

《民法典》第 935 条规定:"因委托人死亡或者被宣告破产、解散,致使委托合同终止将损害委托人利益的,在委托人的继承人、遗产管理人或者清算人承受委托事务之前,受托人应当继续处理委托事务。"

《民法典》第 936 条规定:"因受托人死亡、丧失民事行为能力或者被宣告破产、解散,致使委托合同终止的,受托人的继承人、遗产管理人、法定代理人或者清算人应当及时通知委托人。因委托合同终止将损害委托人利益的,在委托人作出善后处理之前,受托人的继承人、遗产管理人、法定代理人或者清算人应当采取必要措施。"

（四）双方当事人的任意解除权

《民法典》第933条规定："委托人或者受托人可以随时解除委托合同。因解除合同造成对方损失的，除不可归责于该当事人的事由外，无偿委托合同的解除方应当赔偿因解除时间不当造成的直接损失，有偿委托合同的解除方应当赔偿对方的直接损失和合同履行后可以获得的利益。"

【注意】民法典在原合同法的基础上，区分了有偿委托与无偿委托，确定了不同的赔偿范围：无偿委托，只包括直接损失；有偿委托，包括直接损失与间接损失。

（五）间接代理

1. 显名间接代理（《民法典》第925条）

（1）特征：受托人以自己名义从事民事法律行为，受托人与第三人之间的行为合法有效，第三人在订约时知道委托人与受托人之间存在代理关系。

（2）效力：原则上直接约束委托人与第三人。不存在所谓的"披露义务""介入权""选择权"等问题。

2. 隐名间接代理（《民法典》第926条）

（1）特征：第三人在订约时不知委托人与受托人之间存在代理关系。

（2）效力：原则上只约束受托人与第三人。

（3）委托人的介入权：①合同订立后，因第三人原因致受托人不对委托人履约，受托人应向委托人披露第三人，委托人取得介入权，行使受托人对第三人的权利；②第三人取得抗辩权。

（4）第三人的选择权：①合同订立后，因委托人原因致受托人不对第三人履行的，受托人应向第三人披露委托人，第三人取得选择权（择一选择委托人或受托人一人，不能要求二者承担连带责任，一经选择不得变更）；②委托人取得两项抗辩权（援用其对受托人的抗辩对抗第三人或援用受托人对第三人的抗辩对抗第三人，即抗辩权的移转）。

六、行纪合同与中介合同

（一）行纪合同

1. 行纪合同的概念和特征

《民法典》第951条规定："行纪合同是行纪人以自己的名义为委托人从事贸易活动，委托人支付报酬的合同。"

行纪合同的性质是双务、诺成、有偿、不要式合同。

行纪合同具有以下特征：

（1）行纪人从事贸易行为。这是行纪合同与委托合同的重要区别。

（2）行纪人应当具有相应的资质。

（3）行纪人以自己的名义为委托人办理业务。

2. 行纪人的主要义务

（1）为委托人从事贸易活动的义务。

(2)行纪人自负办理委托业务的费用。（《民法典》第952条）

(3)妥善保管委托物的义务。（《民法典》第953条）

(4)依委托人指示处理事务的义务。（《民法典》第955条）

①低卖高买：行纪人低于委托人指定的价格卖出或者高于委托人指定的价格买入的，应当经委托人同意；未经委托人同意，行纪人补偿其差额的，该买卖对委托人发生效力。

②高卖低买。行纪人高于委托人指定的价格卖出或者低于委托人指定的价格买入的，可以按照约定增加报酬；没有约定或者约定不明确，依据《民法典》第510条的规定仍不能确定的，该利益属于委托人。

③委托人对价格有特别指示的，行纪人不得违背该指示卖出或者买入。

【注意】行纪人有介入权，可以自买自卖。根据《民法典》第956条的规定，行纪人卖出或者买入具有市场定价的商品，除委托人有相反的意思表示外，行纪人自己可以作为买受人或者出卖人。行纪人有自买自卖情形的，仍然可以请求委托人支付报酬。

(5)直接履行义务。

《民法典》第958条规定："行纪人与第三人订立合同的，行纪人对该合同直接享有权利、承担义务。第三人不履行义务致使委托人受到损害的，行纪人应当承担赔偿责任，但是行纪人与委托人另有约定的除外。"

【例1】甲委托乙商行出售祖传玉镯，约定价金不得低于50万元。乙商行以自己的名义，将该玉镯以40万元的价格出卖给丙。问：谁是该玉镯的买卖当事人？

分析：乙商行与丙。因乙商行以自己的名义与丙订立买卖合同。

【例2】甲委托乙商行出售祖传玉镯，约定价金不得低于50万元。乙商行自己以50万元的价格买下了该玉镯。经查，甲委托乙商行出售玉镯时，明确禁止乙商行自买。问：乙商行能否请求甲支付报酬？

分析：不能。委托人禁止自买自卖的，行纪人自买自卖，视为行纪事务未完成，不得要求报酬。

3. 委托人的主要义务

(1)支付报酬的义务。

(2)受领、取回标的物的义务。

4. 行纪合同与委托合同的区别

(1)合同性质。行纪合同是商事合同，委托合同是民事合同。

(2)主体资格不同。行纪人具有主体资格的限制，只能是经批准经营行纪业务的自然人、法人或非法人组织；委托人一般无资格限制。

(3)合同标的不同。行纪合同的事务是特定的，仅限于买卖、寄售等贸易活动，一般为法律行为。委托合同的事务既可以是法律行为，也可以是事实行为。

(4)是否显明。行纪合同的行纪人只能以自己的名义进行活动，行纪人和第三人之间所为的法律行为并不能直接对委托人发生效力；委托合同的受托人处理委托事务，可以以自己的名义，也可以以委托人的名义，受托人与第三人之间订立的合同通常可对委托人直接发生效力。

(5)费用负担。行纪合同有约从约，无约行纪人自担；委托合同委托人负担。

(6)能否自买自卖。行纪合同有约从约，无约可以；委托合同不能，否则构成代理权滥用。

(7)是否有偿。行纪合同有偿;委托合同可以有偿,也可以无偿。

5．行纪合同本章没有规定的,参照适用委托合同的有关规定。

(二)中介合同

1．中介合同的概念

《民法典》第961条规定:"中介合同是中介人向委托人报告订立合同的机会或者提供订立合同的媒介服务,委托人支付报酬的合同。"

(1)报告订约机会,是指中介人接受委托后,将收集的信息报告给委托人,从而提供订立合同的机会,又称为"报告中介"或"指示中介"。

(2)充当订约媒介,是指中介人接受委托后,不仅要报告订约机会,还要居中斡旋,代位传达委托人与第三人的意思,努力促成其合同成立,又称为"媒介中介"。

中介合同的性质是双务、有名、有偿、诺成、不要式合同。

2．中介人的主要义务

(1)报告订约机会或媒介订约的义务。(《民法典》第962条)

(2)忠实的义务。(《民法典》第962条)

3．委托人的义务

(1)支付中介报酬的义务。

一般而言,报告中介的报酬由委托人支付;媒介中介的报酬由订立合同的当事人分担。

根据《民法典》第965条的规定,委托人不得"跳单"。委托人在接受中介人的服务后,利用中介人提供的交易机会或者媒介服务,绕开中介人直接订立合同的,应当向中介人支付报酬。

(2)偿付中介支出必要费用。(《民法典》第964条)

4．中介合同本章没有规定的,参照适用委托合同的有关规定。

七、物业服务合同

(一)物业服务合同的概念和特征

《民法典》第937条规定:"物业服务合同是物业服务人在物业服务区域内,为业主提供建筑物及其附属设施的维修养护、环境卫生和相关秩序的管理维护等物业服务,业主支付物业费的合同。物业服务人包括物业服务企业和其他管理人。"

物业服务合同具有以下特征:

1．物业服务合同是一种民事合同。

2．主体具有特殊性。物业合同的当事人为"物业服务人"与"业主"。

3．客体是物业服务人提供的物业服务行为。

4．服务内容的综合性和专业性。

5．订立程序的特殊性。根据《民法典》物权编第278条的规定,选聘和解聘物业服务企业或者其他管理人;应当由专有部分面积占比2/3以上的业主且人数占比2/3以上的业主参与表决,并且应当经参与表决专有部分面积过半数的业主且参与表决人数过半数的业主同意。同时,经过业主大会的选聘之后,由业主委员会代表全体业主与物业服务人签订物业服务合同。

6. 物业服务合同属于双务、有偿、要式合同。

(二)物业服务合同的订立、内容与形式

1. 订立(《民法典》第939条)

(1)建设单位依法与物业服务人订立的前期物业服务合同。

前期服务合同因新合同的生效而终止。《民法典》第940条规定:"建设单位依法与物业服务人订立的前期物业服务合同约定的服务期限届满前,业主委员会或者业主与新物业服务人订立的物业服务合同生效的,前期物业服务合同终止。"

(2)业主委员会与业主大会依法选聘的物业服务人订立的物业服务合同。

2. 内容和形式

《民法典》第938条规定:"物业服务合同的内容一般包括服务事项、服务质量、服务费用的标准和收取办法、维修资金的使用、服务用房的管理和使用、服务期限、服务交接等条款。物业服务人公开作出的有利于业主的服务承诺,为物业服务合同的组成部分。物业服务合同应当采用书面形式。"

(三)物业服务人的义务

1. 亲自履行的义务(《民法典》第941条)

(1)基于合同的相对性,对物业服务合同转委托进行了限制,即部分专项事务转委托给第三人的,第三人违约的,业主有权请求物业服务人承担违约责任。

(2)禁止全部转委托。物业服务人将全部事项转托给第三人的,转托合同无效。

2. 妥善、合理管理义务(法定合同义务)

《民法典》第942条规定:"物业服务人应当按照约定和物业的使用性质,妥善维修、养护、清洁、绿化和经营管理物业服务区域内的业主共有部分,维护物业服务区域内的基本秩序,采取合理措施保护业主的人身、财产安全。对物业服务区域内违反有关治安、环保、消防等法律法规的行为,物业服务人应当及时采取合理措施制止、向有关行政主管部门报告并协助处理。"

3. 信息公开义务(法定合同义务)

《民法典》第943条规定:"物业服务人应当定期将服务的事项、负责人员、质量要求、收费项目、收费标准、履行情况,以及维修资金使用情况、业主共有部分的经营与收益情况等以合理方式向业主公开并向业主大会、业主委员会报告。"

4. 后合同义务

(1)物业服务合同终止后原物业服务人的义务

《民法典》第949条规定:"物业服务合同终止的,原物业服务人应当在约定期限或者合理期限内退出物业服务区域,将物业服务用房、相关设施、物业服务所必需的相关资料等交还给业主委员会、决定自行管理的业主或者其指定的人,配合新物业服务人做好交接工作,并如实告知物业的使用和管理状况。原物业服务人违反前款规定的,不得请求业主支付物业服务合同终止后的物业费;造成业主损失的,应当赔偿损失。"

(2)物业服务合同终止后新合同成立前期间的相关事项

《民法典》第950条规定:"物业服务合同终止后,在业主或者业主大会选聘的新物业服

务人或者决定自行管理的业主接管之前,原物业服务人应当继续处理物业服务事项,并可以请求业主支付该期间的物业费。"

(四)业主的义务

1. 支付物业费(《民法典》第 944 条)

(1)业主未接受服务不构成拒交物业费的理由。

(2)业主逾期不支付物业费,物业服务人的救济措施:诉讼或申请仲裁。不得采取停止供电、供水、供热、供燃气等方式催交物业费。

(3)物业服务人提起诉讼或仲裁前需要经过催告。

2. 告知、协助的义务

《民法典》第 945 条:"业主装饰装修房屋的,应当事先告知物业服务人,遵守物业服务人提示的合理注意事项,并配合其进行必要的现场检查。业主转让、出租物业专有部分、设立居住权或者依法改变共有部分用途的,应当及时将相关情况告知物业服务人。"

(五)物业服务合同的解除和续聘

1. 物业服务合同的解除

《民法典》第 946 条规定:"业主依照法定程序共同决定解聘物业服务人的,可以解除物业服务合同。决定解聘的,应当提前六十日书面通知物业服务人,但是合同对通知期限另有约定的除外。依据前款规定解除合同造成物业服务人损失的,除不可归责于业主的事由外,业主应当赔偿损失。"

2. 物业服务合同的续聘

《民法典》第 947 条规定:"物业服务期限届满前,业主依法共同决定续聘的,应当与原物业服务人在合同期限届满前续订物业服务合同。物业服务期限届满前,物业服务人不同意续聘的,应当在合同期限届满前九十日书面通知业主或者业主委员会,但是合同对通知期限另有约定的除外。"

(六)不定期物业服务合同的成立和解除

《民法典》第 948 条规定:"物业服务期限届满后,业主没有依法作出续聘或者另聘物业服务人的决定,物业服务人继续提供物业服务的,原物业服务合同继续有效,但是服务期限为不定期。当事人可以随时解除不定期物业服务合同,但是应当提前六十日书面通知对方。"

☞ **真题试接**

1. 唐某带领小宝(3 周岁)乘坐客运班车,给小宝办理了免票手续。乘车途中,客运班车与蒋某驾驶的轿车相撞发生交通事故。唐某轻伤且手机摔坏,就医花去医药费 2000 元,修理手机花费 5000 元。小宝脑震荡,花去医药费 20 万元。关于本案,下列说法正确的有

（　　）。（2019/02/20,多）

A. 若班车司机能证明对交通事故的发生没有过错,对于唐某的手机损失,客运公司可以免责

B. 小宝有权请求客运公司承担赔偿责任

C. 小宝系免票乘车,应自己承担损失

D. 唐某有权请求客运公司和蒋某承担连带责任

2. 某律师事务所指派吴律师担任某案件的一、二审委托代理人。第一次开庭后,吴律师感觉案件复杂,本人和该事务所均难以胜任,建议不再继续代理。但该事务所坚持代理。一审判决委托人败诉。下列哪些表述是正确的?（　　）（2016/03/60,多）

A. 律师事务所有权单方解除委托合同,但须承担赔偿责任

B. 律师事务所在委托人一审败诉后不能单方解除合同

C. 即使一审胜诉,委托人也可解除委托合同,但须承担赔偿责任

D. 只有存在故意或者重大过失时,该律师事务所才对败诉承担赔偿责任

3. 甲去购买彩票,其友乙给甲10元钱让其顺便代购彩票,同时告知购买号码,并一再嘱咐甲不要改变。甲预测乙提供的号码不能中奖,便擅自更换号码为乙购买了彩票并替乙保管。开奖时,甲为乙购买的彩票中了奖,二人为奖项归属发生纠纷。下列哪一分析是正确的?（　　）（2015/03/09,单）

A. 甲应获得该奖项,因按乙的号码无法中奖,甲、乙之间应类推适用借贷关系,由甲偿还乙10元钱

B. 甲、乙应平分该奖项,因乙出了钱,而甲更换了号码

C. 甲的贡献大,应获得该奖项之大部分,同时按比例承担彩票购买款

D. 乙应获得该奖项,因乙是委托人

4. 甲公司、乙公司签订的《合作开发协议》约定,合作开发的A区房屋归甲公司、B区房屋归乙公司。乙公司与丙公司签订《委托书》,委托丙公司对外销售房屋。《委托书》中委托人签字盖章处有乙公司盖章和法定代表人王某签字,王某同时也是甲公司的法定代表人。张某查看《合作开发协议》和《委托书》后,与丙公司签订《房屋预订合同》,约定:"张某向丙公司预付房款30万元,购买A区房屋一套。待取得房屋预售许可证后,双方签订正式合同。"丙公司将房款用于项目投资,全部亏损。后王某向张某出具《承诺函》:如张某不闹事,将协调甲公司卖房给张某。但甲公司取得房屋预售许可后,将A区房屋全部卖与他人。张某要求甲公司、乙公司和丙公司退回房款。张某与李某签订《债权转让协议》,将该债权转让给李某,通知了甲、乙、丙三公司。因李某未按时支付债权转让款,张某又将债权转让给方某,也通知了甲、乙、丙三公司。

关于《委托书》和《承诺函》,下列说法正确的是（　　）。（2015/03/86,任）

A. 乙公司是委托人

B. 乙公司和王某是共同委托人

C. 甲公司、乙公司和王某是共同委托人

D. 《承诺函》不产生法律行为上的效果

5. 刘某与甲房屋中介公司签订合同,委托甲公司帮助出售房屋一套。关于甲公司的权利义务,下列哪一说法是错误的?（　　）（2015/03/15,单）

A. 如有顾客要求上门看房时,甲公司应及时通知刘某

B. 甲公司可代刘某签订房屋买卖合同

C. 如促成房屋买卖合同成立,甲公司可向刘某收取报酬

D. 如促成房屋买卖合同成立,甲公司自行承担居间活动费用

【答案】

1. AB。《民法典》第 823 条、第 824 条、第 1172 条。

2. AC。《民法典》第 929 条、第 933 条。

3. D。《民法典》第 171 条、第 919 条、第 927 条。

4. AD。《民法典》第 919 条。

5. B。《民法典》第 962 条、第 963 条。

案例讨论

1. 甲在 A 超市购物,并使用该店设置的自助寄存柜。下午购物结束后,甲持该店自助寄存柜密码条找到 A 超市的工作人员,称其购物前曾将皮包一只(内装人民币 3500 元)、雨伞一把存入该店 25 号自助寄存柜的寄存箱内,现因无法打开箱子,要求解决。A 超市工作人员将箱门打开后,发现里面是空的。甲以其财物丢失为由向公安机关报案。请分析当事人之间的法律关系的性质。

2. 甲委托乙购买特级香菇 200 斤,乙以自己的名义与丙签订了香菇买卖合同。在订立合同时,丙对甲和乙之间的委托关系一无所知。

问:(1)后来丙无法交付香菇,作为受托人的乙应如何处理?作为委托人的甲应如何处理?

(2)若由于甲的资金不能到位导致乙无法向丙支付香菇款,作为受托人的乙应如何处理?作为第三人的丙应如何处理?

第十三讲 技术合同

经典案例

【案情】手机游戏侵犯文字作品改编权的认定问题

《斗罗大陆》系唐家三少(张某)创作的奇幻小说。张某将该小说的游戏改编权独家授予上海玄霆娱乐信息科技有限公司(以下简称"玄霆公司")。同时,张某还创作了《斗罗大陆外传:神界传说》。成都吉乾科技有限公司(以下简称"吉乾公司")通过多次转授权获得《斗罗大陆外传:神界传说》的游戏改编权。后吉乾公司开发了新斗罗大陆(神界篇)游戏软件,并与四三九九网络股份有限公司(以下简称"四三九九公司")签订了分成合作协议,协议载明游戏的著作权人是吉乾公司。玄霆公司认为,吉乾公司、四三九九公

司未经许可，侵害了其对涉案《斗罗大陆》作品的改编权，遂诉至法院。一审、二审法院均认为，涉案游戏属于大型游戏，如对所有章节进行公证，玄霆公司需要支出巨大成本，无疑增加了权利人的举证难度和维权成本，有违公平、效率原则。电子游戏与小说是不同的作品表达方式，判断二者是否构成实质性相似时，不能仅以游戏使用小说文字数量的比重进行判断，应综合判断其是否使用了小说中独创性表达的人物、人物关系、技能、故事情节等元素，并考虑小说中独创性的内容在游戏中所占比重。在判断游戏所使用文字的比重时，可以对游戏资源库文件反编译，以辅助确定游戏是否使用了文字作品中具有独创性的内容。吉乾公司开发的游戏大量使用了《斗罗大陆》小说中人物和魂兽名称、人物关系、技能和故事情节等元素，与涉案《斗罗大陆》小说构成实质性相似。吉乾公司未经玄霆公司许可开发涉案游戏，侵害了玄霆公司享有的改编权，故判决吉乾公司赔偿损失及合理费用共计 500 万元。

点评：依法成立的合同受法律保护，当事人应当按照约定全面履行自己的义务。本案涉及手机游戏侵犯文字作品改编权的认定问题。首次通过对游戏软件资源库反编译，提取其中的内容与文字作品的内容进行比对的方式，确定侵权游戏利用他人作品独创性内容的比重，提高了审判效率、拓宽了审理思路，是维护文化创意产业健康发展、妥善处理涉互联网著作权保护新问题的鲜活司法实践。

知识梳理

一、技术合同的概述

《民法典》第 843 条规定："技术合同是当事人就技术开发、转让、许可、咨询或者服务订立的确立相互之间权利和义务的合同。"

（一）技术合同的特点

1. 主体是平等的自然人、法人、非法人组织。
2. 标的是技术开发、技术转让、技术许可、技术咨询、技术服务。
3. 内容是当事人就技术开发、技术转让、技术许可、技术咨询、技术服务所确立的相互之间的权利和义务关系。
4. 技术合同受多重法律调整，除了遵循民法关于合同的一般规定，受民法典合同编的调整，还要受知识产权法的调整。
5. 技术合同是有名、双务、有偿合同。

（二）技术合同订立的原则

《民法典》第 844 条规定："订立技术合同，应当有利于知识产权的保护和科学技术的进步，促进科学技术成果的研发、转化、应用和推广。"

二、职务技术成果的权益归属

(一)职务技术成果(《民法典》第847条)

职务技术成果权益归属的规则:

1. 使用权和转让权

职务技术成果的使用权和转让权属于单位,法人或者非法人组织可以就该项职务技术成果订立技术合同。

2. 完成人的署名权和优先受让权

(1)署名权,即在有关技术成果文件上写明自己是技术成果完成者的权利。

(2)优先受让权。法人或者非法人组织转让职务技术成果时,职务技术成果的完成人享有以同等条件优先受让的权利。

(二)非职务技术成果(《民法典》第848条)

非职务技术成果的使用权、转让权属于完成技术成果的个人,完成技术成果的个人可以就该项非职务技术成果订立技术合同。

三、技术合同无效的情形和处理

《民法典》第850条规定:"非法垄断技术或者侵害他人技术成果的技术合同无效。"

(一)情形

1. 非法垄断技术

非法垄断技术,是指合同的一方当事人通过合同条款限制另一方当事人在合同标的技术的基础上进行新的研究开发,限制另一方当事人从其他渠道吸收技术,或者阻碍另一方根据市场的需求,按照合理的方式充分实施专利和使用技术秘密。

《最高人民法院关于审理技术合同纠纷案件适用法律若干问题的解释》(以下简称《技术合同解释》)第10条规定,"非法垄断技术,妨碍技术进步"具体表现为:

(1)限制当事人一方在合同标的技术基础上进行新的研究开发或者限制其使用所改进的技术,或者双方交换改进技术的条件不对等,包括要求一方将其自行改进的技术无偿提供给对方、非互惠性转让给对方、无偿独占或者共享该改进技术的知识产权;

(2)限制当事人一方从其他来源获得与技术提供方类似技术或者与其竞争的技术;

(3)阻碍当事人一方根据市场需求,按照合理方式充分实施合同标的技术,包括明显不合理地限制技术接受方实施合同标的技术生产产品或者提供服务的数量、品种、价格、销售渠道和出口市场;

(4)要求技术接受方接受并非实施技术必不可少的附带条件,包括购买非必需的技术、原材料、产品、设备、服务以及接收非必需的人员等;

(5)不合理地限制技术接受方购买原材料、零部件、产品或者设备等的渠道或者来源;

(6)禁止技术接受方对合同标的技术知识产权的有效性提出异议或者对提出异议附加条件。

2.侵害他人技术成果

侵害他人技术成果,是指侵害另一方或者第三人的专利权、专利申请权、专利实施权、技术秘密使用权和转让权或者发明权、发现权以及其他科技成果权的行为。

(二)处理

《技术合同解释》第12条规定:"根据民法典第八百五十条的规定,侵害他人技术秘密的技术合同被确认无效后,除法律、行政法规另有规定的以外,善意取得该技术秘密的一方当事人可以在其取得时的范围内继续使用该技术秘密,但应当向权利人支付合理的使用费并承担保密义务。当事人双方恶意串通或者一方知道或者应当知道另一方侵权仍与其订立或者履行合同的,属于共同侵权,人民法院应当判令侵权人承担连带赔偿责任和保密义务,因此取得技术秘密的当事人不得继续使用该技术秘密。"

1.符合《民法典》第850条规定情形的,无论受让人是善意还是恶意,合同一律无效;

2.如果是恶意,则构成侵权,对于权利人的损失承担连带赔偿责任;

3.如果是善意,可在善意取得范围内继续使用,不过要向权利人支付报酬。

【例】甲公司向乙公司转让了一项技术秘密。技术转让合同履行完毕后,经查该技术秘密是甲公司通过不正当手段从丙公司获得的,但乙公司对此并不知情,且支付了合理对价。问:乙公司可否在其取得时的范围内继续使用该技术秘密?

分析:侵害他人技术秘密的技术合同被确认无效后,除法律、行政法规另有规定的以外,善意取得该技术秘密的一方当事人可以在其取得时的范围内继续使用该技术秘密,但应当向权利人支付合理的使用费并承担保密义务。

四、技术开发合同

(一)技术开发合同的概念和特征

《民法典》第851条规定:"技术开发合同是当事人之间就新技术、新产品、新工艺、新品种或者新材料及其系统的研究开发所订立的合同。技术开发合同包括委托开发合同和合作开发合同。技术开发合同应当采用书面形式。当事人之间就具有实用价值的科技成果实施转化订立的合同,参照适用技术开发合同的有关规定。"

1.技术开发合同具有以下特征:

(1)技术开发合同标的(新技术、新产品、新工艺、新品种或者新材料及其系统)应具有创造性的技术成果;

(2)技术开发合同风险较大,合同双方当事人须共担风险;

(3)技术开发合同是双务、有偿、诺成、要式合同。

2.种类

(1)委托开发合同,是指当事人一方委托另一方进行研究开发所订立的合同,即委托人向研究开发人提供研究开发经费和报酬,研究开发人完成研究开发工作并向委托人交付研究成果。研究开发人以自己的名义、技术和劳务独立完成研究开发工作,委托人不得非法干涉。

（2）合作开发合同,是指当事人各方就共同进行研究开发所订立的合同,即当事人各方共同投资、共同参与研究开发活动、共同承担研究开发风险、共享研究开发成果。合作各方以共同参加研究开发中的工作为前提,可以共同进行全部研究开发工作,也可约定分工,分别承担相应的部分。当事人一方仅提供资金、设备、材料等物质条件或者承担辅助协作事项,由另一方进行研究开发工作的合同,是委托开发合同。

（二）委托开发合同当事人的权利义务

1. 委托人的主要义务（《民法典》第 852 条）

（1）支付研究开发经费和报酬;

（2）提供技术资料;

（3）提出研究开发要求;

（4）完成协作事项;

（5）接受研究开发成果。

2. 研发人的主要义务（《民法典》第 853 条）

（1）制定和实施研究开发计划;

（2）合理使用研究开发经费;

（3）按期完成研究开发工作,交付研究开发成果;

（4）提供有关的技术资料和必要的技术指导,帮助委托人掌握研究开发成果。

3. 委托开发合同当事人的违约责任

《民法典》第 854 条规定:"委托开发合同的当事人违反约定造成研究开发工作停滞、延误或者失败的,应当承担违约责任。"

（三）合作开发合同当事人的权利义务

1. 合作各方当事人的主要义务

（1）进行投资,包括以技术进行投资;

（2）分工参与研究开发工作;

（3）协作配合研究开发工作。

2. 合作开发合同当事人的违约责任

《民法典》第 856 条规定:"合作开发合同的当事人违反约定造成研究开发工作停滞、延误或者失败的,应当承担违约责任。"

（四）专利申请权的归属

1. 委托开发合同中专利申请权的归属（《民法典》第 859 条）

委托开发完成的发明创造,当事人对发明创造的权益归属没有约定的,适用以下规则:

（1）专利申请权属于"研究开发人"。

（2）研究开发人取得专利权的,委托人可以依法实施该专利。

（3）研究开发人转让专利申请权的,委托人享有优先受让权。

2. 合作开发合同中专利申请权的归属（《民法典》第 860 条）

合作开发完成的发明创造,当事人对发明创造的权益归属没有约定的,适用以下规则:

(1)申请专利的权利由合作开发的当事人共同享有。

(2)当事人一方转让其共有的专利申请权的,其他各方享有优先受让权。

(3)合作开发当事人一方不同意申请专利的,另一方或其他各方不得申请专利。

(4)合作开发当事人一方声明放弃其共有的专利申请权的,可以由另一方单独申请或由其他各方共同申请。申请人取得专利权的,放弃专利申请权的一方可以免费实施该专利。

(五)技术秘密成果的归属

《民法典》第861条规定:"委托开发或者合作开发完成的技术秘密成果的使用权、转让权以及收益的分配办法,由当事人约定;没有约定或者约定不明确,依据本法第五百一十条的规定仍不能确定的,在没有相同技术方案被授予专利权前,当事人均有使用和转让的权利。但是,委托开发的研究开发人不得在向委托人交付研究开发成果之前,将研究开发成果转让给第三人。"

(六)技术开发合同的解除

《民法典》第857条规定:"作为技术开发合同标的的技术已经由他人公开,致使技术开发合同的履行没有意义的,当事人可以解除合同。"

【例】甲、乙两公司约定:甲公司向乙公司支付5万元研发费用,乙公司完成某专用设备的研发生产后双方订立买卖合同,将该设备出售给甲公司,价格暂定为100万元,具体条款另行商定。乙公司完成研发生产后,却将该设备以120万元的价格卖给丙公司,甲公司得知后提出异议。问:甲公司可否请求乙公司承担违约责任?

分析:委托开发或合作开发完成的技术秘密成果的使用权、转让权以及利益的分配方法,由当事人约定;没有约定或约定不明的,当事人均有使用和转让的权利,但委托开发的研究开发人不得在向委托人交付研究开发成果之前,将研究开发成果转让给第三人。本案中,甲公司向乙公司支付5万元研发费用,属于委托开发合同,对于研究开发人的乙公司享有转让权,其与丙之间的买卖合同有效。但其行为违反了与甲公司之前的委托开发合同之约,故依法应当承担违约责任。

五、技术转让和技术许可合同

(一)技术转让合同

1. 概念(《民法典》第862条)

技术转让合同,是指合法拥有技术的权利人,将现有特定的专利、专利申请、技术秘密的相关权利让与他人所订立的合同。

2. 种类(《民法典》第863条)

(1)专利权转让合同;(2)专利申请权转让合同;(3)技术秘密转让合同。

3. 形式要件:书面形式

4. 限制性条款(《民法典》第864条)

技术转让合同,可以约定实施专利或者使用技术秘密的范围,但是不得限制技术竞争和技术发展。

（二）技术许可合同

1. 概念（《民法典》第 862 条）

技术许可合同，是指合法拥有技术的权利人，将现有特定的专利、技术秘密的相关权利许可他人实施、使用所订立的合同。

2. 种类

（1）专利实施许可合同；（2）技术秘密使用许可合同。

3. 形式要件：书面形式

4. 限制性条款（《民法典》第 864 条）

技术许可合同，可以约定实施专利或者使用技术秘密的范围，但是不得限制技术竞争和技术发展。

5. 有效期限

《民法典》第 865 条规定："专利实施许可合同仅在该专利权的存续期限内有效。专利权有效期限届满或者专利权被宣告无效的，专利权人不得就该专利与他人订立专利实施许可合同。"

（三）专利实施许可合同双方当事人的义务

1. 许可人的义务：应当按照约定许可被许可人实施专利，交付实施专利有关的技术资料，提供必要的技术指导。（《民法典》第 866 条）

2. 被许可人的义务：应当按照约定实施专利，不得许可约定以外的第三人实施该专利，并按照约定支付使用费。（《民法典》第 867 条）

（四）技术秘密转让合同与技术秘密使用许可合同双方当事人的义务

1. 让与人与许可人的义务：应当按照约定提供技术资料，进行技术指导，保证技术的实用性、可靠性，承担保密义务。（《民法典》第 868 条）

2. 受让人与被许可人的义务：应当按照约定实用技术，支付转让费、使用费，承担保密义务。（《民法典》第 869 条）

（五）后续改进技术成果的归属

《民法典》第 875 条规定："当事人可以按照互利的原则，在合同中约定实施专利、使用技术秘密后续改进的技术成果的分享办法；没有约定或者约定不明确，依据本法第五百一十条的规定仍不能确定的，一方后续改进的技术成果，其他各方无权分享。"

1. 当事人在技术合同中约定不得改进技术的，无效。

2. 无约定，改进的技术成果归实际完成人。

六、技术咨询和技术服务合同

（一）技术咨询合同、技术服务合同的概念

《民法典》第 878 条规定："技术咨询合同是当事人一方以技术知识为对方就特定技术项

目提供可行性论证、技术预测、专题技术调查、分析评价报告等所订立的合同。"

技术服务合同是当事人一方以技术知识为对方解决特定技术问题所订立的合同,不包括承揽合同和建设工程合同。

(二)技术咨询和技术服务中的成果归属与费用负担

1. 新成果归属

《民法典》第885条规定:"技术咨询合同、技术服务合同履行过程中,受托人利用委托人提供的技术资料和工作条件完成的新的技术成果,属于受托人。委托人利用受托人的工作成果完成的新的技术成果,属于委托人。当事人另有约定的,按照其约定。"

2. 费用负担

《民法典》第886条规定:"技术咨询合同和技术服务合同对受托人正常开展工作所需费用的负担没有约定或者约定不明确的,由受托人负担。"

真题试接

1. 甲公司向乙公司转让了一项技术秘密。技术转让合同履行完毕后,经查该技术秘密是甲公司通过不正当手段从丙公司获得的,但乙公司对此并不知情,且支付了合理对价。下列哪一表述是正确的?(   )(2013/03/16,单)

A. 技术转让合同有效,但甲公司应向丙公司承担侵权责任

B. 技术转让合同无效,甲公司和乙公司应向丙公司承担连带责任

C. 乙公司可在其取得时的范围内继续使用该技术秘密,但应向丙公司支付合理的使用费

D. 乙公司有权要求甲公司返还其支付的对价,但不能要求甲公司赔偿其因此受到的损失

2. 甲公司与乙公司签订一份专利实施许可合同,约定乙公司在专利有效期限内独占实施甲公司的专利技术,并特别约定乙公司不得擅自改进该专利技术。后乙公司根据消费者的反馈意见,在未经甲公司许可的情形下对专利技术做了改进,并对改进技术采取了保密措施。下列哪一说法是正确的?(   )(2012/03/16,单)

A. 甲公司有权自己实施该专利技术

B. 甲公司无权要求分享改进技术

C. 乙公司改进技术侵犯了甲公司的专利权

D. 乙公司改进技术属于违约行为

3. 甲公司与乙公司签订一份技术开发合同,未约定技术秘密成果的归属。甲公司按约支付了研究开发经费和报酬后,乙公司交付了全部技术成果资料。后甲公司在未告知乙公司的情况下,以普通使用许可的方式许可丙公司使用该技术,乙公司在未告知甲公司的情况下,以独占使用许可的方式许可丁公司使用该技术。下列哪一说法是正确的?(   )(2011/03/15,单)

A. 该技术成果的使用权仅属于甲公司

B. 该技术成果的转让权仅属于乙公司

C. 甲公司与丙公司签订的许可使用合同无效

D. 乙公司与丁公司签订的许可使用合同无效

4. 甲、乙、丙三人合作开发一项技术,合同中未约定权利归属。该项技术开发完成后,甲、丙想要申请专利,而乙主张通过商业秘密来保护。对此,下列哪些选项是错误的?( )(2010/03/62,多)

A. 甲、丙不得申请专利

B. 甲、丙可申请专利,申请批准后专利权归甲、乙、丙共有

C. 甲、丙可申请专利,申请批准后专利权归甲、丙所有,乙有免费实施的权利

D. 甲、丙不得申请专利,但乙应向甲、丙支付补偿费

【答案】

1. C。《民法典》第157条、第850条。
2. B。《民法典》第864条、第875条。
3. D。《民法典》第861条。
4. BCD。《民法典》第860条。

案例讨论

A空调厂与B科研所签订了一份技术合同,合同约定:B科研所将研制成功的空调制冷技术提供给A厂,A厂先支付价款10万元,其余价款每年从制造空调的获利中提取20%予以支付,从获利年度起5年后不再提取,5年后该技术归A空调厂所有,B科研所为空调厂使用该项技术提供必要的人员指导。A空调厂使用B科研所的技术后,因为空调质量不错,销路好,当年就实现了盈利。第二年,另一地的C空调厂找到了B科研所,也想利用该技术。于是双方签订了一个同样的技术合同,合同有效期为3年,到期双方合同终止,B科研所收回该项技术。A空调厂得知后,与B科研所交涉,要求B科研所解除与C空调厂的合同,因为该项技术已归其所有。B科研所说该项技术4年后才归A空调厂所有,在此之前其有权与他人订立合同,况且与他人订立的合同在3年后就终止了。A空调厂交涉没有结果,不再缴纳提成费。B科研所遂以A空调厂为被告提起诉讼要求被告停止使用该项技术,并赔偿损失。[1]

问:(1)A空调厂与B科研所签订的合同是什么合同?

(2)B科研所是否可以与C空调厂签订一份与A空调厂相同的期限为3年的合同?

(3)若A空调厂在经营中将该技术泄露给他人,B科研所如何保护自己的权利?

(4)若B科研所与A空调厂签订的合同中约定A空调厂不得在B科研所的技术上发展新技术,该约定是否有效?为什么?

---

[1] 案例摘自张能宝主编:《国家统一法律职业资格考试主观题必做150题》,法律出版社2021年版,第339页。

(5)若 A 空调厂在 B 科研所技术的基础上，获得了后续改进的新技术，则该新技术成果归谁所有？为什么？

(6)若有关部门裁定 A 空调厂使用的技术侵犯了 D 公司的专利权，谁应当承担赔偿责任？

第十四讲　保证合同、合伙合同

经典案例

【案情】主要债务人已经进入破产清算程序，申请人向作为保证人的被申请人提出的支付利息主张能否得到支持？

深圳市某某科技有限公司结欠常州市某某电源科技股份有限公司（以下简称"电源公司"）货款 818499 元。2017 年 11 月 15 日，电源公司与庞某某、韦某某、深圳市某某智能有限公司、深圳市某某科技有限公司签订了保证合同。合同约定货款分四期付清，付款期限及金额分别为 2018 年 6 月 30 日支付 15 万元，2018 年 12 月 25 日支付 20 万元，2019 年 6 月 30 日支付 20 万元，2019 年 12 月 25 日支付 26.8499 万元。庞某某、韦某某对货款承担连带责任保证，保证范围为该债务及实现该债务的费用（包括但不限于诉讼费、担保费、律师费等），约定争议管辖为某某仲裁委员会（以下简称"仲裁委"）。深圳市某某科技有限公司已开始破产清算程序，电源公司已于 2018 年 11 月 7 日向深圳市某某科技管理有限公司申报了该笔债权。债务人深圳市某某科技有限公司无力偿还该笔货款，构成预期违约，债务人已经无法按期偿还未到期债务。经电源公司诉前调查，庞某某、韦某某有个人房产，可供执行。电源公司向仲裁委提起仲裁，要求保证人庞某某、韦某某对 818499 元的债务及从申请仲裁之日起至实际支付之日止按银行同期贷款利率计算的利息承担连带保证责任，并承担仲裁费。仲裁委裁决庞某某、韦某某承担连带担保责任，向电源公司支付 818499 元；仲裁费由庞某某、韦某某承担。

点评：本案的争议焦点一是主要债务人已经进入破产清算程序，申请人向作为保证人的被申请人提出的支付利息主张能否得到支持？《中华人民共和国企业破产法》（以下简称《破产法》）第 46 条规定，附利息的债权自破产申请受理时起停止计息。深圳市某区人民法院于 2018 年 9 月 3 日受理债务人深圳市某某科技有限公司破产清算一案，仲裁庭认为担保债务具有从属性，应当从 2018 年 9 月 3 日起停止计息。申请人在本案中主张该日期以后的利息，仲裁庭不予支持。对于争议焦点，深圳市某区人民法院认为被申请人需要支付相应的利息。依照《破产法》第 46 条的规定，附利息的债权自破产申请受理时停止计息，保证债权的范围不受主债务人破产的影响，仍应当按照保证合同的约定处理。首先，《破产法》第 46 条是针对破产债务人的特殊规定，连带保证债权不应停止计息。其次，《破产法》第 92 条、第 101 条规定，也印证了破产法关于停止计息的规定并不及于保证人。再次，《最高人民法院关于适用〈中华人民共和国担保法〉若干问题的解释》第 44 条规定亦表明保证担保的范围不因主债务人破产而变化。最后，如果担保债权因主债务人破产而缩小，有违当事人订立担保的初衷,不符合担保关于保障主债权得以实现的基本功能。

法律对于分期债务提前到期时保证期限是否同时开始没有明文规定,目前尚属于法律的空白。本案在依法适用法律的范围内有创新突破,正确运用法理作出裁判,对于保证期限可否随主债务的提前到期而开始计算作了合理的分析判断,具有开拓创新精神,保障了民营企业及经营者的切身利益,对社会的和谐发展有促进作用。

知识梳理

一、保证合同

(一)保证合同的概念和特征

《民法典》第 681 条规定:"保证合同是为保障债权的实现,保证人和债权人约定,当债务人不履行到期债务或者发生当事人约定的情形时,保证人履行债务或者承担责任的合同。"

保证合同是单务、无偿、诺成、要式、附从性合同。

保证合同具有以下特征:

1. 从属性。保证合同是依附于主合同的从合同。

2. 人身性。其担保的属性为"人保",是以保证人的信誉作为担保的基础,保证合同的建立与保证人的人格、身份密不可分。

3. 补充性。当债务履行期限届满,债务人不履行主债务时,保证人才履行保证债务。

4. 相对独立性。尽管依附于主债而存在,却是区别于主债的从债,具有相对的独立性。

(二)保证人的资格

《民法典》第 683 条规定:"机关法人不得为保证人,但是经国务院批准为使用外国政府或国际经济组织贷款进行转贷的除外;以公益为目的的非营利法人、非法人组织不得为保证人。"

(三)保证合同的内容

《民法典》第 684 条规定:"保证合同的内容一般包括被保证的主债权的种类、数额,债务人履行债务的期限,保证的方式、范围和期间等条款。"

(四)保证合同设立的方式

《民法典》第 685 条规定:"保证合同可以是单独订立的书面合同,也可以是主债权债务合同中的保证条款。第三人单方以书面形式向债权人作出保证,债权人接收且未提出异议的,保证合同成立。"

保证合同是要式合同,必须采用书面形式。保证合同的具体表现形式是:

1. 单独的书面保证合同,即主合同之外,另行订立保证合同。

2. 主合同中的保证条款。有保证条款的主合同,需要在合同当事人中,将保证人列明,并且保证人要在主合同上签名或盖章。

3. 保证书或者保函。第三人单方以书面形式,向债权人作出的保证。保证书或者保函应当有保证人的签名,保证书或者保函作出后,债权人接收且未提出异议的,保证合同即告成立。

【例】在丙的见证下,甲向乙借款 5 万元,收到借款后向乙出具了欠条,丙也在欠条上签了名。甲届期未偿还借款,乙可否要求在欠条上签字的丙承担保证责任?

分析:否。丙虽在欠条上签字,但并未表明承担保证责任的意思,乙无权要求丙承担保证责任。

(五)保证的方式

《民法典》第 686 条规定:"保证的方式包括一般保证和连带责任保证。当事人在保证合同中对保证方式没有约定或者约定不明确的,按照一般保证承担保证责任。"

1. 一般保证(《民法典》第 687 条)

(1)当事人在保证合同中约定,债务人不能履行债务时,由保证人承担保证责任的,为一般保证。

(2)先诉抗辩权:一般保证的保证人在主合同纠纷未经审判或者仲裁,并就债务人的财产依法强制执行仍不能履行债务前,有权拒绝承担保证责任。

(3)先诉抗辩权的例外:①债务人下落不明,且无财产可供执行;②人民法院已经受理债务人破产案件;③债权人有证据证明债务人的财产不足以履行全部债务或丧失履行债务能力;④保证人书面表示放弃本款规定的权利。

(4)诉讼:债权人可以单独起诉债务人或将债务人和一般保证人列为共同被告,但是不得单独先起诉一般保证人。在判决书中明确在对债务人财产依法强制执行仍不能履行时,由保证人承担保证责任。

2. 连带保证(《民法典》第 688 条)

(1)当事人在保证合同中约定保证人和债务人对债务承担连带责任的,为连带责任保证。

(2)连带责任保证的债务人不履行到期债务或者发生当事人约定的情形时,债权人可以请求债务人履行债务,也可以请求保证人在其保证范围内承担保证责任。

(3)诉讼:债权人可以将债务人或者保证人单独作为被告提起诉讼,也可以将债务人和保证人作为共同被告提起诉讼。

(六)保证期间

《民法典》第 692 条规定:"保证期间是确定保证人承担保证责任的期间,不发生中止、中断和延长。债权人与保证人可以约定保证期间,但是约定的保证期间早于主债务履行期限或者与主债务履行期限同时届满的,视为没有约定;没有约定或者约定不明确的,保证期间为主债务履行期限届满之日起六个月。债权人与债务人对主债务履行期限没有约定或者约定不明确的,保证期间自债权人请求债务人履行债务的宽限期届满之日起计算。"

1. 性质:除斥期间。

2. 当事人可以自由约定保证期间。但是注意:

(1)约定的保证期间早于主债务履行期限或者与主债务履行期限同时届满的,视为没有约定,保证期间为 6 个月。

（2）若当事人没有约定,保证期间一律为 6 个月。

（3）约定保证人的责任直至本息还清为止的,视为约定不明,保证期间为主债务履行期限届满之日起 6 个月。（《担保法解释》第 32 条）

3. 6 个月的起算点:

（1）自主债务履行期限届满之日起计算;

（2）对主债务履行期限没有约定或约定不明确的,自债权人请求债务人履行债务的宽限期届满之日起计算。

【例】2019 年 8 月 16 日,甲向乙借款 100 万元,借款期限自 2019 年 9 月 1 日至 2020 年 9 月 1 日。8 月 17 日,丙和乙签订保证合同。但是未约定保证期间。问:保证期间应为什么时候?

分析:2020 年 9 月 1 日主债务履行期限届满,保证期间应为 2020 年 9 月 1 日起 6 个月,即 2020 年 9 月 1 日至 2021 年 3 月 1 日。

4. 保证期间届满的法律效果

《民法典》第 693 条规定:"一般保证的债权人未在保证期间对债务人提起诉讼或者申请仲裁的,保证人不再承担保证责任。连带责任保证的债权人未在保证期间请求保证人承担保证责任的,保证人不再承担保证责任。"

（1）在一般保证的保证期间,债权人未对债务人起诉或仲裁的,即为保证期间经过,保证人免责;

（2）连带保证之保证期间内,债权人未请求保证人承担保证责任的,即为保证期间经过,保证人免责。

【例 1】甲向乙借款 10 万元,由丙作保证人,约定"如果甲到期不能偿还该债务,由丙承担保证责任,直至甲的债务本息还清为止"。问:（1）该保证为一般保证还是连带保证?（2）保证期间为多长时间呢?

分析:（1）一般保证。《担保法解释》第 32 条。（2）保证期间为主债务履行期限届满之日起 6 个月。

【例 2】2019 年 2 月 1 日,甲向乙借款 100 万元,借款期限为 1 年。丙为一般保证人。到期甲未还款。乙于 2020 年 9 月 1 日起诉甲,12 月 1 日获得生效的胜诉判决。经法院强制执行于 2020 年 12 月 26 日确认甲无财产,执行未果。2020 年 12 月 28 日乙请求丙承担保证责任。问:丙是否需要承担保证责任?

分析:不需要。因为债权人乙未在保证期间 2020 年 2 月 1 日至 8 月 1 日内起诉债务人甲。因此,一般保证人丙免责。

（七）保证债务诉讼时效（《民法典》第 694 条）

1. 保证债务诉讼时效:3 年。

2. 保证债务诉讼时效的适用前提:保证责任激活。

3. 保证债务诉讼时效的起算:

（1）一般保证的债权人在保证期间届满前对债务人提起诉讼或者申请仲裁的,从保证人拒绝承担保证责任的权利消灭之日起,开始计算保证债务的诉讼时效。

所谓"保证人拒绝承担保证责任",是指"先诉抗辩权消灭之日",换言之,指"就债务人的财产依法强制执行仍不能履行债务之日"。

(2)连带责任保证的债权人在保证期间届满前请求保证人承担保证责任的,从债权人请求保证人承担保证责任之日起,开始计算保证债务的诉讼时效。

4. 保证债务的诉讼时效与主债务诉讼时效的关系:因为保证债务为从债务,因此要随着主债务的变化而变化。

(1)主债务诉讼时效中断,一般保证债务的诉讼时效随之中断,但连带保证债务诉讼时效不随之中断。

(2)主债务诉讼时效中止,一般和连带保证债务的时效均随之中止。

(八)保证的从属性

1. 主合同内容的变更

《民法典》第 695 条规定:"债权人和债务人未经保证人书面同意,协商变更主债权债务合同内容,减轻债务的,保证人仍对变更后的债务承担保证责任;加重债务的,保证人对加重的部分不承担保证责任。债权人和债务人变更主债权债务合同的履行期限,未经保证人书面同意的,保证期间不受影响。"

未经保证人书面同意的,主合同内容的变更,保证责任只可减轻,不得增加;主合同履行期限变更,保证期间视为不变。

2. 主债权转让(《民法典》第 696 条)

债权人对保证人享有的保证债权,具有"移转上的从属性",除非法律另有规定或当事人有相反约定,保证债权"伴随主债权主让而转让"。

但是转让债权未通知保证人的,或事先约定禁止债权转让未经保证人书面同意的,保证人不承担保证责任。

3. 主债务转让(《民法典》第 697 条)

(1)原则上全部转让的不承担;部分转让的,转让部分不承担。

(2)保证人继续承担保证责任的两个条件:①债权人同意(注意:同意的方式为不要式,口头亦可),否则债务转让行为不对债务人产生效力,保证人继续承担保证责任;②保证人必须书面同意。

【例】企业与乙银行签订借款合同,借款金额为 500 万元,借期 2 年。丙企业单方向乙银行出具《担保函》,"如甲企业到期不能还款,则由丙企业代为支付"且特别说明禁止债权转让,但对于保证范围和保证期间未作约定。乙银行接受且未提出异议。合同签订 2 个月后,甲企业因扩大生产规模急需资金,遂与乙银行协商,将借款金额增加到 600 万元,甲企业和乙银行将该约定通知了丙企业,丙企业未作答复。问:丙企业是否还需承担保证责任?

分析:债权人乙银行和债务人甲企业增加主债权 100 万元,未经保证人丙企业书面同意,丙企业对增加的部分 100 万元不承担保证责任,但对原保证范围内的 500 万元继续承担保证责任。

(九)保证的效力

1. 保证责任的范围

《民法典》第 691 条规定:"保证的范围包括主债权及其利息、违约金、损害赔偿金和实现债权的费用。当事人另有约定的,按照其约定。"

2. 共同保证

《民法典》第 699 条规定:"同一债务有两个以上保证人的,保证人应当按照保证合同约定的保证份额,承担保证责任;没有约定保证份额的,债权人可以请求任何一个保证人在其保证范围内承担保证责任。"

(1)按份保证。数个共同保证人与债权人约定保证的各自份额,按照约定的保证份额承担保证责任。

(2)连带保证。数个共同保证人与债权人没有约定保证份额,或者约定不明确,共同作为债务人的保证人,并对全部债务负连带责任的共同保证。

3. 保证人的追偿权

《民法典》第 700 条规定:"保证人承担保证责任后,除当事人另有约定外,有权在其承担保证责任的范围内向债务人追偿,享有债权人对债务人的权利,但是不得损害债权人的利益。"

4. 保证人的抗辩权

《民法典》第 701 条规定:"保证人可以主张债务人对债权人的抗辩。债务人放弃抗辩的,保证人仍有权向债权人主张抗辩。"

二、合伙合同

(一)合伙合同的概念和特征

《民法典》第 967 条规定:"合伙合同是两个以上合伙人为了共同的事业目的,订立的共享利益、共担风险的协议。"

合伙合同具有以下特点:

1. 当事人为两个以上的合伙人,包括自然人、法人、非法人组织,通常是自然人。

2. 设立是为了共同的事业目的。

3. 共享利益、共担风险。

(二)合伙财产

《民法典》第 969 条规定:"合伙人的出资、因合伙事务依法取得的收益和其他财产,属于合伙财产。合伙合同终止前,合伙人不得请求分割合伙财产。"

(三)合伙事务的决定与执行

合伙事务的决定:(1)约定;(2)经全体合伙人一致同意。

合伙事务的执行:(1)原则上由全体合伙人共同执行;(2)托一个或者数个合伙人执行合伙事务,其他合伙人有权监督执行情况;(3)合伙人分别执行合伙事务的,互有异议权;(4)合伙人不得因执行合伙事务而请求支付报酬,但是合伙合同另有约定的除外。

（四）合伙利润分配与亏损负担

合伙的利润分配和亏损分担,按照合伙合同的约定办理;合伙合同没有约定或者约定不明确的,由合伙人协商决定;协商不成的,由合伙人按照实缴出资比例分配、分担;无法确定出资比例的,由合伙人平均分配、分担。

（五）合伙人的连带责任及追偿权

合伙人对合伙债务承担连带责任。清偿合伙债务超过自己应当承担份额的合伙人,有权向其他合伙人追偿。

（六）合伙人转让财产份额

除合伙合同另有约定外,合伙人向合伙人以外的人转让其全部或者部分财产份额的,须经其他合伙人一致同意。

（七）合伙期限

合伙人对合伙期限没有约定或约定不明确,依据《民法典》第510条的规定仍不能确定的,视为不定期合伙。

合伙期限届满,合伙人继续执行合伙事务,其他合伙人没有提出异议的,原合伙合同继续有效,但是合伙期限为不定期。

合伙人可以随时解除不定期合伙合同,但是应当在合理期限之前通知其他合伙人。

👉 真题试接

1. 甲、乙、丙丁四人签订合伙合同,但未登记为合伙企业。甲、乙、丙推选丁作为合伙事务的执行人,丁在执行合伙事务的过程中,与戊发生口角,并将戊打伤,现在戊欲追究甲、乙、丙、丁及合伙的责任,根据《民法典》的规定,下列哪些说法是正确的?（　　）(2020/02/35,多)

A. 甲、乙、丙不应与丁承担连带责任　　B. 应由丁自己承担责任

C. 应由合伙承担用人单位责任　　D. 应由合伙与丁承担连带责任

2. 于某因公司周转向汪海银行借50万元,姜某作连带保证人。两个月后又追加借款20万元。告知姜某,姜某未置可否。关于姜某的保证责任,下列说法正确的是?（　　）(2019/02/16,任)

A. 姜某可以向汪海银行行使先诉抗辩权

B. 于某对汪海银行的抗辩权,姜某也可以对银行主张

C. 姜某应为于某的70万元借款承担保证责任

D. 姜某应为于某的50万元借款承担保证责任

3. 甲、乙、丙三人签订合伙协议并开始经营,但未取字号,未登记,也未推举负责人。其间,合伙人与顺利融资租赁公司签订融资租赁合同,租赁淀粉加工设备一台,约定租赁期限届满后设备归承租人所有。合同签订后,出租人按照承租人的选择和要求向设备生产商丁公司支付了价款。

乙在经营期间发现风险太大,提出退伙,甲、丙表示同意,并通知了出租人,但出租人表示反对,认为乙退出后会加大合同不履行的风险。下列说法正确的是( )。(2016/03/87,任)

A. 经出租人同意,乙可以退出

B. 乙可以退出,无须出租人同意

C. 乙必须向出租人提供有效担保后才能退出

D. 乙退出后对合伙债务不承担责任

4. 根据甲公司的下列哪些承诺(保证)函,如乙公司未履行义务,甲公司应承担保证责任?( )(2015/03/57,多)

A. 承诺:"积极督促乙公司还款,努力将丙公司的损失降到最低。"

B. 承诺:"乙公司向丙公司还款,如乙公司无力还款,甲公司愿代为清偿。"

C. 保证:"乙公司实际投资与注册资金相符。"实际上乙公司实际投资与注册资金不符

D. 承诺:"指定乙公司与丙公司签订保证合同。"乙公司签订了保证合同但拒不承担保证责任

5. 甲公司与乙公司达成还款计划书,约定在 2012 年 7 月 30 日归还 100 万元,8 月 30 日归还 200 万元,9 月 30 日归还 300 万元。丙公司对三笔还款提供保证,未约定保证方式和保证期间。后甲公司同意乙公司将三笔还款均顺延 3 个月,丙公司对此不知情。乙公司一直未还款,甲公司仅于 2013 年 3 月 15 日要求丙公司承担保证责任。关于丙公司的保证责任,下列哪一表述是正确的?( )(2014/03/10,单)

A. 丙公司保证担保的主债权为 300 万元

B. 丙公司保证担保的主债权为 500 万元

C. 丙公司保证担保的主债权为 600 万元

D. 因延长还款期限未经保证人同意,丙公司不再承担保证责任

6. 张某从甲银行分支机构乙支行借款 20 万元,李某提供保证担保。李某和甲银行又特别约定,如保证人不履行保证责任,债权人有权直接从保证人在甲银行及其支行处开立的任何账户内扣收。届期,张某、李某均未还款,甲银行直接从李某在甲银行下属的丙支行账户内扣划了 18 万元存款用于偿还张某的借款。下列哪一表述是正确的?( )(2014/03/15,单)

A. 李某与甲银行关于直接在账户内扣划款项的约定无效

B. 李某无须承担保证责任

C. 乙支行收回 20 万元全部借款本金和利息之前,李某不得向张某追偿

D. 乙支行应以自己的名义向张某行使追索权

【答案】

1. AB。民事合伙,丁为合伙事务执行人,在丁执行职务的范围内代表全体合伙人,全体

合伙人均需承担无限连带责任。但是对于非职务行为,其他合伙人则无须承担赔偿责任。

2.BD。《民法典》第 687 条、第 695 条、第 701 条。

3.B。《民法典》第 973 条。

4.BC。《民法典》第 681 条。

5.A。《民法典》第 692 条、第 693 条。

6.D。《民法典》第 700 条。

案例讨论

甲、乙、丙订立合伙合同,约定甲出资 5 万元,乙出资 5 万元,丙出资 90 万元,共同设立 A 合伙企业。合同订立后,各合伙人如约出资,A 合伙企业成立。

问:(1)现甲要移民,向乙、丙要求退回所出资的 5 万元。合伙合同并无退资的约定。甲能否要求退回出资?

(2)现甲要移民,遂与李四订立合伙份额转让协议。对甲和李四的合伙份额转让协议,丙同意,乙不同意。甲能否将自己的合伙份额转让给李四?

(3)A 合伙企业成立后,甲、乙、丙商议与高科公司合作之事。甲反对,乙、丙同意。经查,合伙合同并未约定表决规则,A 合伙企业能否作出与高科公司合作的决议?

(4)A 合伙企业成立后,当年盈利。可分配利润 10 万元。合伙人应如何分配?

第十五讲　准合同

经典案例

【案情】夫妻一方擅自处分共有财产给婚外第三者,另一方是否有权依据不当得利要求返还共同财产?[①]

孙某蕾与郭某系夫妻关系,徐某娟与郭某在其各自的婚姻关系存续期间进行了相互交往,在交往过程中郭某在徐某娟处存放了内有 60 万元的银行卡一张,郭某称此举是为了将来双方都离婚后在一起生活时使用,后徐某娟从郭某的银行卡中通过提现和转账的方式(转到徐某娟控制的户名为刘某明的卡中)共计从中支取 43 万元,剩余的 17 万元徐某娟归还给了郭某。徐某娟称其将卡内 60 万元中的 58 万元都归还给了郭某,但郭某并未认可,也没有相关证据予以证明,现孙某蕾起诉要求徐某娟返还 43 万元。

点评:郭某交付给徐某娟的银行卡内的款项系郭某与孙某蕾的夫妻共同财产,夫妻双方享有平等的处分权,郭某处分该大额财产未征得孙某蕾同意,事后亦未得到孙某蕾追认,其擅自处分夫妻共同财产的行为侵犯了孙某蕾的合法财产权益,应为无效;且徐某娟在接受郭某给付的银行卡并从中支取部分款项时,明知该款项系郭某与孙某蕾的夫妻共同财产,其取

---

① 案例源自:案号(2018)鲁 03 民申 172 号。

得该款项并无合法事由,构成不当得利,孙某蕾作为夫妻共同财产的共有权人,要求徐某娟返还该款项,理由正当,应予支持。

知识梳理

一、无因管理

《民法典》第 979 条规定:"管理人没有法定的或者约定的义务,为避免他人利益受损失而管理他人事务的,可以请求受益人偿还因管理事务而支出的必要费用;管理人因管理事务受到损失的,可以请求受益人给予适当补偿。管理事务不符合受益人真实意思的,管理人不享有前款规定的权利;但是,受益人的真实意思违反法律或者违背公序良俗的除外。"

(一)构成要件

1. 有管理他人事务的行为;
2. 有为他人谋取利益的意思;
3. 不违反受益人的真实意思;
4. 无法定或约定的义务。

(二)无因管理之债为法定的双务法律关系

1. 管理人的义务:(1)妥善管理义务;(2)继续管理义务;(3)收益返还义务;(4)及时通知义务。
2. 管理人的权利:(1)必要费用请求权(在管理或服务活动中直接支出的费用);(2)损失赔偿请求权(在该活动中受到的实际损失,包括人身损害和财产损害);(3)负债清偿请求权(在管理活动中负担的债务)。

提示:管理人无权请求报酬。

【例】某日,甲陪其子到商场购物,将车停在商场外的停车场内。事毕甲欲驾车离去,停车场的工作人员乙上前阻拦称:"在你离去时,我看你车很脏,所以给你洗了车,请付洗车费20元,否则别想走。"甲表示自己并未让停车场的员工帮助洗车,拒绝支付洗车费。乙遂恶语相伤,并导致甲心脏病发作。请分析乙的行为。

分析:本案中甲无义务向乙支付洗车费。第一,乙的行为究其本意,并非真正为甲谋利益,而是意在为自己争取洗车费。因此,不构成无因管理。第二,即使乙有为甲之利益而管理事务的意思,乙的管理也应当依甲明示或可推知的意思为之,但这里并不能确定甲意欲洗车。第三,即使乙确是为甲的利益而为其洗车,并且也符合甲的意思,虽然构成无因管理,也依然不能向甲索要报酬,因为此乃义举。第四,乙对甲恶语相加,导致其病发的行为,已经构成侵权行为,应当承担侵权责任。

二、不当得利

《民法典》第 985 条规定:"得利人没有法律根据取得不当利益的,受损失的人可以请求得利人返还取得的利益,但是有下列情形之一的除外:(一)为履行道德义务进行的给付;

(二)债务到期之前的清偿;(三)明知无给付义务而进行的债务清偿。"

(一)不当得利的构成要件

1. 须一方取得财产利益;
2. 须取得利益没有合法根据;
3. 须另一方受到损失;
4. 须一方所取得的利益与另一方所受到的损失之间存在因果关系。

(二)不当得利的法律效果

1. 善意受益人的返还义务:仅返还现存利益,即标的物现存价值多少,返还多少,如果已经不存在的,不承担返还该利益的义务。
2. 恶意受益人的返还义务:应返还其取得利益并依法赔偿损失。
3. 第三人的返还义务:受损失的人可以请求第三人在相应范围内承担返还义务。

👉 真题试接

1. 甲遗失其为乙保管的迪亚手表,为偿还乙,甲窃取丙的美茄手表和 4000 元现金。甲将美茄手表交乙,因美茄手表比迪亚手表便宜 1000 元,甲又从 4000 元中补偿乙 1000 元。乙不知甲的盗窃情节。乙将美茄手表赠与丁,又用该 1000 元的一半支付某自来水公司水费,另一半购得某商场一件衬衣。下列哪些说法是正确的?(   )(2015/03/61,多)
   A. 丙可请求丁返还手表
   B. 丙可请求甲返还 3000 元,请求自来水公司和商场各返还 500 元
   C. 丙可请求乙返还 1000 元不当得利
   D. 丙可请求甲返还 4000 元不当得利

2. 顺风电器租赁公司将一台电脑出租给张某,租期为 2 年。在租赁期间,张某谎称电脑是自己的,分别以市价与甲、乙、丙签订了三份电脑买卖合同并收取了三份价款,但张某把电脑实际交付给了乙。后乙的这台电脑被李某拾得,因暂时找不到失主,李某将电脑出租给王某获得很高收益。王某租用该电脑时出了故障,遂将电脑交给康成电脑维修公司维修。王某和李某就维修费的承担发生争执。康成公司因未收到修理费而将电脑留置,并告知王某如 7 天内不交费,将变卖电脑抵债。李某听闻后,于当日潜入康成公司偷回电脑。如乙请求李某返还电脑和所获利益,下列说法正确的是(   )。(2015/03/90,任)
   A. 李某向乙返还所获利益时,应以乙所受损失为限
   B. 李某应将所获利益作为不当得利返还给乙,但可以扣除支出的必要费用
   C. 乙应以所有权人身份而非不当得利债权人身份请求李某返还电脑
   D. 如李某拒绝返还电脑,需向乙承担侵权责任

3. 甲的房屋与乙的房屋相邻。乙把房屋出租给丙居住,并为该房屋在 A 公司买了火灾保险。某日甲见乙的房屋起火,唯恐大火蔓延自家受损,遂率家人救火,火势得到及时控制,

但甲被烧伤住院治疗。下列哪一表述是正确的?(   )(2014/03/20,单)

A. 甲主观上为避免自家房屋受损,不构成无因管理,应自行承担医疗费用

B. 甲依据无因管理只能向乙主张医疗费赔偿,因乙是房屋所有人

C. 甲依据无因管理只能向丙主张医疗费赔偿,因丙是房屋实际使用人

D. 甲依据无因管理不能向 A 公司主张医疗费赔偿,因甲欠缺为 A 公司的利益实施管理的主观意思

4. 甲聘请乙负责照看小孩,丙聘请丁做家务。甲和丙为邻居,乙和丁为好友。一日,甲突生急病昏迷不醒,乙联系不上甲的亲属,急将甲送往医院,并将甲的小孩委托给丁临时照看。丁疏于照看,致甲的小孩在玩耍中受伤。下列哪一说法是正确的?(   )(2012/03/21,单)

A. 乙将甲送往医院的行为属于无因管理

B. 丁照看小孩的行为属于无因管理,不构成侵权行为

C. 丙应当承担甲小孩的医疗费

D. 乙和丁对甲小孩的医疗费承担连带责任

【答案】

1. AD。《民法典》第 985 条。

2. BCD。《民法典》第 314 条、第 317 条、第 460 条、第 985 条。

3. D。《民法典》第 979 条。

4. A。《民法典》第 979 条、第 1192 条。

案例讨论

1. 原告甲与被告乙、丙等同学一起到小溪里去游泳。乙不会游泳,丙背乙游,游了一小段丙顶不住了,乙滑了下去沉入水中,甲奋力营救乙,几次把乙托出水面,最后经路人帮助把乙救上岸,但甲沉入水中,经抢救无效死亡。甲的父母要求被救助者乙的监护人赔偿人身损害和精神损害。

问:甲因管理事务而受到损害,可否要求乙赔偿精神损害?

2. 2014 年,原告甲担任乙公司的仓库报关员。2018 年,乙公司发现原告与丙、丁的职务侵占行为后,经过协商同意以 40 万元内部解决,不追究刑事责任。口头协议达成后,甲委托他人向乙公司打入 40 万元,但后来仍被举报追究刑事责任。2019 年,法院刑事判决书认定,甲共侵占单位财务 10 万元。于是,甲请求法院判令被告乙公司返还不当得利 30 万元及利息 54000 元。

问:当事人和解支付金额超过刑事案件认定数额的,可否主张返还不当得利?

第四编

人格权

　　人格尊严是至高无上的,人格权立法是我国《民法典》的一大亮点,充分展现了我国民法典的人文精神和人文关怀,蕴含了文明和谐的社会主义核心价值观。《民法典》人格权编立法充分彰显了人格尊严的基本理念,精神人格权独立成编的宗旨在于维护人格尊严。在人格权的行使过程中,人格尊严和自治也会发生冲突。在此情形下,如果法律对私法自治没有任何限制,就意味着要尊重当事人的自治,但由此会带来不利于人格尊严的结果。我国《民法典》人格权编将人格尊严作为其首要价值,就必然要求在人格尊严与财产利益的保护发生冲突时,应当向人格尊严保护倾斜,这种优先保护人格尊严的价值理念对于准确理解和运用人格权编的规则具有重要意义。①

《民法典》人格权编体例

第一章　一般规定(第 989 条至第 1001 条)

第二章　生命权、身体权和健康权(第 1002 条至第 1011 条)

第三章　姓名权和名称权(第 1012 条至第 1017 条)

第四章　肖像权(第 1018 条至第 1023 条)

第五章　名誉权和荣誉权(第 1024 条至第 1031 条)

第六章　隐私权和个人信息保护权(第 1032 条至第 1039 条)

经典案例

【案情】周星驰诉中建荣真无锡建材科技有限公司肖像权、姓名权纠纷案②

　　2017 年 1 月,原告周星驰根据影迷反映,被告中建荣真建材公司在其官网上最醒目位置发布"城市森林携手'星爷'一起见证生态墙板真功夫"的宣传广告。该宣传广告与"整屋快装,省心、省工、省时、省力,7 天毛坯变豪宅",以及"大中华区品牌招商,一城仅限一家代

---

　　①　王利明:《人格尊严:民法典人格权编的首要价值》,载《当代法学》2021 年第 1 期。

　　②　参见《最高人民法院公报》2020 年第 2 期。

理,全国火热开抢中"这两个分别针对消费者及代理商的宣传广告滚动显示。同时,原告又发现被告在"创业邦"网站也发布了"城市森林集成墙饰携手喜剧之王周星驰一起见证生态墙板真功夫"的宣传广告,并在原告的照片旁注明"华语喜剧演员、导演、编剧、监制、制片人、出品人代表作:《功夫》"。原告在 2017 年 1 月 13 日向被告发出了律师函,要求被告停止侵害、恢复名誉、消除影响、赔礼道歉。2017 年 9 月,原告朋友在虹桥火车站发现了《旅伴》杂志(2017 年第 2 期,总第 243 期)。该期的广告页上发布了"城市森林,全生态整屋快装,把森林搬回家"的宣传广告,在该广告最醒目位置展示"《功夫》主演周星驰携手城市森林环保产业"及"代表作:《功夫》《长江七号》《大话西游》《少林足球》《美人鱼》等",周星驰是华语影坛标志性人物之一,从他无厘头的喜剧表演方式中,观众往往能感受到喜剧背后揭示的一些深刻道理。年初上映的《美人鱼》将环保话题推向大众视野,这也与城市森林'生态环保'的初衷不谋而合。"被告在官网、创业邦网站以及在《旅伴》杂志发布的宣传广告,均使用了原告的肖像,用于招揽生意,侵犯了原告的肖像权。

上海第一中级人民法院认为被告以营利为目的,在网站、杂志的宣传广告上使用原告的肖像和姓名(艺名),且突出显示,构成对原告肖像权和姓名权的侵犯。自然人的姓名权、肖像权、名誉权、荣誉权受到侵害的,有权要求停止侵害,恢复名誉,消除影响,赔礼道歉,并可以要求赔偿损失。侵害他人人身权益,造成他人严重精神损害的,被侵权人可以请求精神损害赔偿。本案被告系营利法人,其未经原告周星驰同意使用原告肖像和姓名的行为已经侵犯了原告的肖像权和姓名权,依法应承担相应的侵权责任。

点评:尽管本案于 2017—2019 年间进行审理,彼时《民法典》尚未颁布实施,但本案仍旧彰显了《中华人民共和国民法总则》《中华人民共和国侵权责任法》《中华人民共和国民法通则》等法律中保障人格权的基本理念。随着 2021 年 1 月 1 日《中华人民共和国民法典》的正式实施,对于肖像权和名誉权侵权法律问题,《民法典》第四编人格权编有了更为详尽的规定。对于肖像的定义,也沿用了多年司法实践中形成的"可识别性"原则,在立法层面给予公民更多诉诸保护的空间。《民法典》生效后,对于自然人人格利益,特别是肖像利益的保护力度增加。因此,相关主体对于公众人物肖像的使用,更应持有谨慎态度。当然,公众人物对于社会公众的关注、相关媒体的肖像使用也需持有一定的容忍度。基于此如有必要使用公众人物的肖像时,应当以善意的、合法的方式使用,以获得公众人物的认可;如超出个人学习、艺术欣赏、新闻报道以及社会公众利益层面进行使用,应当及时获得授权。

知识梳理

人格权,是指民事主体对其特定的人格利益所享有的排除他人侵害,以维护和实现人身自由、人格尊严为目的的权利。

一、人格权的一般规定

(一)人格权的类型

《民法典》第 990 条规定:"人格权是民事主体享有的生命权、身体权、健康权、姓名权、名称权、肖像权、名誉权、荣誉权、隐私权等权利。除前款规定的人格权外,自然人享有基于人身自由、人格尊严产生的其他人格权益。"

1. 具体人格权

具体人格权,是指民事主体享有的生命权、身体权、健康权、姓名权、名称权、肖像权、名誉权、荣誉权、隐私权等权利。

2. 一般人格权

一般人格权,是指自然人对人身自由、人格尊严等一般人格利益予以支配,并排除他人干涉的权利。

【注意】一般人格权的权利主体为自然人。

一般人格权具有补充功能,对具体人权没有规定的,法院可以用一般人格权来裁判案件。

【例1】某广告公司员工甲与同事于 2018 年 2 月 24 日、3 月 2 日两次一起到 KTV 娱乐,KTV 工作人员均以其"面容不太好,怕影响店中生意"为由拒绝其入内,甲与 KTV 产生纠纷。2018 年 4 月,甲以 KTV 工作人员的行为侵害其人格尊严,给其造成极大的精神伤害为由向法院提起诉讼,要求 KTV 赔偿其精神损失费 6 万元、经济损失 3456 元,并要求 KTV 公开赔礼道歉。一审法院审理后判决 KTV 向甲书面赔礼道歉,赔偿交通费、复印费、咨费等 426.5 元,精神损失费 5000 元。KTV 不服判决,提起上诉。问:一审法院的认定是否正确?

分析:本案中 KTV 因原告甲容貌不太好而拒绝其进入自己经营的 KTV,并未侵害原告的具体人格权,如生命、健康、名誉、肖像、隐私等,但其行为确实对原告造成了一定的伤害,损害了原告的人格尊严,侵犯的是一般人格权。一审法院认定了被告的侵权行为并判决被告赔礼道歉、承担精神损害及其他财产损害责任,是正确的。

【例2】甲晚饭在小区遛狗,恰遇乙也带着一只牧羊犬在小区溜达,牧羊犬见到甲家的小狗后大声汪汪地叫,吓得甲家的小狗直往后缩,而乙并不制止,反而在一旁笑着唆使牧羊犬蹿起来去咬甲家的小狗,甲见状不高兴,捡起一根树枝挥舞着赶走牧羊犬并准备回家。乙却认为甲打了自家的牧羊犬,拦下甲让其向牧羊犬赔礼道歉,否则就让牧羊犬去咬小狗,甲不同意,二人争吵继而揪打起来。乙依仗自己人高个大,强行按住甲的头给牧羊犬跪下,后在他人的劝解下才放开甲。甲羞愧难当,感觉自己受到极大侮辱,向人民法院起诉,要求乙向自己赔礼道歉并给予精神赔偿。请分析乙的行为。

分析:本案中乙强迫甲给狗下跪,是侮辱人格,侵犯人格尊严的行为,侵犯了甲的一般人格利益,应该承担赔礼道歉,赔偿精神损害抚慰金的责任。

(二)人格权的性质

人格权不得放弃、转让、继承。

(三)人格利益的许可使用

《民法典》第 993 条规定:"民事主体可以将自己的姓名、名称、肖像等许可他人使用,但是依照法律规定或者根据其性质不得许可的除外。"

（四）死者人格利益的保护

《民法典》第 994 条规定："死者的姓名、肖像、名誉、荣誉、隐私、遗体等受到侵害的，其配偶、子女、父母有权依法请求行为人承担民事责任；死者没有配偶、子女且父母已经死亡的，其他近亲属有权依法请求行为人承担民事责任。"

（五）人格权的保护

1. 人格权请求权

《民法典》第 995 条规定："人格权受到侵害的，受害人有权依照本法和其他法律的规定请求行为人承担民事责任。受害人的停止侵害、排除妨碍、消除危险、消除影响、恢复名誉、赔礼道歉请求权，不适用诉讼时效的规定。"

2. 人格权责任竞合情形下精神损害赔偿

《民法典》第 996 条规定："因当事人一方的违约行为，损害对方人格权并造成严重精神损害，受损害方选择请求其承担违约责任的，不影响受损害方请求精神损害赔偿。"

本条规定了违约行为造成严重精神损害的，受害人也可以主张精神损害赔偿。

只要侵害人格权且造成严重精神损害的，不论是由于违约行为，还是侵权行为，受害人可以任意选择请求权的规范基础，均可以主张精神损害赔偿。

3. 人格权禁令

《民法典》第 997 条规定："民事主体有证据证明行为人正在实施或者即将实施侵害其人格权的违法行为，不及时制止将使其合法权益受到难以弥补的损害的，有权依法向人民法院申请采取责令行为人停止有关行为的措施。"

（六）人格利益的合理使用

《民法典》第 999 条规定："为公共利益实施新闻报道、舆论监督等行为的，可以合理使用民事主体的姓名、名称、肖像、个人信息等；使用不合理侵害民事主体人格权的，应当依法承担民事责任。"

（七）侵权责任的承担

1. 侵权责任认定时的考量因素

《民法典》第 998 条规定，认定行为人承担侵害除生命权、身体权和健康权外的人格权的民事责任，应当考虑行为人和受害人的职业、影响范围、过错程度，以及行为的目的、方式、后果等因素。

2. 消除影响、恢复名誉、赔礼道歉等责任的承担要求与方式

《民法典》第 1000 条规定："行为人因侵害人格权承担消除影响、恢复名誉、赔礼道歉等民事责任的，应当与行为的具体方式和造成的影响范围相当。行为人拒不承担前款规定的民事责任的，人民法院可以采取在报刊、网络等媒体上发布公告或者公布生效裁判文书等方式执行，产生的费用由行为人负担。"

二、具体人格权

（一）生命权、身体权和健康权

1. 生命权

生命权，是指自然人享有的以维护生命安全和生命尊严为内容的权利。

《民法典》第 1002 条规定："自然人享有生命权。自然人的生命安全和生命尊严受法律保护。任何组织或者个人不得侵害他人的生命权。"

构成生命权的侵害，需要产生死亡的结果，侵权人的主观意图不具有决定意义。

【例】甲应乙要求，协助乙完成自杀行为，请问甲是否构成对乙生命权的侵害？

分析：构成，因为协助自杀行为是对他人生命权的侵害。

2. 身体权

身体权，是指自然人对其肢体、器官、其他组织完整性及行动自由享有的权利。

《民法典》第 1003 条规定："自然人享有身体权。自然人的身体完整和行动自由受法律保护。任何组织或者个人不得侵害他人的身体权。"

身体权，强调保持身体完整和身体合理支配权。只要作为身体的有机组成部分，无论"真假"，均是身体权保护的客体。实践中，强制纹身、强制抽血、偷剪发辫、致人肢体残疾等，均属侵害身体权。

【例 1】甲女视其长发如生命，被情敌乙尽数剪去，问：乙是否构成对甲女的身体权的侵害？

分析：构成，剪去长发破坏身体的完整性，侵犯的系甲女的身体权。

【例 2】甲装了由专业人员才能够拆卸的假肢，乙在与甲的争执中打碎了甲的假肢，问：乙侵害了甲的什么权利？

分析：乙侵害了甲的身体权和财产权。首先，侵害身体权是因为假肢系专业人士安装拆卸，且维持甲身体基本功能的一部分，乙将假肢打碎侵害了甲的身体权。其次，甲重新安装假肢需要花钱，乙应当就安装假肢产生的财产损害承担赔偿责任。

3. 健康权

健康权，是指自然人享有的以身心健康受法律保护为内容的权利，包括生理与心理健康。

《民法典》第 1004 条规定："自然人享有健康权。自然人的身心健康受法律保护。任何组织或者个人不得侵害他人的健康权。"

健康权，强调的是健康维护、劳动能力保持和健康利益支配。违背他人意愿，以言语、行为等方式对他人实施性骚扰，侵害他人心理健康的，也构成对健康权的侵犯。

【例】2015 年 3 月 19 日早上，河北省某县农村某小学五年一班的学生到校上课。教师甲在上课后，对学生进行体罚，让全班学生都站着，一直站了一节课。第二节课开始后，甲让前排的学生开始依次伸出手来，自己手持削铅笔的小刀开始在学生的手上划。第一个被划的学生叫乙，甲是用刀背划的。对第二个学生，甲是用刀锋划，学生被划得哭了。后来有的学生迟迟不伸出手来，甲就威胁："不伸出手来就直接在脸上划。"学生只好伸出手来，让老师划。在划到最后一排时，一个男生被吓得大小便失禁，晕了过去。全班 41 名学生的手全被该老师用刀划过,有的没被划破,有的被划破出血。请分析甲的行为。

分析:教师甲对41名学生的行为,是一种侵害身体权及健康权的侵权行为。

4.若干具体制度

(1)器官捐献

《民法典》第1006条规定:"完全民事行为能力人有权依法自主决定无偿捐献其人体细胞、人体组织、人体器官、遗体。任何组织或者个人不得强迫、欺骗、利诱其捐献。完全民事行为能力人依据前款规定同意捐献的,应当采用书面形式,也可以订立遗嘱。自然人生前未表示不同意捐献的,该自然人死亡后,其配偶、成年子女、父母可以共同决定捐献,决定捐献应当采用书面形式。"

自然人捐献自己的身体组成部分或者遗体,是行使身体权的行为。

(2)器官买卖

《民法典》第1007条规定:"禁止以任何形式买卖人体细胞、人体组织、人体器官、遗体。违反前款规定的买卖行为无效。"

(3)临床试验

《民法典》第1008条规定:"为研制新药、医疗器械或者发展新的预防和治疗方法,需要进行临床试验的,应当依法经相关主管部门批准并经伦理委员会审查同意,向受试者或者受试者的监护人告知试验目的、用途和可能产生的风险等详细情况,并经其书面同意。进行临床试验的,不得向受试者收取试验费用。"

(4)医学和科研活动

《民法典》第1009条规定:"从事与人体基因、人体胚胎等有关的医学和科研活动,应当遵守法律、行政法规和国家有关规定,不得危害人体健康,不得违背伦理道德,不得损害公共利益。"

(5)性骚扰

《民法典》第1010条规定:"违背他人意愿,以言语、文字、图像、肢体行为等方式对他人实施性骚扰的,受害人有权依法请求行为人承担民事责任。机关、企业、学校等单位应当采取合理的预防、受理投诉、调查处置等措施,防止和制止利用职权、从属关系等实施性骚扰。"

(6)非法拘禁、非法搜查

《民法典》第1011条规定:"以非法拘禁等方式剥夺、限制他人的行动自由,或者非法搜查他人身体的,受害人有权依法请求行为人承担民事责任。"

(二)姓名权和名称权

1.姓名权

《民法典》第1012条规定:"自然人享有姓名权,有权依法决定、使用、变更或者许可他人使用自己的姓名,但是不得违背公序良俗。"

姓名权的内容主要包括:(1)决定权;(2)使用权;(3)变更权;(4)许可他人使用自己的姓名。

2.名称权

《民法典》第1013条规定:"法人、非法人组织享有名称权,有权依法决定、使用、变更、转让或者许可他人使用自己的名称。"

名称权的内容主要包括:(1)决定权;(2)使用权;(3)变更权;(4)全部转让和部分转让权。

3. 侵害姓名权和名称权的形式:干涉、盗用、假冒等方式。

4. 姓氏的选择

《民法典》第1015条规定:"自然人应当随父姓或者母姓,但是有下列情形之一的,可以在父姓和母姓之外选取姓氏:(一)选取其他直系长辈血亲的姓氏;(二)因由法定扶养人以外的人扶养而选取扶养人姓氏;(三)有不违背公序良俗的其他正当理由。少数民族自然人的姓氏可以遵从本民族的文化传统和风俗习惯。"

5. 姓名与名称的扩展保护

《民法典》第1017条规定:"具有一定社会知名度,被他人使用足以造成公众混淆的笔名、艺名、网名、译名、字号、姓名和名称的简称等,参照适用姓名权和名称权保护的有关规定。"

【例1】乙美容机构未经甲同意,将甲整容前后的照片发布到丙网站上,并在照片下标注了甲的姓名。请问:乙美容机构的行为是否构成对甲姓名权的侵害?

分析:乙美容院"未经"甲同意将照片发布到丙网站上,并在介绍该照片时使用甲的真实姓名,属于盗用行为,侵犯了甲的姓名权。

【例2】甲冒用法考名师乙的名字,出版法考书,获利100万元,乙自己的书滞销。请问:甲侵害了乙的什么权利?

分析:侵害了乙的姓名权。

【例3】吕某与张某给女儿起名为"南雁林依",是否符合姓名权的法律规定?为什么?

分析:不符合姓名权的法律规定。行使姓名权要求不违反法律和公序良俗。吕某与张某给女儿取名南雁林依,姓氏既非父姓又非母姓,更非其他直系长辈血亲的姓氏,其名字不符合姓名权的行使要求。

(三)肖像权

《民法典》第1018条规定:"自然人享有肖像权,有权依法制作、使用、公开或者许可他人使用自己的肖像。肖像是通过影像、雕塑、绘画等方式在一定载体上所反映的特定自然人可以被识别的外部形象。"

1. 肖像权的内容

(1)制作权;(2)使用权;(3)公开权;(4)许可他人使用权。

2. 肖像权的保护(《民法典》第1019条)

(1)不得以丑化、污损,或者利用信息技术手段伪造等方式侵害他人的肖像权。未经肖像权人同意,不得制作、使用、公开肖像权人的肖像,但是法律另有规定的除外。

(2)未经肖像权人同意,肖像作品权利人不得以发表、复制、发行、出租、展览等方式使用或者公开肖像权人的肖像。

【例】甲因一档电视相亲节目中言辞犀利而受到观众关注,一时应者如云。有网民对其发动"人肉搜索",在相关网站首次披露甲的曾用名、儿时照片、家庭背景、恋爱史等信息,并有人在网站上捏造甲曾与某明星有染的情节。关于网民的行为,侵害了甲的哪些权利?

分析:侵害了甲的肖像权、隐私权、名誉权。

3. 肖像权的合理使用(《民法典》第 1020 条)

合理实施下列行为的,可以不经肖像权人同意:

(1)为个人学习、艺术欣赏、课堂教学或者科学研究,在必要范围内使用肖像权人已经公开的肖像;

(2)为实施新闻报道,不可避免地制作、使用、公开肖像权人的肖像;

(3)为依法履行职责,国家机关在必要范围内制作、使用、公开肖像权人的肖像;

(4)为展示特定公共环境,不可避免地制作、使用、公开肖像权人的肖像;

(5)为维护公共利益或者肖像权人合法权益,制作、使用、公开肖像权人的肖像的其他行为。

4. 肖像权的许可使用合同

(1)解释:当事人对肖像许可使用合同中关于肖像使用条款的理解有争议的,应当作出有利于肖像权人的解释。

理解:因为许可使用合同通常是由被许可人提供的格式合同;如何解释,关系权利人的人格利益。

(2)解除(《民法典》第 1022 条):

①当事人对肖像许可使用期限没有约定或者约定不明确的,任何一方当事人可以随时解除肖像许可使用合同,但是应当在合理期限之前通知对方。

②当事人对肖像许可使用期限有明确约定,肖像权人有正当理由的,可以解除肖像许可使用合同,但是应当在合理期限之前通知对方。因解除合同造成对方损失的,除不可归责于肖像权人的事由外,应当赔偿损失。

5. 对自然人声音的保护

根据《民法典》第 1023 条的规定,对自然人声音的保护,参照适用肖像权保护的有关规定。

(四)名誉权和荣誉权

1. 名誉权

《民法典》第 1024 条规定:"民事主体享有名誉权。任何组织或者个人不得以侮辱、诽谤等方式侵害他人的名誉权。名誉是对民事主体的品德、声望、才能、信用等的社会评价。"

(1)侵权形态:侮辱、捏造虚假事实等

(2)新闻、舆论行为的侵权情形

《民法典》第 1025 条规定:"行为人为公共利益实施新闻报道、舆论监督等行为,影响他人名誉的,不承担民事责任,但是有下列情形之一的除外:(一)捏造、歪曲事实;(二)对他人提供的严重失实内容未尽到合理核实义务;(三)使用侮辱性言辞等贬损他人名誉。"

如何判断行为人是否履行了合理核实的义务?

《民法典》第 1026 条规定:"认定行为人是否尽到前条第二项规定的合理核实义务,应当考虑下列因素:(一)内容来源的可信度;(二)对明显可能引发争议的内容是否进行了必要的调查;(三)内容的时限性;(四)内容与公序良俗的关联性;(五)受害人名誉受贬损的可能性;(六)核实能力和核实成本。"

(3)文学、艺术作品侵权

《民法典》第1027条规定："行为人发表的文学、艺术作品以真人真事或者特定人为描述对象，含有侮辱、诽谤内容，侵害他人名誉权的，受害人有权依法请求该行为人承担民事责任。行为人发表的文学、艺术作品不以特定人为描述对象，仅其中的情节与该特定人的情况相似的，不承担民事责任。"

(4)报刊、网络媒体报道内容失实侵害名誉权补救规定

《民法典》第1028条规定："民事主体有证据证明报刊、网络等媒体报道的内容失实，侵害其名誉权的，有权请求该媒体及时采取更正或者删除等必要措施。"

(5)信用评价的查询与更正

《民法典》第1029条规定："民事主体可以依法查询自己的信用评价；发现信用评价不当的，有权提出异议并请求采取更正、删除等必要措施。信用评价人应当及时核查，经核查属实的，应当及时采取必要措施。"

2. 荣誉权

《民法典》第1031条规定："民事主体享有荣誉权。任何组织或者个人不得非法剥夺他人的荣誉称号，不得诋毁、贬损他人的荣誉。获得的荣誉称号应当记载而没有记载的，民事主体可以请求记载；获得的荣誉称号记载错误的，民事主体可以请求更正。"

(五)隐私权和个人信息保护

1. 隐私权

《民法典》第1032条规定："自然人享有隐私权。任何组织或者个人不得以刺探、侵扰、泄露、公开等方式侵害他人的隐私权。隐私是自然人的私人生活安宁和不愿为他人知晓的私密空间、私密活动、私密信息。"

隐私的范围：私人生活安宁、私密空间、私密活动、私密信息。

根据《民法典》第1033条的规定，侵害他人隐私权的具体表现为：

(1)以电话、短信、即时通讯工具、电子邮件、传单等方式侵扰他人的私人生活安宁；

(2)进入、拍摄、窥视他人的住宅、宾馆房间等私密空间；

(3)拍摄、窥视、窃听、公开他人的私密活动；

(4)拍摄、窥视他人身体的私密部位；

(5)处理他人的私密信息；

(6)以其他方式侵害他人的隐私权。

【例】2018年3月3日，甲在自己的博客中发文称自己被教授乙"潜规则"过，一直秘密交往并为之生子。记者丙利用甲发在博客中的信息大肆炒作，请问丙是否侵害了甲的隐私权？

分析：没有侵害。自然人自行在网络上公开的信息不构成侵犯隐私权。

2. 个人信息保护

《民法典》第1034条规定："自然人的个人信息受法律保护。个人信息是以电子或者其他方式记录的能够单独或者与其他信息结合识别特定自然人的各种信息，包括自然人的姓名、出生日期、身份证件号码、生物识别信息、住址、电话号码、电子邮箱、健康信息、行踪信息等。个人信息中的私密信息，适用有关隐私权的规定；没有规定的，适用有关个人信息保护

的规定。"

（1）个人信息处理的原则

《民法典》第1035条规定："处理个人信息的，应当遵循合法、正当、必要原则，不得过度处理，并符合下列条件：（一）征得该自然人或者其监护人同意，但是法律、行政法规另有规定的除外；（二）公开处理信息的规则；（三）明示处理信息的目的、方式和范围；（四）不违反法律、行政法规的规定和双方的约定。个人信息的处理包括个人信息的收集、存储、使用、加工、传输、提供、公开等。"

（2）合理使用

《民法典》第1036条规定："处理个人信息，有下列情形之一的，行为人不承担民事责任：（一）在该自然人或者其监护人同意的范围内合理实施的行为；（二）合理处理该自然人自行公开的或者其他已经合法公开的信息，但是该自然人明确拒绝或者处理该信息侵害其重大利益的除外；（三）为维护公共利益或者该自然人合法权益，合理实施的其他行为。"

（3）个人信息主体的权利

《民法典》第1036条规定："自然人可以依法向信息处理者查阅或者复制其个人信息；发现信息有错误的，有权提出异议并请求及时采取更正等必要措施。自然人发现信息处理者违反法律、行政法规的规定或者双方的约定处理其个人信息的，有权请求信息处理者及时删除。"

（4）信息处理者对个人信息安全保护义务

《民法典》第1038条规定："信息处理者不得泄露或者篡改其收集、存储的个人信息；未经自然人同意，不得向他人非法提供其个人信息，但是经过加工无法识别特定个人且不能复原的除外。信息处理者应当采取技术措施和其他必要措施，确保其收集、存储的个人信息安全，防止信息泄露、篡改、丢失；发生或者可能发生个人信息泄露、篡改、丢失的，应当及时采取补救措施，按照规定告知自然人并向有关主管部门报告。"

👉 真题试接

1. 乙与甲长相酷似，平常也有交往。某日，乙获悉甲获得了"劳动模范"的荣誉称号并有奖金，便伪造了甲的身份证件，到相关部门签字冒领了该笔奖金。根据《民法典》的规定，下列说法正确的是（　　）。（2020/02/48,任）

A. 乙侵害了甲的荣誉权　　　　　B. 乙侵害了甲的姓名权

C. 乙侵害了甲的财产权　　　　　D. 乙的行为构成不当得利

2. 张某因出售公民个人信息被判刑，孙某的姓名、身份证号码、家庭住址等信息也在其中，买方是某公司。下列哪一选项是正确的？（　　）（2017/03/20,单）

A. 张某侵害了孙某的身份权

B. 张某侵害了孙某的名誉权

C. 张某侵害了孙某对其个人信息享有的民事权益

D. 某公司无须对孙某承担民事责任

3. 摄影爱好者李某为好友丁某拍摄了一组生活照,并经丁某同意上传于某社交媒体群中。蔡某在社交媒体群中看到后,擅自将该组照片上传于某营利性摄影网站,获得报酬若干。对蔡某的行为,下列哪一说法是正确的?(   )(2017/03/21,单)

A. 侵害了丁某的肖像权和身体权

B. 侵害了丁某的肖像权和李某的著作权

C. 侵害了丁某的身体权和李某的著作权

D. 不构成侵权

4. 下列哪一情形构成对生命权的侵犯?(   )(2016/03/22,单)

A. 甲女视其长发如生命,被情敌乙尽数剪去

B. 丙应丁要求,协助丁完成自杀行为

C. 戊为报复欲置己于死地,结果将己打成重伤

D. 庚医师因误诊致辛出生即残疾,辛认为庚应对自己的错误出生负责

5. 欣欣美容医院在为青年女演员欢欢实施隆鼻手术过程中,因未严格消毒导致欢欢面部感染,经治愈后面部仍留下较大疤痕。欢欢因此诉诸法院,要求欣欣医院赔偿医疗费并主张精神损害赔偿。该案受理后不久,欢欢因心脏病急性发作猝死。网络名人洋洋在其博客上杜撰欢欢吸毒过量致死。下列哪一表述是错误的?(   )(2014/03/22,单)

A. 欣欣医院构成违约行为和侵权行为

B. 欢欢的继承人可继承欣欣医院对欢欢支付的精神损害赔偿金

C. 洋洋的行为侵犯了欢欢的名誉权

D. 欢欢的母亲可以欢欢的名义对洋洋提起侵权之诉

6. 甲用其拾得的乙的身份证在丙银行办理了信用卡,并恶意透支,致使乙的姓名被列入银行不良信用记录名单。经查,丙银行在办理发放信用卡之前,曾通过甲在该行留下的乙的电话(实为甲的电话)核实乙是否申请办理了信用卡。根据我国现行法律规定,下列哪一表述是正确的?(   )(2013/03/22,单)

A. 甲侵犯了乙的姓名权   B. 甲侵犯了乙的名誉权

C. 甲侵犯了乙的信用权   D. 丙银行不应承担责任

7. 乙因病需要换肾,其兄甲的肾脏刚好配型成功,甲、乙父母和甲均同意由甲捐肾。因甲是精神病人,医院拒绝办理。后甲意外死亡,甲、乙父母决定将甲的肾脏捐献给乙。下列哪一表述是正确的?(   )(2011/03/02,单)

A. 甲决定将其肾脏捐献给乙的行为有效

B. 甲生前,其父母决定将甲的肾脏捐献给乙的行为有效

C. 甲死后,其父母决定将甲的肾脏捐献给乙的行为有效

D. 甲死后,其父母决定将甲的肾脏捐献给乙的行为无效

【答案】

1. BCD。《民法典》第 985 条、第 1012 条、第 1031 条。

2. C。《民法典》第 1034 条。

3. B。《民法典》第 1018 条、第 1019 条。

4. B。《民法典》第 16 条、第 1002 条。

5. D。《民法典》第 994 条、第 1024 条、第 1218 条。

6. A。《民法典》第 1012 条、第 1014 条。

7. C(原答案为 D)。《民法典》第 35 条、第 1006 条。

案例讨论

甲杜撰名人丙有一私生子,撰写文章将儿童乙的身份、照片、经历曝光,并在报道中称其是丙与丁的"私生子"。杂志一时热卖,丙的微博评论区一度被黑粉"攻陷",导致丙严重精神损害。丙乘坐公交出门办事,因心情不佳,未留意便乘坐过站,于是心生怨气,立即要求司机让自己下车。司机不予理睬,丙遂殴打司机,司机立刻还击,致使公共汽车与正常驾车相向行驶的戊迎面相撞后失控坠入江中。丙、司机以及车上所有乘客无一幸免。事后,有不明真相的网友散布谣言,称该事故系戊逆行所致。因而,戊被各网友人肉搜索,发现其为某英雄烈士的后代,引起众多网友对戊及某英雄烈士的侮辱与谩骂。

己向网友庚出售戊个人信息,后东窗事发,被警察逮捕,己因出售公民个人信息被判刑。经查己不仅向庚出售了戊的姓名、身份证号码、生活照,戊的家庭住址等信息也在其中。庚系某美容公司经理,庚知晓戊系著名整容专家,购得戊信息以后,将戊个人照片放在公司网站上宣传并注明戊姓名,称其为公司特约教授。

问:(1)甲是否侵害丙的名誉权?

(2)甲侵害了乙的哪些权利?

(3)戊是否有权就某英雄烈士名誉、荣誉受损向法院提起诉讼?如经法院审判后,侵权人拒不执行生效判决,拒绝赔礼道歉、恢复名誉等,可采取何种措施?为什么?

(4)己侵害了戊什么权利?

(5)庚侵害了戊什么权利?

第五编

婚姻家庭

　　婚姻是家庭的基础,家庭是中国社会组成的最小单元,婚姻家庭与人的一生紧紧相随,幸福家庭是伟大中国梦的出发点与落脚点,是法治需要维护的重大利益,婚姻作为构成家庭的起步制度,是规范婚姻关系和家庭关系的基本准则,与每一个人息息相关,重要性不可言喻。《民法典》婚姻家庭编对婚姻家庭生活的新情况、新问题,在结婚、离婚、子女抚养教育等方面完善了相关规定,符合当今时代快速的发展需求,进一步捍卫了婚姻的神圣性,维护了家庭的稳定,更好地保护了婚姻中的弱势群体。例如,未成年人、哺乳期妇女的合法权益。婚姻家庭编以文明、和谐、自由、平等、法治、友善等社会主义核心价值为导向,更加注重保护婚姻家庭、维护婚姻家庭的伦理属性,为稳定婚姻关系、家庭关系提供了较为全面的依据,积极倡导家庭文明建设,有助于家庭树立优良家风、弘扬家庭美德,进一步建设家庭文明,共建并维护平等、和睦文明的婚姻家庭关系。

《民法典》婚姻家庭编体例

第一讲　结婚

经典案例

【案情】隐瞒婚前病史离婚纠纷案

李某与江某经朋友介绍相识，很快确定恋爱关系，并在 2019 年 11 月正式订婚。2020 年 6 月，李某发现自己怀孕，两人于 6 月 28 日领取结婚证。但第二天，江某才坦白自己是一名艾滋病患者，且患病时间长达 8 年的事实。

虽然江某坚持称，经过数年治疗，他罹患的艾滋病已不在传染期内，传染给李某及其腹内宝宝的可能性极小，且最终检查证明，李某确实未被传染。但丈夫身患艾滋病以及隐瞒病情的事实，依然让李某无法接受。尽管两人此前感情基础不错，但李某还是决定中止妊娠并向上海闵行法院起诉要求撤销婚姻。

本案争议的焦点在于，按照原本婚姻法的有关规定，艾滋病并不属于必然导致婚姻无效的疾病。江某虽患有艾滋病，但经过长期药物控制，已不在传染期内，因此若李某起诉要求宣告婚姻无效，将无法得到支持；若她起诉要求撤销婚姻，又不符合婚姻法规定的可撤销情形。根据《民法典》第 1053 条的规定，"一方患有重大疾病的，应当在结婚登记前如实告知另一方；不如实告知的，另一方可以向人民法院请求撤销婚姻。请求撤销婚姻的，应当自知道或者应当知道撤销事由之日起一年内提出"。根据法庭上的陈述，江某早已得知自己身患艾滋病，却始终没有告知李某。直到两人按要求去做婚前检查，医生发现江某患病，告诉他若不坦白，第二天也将告知李某，江某这才将真相和盘托出。上海闵行法院认为，"本案中，原、被告登记结婚时间在民法典实施之前、颁布之后，且原、被告的婚姻状态一直持续至今，所涉可撤销情形属于民法典的新增规定，从保护无过错方的利益出发，按照有利溯及原则，法院最终判决撤销原告李某与被告江某的婚姻关系"。

点评：在先前的婚姻法中，若夫妻一方在婚后还患有重大疾病的，那么当夫妻另一方起诉离婚时，法官往往就会陷入两难境地，即究竟是判决离婚还是判决婚姻无效，对此在司法实践中也一直没有定论。《民法典》增设的第 1053 条新规定，为这类案件提供了统一的审理标准，即只要是"重大疾病"并且患病一方没有事先告知对方事实的，那么对方就可以主张撤销婚姻。

基于我国传统婚姻观念及民法典相关规定，婚前坦白过往病史不仅是对夫妻双方的尊重，更是对公民婚姻自由和知情权的保障，而且有助于遏制隐瞒疾病的骗婚行为，有益于创建幸福家庭、和谐社会。

知识梳理

一、结婚的概念和条件

（一）概念

结婚，即婚姻关系的成立，男女双方依照法定条件和程序，建立夫妻关系的双方民事法律行为。

（二）条件

1. 实质要件：有效的婚姻关系需要同时满足以下所有法定条件，并排除禁止条件。
（1）法定条件（《民法典》第 1041 条、第 1046 条）
需要同时满足以下条件：男女双方完全自愿，双方均达到法定婚龄，双方均无配偶。
（2）禁止条件
禁止出现以下任一情况：未达到法定婚龄，非出于自愿，男女双方为直系血亲或三代以内旁系血亲。
2. 形式要件：结婚登记。
《民法典》第 1049 条规定："要求结婚的男女双方应当亲自到婚姻登记机关申请结婚登记。符合本法规定的，予以登记，发给结婚证。完成结婚登记，即确立婚姻关系。未办理结婚登记的，应当补办登记。"
自 1994 年 2 月 1 日起，民法上不再承认事实婚姻，未补办登记的，按同居关系处理；补办登记的，具有溯及力，溯及至具有婚姻的实质要件时具有婚姻效力。
《最高人民法院关于适用〈中华人民共和国民法典〉婚姻家庭编的解释（一）》（以下简称《婚姻家庭编解释（一）》）第 6 条规定："男女双方依据民法典第 1049 条规定补办结婚登记的，婚姻关系的效力从双方均符合民法典所规定的结婚的实质要件时起算。"
《婚姻家庭编解释（一）》第 7 条规定："未依据民法典第 1049 条规定办理结婚登记而以夫妻名义共同生活的男女，提起诉讼要求离婚的，应当区别对待：（一）1994 年 2 月 1 日民政部《婚姻登记管理条例》公布实施以前，男女双方已经符合结婚实质要件的，按事实婚姻处理。（二）1994 年 2 月 1 日民政部《婚姻登记管理条例》公布实施以后，男女双方符合结婚实质要件的，人民法院应当告知其补办结婚登记。未补办结婚登记的，依据本解释第三条规定处理。"
《婚姻家庭编解释（一）》第 8 条规定："未依据民法典第 1049 条规定办理结婚登记而以夫妻名义共同生活的男女，一方死亡，另一方以配偶身份主张享有继承权的，依据本解释第 7 条的原则处理。"
【例】甲与乙同居并举办婚宴后，开始以夫妻名义共同生活，3 年后双方办理了结婚登记。甲、乙在以夫妻名义共同生活期间以及婚姻关系存续期间，共购买了 3 处房产。后来甲、乙因感情破裂要求离婚，二人对婚姻关系发生效力的起算时间产生了争执，继而影响了财产的分割。问：甲、乙婚姻关系的效力从何时起算？

分析：一般情况下，要求结婚的男女双方亲自到婚姻登记机构完成结婚登记时，才确立婚姻关系。如果男女双方符合法律所规定的结婚的实质要件，之后补办登记的，根据《婚姻家庭编解释（一）》第6条的规定，双方的婚姻关系效力追溯到符合结婚的实质要件时起算。本案中，甲、乙同居并举办婚宴，双方以夫妻名义共同生活多年后补办了结婚登记，双方在举办婚宴时如果均已符合结婚的实质条件，双方的婚姻关系的效力应从举办婚宴时开始起算。

二、无效婚姻

无效婚姻，是指男女双方的婚姻关系，因违反结婚的实质性要件，自结婚时自始不存在婚姻效力的瑕疵情形。

（一）无效情形（《民法典》第1051条）

1. 重婚；
2. 有禁止结婚的亲属关系；
3. 未到法定婚龄。

【例1】甲与乙登记结婚3年后，乙向法院请求确认该婚姻无效。乙提出的下列哪一理由可以成立？（1）乙登记结婚的实际年龄离法定年龄相差2年；（2）甲婚前谎称是海归博士且有车有房，乙婚后发现上当；（3）甲与乙是表兄妹关系；（4）甲以揭发乙父受贿为由胁迫乙结婚。

分析：（3）。

【例2】甲，女，18岁，欲与男友登记结婚，因未达到法定婚龄，便用姐姐乙的身份证与男友办理了结婚登记。两年后，乙去办理结婚登记，被告知其两年前已经与他人登记结婚。问：乙可否向法院请求确认甲与其男友的婚姻登记无效？

分析：不可以。婚姻无效的事由仅限三种情形，乙与妹妹男友的婚姻登记属于程序上有瑕疵，不属于宣告婚姻无效的事由。

（二）无效婚姻的确认

1. 无效婚姻应由法院确认，需注意：
（1）无效情形已消除的，不能确认婚姻无效；
（2）确属无效婚姻的，法院应依法作出宣告婚姻无效的判决，不允许原告申请撤诉；
（3）一审终审，不得上诉，不适用调解，但涉及财产分割和子女抚养的部分可以上诉和调解。

2. 无效婚姻的补正（《婚姻家庭编解释（一）第10条》
当事人向人民法院申请宣告婚姻无效时，若法定的无效情形已经消失，人民法院不予受理。
（1）可以补正：①重婚的，有配偶的一方已与原配偶解除婚姻关系（或原配偶已死亡）；②未达到法定婚龄者已达到法定婚龄。
（2）无法补正：夫妻双方属禁止结婚的亲属关系。

【例1】甲和乙是双胞胎，甲和丙打算在情人节当天领结婚证，不幸甲意外遇到车祸，为了不耽误情人节当天领证，遂让弟弟乙顶替自己与丙去民政局领证。后甲在住院期间与护士丁互生情愫。问：甲是否可以以非本人登记结婚为由，向法院起诉请求确认其与丙的婚姻关系无效？

分析：不可以。法院应当判决驳回诉讼请求。原因乙顶替甲与丙登记结婚，不属于《民法典》第1051条规定的无效婚姻情形。若甲以结婚登记程序存在瑕疵为由提起诉讼，主张撤销结婚登记的，法院告知其可依法申请行政复议或提起行政诉讼的途径解决。（《婚姻家庭编解释（一）第17条）

【例2】一名年满22周岁的男性甲为尽快同年仅18岁的女友乙结婚，向婚姻登记机构隐瞒乙的真实年龄，成功办理结婚登记。4年后，甲、乙因感情不和，乙以办理结婚登记时未达到法定婚龄为由向法院起诉，请求宣告甲、乙婚姻无效。问：人民法院应如何判决？

分析：人民法院对乙的请求不予支持。

三、可撤销婚姻

可撤销婚姻，是指男女双方具有婚姻关系，但是该关系存在瑕疵，依法可予以撤销。

（一）受胁迫结婚

《民法典》第1052条规定："因胁迫结婚的，受胁迫的一方可以向人民法院请求撤销婚姻。请求撤销婚姻的，应当自胁迫行为终止之日起一年内提出。被非法限制人身自由的当事人请求撤销婚姻的，应当自恢复人身自由之日起一年内提出。"

（二）一方隐瞒重大疾病而未如实告知

《民法典》第1053条规定："一方患有重大疾病的，应当在结婚登记前如实告知另一方；不如实告知的，另一方可以向人民法院请求撤销婚姻。请求撤销婚姻的，应当自知道或者应当知道撤销事由之日起一年内提出。"

【注意】受欺诈订立的婚姻有效。

【例1】甲和乙恋爱时，伪造学历和家世背景，哄骗乙与自己结婚。婚后乙发现甲的谎言，此时，乙是否能主张撤销其婚姻？

分析：甲对于自身条件进行的欺诈与隐瞒，不属于可撤销婚姻的事由，乙不能以此向法院主张撤销婚姻。

【例2】甲与乙长期保持同性恋关系，后迫于父母压力甲娶丙为妻。婚后，丙得知甲在婚前和婚后一直与乙保持同性恋关系，非常痛苦。问：丙是否可以请求撤销婚姻？

分析：在本案中，虽然甲隐瞒其是同性恋的重大事实，导致丙结婚的意思表示不真实，但并不存在法定撤销婚姻的情形。因此，丙不可请求撤销该婚姻。

四、婚姻无效、被撤销的后果

《民法典》第1054条规定："无效的或者被撤销的婚姻自始没有法律约束力，当事人不具有夫妻的权利和义务。同居期间所得的财产，由当事人协议处理；协议不成的，由人民法院根据照顾无过错方的原则判决。对重婚导致的无效婚姻的财产处理，不得侵害合法婚姻当事人的财产权益。当事人所生的子女，适用本法关于父母子女的规定。婚姻无效或者被撤销的，无过错方有权请求损害赔偿。"

真题试接

1. 孟某(35岁)已婚,与妻子胡某育有一子,家庭关系融洽。后孟某网上认识了秦某(22岁),并迅速交好。秦某未要求孟某离婚,孟某便与秦某签订了一份特殊协议,约定未来财产共同所有,并且任一方如全部丧失或部分丧失行为能力,则另一方为其监护人。关于该协议的性质、效力和影响,下列哪些说法是正确的?( )(2020/02/36,多)

A. 协议部分内容构成监护协议　　B. 孟某已构成事实上的重婚

C. 协议部分内容违反公序良俗　　D. 协议部分内容系属无权处分

2. 甲(男)与乙(女)在外地打工期间相识,之后二人确立了恋爱关系并同居。后乙发现甲有很多缺点,两人并不合适在一起,遂提出分手。甲不同意,并用乙的裸照相威胁(实际上并没有裸照),称如果乙不同意与之结婚便在网上发布乙的裸照。乙无奈,遂与之结婚。关于本案,下列哪一说法是正确的?( )(2020/02/12,单)

A. 甲和乙的婚姻合法有效

B. 因甲欺诈婚姻可撤销

C. 因甲胁迫婚姻可撤销

D. 因婚姻并非乙的真实意思表示而无效

3. 甲男(60岁)与乙女(25岁)约定:"如乙好好照顾甲,婚后甲就将自己名下唯一一套住房赠送给乙。"乙表示同意。婚后,甲如约将房屋过户到乙名下。乙对甲却态度冷漠,将甲赶出家门。下列哪个选项是正确的?( )(2019/02/22,单)

A. 甲可向法院主张撤销该婚姻

B. 甲和乙之间的婚姻无效

C. 甲可以撤销对乙的赠与

D. 甲的赠与是合法自愿的,不能撤销

4. 高甲患有精神病,其父高乙为监护人。2009年高甲与陈小美经人介绍认识,同年12月陈小美以其双胞胎妹妹陈小丽的名义与高甲登记结婚,2011年生育一子高小甲。2012年高乙得知儿媳的真实姓名为陈小美,遂向法院起诉。诉讼期间,陈小美将一直由其抚养的高小甲户口迁往自己原籍,并将高小甲改名为陈龙,高乙对此提出异议。下列哪一选项是正确的?( )(2017/03/17,单)

A. 高甲与陈小美的婚姻属无效婚姻

B. 高甲与陈小美的婚姻属可撤销婚姻

C. 陈小美为高小甲改名的行为侵害了高小甲的合法权益

D. 陈小美为高小甲改名的行为未侵害高甲的合法权益

【答案】

1. ACD。《民法典》第8条、第30条。

2. C。《民法典》第1052条。

3. C。《民法典》第1051条、第663条。

4.D。无效婚姻、可撤销婚姻、子女姓名权。

案例讨论

甲（男）与乙（女）均已达到法定婚龄，双方的母亲是姐妹，二人于 2016 年 5 月发生两性关系导致乙怀孕，在父母的敦促下，于同年 12 月隐瞒姨表兄妹关系，办理了结婚登记，并于 2017 年 2 月生下一个有智力缺陷的女儿。2017 年 5 月，甲的祖父向人民法院提请要求宣告甲、乙的婚姻关系无效。经审理，查实双方确系禁止结婚的亲属，且均不愿意抚养女儿。一审法院随即判决双方婚姻关系无效，其女儿由乙抚养，甲承担部分抚养费。乙不服，提出上诉，认为：第一，甲之祖父无权提出宣告婚姻无效的诉请；第二，人民法院审理中未进行调解即宣告婚姻无效，违反法定程序；第三，为了保护女方权益，即使婚姻无效，双方所生女儿也应由男方抚养。

请问：二审人民法院应否支持乙的主张？

第二讲　家庭关系

经典案例

【案情】"90 后"夫妻拒绝抚养女儿离婚纠纷案

赵某和钱某于 2016 年 10 月育有一个女儿，同年 11 月，两人办理了结婚登记手续。一年后，夫妻俩带着女儿到外地工作生活。为了方便照顾孩子，钱某的父母随同一起生活。此后，夫妻俩经常为生活琐事、家庭经济开支等问题发生争吵，嫌隙越来越大，也已经分居。

2020 年 1 月，赵某向浙江省温州市永嘉县法院提起诉讼，称双方感情不和，已分居半年，被告没有履行作为丈夫、父亲的责任，请求判令与钱某解除婚姻关系。赵某提出，女儿由她抚养，要求钱某每月支付 3000 元抚养费至女儿满 18 周岁。

但是，在诉讼过程中，原告赵某变更了诉讼请求。赵某表示受疫情影响，所开店铺关闭，目前没有收入，考虑到自身经济条件较差，她要求变更诉讼请求为女儿归被告钱某抚养，自己每月可支付抚养费 600 元。被告钱某则表示，自己常年在外务工，父母年老亦不识字，自己无能力与精力照顾孩子。而原告赵某曾为幼儿教师，孩子与她共同生活能更好地学习和成长。此外，钱某表示，自己愿意每月支付 1000 元抚养费。如果赵某不同意抚养孩子，自己则不同意离婚。

法院经审理认为，原、被告双方在诉讼过程中，均以客观原因表示不愿意抚养女儿，推卸己方责任，这种行为是不负家庭责任和社会责任的表现，违反了公序良俗，与中华民族尊老爱幼美德相悖。最终，法院判决驳回原告赵某的诉讼请求。

点评：从法律上看，父母对未成年子女负有抚养教育的义务，从传统文化看，尊老爱幼是中华民族的传统美德，从社会主义核心价值观看，抛弃子女的做法不符合创造和睦家庭环境、保护未成年子女健康正常的价值取向。唯有符合公序良俗的诉讼请求，法院才予以支持。如果双方当事人有抚养能力，但都不愿意抚养未成年子女，人民法院一般不予判决离婚。本案中，原、被告的孩子尚且年幼，正需父母的照顾和关爱，原、被告间的矛盾由大家庭相处琐事引发，夫妻感情尚可修复，故对原告要求离婚的诉讼请求，法院不予支持。

知识梳理

一、夫妻关系

（一）夫妻人身关系

1. 夫妻地位平等、独立。（《民法典》第 1055 条）

2. 姓名权不受限制。（《民法典》第 1056 条）

3. 人身自由不得限制。（《民法典》第 1057 条）

4. 夫妻抚养、教育和保护未成年子女的权利义务平等。（《民法典》第 1058 条）

5. 夫妻相互扶养义务。（《民法典》第 1059 条）

6. 夫妻日常家事代理权。

《民法典》第 1060 条规定："夫妻一方因家庭日常生活需要而实施的民事法律行为，对夫妻双方发生效力，但是夫妻一方与相对人另有约定的除外。夫妻之间对一方可以实施的民事法律行为范围的限制，不得对抗善意相对人。"

《民法典》第 1062 条第 2 款规定："夫妻对共同财产，有平等的处理权。"

7. 夫妻互为继承人，相互有继承遗产的权利。（《民法典》第 1061 条）

（二）夫妻财产关系

1. 约定财产制度（《民法典》第 1065 条）

（1）男女双方可以约定婚姻关系存续期间所得的财产以及婚前财产归各自所有、共同所有或者部分各自所有、部分共同所有。

（2）约定应当采用书面形式。

（3）夫妻对婚姻关系存续期间所得的财产以及婚前财产的约定，对双方具有法律约束力。

（4）夫妻对婚姻关系存续期间所得的财产约定归各自所有，夫或者妻一方对外所负的债务，相对人知道该约定的，以夫或者妻一方的个人财产清偿。约定财产制下，收入各自所有，债务各自承担，但不能对抗不知情的第三人。

在诉讼中，对"第三人知道该约定的"，应由主张人（夫或妻）负证明责任。

【例1】甲与乙在婚前约定婚后各自收入归各自所有。一年后，丈夫甲因口角将人打伤，花去医疗费 5 万元。受害人丙起诉请求赔偿，甲提供与妻子乙的财产协议书，上书："两人的婚前财产和婚内所得财产，均归女方一人所有。"受害人丙称不知道有此协议。问：法院应如何判决？

分析：法院应责令甲举证证明原告丙知道该协议，否则，该协议对外无效，即适用法定财产制，以甲所享有的夫妻份额来偿还该份债务。

【例2】甲是一孤儿,同乙于2015年结婚,结婚时双方书面约定,甲婚前购买的价值100万元的房屋归双方共有,双方婚后所得归各自所有。约定中特别写明,甲经营的餐厅无论盈亏均由其个人负责,与乙无关。婚后不久甲即在游泳时溺水死亡。其经营的餐厅负债15万元。请问:乙对该债务是否承担连带责任?

分析:甲、乙为夫妻关系,且根据约定,房屋属于夫妻共有财产,其中一半属于乙所有,另一半属于甲的遗产,由乙继承。对甲的其他遗产,乙也享有继承权。对于甲经营中的15万元债务,应由其继承人负责偿还。乙是其唯一法定继承人,且甲遗产价值显然高于其债务,因此应由乙负责偿还。

2. 法定财产制度

(1)法定共同财产(《民法典》第1062条)

①工资、奖金、劳务报酬。

②生产、经营、投资的收益。

《婚姻家庭编解释(一)》第26条规定:"夫妻一方个人财产在婚后产生的收益,除孳息和自然增值外,应认定为夫妻共同财产。"

③知识产权的收益。

知识产权收益,实质婚姻关系存续期间,实际取得或者已经明确可以取得的财产性收益。

④继承或者受赠的财产,但是遗嘱或赠与合同中确定只归夫或妻一方的财产除外。

针对房屋的赠与,根据《婚姻家庭编解释(一)》第29条的规定,婚前,父母为双方购置房屋出资的且父母明确表示赠与双方的为夫妻共有;婚后,父母为双方购置房屋出资的,依照约定处理;没有约定或者约定不明的,该出资应当认定为对夫妻双方的赠与。

⑤其他应当归共同所有的财产。

《婚姻家庭编解释(一)》第25条规定:"婚姻关系存续期间,下列财产属于民法典第一千零六十二条规定的'其他应当归共同所有的财产':(一)一方以个人财产投资取得的收益;(二)男女双方实际取得或者应当取得的住房补贴、住房公积金;(三)男女双方实际取得或者应当取得的基本养老金、破产安置补偿费。"

《婚姻家庭编解释(一)》第27条规定:"由一方婚前承租、婚后用共同财产购买的房屋,登记在一方名下的,应当认定为夫妻共同财产。"

《婚姻家庭编解释(一)》第28条规定:"一方未经另一方同意出售夫妻共同所有的房屋,第三人善意购买、支付合理对价并已办理不动产登记,另一方主张追回该房屋的,人民法院不予支持。夫妻一方擅自处分共同所有的房屋造成另一方损失,离婚时另一方请求赔偿损失的,人民法院应予支持。"

【例】甲、乙为夫妻,甲用婚前的20万元,在婚后进行投资获利5万元;乙婚前购买的艺术品升值了50万元。请问:上述财产归谁所有?

分析:甲婚后投资获利的5万元,属于夫妻共同财产;乙婚前购买的艺术品升值部分,属于乙个人所有。

(2)法定个人财产(《民法典》第1063条)

①一方的婚前财产。

夫妻一方的个人财产,不因婚姻关系的延续而转化为夫妻共同财产,但当事人另有约定的除外。

②一方因受到人身损害获得的赔偿或者补偿。

③遗嘱或者赠与合同中确定只归一方的财产。

针对房屋的赠与,根据《婚姻家庭编解释(一)》第 29 条的规定,婚前,父母为双方购置房屋出资的,该出资应认定为对自己子女的个人赠与,即属个人财产;婚后,父母为双方购置房屋出资的,父母明确表示赠与一方的,为夫妻一方的个人财产。

④一方专用的生活用品。

⑤其他应当归一方的财产。

【例】甲、乙是夫妻,甲在婚前发表小说《前尘》,婚后获得稿酬。乙在婚姻存续期间发表了小说《今世》,离婚后第二天获得稿费。甲在婚姻存续期间创作了小说《来生》,离婚后发表并获得稿费。请判断三笔小说的稿费归属。

分析:小说稿费属于知识产权上的财产性受益。《前尘》虽为婚前发表,但稿酬是婚姻关系期间实际取得,为共同财产。《今世》稿酬虽在离婚后实际取得,但在婚姻关系存续期间已经确定可以取得,为共同财产。《来生》虽在婚姻存续期间完成,但尚未确定或实际取得稿酬,应当为个人财产。

(3)共同债务(《民法典》第 1064 条)

①夫妻双方共同签名或者夫妻一方事后追认等共同意思表示所负的债务。

②婚姻关系存续期间以个人名义为家庭日常生活需要所负的债务,属于夫妻共同债务。

③超出家庭日常生活需要所负的债务,不属于夫妻共同债务;但是,债权人能够证明该债务用于夫妻共同生活、共同生产经营或者基于夫妻双方共同意思表示的除外。

二、父母子女关系和其他近亲属关系

(一)父母子女之间的权利义务

1. 父母子女之间的抚养赡养义务。(《民法典》第 1067 条)

2. 父母有教育、保护未成年子女的权利和义务。(《民法典》第 1068 条)

3. 子女尊重父母婚姻权利及赡养义务。(《民法典》第 1069 条)

子女应当尊重父母的婚姻权利,不得干涉父母离婚、再婚以及婚后的生活。子女对父母的赡养义务,不因父母的婚姻关系而终止。

4. 父母子女互为继承人。(《民法典》第 1070 条)

(二)非婚生子女的权利

《民法典》第 1071 条规定:"非婚生子女享有与婚生子女同等的权利,任何组织或者个人不得加以危害和歧视。不直接抚养非婚生子女的生父或者生母,应当负担未成年子女或者不能独立生活的成年子女的抚养费。"

(三)亲子关系的确认与否认

《民法典》第 1073 条规定:"对亲子关系有异议且有正当理由的,父或者母可以向人民法院提起诉讼,请求确认或者否认亲子关系。对亲子关系有异议且有正当理由的,成年子女可以向人民法院提起诉讼,请求确认亲子关系。"

【例】甲、乙于2015年离婚,此后继续同居生活,在同居期间丙出生,由甲、乙共同抚养,甲在为丙申报户口时登记载明二者为父子关系。2018年后,甲、乙因感情不和,不再同居生活,且甲拒绝为丙提供每月抚养费。乙以甲不尽抚养义务为由诉至法院要求其每月支付抚养费。诉讼过程中,鉴于甲否认丙是其儿子,乙申请进行亲子鉴定,甲坚决拒绝鉴定。请问:法院应如何判决?

分析:如果一方主张当事人之间存在或不存在亲子关系,另一方没有证据又拒绝做亲子鉴定的,法院可以推定请求确认亲子关系的一方或者请求否认亲子关系的一方的主张成立,而不配合法院进行亲子鉴定的一方要承担败诉的法律后果。因此,法院应判决甲每月支付相应的抚养费用。(《婚姻家庭编解释(一)》第39条)

(四)继父母子女之间的权利义务

《民法典》第1072条规定:"继父母与继子女间,不得虐待或者歧视。继父或者继母和受其抚养教育的继子女间的权利义务关系,适用本法关于父母子女关系的规定。"

(五)养父母子女关系

养父母养子女关系是通过收养法律行为在收养人与被收养人之间形成的权利义务关系。

1. 收养关系的各方当事人及条件

(1)被收养人

下列未成年人,可以被收养:①丧失父母的孤儿;②查找不到生父母的未成年人;③生父母有特殊困难无力抚养的子女。(《民法典》第1093条)

[收养自愿原则]收养人收养和送养人送养,应当双方自愿。收养8周岁以上的未成年人,应当征得被收养人的同意。(《民法典》第1104条)

(2)送养人

下列个人、组织可以作送养人:①孤儿的监护人;②儿童福利机构;③有特殊困难无力抚养子女的生父母。(《民法典》第1094条)

[监护人送养未成年人的情形]未成年人的父母均不具备完全民事行为能力且可能严重危害该未成年人的,该未成年人的监护人可以将其送养。(《民法典》第1095条)

[监护人送养孤儿的限制及变更监护人]监护人送养孤儿的,应当征得有抚养义务的人同意。有抚养义务的人不同意送养、监护人不愿意继续履行监护职责的,应当依照本法第一编的规定另行确定监护人。(《民法典》第1096条)

[生父母送养子女的原则要求与例外]生父母送养子女,应当双方共同送养。生父母一方不明或者查找不到的,可以单方送养。(《民法典》第1097条)

(3)收养人

收养人应当同时具备以下条件:①无子女或者只有一子女;②有抚养、教育和保护被收养人的能力;③未患有在医学上认为不应当收养子女的疾病;④无不利于被收养人健康成长的违法犯罪记录;⑤年满30周岁。(《民法典》第1098条)

[三代以内旁系同辈血亲的收养]收养三代以内同辈旁系血亲的子女,可以不受生父母有特殊困难无力抚养的子女、有特殊困难无力抚养子女的生父母和无配偶者收养异性子女的,收养人与被收养人的年龄应当相差40周岁以上规定的限制。

华侨收养三代以内旁系血亲的子女,还可以不受无子女或者只有一名子女的限制。(《民法典》第 1099 条)

[无配偶者收养异性子女的限制]无配偶者收养异性子女的,收养人与被收养人的年龄应当相差 40 周岁以上。(《民法典》第 1102 条)

[夫妻共同收养]有配偶者收养子女,应当夫妻共同收养。(《民法典》第 1101 条)

[收养子女数量的限制]无子女的收养人可以收养两名子女;有子女的收养人只能收养一名子女。收养孤儿、残疾未成年人或者儿童福利机构抚养的查找不到生父母的未成年人,可以不受前款和本法第 1098 条第 1 项规定的限制。(《民法典》第 1100 条)

[收养继子女的特别规定]继父或者继母经继子女的生父母同意,可以收养继子女,并可以不受生父母有特殊困难无力抚养的子女、有特殊困难无力抚养子女的生父母、《民法典》第 1098 条和无子女的收养人可以收养两名子女;有子女的收养人只能收养一名子女的限制。(《民法典》第 1103 条)

2.收养关系成立的程序(《民法典》第 1105 条)

(1)收养应当向县级以上人民政府民政部门登记。收养关系自登记之日起成立。

(2)收养查找不到生父母的未成年人的,办理登记的民政部门应当在登记前予以公告。

(3)收养关系当事人愿意签订收养协议的,可以签订收养协议。

(4)收养关系当事人各方或者一方要求办理收养公证的,应当办理收养公证。

(5)县级以上人民政府民政部门应当依法进行收养评估。

登记,是收养关系成立的标志;未办理收养登记的,收养关系不成立。

3.收养的法律效力

(1)养父母子女的关系

自收养关系成立之日起,养父母与养子女间的权利义务关系,适用本法关于父母子女关系的规定;养子女与养父母的近亲属间的权利义务关系,适用本法关于子女与父母的近亲属关系的规定。养子女与生父母以及其他近亲属间的权利义务关系,因收养关系的成立而消除。(《民法典》第 1111 条)

(2)养子女的姓氏

养子女可以随养父或者养母的姓氏,经当事人协商一致,也可以保留原姓氏。(《民法典》第 1112 条)

(3)收养行为的无效

有本法总则编关于民事法律行为无效规定情形或者违反本编规定的收养行为无效。无效的收养行为自始没有法律约束力。(《民法典》第 1113 条)

4.收养关系的解除

(1)解除条件

①收养人不履行抚养义务,有虐待、遗弃等侵害未成年养子女合法权益行为的,送养人有权要求解除养父母与养子女间的收养关系。

②养父母与成年养子女关系恶化、无法共同生活的。

③养子女成年后虐待、遗弃养父母的。

被收养人成年以前,不得解除收养关系,但是收养人、送养人双方协议解除的除外。养子女 8 周岁以上的,应当征得本人同意。

（2）解除程序和方式

收养人与送养人或收养人与成年的被收养人可以协议解除收养关系；不能达成协议的，也可以诉请人民法院解决。

当事人协议解除收养关系的，应当到民政部门办理解除收养关系的登记。

（3）解除的效力（《民法典》第1117条）

收养关系解除后，养子女与养父母以及其他近亲属间的权利义务关系即行消除，与生父母以及其他近亲属间的权利义务关系自行恢复。但是，成年养子女与生父母以及其他近亲属间的权利义务关系是否恢复，可以协商确定。

（六）其他近亲属关系

1. 祖孙之间的抚养、赡养义务

《民法典》第1074条规定："有负担能力的祖父母、外祖父母，对于父母已经死亡或者父母无力抚养的未成年孙子女、外孙子女，有抚养的义务。有负担能力的孙子女、外孙子女，对于子女已经死亡或者子女无力赡养的祖父母、外祖父母，有赡养的义务。"

2. 兄弟姐妹之间的扶养关系

《民法典》第1075条规定："有负担能力的兄、姐，对于父母已经死亡或者父母无力抚养的未成年弟、妹，有扶养的义务。由兄、姐扶养长大的有负担能力的弟、妹，对于缺乏劳动能力又缺乏生活来源的兄、姐，有扶养的义务。"

【例】甲有三个儿子，大儿子乙结婚成家后在外地居住。二儿子丙、三儿子丁与老两口一直共同生活。丙结婚后，育有一子，妻子戊与婆婆及小叔子关系不和，时常发生争吵，丙经常帮妻子说话，导致甲对丙有意见。在丙子3岁时，甲与丙发生争吵后，丙带着妻子和儿子离家另过。甲非常生气，登报声明与丙断绝父子关系，不再与丙一家往来。两年后丙因病去世，妻子戊所在的单位又不景气，生活较艰难，于是向甲提出请求，要甲承担丙子的部分生活费。甲则认为他已经与儿子丙断绝了父子关系，相互间几年都没有往来，不同意给丙子抚养费。问：甲声明断绝与丙的父子关系有效吗？

分析：本案当事人甲采取声明的方式来断绝与丙的父子关系是无效的，他们之间的自然血亲关系和法定的权利与义务关系仍然存在。由于甲声明断绝与丙的关系是无效的，不仅不能解除与丙的直系血亲关系，也解除不了与丙子的直系血亲关系，他们之间的法定权利义务还在，根据《民法典》第1074条的规定，甲对丙有抚养义务。

👉 **真题试接**

1. 吕某和田某1990年依法收养夏某，投入很大的精力和财力，夏某成年后未尽养女的责任，2016年吕某去世，夏某对田某不但未尽赡养义务，还多次辱骂赶走老人，2017年田某决定卖掉与吕某共有的5间私房，遭到夏某的阻挠，田某起诉到法院要求解除与夏某的母女关系，关于本案，以下说法正确的是（　　）。（2020/02/13，单）

A. 5间私房田某与夏某各继承一半

B. 田某无权要求解除与夏某的收养关系

C. 田某可要求夏某补偿收养期间的生活费和教育费

D. 夏某无权继承吕某的财产

2. 小强现年9周岁,生父谭某已故,生母徐某虽有抚养能力,但因准备再婚决定将其送养。徐某的姐姐要求收养,其系华侨富商,除已育有一子外符合收养人的其他条件;谭某父母为退休教师,也要求抚养。下列哪一选项是正确的?( )(2017/03/19,多)

A. 徐某因有抚养能力不能将小强送其姐姐收养

B. 徐某的姐姐因有子女不能收养小强

C. 谭某父母有优先抚养的权利

D. 收养应征得小强同意

3. 刘山峰、王翠花系老夫少妻,刘山峰婚前个人名下拥有别墅一栋。关于婚后该别墅的归属,下列哪一选项是正确的?( )(2016/03/20,单)

A. 该别墅不可能转化为夫妻共同财产

B. 婚后该别墅自动转化为夫妻共同财产

C. 婚姻持续满八年后该别墅即依法转化为夫妻共同财产

D. 刘、王可约定婚姻持续满八年后该别墅转化为夫妻共同财产

4. 甲、乙夫妻的下列哪一项婚后增值或所得,属于夫妻共同财产?( )(2013/03/23,单)

A. 甲婚前承包果园,婚后果树上结的果实

B. 乙婚前购买的1套房屋升值了50万元

C. 甲用婚前的10万元婚后投资股市,得利5万元

D. 乙婚前收藏的玉石升值了10万元

5. 甲(男)、乙(女)结婚后,甲承诺,在子女出生后,将其婚前所有的一间门面房,变更登记为夫妻共同财产。后女儿丙出生,但甲不愿兑现承诺,导致夫妻感情破裂离婚,女儿丙随乙一起生活。后甲又与丁(女)结婚。未成年的丙因生重病住院急需医疗费20万元,甲与丁签订借款协议从夫妻共同财产中支取该20万元。下列哪一表述是错误的?( )(2012/03/23,单)

A. 甲与乙离婚时,乙无权请求将门面房作为夫妻共同财产分割

B. 甲与丁的协议应视为双方约定处分共同财产

C. 如甲、丁离婚,有关医疗费按借款协议约定处理

D. 如丁不同意甲支付医疗费,甲无权要求分割共有财产

【答案】

1. C。《民法典》第1114条、第1118条。

2. CD。(原答案为C)《民法典》第1093条、第1094条、第1098条、第1099条、第1102条、第1104条、第1108条。

3. D。《民法典》第1063条。

4. C。《民法典》第1063条。

5. D。《民法典》第209条、第303条、第1065条。

案例讨论

1. 甲、乙于 2015 年 6 月办理结婚登记,2015 年 3 月,甲购置了一套商品房作为婚房,并登记于个人名下,由甲以其个人财产支付首付,并由甲、乙共同偿还之后的各期贷款。2016 年 6 月,乙允诺将其婚前购置的一间一居室赠与甲,作为甲的工作室,并签订了书面赠与合同,但一直没有办理过户登记。2017 年 6 月,乙父炒股赚钱,便购买了一套房屋送给乙,房屋登记在乙名下,但由甲、乙夫妻二人共同居住使用。2019 年 10 月,甲、乙因感情破裂决定离婚,但就财产分割问题无法达成一致,乙也拒绝向甲履行之前签订的赠与合同。因此甲向人民法院提起诉讼。

请分析本案所涉及的三套房屋的权属。

2. 甲、乙系夫妻,婚生二女一子,儿子为丙。丙与丁 2010 年 4 月登记结婚,双方均系再婚,再婚前,丙已育有一子一女,丁未曾生育。婚后,丙、丁通过购买他人卵子,并由丙提供精子,通过体外受精联合胚胎移植技术,出资委托其他女性代孕,生育一对异卵双胞胎戊(男)、己(女),出生后随丙、丁共同生活。2017 年 2 月 1 日,丙因病死亡,嗣后,丁带着戊、己共同生活至今。2018 年 3 月 5 日,甲、乙提起监护权之诉,要求确认其为戊、己的法定监护人,财产由其一并管理。

请分析本案涉及的法律问题。

第三讲 离 婚

经典案例

【案情】袁某诉熊某某离婚后财产纠纷案——中彩票后忙离婚

袁某与熊某某于 1999 年结婚,次年育有一女,婚后同熊某某双亲共同居住,经营茶馆为生。2015 年 2 月 17 日,熊某在彩票店购买了双色球福利彩票一张,并于当晚知悉中得巨额大奖。2015 年 2 月 25 日(兑奖前一天),袁某与熊某某协议离婚并办理离婚登记。次日,熊某某到重庆市福利彩票中心完成兑奖,兑得税后奖金 460 万元并存入熊某某在中国建设银行的个人账户。离婚后几天,袁某从朋友处得知熊某某中得巨额大奖,袁某认为中得奖金为夫妻共同财产,其应分得一半,但熊某某强烈拒绝。2015 年 3 月 10 日,袁某向法院提起诉讼,要求分得彩票奖金 230 万元。熊某某的母亲曾某以中奖彩票系其购买为由,作为第三人参加诉讼。

重庆市梁平区人民法院认为,家庭共有财产是指家庭成员在家庭共同生活期间共同创造、共同所得的财产。袁某与熊某某在婚姻关系存续期间,均未有固定工作,与熊某某的母亲曾某、父亲熊某共同生活,共同经营茶馆,茶馆收益及第三人曾某的养老金共同用于家庭开支。本案讼争的彩票虽系第三人曾某购买,但应视为以家庭开支购买,彩票奖金应作为曾某、熊某、熊某某、袁某的家庭共同财产为宜。彩票奖金依法应当按照家庭成员曾某、熊某、熊某某、袁某 4 人进行分割。宣判后,袁某不服一审判决,提起上诉,认为双色球中奖彩票并非曾某购买而系熊某某购买;袁某和熊某某虽与曾某、熊某共同居住,但并不属于法律意义上的共同生活、共同经营,购买彩票的资金应属于个人支出而非家庭支出。

重庆市第二中级人民法院认为,中奖彩票应认定为熊某某购买;认定熊某某所购买彩票的奖金属于袁某和熊某某与其母曾某、其父熊正国的家庭共有财产错误,应认定为袁某和熊某某的夫妻共同财产。遂判决熊某某购买双色球福利彩票中得奖金 460 万元属熊某某和袁某在婚姻关系存续期间共同所有的财产,熊某某应在规定期限内支付袁某彩票奖金 230 万元。

点评:原告袁某与被告熊某某在离婚财产分割上存在争议,离婚财产纠纷也正是当前司法实践的热点问题。本案中,熊某某通过隐瞒中奖收入的方式企图不分财产,这一行为既不符合民法典的明文规定,也违反了社会主义核心价值观的诚信原则。离婚本是夫妻的个人选择,但是在财产分割和子女抚养问题上应秉持着自愿、公平、互帮互助的原则进行。本案判决维护了袁某的合法权益,对于保护婚姻关系中的弱势群体、维护公平正义具有促进作用。

知识梳理

一、协议离婚

(一)协议离婚的概念和条件

1. 概念

协议离婚,即夫妻双方能够对离婚、子女抚养、财产分割等事项达成一致,在婚姻登记机关办理离婚手续,从而消灭婚姻关系的离婚途径。

2. 条件(《民法典》第 1076 条)

(1)夫妻双方自愿;

(2)订立书面离婚协议,协议中应载明双方对离婚的意思表示、子女抚养、财产分割事项达成一致的意见;

(3)双方必须亲自到婚姻登记机关申请离婚登记,不得委托他人代理。

(二)离婚冷静期

《民法典》第 1077 条规定:"自婚姻登记机关收到离婚登记申请之日起三十日内,任何一方不愿意离婚的,可以向婚姻登记机关撤回离婚登记申请。前款规定期限届满后三十日内,双方应当亲自到婚姻登记机关申请发给离婚证;未申请的,视为撤回离婚登记申请。"

离婚申请可以撤回,但离婚证需要另外提出申请,否则视为撤回离婚登记申请。

二、诉讼离婚

诉讼离婚,即夫妻双方以诉讼的方式,通过生效的法院准予离婚的判决终止婚姻关系的离婚途径。

（一）法定事由

1.《民法典》第 1079 条规定："夫妻一方要求离婚的,可以由有关组织进行调解或者直接向人民法院提起离婚诉讼。

人民法院审理离婚案件,应当进行调解;如果感情确已破裂,调解无效的,应当准予离婚。

有下列情形之一,调解无效的,应当准予离婚:

(1)重婚或者与他人同居;

(2)实施家庭暴力或者虐待、遗弃家庭成员;

(3)有赌博、吸毒等恶习屡教不改;

(4)因感情不和分居满二年;

(5)其他导致夫妻感情破裂的情形。

一方被宣告失踪,另一方提起离婚诉讼的,应当准予离婚。

经人民法院判决不准离婚后,双方又分居满一年,一方再次提起离婚诉讼的,应当准予离婚。"

2. 根据《婚姻家庭编解释(一)》第 23 条的规定,夫以妻擅自中止妊娠侵犯其生育权为由请求损害赔偿的,人民法院不予支持;夫妻双方因是否生育发生纠纷,致使感情确已破裂,一方请求离婚的,人民法院经调解无效,应依照《民法典》第 1079 条第 3 款第 5 项的规定处理。

3.《婚姻家庭编解释(一)》第 62 条规定:"无民事行为能力人的配偶有民法典第三十六条第一款规定行为,其他有监护资格的人可以要求撤销其监护资格,并依法指定新的监护人;变更后的监护人代理无民事行为能力一方提起离婚诉讼的,人民法院应予受理。"

(1)仅适用于无民事行为能力人,对限制民事行为能力人不能使用;

(2)离婚诉讼原则上不得代理,但是这是例外情况;

(3)须先依照法定程序变更监护人。

【例】甲与乙自由恋爱结婚。婚后两年,乙怀孕,甲三代单传,高兴万分,希望生下孩子。为保险起见,甲与乙签订了生育协议:"乙未经甲同意不得擅自中止妊娠,否则乙应当支付违约金 6 万元。"后因乙妊娠反应过于强烈,痛苦难忍,遂自行至医院实施人流手术中止妊娠,并要求甲支付相应费用。甲一怒之下,向法院起诉离婚,拒绝支付费用并主张 6 万元违约金。问:甲的诉讼请求是否可以得到支持?

分析:《中华人民共和国妇女权益保障法》第 51 条:妇女有按照国家有关规定生育子女的权利,也有不生育子女的自由。由于自然生育过程由妇女承担和完成,妇女应当享有生育的最后支配权。由此可见,妇女不经男方同意中止妊娠是妇女的合法权利,并不构成对男方的生育权的侵犯。当事人签订的生育协议限制了女方的生育自由权,违反公序良俗,应当认定无效,故女方无须承担违约责任。同时,从保护妇女合法权益的角度来看,女方有权要求男方支付必要的中止妊娠费用。就离婚请求,可以先行调解,若双方感情破裂,调解无效,法院可以准予离婚。

（二）离婚诉权的限制

1. 保护军婚（《民法典》第 1081 条）

现役军人的配偶要求离婚，应当征得军人同意，但是军人一方有重大过错的除外。

2. 保护女方（《民法典》第 1082 条）

女方在怀孕期间、分娩后一年内或者中止妊娠后 6 个月内，男方不得提出离婚；但是，女方提出离婚或者人民法院认为确有必要受理男方离婚请求的除外。

三、离婚的法律后果

（一）离婚后的人身关系

1. 父母子女关系（《民法典》第 1084 条）

父母与子女间的关系，不因父母的离婚而消除。父母子女间的权利义务关系仍然存在。

2. 子女的抚养（《民法典》第 1084 条）

不满两周岁的子女，原则上由母亲直接抚养；已满两周岁的子女，由双方协议决定，无法达成协议的，由法院根据双方的具体情况，按照最有利于未成年子女原则判决；子女年满 8 周岁，应当尊重其真实意愿。

3. 抚养费（《民法典》第 1085 条）

离婚后，子女由一方直接抚养，则另一方应负担部分或全部抚养费。费用的多少和期限的长短，由双方协议；协议不成的，由人民法院判决。

4. 探望权

《民法典》第 1986 条规定："离婚后，不直接抚养子女的父或者母，有探望子女的权利，另一方有协助的义务。行使探望权利的方式、时间由当事人协议；协议不成的，由人民法院判决。父或者母探望子女，不利于子女身心健康的，由人民法院依法中止探望；中止的事由消失后，应当恢复探望。"

（二）财产关系的处理

1. 财产的分割

《民法典》第 1087 条规定："离婚时，夫妻的共同财产由双方协议处理；协议不成的，由人民法院根据财产的具体情况，按照照顾子女、女方和无过错方权益的原则判决。对夫或者妻在家庭土地承包经营中享有的权益等，应当依法予以保护。"

2. 离婚时的债务清偿

《民法典》第 1089 条规定："离婚时，夫妻共同债务应当共同偿还。共同财产不足清偿或者财产归各自所有的，由双方协议清偿；协议不成的，由人民法院判决。"

【例】甲与乙结婚后因无房居住，于 2014 年 8 月 1 日以个人名义向丙借款 50 万元购房，约定 5 年后归还。后因甲与他人同居，双方诉至法院要求离婚，法院于 2018 年 3 月 1 日判决甲与乙离婚，家庭财产全部归乙，夫妻债务均由甲承担。问：丙有权要求谁偿还借款？

分析：丙有权要求甲、乙承担连带责任。因该 50 万元债务虽为夫妻一方在婚姻关系存续期间所借，但用于共同生活的房屋，为共同债务。即使离婚时法院判决债务由甲承担，夫妻双方对该债务仍应当承担连带清偿。若乙清偿了该债务,可以向甲请求追偿。

3. 离婚时的经济补偿

《民法典》第1088条规定:"夫妻一方因抚育子女、照料老年人、协助另一方工作等负担较多义务的,离婚时有权向另一方请求补偿,另一方应当给予补偿。具体办法由双方协议;协议不成的,由人民法院判决。"

4. 离婚时的经济帮助

《民法典》第1090条规定:"离婚时,如果一方生活困难,有负担能力的另一方应当给予适当帮助。具体办法由双方协议;协议不成的,由人民法院判决。"

帮助形式可以是金钱、财物,也可以是房屋的居住权、所有权,具体办法由双方协议;协议不成的,由人民法院判决。

5. 离婚损害赔偿

《民法典》第1091条规定:"有下列情形之一,导致离婚的,无过错方有权请求损害赔偿:(一)重婚;(二)与他人同居;(三)实施家庭暴力;(四)虐待、遗弃家庭成员;(五)有其他重大过错。"

(1)须以离婚为前提;不离婚,无赔偿。

(2)双方都有过错,不赔偿。

(3)第三者不是赔偿的义务主体。

(4)损害赔偿,包括物质损害赔偿和精神损害赔偿。

(5)主张时间

①离婚诉讼中,无过错方作为原告主张损害赔偿的,应当在离婚之诉中一并提出。

②无过错方作为被告时,原则上在离婚诉讼中提出,但有例外:一是如果被告不同意离婚亦未提起损害赔偿请求的,可以在离婚判决后1年内就此单独提起诉讼。二是一审未提出,二审提出的,法院应先调解;调解不成的,告知当事人在离婚后1年内另行起诉。

③协议离婚的,若已放弃损害赔偿请求权的,不得主张;未放弃的,可在协议离婚后1年内提出。

👉 真题试接

1. 张某与魏某系夫妻,因感情不和,张某提出离婚。魏某提出意见:同意离婚,但要求将婚后取得并登记在张某名下的宅基地须先过户给魏某,对张某表弟刘某的20万元债权归魏某。张某同意。双方签订离婚协议,明确上述事项及办理离婚登记时间。随后双方共同办理了宅基地使用权过户登记,但未将债权转让一事告知刘某。后魏某后悔,拒绝办理离婚登记手续,张某提起诉讼要求离婚。根据《民法典》的规定,下列选项正确的有?(   )(2020/02/37,多)

A. 宅基地使用权属魏某的个人财产

B. 张某可主张解除离婚协议

C. 离婚协议自成立时生效

D. 对刘某的债权属于夫妻共同财产

2. 刘男按当地习俗向戴女支付了结婚彩礼现金10万元及金银首饰数件,婚后不久刘男即主张离婚并要求返还彩礼。关于该彩礼的返还,下列哪一选项是正确的?( )(2017/03/18,单)

A. 因双方已办理结婚登记,故不能主张返还

B. 刘男主张彩礼返还,不以双方离婚为条件

C. 已办理结婚登记,未共同生活的,可主张返还

D. 已办理结婚登记,并已共同生活的,仍可主张返还

3. 乙女与甲男婚后多年未生育,后甲男发现乙女因不愿生育曾数次擅自中止妊娠,为此甲男多次殴打乙女。乙女在被打住院后诉至法院要求离婚并请求损害赔偿,甲男以生育权被侵害为由提起反诉,请求乙女赔偿其精神损害。法院经调解无效,拟判决双方离婚。下列哪些选项是正确的?( )(2017/03/65,多)

A. 法院应支持乙女的赔偿请求

B. 乙女侵害了甲男的生育权

C. 乙女侵害了甲男的人格尊严

D. 法院不应支持甲男的赔偿请求

4. 乙起诉离婚时,才得知丈夫甲此前已着手隐匿并转移财产。关于甲、乙离婚的财产分割,下列哪一选项是错误的?( )(2016/03/18,单)

A. 甲隐匿转移财产,分割财产时可少分或不分

B. 就履行离婚财产分割协议事宜发生纠纷,乙可再起诉

C. 离婚后发现甲还隐匿其他共同财产,乙可另诉再次分割财产

D. 离婚后因发现甲还隐匿其他共同财产,乙再行起诉不受诉讼时效限制

5. 屈赞与曲玲协议离婚并约定婚生子屈曲由屈赞抚养,另口头约定曲玲按其能力给付抚养费并可随时探望屈曲。对此,下列哪些选项是正确的?( )(2016/03/65,多)

A. 曲玲有探望权,屈赞应履行必要的协助义务

B. 曲玲连续几年对屈曲不闻不问,违背了法定的探望义务

C. 屈赞拒不履行协助曲玲探望的义务,经由裁判可依法对屈赞采取拘留、罚款等强制措施

D. 屈赞拒不履行协助曲玲探望的义务,经由裁判可依法强制从屈赞处接领屈曲与曲玲会面

6. 钟某性情暴躁,常殴打妻子柳某,柳某经常找同村未婚男青年杜某诉苦排遣,日久生情。现柳某起诉离婚,关于钟、柳二人的离婚财产处理事宜,下列哪一选项是正确的?( )(2016/03/19,单)

A. 针对钟某的家庭暴力,柳某不能向其主张损害赔偿

B. 针对钟某的家庭暴力,柳某不能向其主张精神损害赔偿

C. 如柳某婚内与杜某同居,则柳某不能向钟某主张损害赔偿

D. 如柳某婚内与杜某同居,则钟某可以向柳某主张损害赔偿

7. 董楠(男)和申蓓(女)是美术学院同学,两人共同创作一幅油画作品《爱你一千年》。毕业后两人结婚育有一女。董楠染上吸毒恶习,未经申蓓同意变卖了《爱你一千年》,所得款

项用于吸毒。因董楠恶习不改,申蓓在女儿不满 1 周岁时提起离婚诉讼。下列哪些说法是正确的?(   )(2015/03/65,多)

    A. 申蓓虽在分娩后 1 年内提出离婚,法院应予受理

    B. 如调解无效,应准予离婚

    C. 董楠出售《爱你一千年》侵犯了申蓓的物权和著作权

    D. 对董楠吸毒恶习,申蓓有权请求离婚损害赔偿

【答案】

1. BCD。《民法典》第 136 条、第 1062 条。

2. C。《民法典》第 1076 条。

3. AD。《民法典》第 1091 条。

4. D。《民法典》第 1092 条。

5. AC。《民法典》第 1085 条、第 1086 条。

6. C。《民法典》第 1091 条。

7. ABC。《民法典》第 1082 条、第 1091 条。

案例讨论

    甲(男)与乙(女)于 2006 年登记结婚,婚后双方感情尚好,生有一女丙,现年 10 周岁。自 2010 年夏天起,甲与女同事奸情败露,夫妻关系开始紧张。同年 12 月,甲向人民法院起诉,要求与乙离婚,乙考虑女儿年幼,且双方婚姻基础较好,希望丈夫能回心转意,故而坚决不同意离婚。据此,法院判决不准离婚。但此后双方关系并未改善,经常争吵不休。2012 年 4 月起,甲不再回家,每月工资也不再给家里,乙靠自己收入维持母女两人生活。2016 年 5 月,甲再次向法院起诉,坚持要求离婚。而乙提出,夫妻关系恶化是由于男方单位女同事的勾引所造成的,只要排除外来干扰,双方有和好之可能,因此仍不同意离婚。法院在审理过程中查明,乙目前所住房屋系甲在婚前由本单位所分公房,并一直由他承租。甲提出:离婚后乙应搬出该房回其父母家居住,由他本人回家继续租赁居住;女儿丙由他抚养。但乙不同意甲提出的两项主张,坚决要求与女儿共同生活。对上述问题,双方无法达成协议。在夫妻分居期间,甲曾向他人借债 3 万元,资助他的胞弟出国自费留学;乙向其亲友借债 1 万元,用于女儿生病住院费用。请回答以下问题:

    (1)在乙坚持不离婚的情况下,法院可否判决双方离婚?

    (2)如判决双方离婚,所生女儿由哪一方抚养为宜?

    (3)如判决双方离婚,对甲婚前承租的公房,离婚后女方乙是否有承租权?

    (4)如判决双方离婚,甲、乙各方所借之债如何定性与清偿?

第六编

继 承

面对当前我国经济、社会、科技发生的深刻变革，民众家庭结构、财富形式发生的创新性变化，对越来越复杂的财产关系、家庭关系、继承关系，《民法典》继承编，根据我国社会家庭结构、继承观念等方面的发展变化，在继承法的基础上，结合社会主义核心价值观要义，对继承制度进行了修改完善，制定了更为全面而详细的规定和保护，以满足人民群众处理遗产的现实需要。《民法典》继承编及时吸纳了习惯法，对新事物作出前瞻性、倡议性调整，为未来发展留有余地。《民法典》继承编在尊重被继承人遗愿、尊重传统习俗和立法传统、增设遗嘱形式、重视维护家庭和社会和谐方面也有着更为符合时代特征的规定，充分体现了核心价值观司法续造时的引领作用，更有利于维护家庭的稳定，更好地保护了继承人的利益，对实现社会和谐、稳定有较大的促进作用。

《民法典》继承编体例

经典案例

【案情】错抱子女的继承权纠纷

刘甲于 1977 年出生，由于医院的过错，在双方父母均不知情的情况下，被错抱给刘乙、钱某夫妇抚养长大。2001 年，通过亲子鉴定，确定了刘甲与刘乙、钱某夫妇没有血缘关系，与裴某、张某夫妇具有亲子关系。但是刘甲在确认亲子关系之后，并未更名，仍与刘乙、钱某夫妇以父母子女的名义共同生活，且在刘乙生病时，刘甲承担了照顾义务并承担一定的经济开支，并在刘乙逝世后，以子女的名义参与办理安葬事宜。2012 年，刘乙的其他继承人以继承纠纷诉至法院，要求确认刘甲没有继承权。

法院认为，错抱孩子是基于第三方医院的过错，导致孩子被错抱的结果，双方父母对此均不知情也无过错，错抱孩子的户籍身份信息一直登记在"父母"名下，刘乙夫妇一直视刘甲为"父母"的亲生子女并抚养教育长大,双方并没有解除父母子女关系,且刘甲在成年后履行了子女之赡养义务,其相互之间形成了父母子女权利义务关系,且刘甲同刘乙夫妇之间并未脱离父母子女关系。最后判决刘甲对刘乙所有遗产依法享有继承权。

点评:本案中因为医院的过错,造成刘甲、刘乙夫妇之间的父母子女关系发生了变化,但是长年累月的父母子女亲情关系并不是一纸确认书就可以磨灭的,错抱孩子确认真正的亲子关系后,不能因此直接否定在此之前已经形成的父母子女关系,更不能否认这种由此产生的权利义务关系。在当事人没有主动要求解除双方的亲子关系时,法律应当保护这种现状,对于双方实质上产生的权利义务关系也应该予以保护,这不仅体现了法律公正的光辉,更彰显了人性的真善美。

知识梳理

一、继承的一般规定

(一)继承的概念

继承,即自然人死亡后,由法律规定的一定范围内的人或遗嘱指定范围内的人依法取得死者遗留的个人合法财产的相关法律制度。

(二)继承时间

根据《民法典》第1121条的规定,继承从被继承人死亡时开始。

死亡时间推定:相互有继承关系的数人在同一事件死亡,难以确定死亡时间的,按以下顺序推定:

1. 推定没有其他继承人的人先死亡;

2. 都有其他继承人,辈分不同的,推定长辈先行死亡;辈分相同的,推定同时死亡,相互不发生继承。

【例】甲、乙是夫妻,育有一儿丙,丙与丁结婚,有一女儿戊。丁是孤儿,从小在福利院长大。一日丙、丁带戊自驾车出游,途中遇车祸,全部遇难,无法确定死亡的先后顺序。问:如何推定三人的死亡顺序?

分析:应推定丁先死亡,其次是丙,最后是丁。因为,丁无其他继承人,甲、乙是丙的第一顺序继承人,同时也是戊的第二顺序继承人,丙是戊的长辈,因此推定长辈丙先于戊死亡。

(三)遗产范围

根据《民法典》第1122条的规定,遗产是自然人死亡时遗留的合法个人财产。

遗产应当符合以下条件:

1. 在继承人死亡时已经存在。

2. 具有财产性。

3. 具有合法性的个人财产。如果是夫妻共同财产,应当先分割,然后才能作为个人财产继承。

(四)继承的方式

《民法典》第 1123 条规定:"继承开始后,按照法定继承办理;有遗嘱的,按照遗嘱继承或者遗赠办理;有遗赠扶养协议的,按照协议办理。"

继承方式的优先顺序:遗赠扶养协议＞遗嘱或遗赠＞法定继承

《最高人民法院关于适用〈中华人民共和国民法典〉继承编的解释(一)》(以下简称《继承编解释(一)》)第 3 条规定:"被继承人生前与他人订有遗赠扶养协议,同时又立有遗嘱的,继承开始后,如果遗赠扶养协议与遗嘱没有抵触,遗产分别按协议和遗嘱处理;如果有抵触,按协议处理,与协议抵触的遗嘱全部或者部分无效。"

(五)继承和遗赠的接受和放弃

《民法典》第 1124 条规定:"继承开始后,继承人放弃继承的,应当在遗产处理前,以书面形式作出放弃继承的表示;没有表示的,视为接受继承。受遗赠人应当在知道受遗赠后六十日内,作出接受或者放弃受遗赠的表示;到期没有表示的,视为放弃受遗赠。"

1. 放弃继承

(1)放弃继承的继承人既可以是遗嘱继承人,也可以是法定继承人。

(2)放弃继承必须在特定时间作出,即继承开始后,遗产处理前。如果继承人尚未死亡,继承人就作出放弃继承的意思表示,这种放弃是无效的。

(3)继承人放弃继承必须以书面方式作出。

2. 放弃受遗赠

(1)受遗赠人应当在知道受遗赠后 60 日内,作出接受或者放弃受遗赠的表示。

(2)到期没有表示的,视为放弃受遗赠。

(六)继承权的丧失

根据《民法典》第 1125 条的规定,继承人有下列情形之一的,丧失继承权:

(1)故意杀害被继承人;

(2)为争夺遗产而杀害其他继承人;

(3)遗弃被继承人,或者虐待被继承人情节严重;

(4)伪造、篡改、隐匿或者销毁遗嘱,情节严重;

(5)以欺诈、胁迫手段迫使或者妨碍被继承人设立、变更或者撤回遗嘱,情节严重。

其中,第(1)(2)项,继承人永久丧失继承权。而第(3)(4)(5)项,继承权可以恢复,但具备以下条件:①继承人确有悔改表现;②被继承人生前表示宽恕或者事后的遗嘱中将其列为继承人。

受遗赠人有以上情形,同样丧失受遗赠权。

二、法定继承

法定继承,又称无遗嘱继承,是指继承人的范围、继承顺序、继承条件、继承份额、遗产分配原则及继承程序均由法律直接规定的继承方式。

（一）法定继承人的范围及顺序（《民法典》第1127条、第1129条）

1. 继承人顺序的意义在于，如果有第一顺序继承人，则第二顺序继承人不能继承。

2. 第一顺序继承人范围

（1）配偶。

（2）子女：

①包括婚生子女、非婚生子女、养子女和有扶养关系的继子女；

②继子女继承继父母的遗产，不影响其继承生父母的遗产；

③养子女不能继承生父母的遗产，但养子女对生父母扶养较多的，可以作为法定继承人以外的人适当分得遗产。

（3）父母：

①包括生父母、养父母和有扶养关系的继父母；

②生父母对被他人收养的生子女不享有继承权；

③继父母继承了继子女的遗产，不影响其继承生子女的遗产。

（4）对公婆或岳父母尽了主要赡养义务的丧偶儿媳或丧偶女婿，无论其是否再婚，也可作为第一顺序的继承人。

3. 第二顺序继承人的范围

（1）兄弟姐妹。

包括同父母的兄弟姐妹、同父异母或同母异父的兄弟姐妹、养兄弟姐妹、有扶养关系的继兄弟姐妹。

（2）祖父母、外祖父母。

孙子女、外孙子女不是法定继承人，但是在代位继承中可以作为代位继承人参与继承。

（二）遗产分配的规则（《民法典》第1130条、第1131条）

1. 同一顺序继承人继承遗产的份额，一般应当均等。

2. 对生活有特殊困难又缺乏劳动能力的继承人，分配遗产时，应当予以照顾。

3. 对被继承人尽了主要扶养义务或者与被继承人共同生活的继承人，分配遗产时，可以多分。

4. 有扶养能力和有扶养条件的继承人，不尽扶养义务的，分配遗产时，应当不分或者少分。

5. 继承人协商同意的，也可以不均等。

6. 对继承人以外的依靠被继承人扶养的人，或者继承人以外的对被继承人扶养较多的人，可以分给适当的遗产。有两类人：一是继承人以外的依靠被继承人扶养的缺乏劳动能力又没有生活来源的人，如被继承人收养的孤儿，但没有办理收养登记。二是继承人以外的对被继承人扶养较多的人，如养子女对生父母、邻居相互之间。

【例】甲有一子一女，因工作原因，同甲聚少离多。甲从退休至去世的20年内，均由其侄子乙照顾，因此，乙可以成为甲遗产的适当分得遗产人。

(三)代位继承

代位继承,是指被继承人的继承人先于被继承人死亡的,由被继承人的继承人的晚辈直系血亲代替先亡的被继承人的继承人继承被继承人遗产的法定继承制度。

《民法典》第1028条规定:"被继承人的子女先于被继承人死亡的,由被继承人的子女的直系晚辈血亲代位继承。被继承人的兄弟姐妹先于被继承人死亡的,由被继承人的兄弟姐妹的子女代位继承。代位继承人一般只能继承被代位继承人有权继承的遗产份额。"

代位继承的适用条件:

1.被代位人是被继承人的子女或者兄弟姐妹,且先于被继承人死亡。

注意:突破了"只有被继承人的子女先于被继承人死亡"才发生代位继承的观点。

2.代位人是被代位人的直系晚辈血亲(无辈数限制)或子女。

3.被代位人享有继承权。

4.代位人只能以被代位人的继承份额为限。

5.只适用于法定继承,不适用于遗嘱继承和遗赠。

【例1】A市的甲中年丧子,后独自抚养孙子乙上学,照顾其生活。甲除乙父外,还有两个女儿,均已结婚,生活稳定。乙的两位姑姑定期回来看望他和甲,适当照顾二人生活。2019年7月份,年迈的甲因突发心脏病去世,留下老房5间。乙要求以孙子的身份继承房屋,两个姑姑却说乙不是第一顺序继承人,无权继承甲遗产。请问:乙是否有权利继承甲的遗产?

分析:乙的父亲先于甲死亡,那么乙有权代其父继承甲的遗产,但以其父有权继承的遗产份额为限。

【例2】甲有一子乙英年早逝,儿媳与甲共同生活并照顾她。后儿媳同丙再婚,三年前生下儿子丁,一年前儿媳因意外去世,半年前丙也生病离世。若日后甲死亡发生继承,则丁是否有继承权?

分析:本案中,儿媳对甲尽了主要赡养义务,拥有继承权,但是儿媳先于甲去世,且儿媳并非甲的子女,不符合代位继承的条件,所以丁不具有继承权。

(四)转继承

转继承,是指继承人在被继承人死亡后,遗产分割前死亡,其应继承的遗产份额转由他的法定继承人继承的制度。

《民法典》第1152条规定:"继承开始后,继承人于遗产分割前死亡,并没有放弃继承的,该继承人应当继承的遗产转给其继承人,但是遗嘱另有安排的除外。"

代位继承与转继承的区别:

1.本质不同。代位继承是继承权的转移,转继承是连续发生两次继承。

2.发生的时间不同。代位继承的继承人先于被继承人死亡;转继承是继承开始后,遗产分割前继承人死亡。

3.适用范围不同。代位继承只适用于法定继承,不适用于遗嘱继承;转继承既适用于法定继承,也适用于遗嘱继承和遗赠。

4.权利主体不同。代位继承可代位的是被继承人子女的晚辈直系血亲(无辈数限制)

或被继承人兄弟姐妹的子女；转继承无限制，可以是被转继承人的所有法定继承人。

【例】老王与媳妇王婆，共有两个儿子，大王和小王（收养）。老王由于突发病而离世，留下个人房产一套，存款20万元，在遗产未分割之前，小王由于车祸去世，留下妻子翠花和一子小小王。翠花和小小王对老王的遗产是否有继承权？

分析：小王虽然在老王之后也离世，但根据转继承的规定，本属于小王的那一份，由小王的法定继承人，翠花、小小王继承。

三、遗嘱继承

《民法典》第1133条规定："自然人可以依照本法规定立遗嘱处分个人财产，并可以指定遗嘱执行人。自然人可以立遗嘱将个人财产指定由法定继承人中的一人或者数人继承。自然人可以立遗嘱将个人财产赠与国家、集体或者法定继承人以外的组织、个人。自然人可以依法设立遗嘱信托。"

(一)遗嘱的适用条件

1. 没有遗赠扶养协议；

2. 立有遗嘱且合法有效；

3. 遗嘱继承人没有放弃、丧失继承权，也未先于被继承人死亡。

(二)遗嘱的形式

1. 自书遗嘱：由遗嘱人亲笔书写，签名，注明年、月、日。

2. 代书遗嘱：(1)应当有两个以上见证人在场见证；(2)其中一人代书，并由遗嘱人、代书人和其他见证人签名，注明年、月、日。

3. 打印遗嘱：(1)应当有两个以上见证人在场见证；(2)遗嘱人和见证人应当在遗嘱每一页签名，注明年、月、日。

4. 录音录像遗嘱：(1)应当有两个以上见证人在场见证；(2)遗嘱人和见证人应当在录音录像中记录其姓名或者肖像，以及年、月、日。

5. 口头遗嘱：(1)遗嘱人在危急情况下，可以立口头遗嘱；(2)应当有两个以上见证人在场见证；(3)危急情况消除后，遗嘱人能够以书面或者录音录像形式立遗嘱的，所立的口头遗嘱无效。

6. 公证遗嘱：由遗嘱人经公证机关办理。

【注意】(1)各种形式的遗嘱效力平等，民法典取消了公证遗嘱的优先效力；(2)代书遗嘱、录音录像遗嘱、打印遗嘱、口头遗嘱，均需两个以上的见证人方可有效订立；(3)口头遗嘱只能在危急情况下使用。

《民法典》第1140条规定："下列人员不能作为遗嘱见证人：(一)无民事行为能力人、限制民事行为能力人以及其他不具有见证能力的人；(二)继承人、受遗赠人；(三)与继承人、受遗赠人有利害关系的人。"

《继承编的解释(一)》第24条规定："继承人、受遗赠人的债权人、债务人，共同经营的合伙人，也应当视为与继承人、受遗赠人有利害关系，不能作为遗嘱的见证人。"

（三）遗嘱的效力

1. 遗嘱的变更与撤销

《民法典》第 1142 条规定："遗嘱人可以撤回、变更自己所立的遗嘱。立遗嘱后，遗嘱人实施与遗嘱内容相反的民事法律行为的，视为对遗嘱相关内容的撤回。立有数份遗嘱，内容相抵触的，以最后的遗嘱为准。"

2. 无效遗嘱（《民法典》第 1143 条、第 1141 条）

（1）无民事行为能力人或者限制民事行为能力人所立的遗嘱无效。

（2）遗嘱必须表示遗嘱人的真实意思，受欺诈、胁迫所立的遗嘱无效。

（3）伪造的遗嘱无效。

（4）遗嘱被篡改的，篡改的内容无效。

（5）未对缺乏劳动能力又没有生活来源的继承人保留必要的遗产份额的处分无效。

【例 1】甲订立遗嘱时，未为其 10 岁的女儿保留继承的份额。20 年后，甲去世，此时其女儿已经参加工作，有独立生活来源，此时，甲之前所订立的遗嘱是否有效？

分析：有效。

【例 2】85 岁的甲有一子一女，儿子一向不孝顺，女儿出嫁。自女儿出嫁后，儿子根本不管母亲。甲十分生气，时常唠叨，将来要把全部财产留给女儿。儿子得知母亲心意后，立即要甲马上立一份遗嘱，把全部财产给他一人；否则，就要对甲实施虐待。甲无奈，只好按照儿子的要求，立了遗嘱。问：这份遗嘱有效吗？甲死后，其子是否享有继承权？

分析：甲所立遗嘱无效。因为这份遗嘱是在其儿子的胁迫下所立的，意思表示不实。甲子不享有继承权。因为 85 岁的甲已丧失劳动能力，而有赡养能力的儿子拒不履行赡养义务，已构成遗弃被继承人。甲儿子的继承权已丧失。

四、遗赠

遗赠是遗嘱人用遗嘱的方式将个人财产的一部或全部于死后赠给国家、集体或法定继承人以外的组织、个人的一种法律制度。（《民法典》第 1133 条）

遗赠属于单方、无偿、要式、死因行为。

遗赠的生效要件：（1）遗赠的意思表示有效；（2）受遗赠人未先于遗赠人死亡；（3）受遗赠人在知道受遗赠的事实后 60 日内明示接受遗赠，否则，视为放弃受遗赠。

【例】甲的叔叔临终前立下遗嘱，将全部财产留给甲。3 月 2 日，甲的叔叔死亡，次日甲得知这份遗嘱的内容，却说："叔叔何必如此。"直到 5 月 15 日，甲一直没有作出是否接受该遗产的表示。那么，依法甲的行为应如何认定？

分析：接受遗赠必须采用明示方式。甲未表示接受遗赠，视为放弃受遗赠。

五、遗赠扶养协议

《民法典》第 1158 条规定："自然人可以与继承人以外的组织或者个人签订遗赠扶养协议。按照协议，该组织或者个人承担该自然人生养死葬的义务，享有受遗赠的权利。"

（一）特征

1. 受扶养人只能是自然人，扶养人可以是法定扶养义务人以外的自然人或组织。
2. 遗赠扶养协议属于双务、有偿、诺成、要式法律行为。
3. 遗赠扶养协议包含生前法律行为及死后法律行为。
4. 遗赠扶养协议的效力优先于遗嘱继承、遗赠和法定继承。

（二）权利义务

1. 受扶养人：受扶养人订立遗赠扶养协议，使扶养人在其死后享有取得遗赠财产的权利。
2. 扶养人：扶养人负有对被扶养人生前扶养、死后丧葬的义务。

（三）违约救济

《继承编的解释（一）》第 40 条规定："继承人以外的组织或者个人与自然人签订遗赠扶养协议后，无正当理由不履行，导致协议解除的，不能享有受遗赠的权利，其支付的供养费用一般不予补偿；遗赠人无正当理由不履行，导致协议解除的，则应当偿还继承人以外的组织或者个人已支付的供养费用。"

六、遗产的处理

（一）遗产管理人

1. 遗产管理人的选任

《民法典》第 1145 条规定："继承开始后，遗嘱执行人为遗产管理人；没有遗嘱执行人的，继承人应当及时推选遗产管理人；继承人未推选的，由继承人共同担任遗产管理人；没有继承人或者继承人均放弃继承的，由被继承人生前住所地的民政部门或者村民委员会担任遗产管理人。"

2. 法院指定遗产管理人

《民法典》第 1146 条规定："对遗产管理人的确定有争议的，利害关系人可以向人民法院申请指定遗产管理人。"

3. 遗产管理人的职责

根据《民法典》第 1147 条的规定，遗产管理人应当履行下列职责：

（1）清理遗产并制作遗产清单；

（2）向继承人报告遗产情况；

（3）采取必要措施防止遗产毁损、灭失；

（4）处理被继承人的债权债务；

（5）按照遗嘱或者依照法律规定分割遗产；

（6）实施与管理遗产有关的其他必要行为。

4. 遗产管理人的责任

《民法典》第 1148 条规定："遗产管理人应当依法履行职责，因故意或者重大过失造成继承人、受遗赠人、债权人损害的,应当承担民事责任。"

(二)继承的开始

《民法典》第1150条规定:"继承开始后,知道被继承人死亡的继承人应当及时通知其他继承人和遗嘱执行人。继承人中无人知道被继承人死亡或者知道被继承人死亡而不能通知的,由被继承人生前所在单位或者住所地的居民委员会、村民委员会负责通知。"

(三)遗产的分割

1. 先析产后继承

《民法典》第1153条规定:"夫妻共同所有的财产,除有约定的外,遗产分割时,应当先将共同所有的财产的一半分出为配偶所有,其余的为被继承人的遗产。遗产在家庭共有财产之中的,遗产分割时,应当先分出他人的财产。"

2. 保留胎儿的继承份额

《民法典》第1155条规定:"遗产分割时,应当保留胎儿的继承份额。胎儿娩出时是死体的,保留的份额按照法定继承办理。"

3. 遗产分割的原则:物尽其用

《民法典》第1156条规定:"遗产分割应当有利于生产和生活需要,不损害遗产的效用。不宜分割的遗产,可以采取折价、适当补偿或者共有等方法处理。"

(四)被继承人债务的清偿

1. 清偿税款、债务

《民法典》第1159条规定:"分割遗产,应当清偿被继承人依法应当缴纳的税款和债务;但是,应当为缺乏劳动能力又没有生活来源的继承人保留必要的遗产。"

2. 限定继承

《民法典》第1161条规定:"继承人以所得遗产实际价值为限清偿被继承人依法应当缴纳的税款和债务。超过遗产实际价值部分,继承人自愿偿还的不在此限。继承人放弃继承的,对被继承人依法应当缴纳的税款和债务可以不负清偿责任。"

对被继承人生前所负债务的清偿,清偿顺序为:

(1)先有法定继承人以所得的遗产(按比例)清偿;

(2)法定继承人以所得遗产不能清偿的债务,由遗嘱继承人和受遗赠人用所得遗产按比例清偿。

3. 有序清偿

《民法典》第1163条规定:"既有法定继承又有遗嘱继承、遗赠的,由法定继承人清偿被继承人依法应当缴纳的税款和债务;超过法定继承遗产实际价值部分,由遗嘱继承人和受遗赠人按比例以所得遗产清偿。"

(1)获得遗产、遗嘱、遗赠优先于法定继承。但清偿债务,按照法定继承获得遗产的部分,首先清偿;法定继承不足的,由按照遗嘱继承或遗赠获得的部分按比例偿还。

(2)遗赠扶养协议的受赠人原则上没有清偿的法律义务。

【例1】甲死后留有遗产是现金6万元和价值8万元的房屋。甲立有遗嘱,现金由三个子女平分,另 8 万元房屋在遗嘱中未作处理。小儿子和小女儿主动放弃了对房屋的继承,于是大儿子和二儿子将房屋卖了 8 万元,每人各得 4 万元。现债权人乙主张甲生前曾向其借款 20 万元,并由借据为证。问:该债务应如何清偿?

分析:四个子女应各自以及继承所得为限清偿债务,剩下 6 万元四人可以不清偿。

【例 2】甲死后留有遗产是现金 10 万元。甲立有遗嘱,三个子女每人各得 2 万元,另 4 万元在遗嘱中未作处理。小女儿主动放弃了对另 4 万元的继承,于是大儿子和二儿子将其平分,各得 2 万元。现债权人乙要求三个子女偿还甲生前的债务 7 万元。问:应如何清偿?

分析:先由法定继承人清偿,故两个儿子先把法定继承所得的各 2 万元用来清偿,此时还有 3 万元未获清偿,再由三个子女依遗嘱继承所得的遗产比例来清偿。故每人需要拿出 1 万元。这样,三个子女实际最后各得 1 万元。

(五)无人继承财产的归属

无人继承又无人受遗赠的遗产,归国家所有,用于公益事业;死者生前是集体所有制组织成员的,归所在集体所有制组织所有。

👉 **真题试接**

1. 华某再婚后一直大额资助由前夫抚养的儿子华小强,华某的丈夫祝某表示反对,因担心幼女祝娟的健康成长一直隐忍,但严格控制家庭财产支出。1 年后,祝某不幸患病离世。遗产是婚前房屋一套和婚后家庭收入现金 200 万元。关于本案,下列哪一说法是正确的?(　　)(2020/02/14,单)

A. 华某无权继承任何财产

B. 祝娟可以继承全部财产

C. 祝娟可以继承现金 100 万元

D. 华某可就继承遗产现金所得赠与华小强 50 万元

2. 甲(男)婚内生育一子乙和一女丙,婚外与丁(女)同居并致其怀孕,两人分手时丁未告知甲自己怀孕一事,丁生下戊后独立抚养,甲不知戊的存在,戊 5 岁时甲病危,立下自书遗嘱表示“死后全部遗产由儿子继承”。次年,甲病逝,下列选项正确的是?(　　)(2020/02/38,多)

A. 该遗嘱因内容不明而无效　　　B. 戊有权分得必要遗产份额

C. 遗嘱是无相对人的意思表示　　D. 甲所立遗嘱因重大误解可撤销

3. 薛某长期沉迷于某网络平台开发的一款网络游戏,某日终于在游戏中练成道具“开天辟地斧”(市值 1 万元),薛某当日以 1.2 万元的价格将该道具出卖给另一玩家雷某,约定先付款后交货。不料,薛某收到货款后过于兴奋,突发脑出血身亡。经查,薛某的近亲属只有儿子薛小小。对此,下列哪一选项是正确的?(　　)(2020/02/15,单)

A. 账户无法登录,网络平台不对薛小小负担任何协助义务

B. 该道具斧头属于网络虚拟财产,薛小小有权继承

C. 因薛某死亡,薛某与雷某转让合同无效

D. 薛小小可以继承 1.2 万元价款,不负担交付该道具斧头的义务

4. 徐老头有一独生子英年早逝,儿媳与他共同生活并照顾他。后儿媳与田某再婚,三年前生下儿子小田,一年前儿媳不幸去世,半年前田某也相继离世。若日后徐老头死亡发生继承,则小田可以（　　）。(2019/02/23,单)

A. 代位继承　　　　　　　　　　B. 转继承

C. 无继承权　　　　　　　　　　D. 可适当分得遗产

5. 韩某于 2017 年 3 月病故,留有住房 1 套、存款 50 万元、名人字画 10 余幅及某有限责任公司股权等遗产。韩某在 2014 年所立第一份自书遗嘱中表示全部遗产由其长子韩大继承。在 2015 年所立第二份自书遗嘱中,韩某表示其死后公司股权和名人字画留给 7 岁的外孙女婷婷。2017 年 6 月,韩大在未办理韩某遗留房屋所有权变更登记的情况下以自己的名义与陈卫订立了商品房买卖合同。下列哪些选项是错误的?（　　）(2017/03/66,多)

A. 韩某的第一份遗嘱失效

B. 韩某的第二份遗嘱无效

C. 韩大与陈卫订立的商品房买卖合同无效

D. 婷婷不能取得某有限责任公司股东资格

6. 熊某与杨某结婚后,杨某与前夫所生之子小强由二人一直抚养,熊某死亡,未立遗嘱。熊某去世前杨某孕有一对龙凤胎,于熊某死后生产,产出时男婴为死体,女婴为活体但旋即死亡。关于对熊某遗产的继承,下列哪些选项是正确的?（　　）(2016/03/65,多)

A. 杨某、小强均是第一顺位的法定继承人

B. 女婴死亡后,应当发生法定的代位继承

C. 为男婴保留的遗产份额由杨某、小强继承

D. 为女婴保留的遗产份额由杨某继承

7. 贡某立公证遗嘱:死后财产全部归长子贡文所有。贡文知悉后,自书遗嘱:贡某全部遗产归弟弟贡武,自己全部遗产归儿子贡小文。贡某随后在贡文遗嘱上书写:同意,但还是留 10 万元给贡小文。其后,贡文先于贡某死亡。关于遗嘱的效力,下列哪一选项是正确的?（　　）(2016/03/21,单)

A. 贡某遗嘱已被其通过书面方式变更

B. 贡某遗嘱因贡文先死亡而不生效力

C. 贡文遗嘱被贡某修改的部分合法有效

D. 贡文遗嘱涉及处分贡某财产的部分有效

8. 薛某驾车撞死一行人,交警大队确定薛某负全责。鉴于找不到死者亲属,交警大队调处后代权利人向薛某预收了 6 万元赔偿费,商定待找到权利人后再行转交。因一直未找到权利人,薛某诉请交警大队返还 6 万元。根据社会主义法治理念公平正义要求和相关法律规定,下列哪一表述是正确的?（　　）(2014/03/01,单)

A. 薛某是义务人,但无对应权利人,让薛某承担赔偿义务,违反了权利义务相一致的原则

B. 交警大队未受损失而保有 6 万元,形成不当得利,应予退还

C. 交警大队代收 6 万元,依法行使行政职权,与薛某形成合法有效的行政法律关系,无须退还

D. 如确实未找到权利人,交警大队代收的 6 万元为无主财产,应收归国库

9. 甲(男)与乙(女)结婚,其子小明 20 周岁时,甲与乙离婚。后甲与丙(女)再婚,丙子小亮 8 周岁,随甲、丙共同生活。小亮成年成家后,甲与丙甚感孤寂,收养孤儿小光为养子,视同己出,未办理收养手续。丙去世,其遗产的第一顺序继承人有哪些?(   )(2014/03/65,多)

A. 小明　　　　　B. 小亮　　　　　C. 甲　　　　　D. 小光

【答案】

1. D。《民法典》第 1062 条、第 1063 条、第 1127 条。

2. BC。《民法典》第 1143 条。

3. B。《民法典》第 127 条。

4. C。《民法典》第 1128 条、第 1130 条、第 1131 条、第 1152 条。

5. ABCD。《民法典》第 215 条、第 230 条、第 232 条、第 1142 条。

6. ACD。《民法典》第 16 条、第 1127 条、第 1128 条、第 1115 条。

7. AB(原答案为 B)。《民法典》第 1133 条、第 1142 条、第 1154 条。

8. D。《民法典》第 122 条、第 1160 条。

9. BC。《民法典》第 1105 条、第 1127 条。

案例讨论

1. 甲是一位作家,年轻时也是一款网络游戏的职业玩家,其在该款游戏世界中拥有诸多神级装备。妻子乙则由于习惯以手机视频的方式记录生活中的点滴,成为某平台的一名拥有百万粉丝的网络主播。

甲与乙有两个儿子丙和丁,由于大儿子丙平日里对甲、乙照顾有加,十分孝顺,甲便通过电子文档立了内容为"将其游戏中的装备以及拥有的比特币在去世后均由其大儿子丙继承"的遗嘱,随后打印成纸质文件,让两位朋友作为见证人在打印遗嘱的每一页签名,注明年月日。不仅如此,还经过公证处进行了公证。乙见状,便通过手机录像的方式订立内容为"直播账号由其小儿子丁继承"的遗嘱,同时邀请两位见证人,并在录像中记录了他们的姓名、肖像及年月日。小儿子丁听说父亲将比特币都留给哥哥非常生气,回到父亲家中不仅强夺藏匿了甲写好的那份自书遗嘱,还连续数周以恐吓、威胁等方式逼迫甲再新立一份遗嘱,改为将其比特币由他一人继承所有。后经过邻居从中调解,小儿子丁认识到自己的错误,甲也对丁的行为表示了原谅和宽恕,最后在居委会的调解与见证下,甲再次订立了遗嘱,将其比特币由两个儿子一人一半继承。甲和乙相继去世,丙以公证遗嘱效力优先为由,主张甲的比特币应当由其继承。不久之后,丁因车祸不幸去世,留下儿子戊无人依靠。丙由于未婚无子女,便与弟弟的儿子戊相依为命,一起生活。在丙因病去世后,并未留有遗嘱,侄子戊主张继承丙遗留的财产。

问:(1)甲的比特币与乙的直播账号能否作为遗产被继承?

(2)甲的打印遗嘱和乙通过录像的方式订立的遗嘱是否有效?

(3)如何看待丁强夺藏匿遗嘱的行为?丁认识到自己的错误之后,甲对其表示宽恕的行

为有何意义?

(4)甲的比特币是否应当依据公证遗嘱,由丙继承?

(5)丙因病去世后,侄子戊是否能继承其遗产?

2. 甲、乙系夫妻,有共同财产 200 万元。二人有丙、丁、戊三子,丙早逝,遗有一子 A;丁有妻子以及三子 B、C、D。由于家人均不在身边,甲遂与己签订遗赠扶养协议,约定己承担甲的生养死葬义务,甲死后赠与己 20 万元;由于甲的二儿子丁有心脏病,而甲的朋友庚早年对甲有恩,故甲立下遗嘱给予丁 30 万元,朋友庚 10 万元。现甲死亡,丁在甲死后、遗产分割前因旧病复发也死亡。

请问:以上所列各人能得到多少遗产?

第七编

侵权责任

　　《民法典》侵权责任编承继了《侵权责任法》部分条文,也有不少修改,增加了较多新条文并删除一些条文,在立法结构和体系上有所调整。侵权责任编的主要创新在于:贯彻社会主义核心价值观,提供更明确的行为规范,夯实侵权责任的公平正义基础,更精准地保护和救济民事权益与保障行为自由;贯彻生态文明理念和"绿色原则",规定更为严格的环境污染和生态破坏侵权责任制度;完善网络侵权责任制度;吸收司法实践和法学研究成果,完善侵权责任的若干具体制度和规范。正确理解和实施侵权责任编,要把理论研究和司法实践统一到新的法律规定上来,要充分发挥体系解释等法学方法的积极作用,清理旧的司法解释、制定新的司法解释和颁布相关指导案例。侵权责任编将接受法治实践的检验并不断完善发展。[①]

《民法典》侵权责任编体例

第一章　一般规定(第 1164 条至第 1178 条)

第二章　损害赔偿(第 1179 条至第 1187 条)

第三章　责任主体的特殊规定(第 1188 条至第 1201 条)

第四章　产品责任(第 1202 条至第 1207 条)

第五章　机动车交通事故责任(第 1208 条至第 1217 条)

第六章　医疗损害责任(第 1218 条至第 1228 条)

第七章　环境污染和生态破坏责任(第 1229 条至第 1235 条)

第八章　高度危险责任(第 1236 条至第 1244 条)

第九章　饲养动物损害责任(第 1245 条至第 1251 条)

第十章　建筑物和物件损害责任(第 1252 条至第 1258 条)

　　[①]　张新宝:《侵权责任编:在承继中完善和创新》,载《中国法学》2020 年第 4 期。

第一讲　侵权责任概述

经典案例

【案情】程某与姚某波等见义勇为人受害责任纠纷

程某与姚某波均系北京市昌平区××镇××村村民,两人系邻居,程某居住于北京市昌平区××镇××村××号。姚某波于 2014 年将昌平区××镇××村××号院内房屋出租给马某辉居住使用。2015 年 11 月 21 日 18 时 06 分,马某辉承租姚某波的昌平区××镇××村××号院内西房三间发生火灾,过火面积 30 平方米,火灾烧损屋内电器、手表、被褥等物品。当日,北京市昌平区公安消防支队出具了《火灾事故简易调查认定书》,载明报警时间为 2015 年 11 月 21 日 18 时 06 分;认定火灾事故事实为"经现场勘查和询问当事人,起火部位位于西侧平房内火炕部位,起火原因为火炕过热引燃被褥所致"。程某发现姚某波家房屋发生火灾时,第一时间电话告知姚某波家人,并及时拨打 119 电话报火警,并积极参与救火,但在翻越姚某波家的院墙时,不慎从院墙上坠落摔伤。事发当晚,程某被送往北京市红十字会急诊抢救中心检查,被诊断为腰 1 压缩骨折。程某花费救护车费、检查治疗费 1978.39 元。后程某又自北京市红十字会急诊抢救中心转院至北京市昌平区医院,程某支付救护车 260 元,被诊断为 L1 椎体压缩骨折,并自 2015 年 11 月 21 日至 29 日在北京市昌平区医院住院治疗 8 天,住院花费医疗费 6591.59 元。出院诊断证明医嘱建议全休一个月,佩戴胸腰段支具方可下地活动。2015 年 11 月 23 日,程某购买护具花费 1500 元。2016 年 2 月 24 日,程某在北京市昌平区医院花费门诊检查费 107.17 元。2016 年 6 月 23 日,程某在北京积水潭医院花费胸椎和腰椎核磁检查费用 1874.24 元。诉讼中,程某就其伤情提起伤残等级鉴定申请,经法院向其释明相应的法律后果后,程某仍坚持进行司法鉴定,遂经北京市高级人民法院摇号确定北京市红十字会急诊抢救中心司法鉴定中心作为鉴定机构。经鉴定,程某的致残程度等级为十级。程某支付鉴定费用 3341.92 元。

另查,程某与姚××系夫妻关系,二人于 2003 年 8 月 24 日生育一女程××,于 2012 年 3 月 30 日生育一女程××。程某住院治疗期间,姚某波给付程某 10000 元、马某辉给付程某 2000 元。

北京市一中级人民法院审理认为:程某系在见义勇为过程中受伤,并经鉴定为十级伤残,故本案鉴定费用应由姚某波、马某辉负担。根据公平原则,姚某波于本判决生效后七日内补偿程某见义勇为受害损失 3000 元。马某辉于本判决生效后七日内补偿程某见义勇为受害损失 10000 元。

点评:见义勇为的救助者在危难关头挺身而出的救助行为,体现了中华民族的传统美德,见义勇为的行为值得褒奖与弘扬。对于见义勇为的救助者自身受害的损失,应最终通过构建多元化的社会救助机制加以填平。作为受益人仅应依据公平原则,承担适当的补偿责任,否则无意于加重无过错受益人的负担,将社会应承担的责任附加给了受益人[1]。侵权责任编亦要贯彻社会主义核心价值观,这是我国政治制度的必然要求,也是宪法和法律原则的必然要求。在侵权责任编中精准平衡民事主体民事权益保护(救济)与行为自由关系,提供明确的行为规范并揭示出侵权责任的公平正义基础,是贯彻社会主义核心价值观的一个重要体现[2]。

知识梳理

一、侵权责任的概念及调整对象

(一)概念

侵权责任是指行为人因侵权行为而依法应当承担的民事法律责任。《民法典》第120条规定,民事权益受到侵害,被侵权人有权请求侵权人承担侵权责任。

(二)调整对象

《民法典》第1164条规定:"本编调整因侵害民事权益而产生的民事法律关系。"

民事权益主体所享有的民事权益,从《民法典》总则编第5章"民事权利"的规定中可以看出,民事主体享有的权益主要有:

1. 第110条规定的自然人享有的生命权、身体权、健康权、姓名权、肖像权、名誉权、荣誉权、隐私权、婚姻自主权等权利,法人、非法人组织享有的名称权、名誉权和荣誉权。

2. 第111条规定的自然人的个人信息受法律保护的权利。

3. 第112条规定的自然人因婚姻家庭关系等产生的人身权利。

4. 第113条规定的财产权利。

5. 第114条规定的物权。

6. 第118条规定的债权。

7. 第123条规定的知识产权。

8. 第124条规定的继承权。

9. 第125条规定的股权和其他投资性权利。

10. 第126条规定的法律规定的其他民事权利和利益(如胎儿利益、死者人格利益等)。

11. 第127条规定的数据、网络虚拟财产。

二、侵权责任的归责原则

侵权行为的归责原则,是指据以确定行为人承担侵权责任的根据和标准。

---

[1]　程坤与姚金波等见义勇为人受害责任纠纷二审民事判决书(2017)京01民终121号。

[2]　张新宝:《侵权责任编:在承继中完善和创新》,载《中国法学》2020年第4期。

（一）过错责任原则

过错责任原则，是指行为人主观上对于侵害行为具有过错的，才承担侵权责任。

《民法典》第1165条规定："行为人因过错侵害他人民事权益造成损害的，应当承担侵权责任。依照法律规定推定行为人有过错，其不能证明自己没有过错的，应当承担侵权责任。"

1. 过错责任

一般侵权行为，即《民法典》第七编"侵权责任"第三章至第十章没有具体规定的侵权行为，都适用过错责任原则确定侵权责任。

一般侵权行为的构成要件，即行为人只要同时满足以下条件，行为人就应承担侵权责任：

（1）行为人实施了某一行为。

（2）行为人行为时有过错。

过错分为故意和过失。

故意，是指行为人预见到自己的行为会导致某一损害后果而希望或者放任该后果发生的一种主观心理状态。

过失，是指行为人因疏忽或轻信而使自己未履行应有的注意义务的一种心理状态。判断有无过失的客观标准主要依据为：第一，行为人是否违反了法律、行政法规明确规定的义务。比如，法律对某一特定领域规定了行为标准，行为人若违反了这些标准，就具有过失。第二，行为人是否违反了一个合理人的注意义务。"合理人的注意义务"，即多数人在特定情况下应当达到的注意程度，若一般人会与行为人作出同样的行为，行为人就没有过失；反之，则有过失。

（3）受害人的民事权益受到损害。

损害，是指行为人的行为对受害人的民事权益造成的不利后果，通常表现为财产减少、生命丧失、身体残疾、名誉受损、精神痛苦等。

（4）行为人的行为与受害人的损害之间有因果关系。

2. 过错推定

过错推定，是指根据法律规定推定行为人有过错，行为人不能证明自己没有过错的，应当承担侵权责任。

过错推定本质上仍是过错责任原则，只是过错的要件实行推定而不是认定，因而在其他构成要件证明成立的情况下，法官可以直接推定行为人有过错，行为人认为自己没有过错的，应当自己举证证明，能够证明者免除责任，不能证明或者证明不足者责任成立。

适用过错推定原则的侵权行为主要包括：

（1）无民事行为能力人在教育机构受到人身损害。（《民法典》第1199条）

（2）医疗机构违反诊疗规范、拒绝提供或伪造、篡改、销毁病例资料。（《民法典》第1222条）

（3）动物园的动物造成他人损害。（《民法典》第1248条）

（4）建筑物、构筑物或者其他设施及其搁置物、悬挂物脱落、坠落造成他人损害。（《民法典》第1253条）

（5）堆放物倒塌造成他人损害。（《民法典》第1255条）

（6）因林木折断等造成他人损害。（《民法典》第1257条）

(7)窨井等地下设施造成他人损害等。(《民法典》第1258条)

3. 适用过错原则的一般侵权行为和适用过错推定原则的部分特殊侵权行为,其构成要件都是行为、过错、损害事实、因果关系。前者由受害人举证证明加害人有过错,后者由加害人举证证明自己没有过错。

(二)无过错责任原则

无过错责任原则,是指在法律明确规定的情况下,在追究行为人的责任时,不考虑行为人的过错,只要实行了相应的行为、产生了相应的损害结果,并且行为与损害结果之间有因果关系,就应当承担侵权责任。

《民法典》第1166条规定:"行为人造成他人民事权益损害,不论行为人有无过错,法律规定应当承担侵权责任的,依照其规定。"

1. 无过错责任构成要件有:

(1)行为;

(2)受害人的损害;

(3)行为与损害结果之间的因果关系;

(4)法律规定应当承担侵权责任,即不存在法定的免责情形。

2. 适用无过错责任原则的侵权行为有:

(1)监护人责任。(《民法典》第1188条)

(2)用人单位工作人员致人损害责任。(《民法典》第1191条)

(3)个人劳务关系侵权责任。(《民法典》第1192条)

(4)产品责任。(《民法典》第1203条)

(5)机动车与行人、非机动车之间发生道路交通事故。(《中华人民共和国道路交通安全法》第76条)

(6)环境污染和生态破坏责任。(《民法典》第1229条)

(7)高度危险责任。(《民法典》第1236条)

(8)一般的饲养动物致人损害责任(动物园的动物致害,适用过错推定)。(《民法典》第1245条)

(9)建筑物倒塌、坍塌致害责任。(《民法典》第1252条)

(三)关于公平责任

公平责任并非《民法典》所认可的归责原则。

《民法典》第1186条规定:"受害人和行为人对损害的发生都没有过错的,依照法律的规定由双方分担损失"。

公平责任属于指导性原则,不能成为法院裁判的依据。

首先,与《民法通则》比较,保留了关于公平分担的规定,但将《民法通则》中规定的"分担民事责任"修改为"分担损失"。该修改主要考虑到,既然双方当事人对损害的发生都没有过错,那么行为人就不应承担责任,而只能是分担损失。

其次,与《中华人民共和国侵权责任法》比较,将"可以根据实际情况"修改为"依照法律规定"。该修改是因为,在司法判决中,由于侵权责任法的规定有些抽象,法官自由裁量空间过大,出现了认定过于随意,标准失之宽松的情况,导致了公平分担损失原则的滥用。因此,《民法典》将"可以根据实际情况,由双方分担损失"修改为"可以依照法律规定,由双方分担损失"。例如,《民法典》第1190条第1款规定,完全民事行为能力人因为暂时丧失意识而致害的,如果行为人本身并无过错,则根据行为人的经济状况对受害人适当补偿。

【例】甲是一个夜游症患者,其与乙在某市合伙卖西瓜,并共同居住在丙的一间出租屋中。某晚,甲发病,将乙的脑袋当作西瓜,当摸到乙的耳朵时以为是西瓜上粘有泥土,便拿出西瓜刀试图刮去该泥土。乙在梦中因疼痛惊醒,甲因摸到血迹也惊醒。乙为此花去医药费用2000元。问:对该费用应如何承担?

分析:甲应该给予适当补偿。本题涉及公平分担损失的问题。甲是一个夜游症患者,其在夜游期间所进行的损害是由其非意识的行为引起的,故本身并无过错。依照《民法典》第1190条第1款的规定:当事人对造成的损害都没有过错的,根据行为人的经济状况对受害人适当补偿。

三、侵权责任的抗辩事由

侵权责任的抗辩事由,是指加害人针对受害人提出的民事赔偿请求,提出合理原因,要求免除或减轻其赔偿责任的事实。

《民法典》总则编第八章"民事责任"部分规定了不可抗力(第180条)、正当防卫(第181条)、紧急避险(第182条)等抗辩事由,《民法典》侵权责任编第一章"一般规定"部分规定了与有过错(第1173条)、受害人故意(第1174条)、第三人过错(第1175条)、受害人自甘冒险(第1176条)、自助行为(第1177条)等抗辩事由。

(一)不可抗力

《民法典》第180条规定:"因不可抗力不能履行民事义务的,不承担民事责任。法律另有规定的,依照其规定。不可抗力是不能预见、不能避免且不能克服的客观情况。"

【注意】发生不可抗力并非当然免责。比如《民法典》第1237条规定,核设施致人损害,除了战争、武装冲突、暴乱等情形,自然灾害作为不可抗力是不能免责的。《民法典》第1238条规定,民用航空器造成他人损害的,除受害人故意外,不能免责,即使不可抗力也不能免责。

(二)正当防卫

《民法典》第181条规定:"因正当防卫造成损害的,不承担民事责任。正当防卫超过必要的限度,造成不应有的损害的,正当防卫人应当承担适当的民事责任。"

(三)紧急避险

《民法典》第182条规定:"因紧急避险造成损害的,由引起险情发生的人承担民事责任。危险由自然原因引起的,紧急避险人不承担民事责任,可以给予适当补偿。紧急避险采取措施不当或者超过必要的限度,造成不应有的损害的,紧急避险人应当承担适当的民事责任。"

(四)与有过错

《民法典》第 1173 条规定:"被侵权人对同一损害的发生或者扩大有过错的,可以减轻侵权人的责任。"

1. 必须是"同一"损害才能适用。"同一"是指对一个性质相同的损害结果的发生,侵权人与被侵权人均有责任。

2. 增加了损害的"扩大"。"扩大"是后续的损害,是新发生的损害。侵权人造成了损害,被侵权人因为自己的原因,致使同一损害扩大,对扩大的部分,可以减轻侵权人的责任。

(五)受害人故意

《民法典》第 1174 条规定:"损害是因受害人故意造成的,行为人不承担责任。"

对行为人免责,是指损害完全是因为受害人的故意造成的,及受害人故意的行为是其损害发生的唯一原因。

(六)第三人过错

《民法典》第 1175 条规定:"损害是因第三人造成的,第三人应当承担侵权责任。"

在一般侵权中,若第三人行为是造成损害的唯一原因,则直接加害人完全免责;若第三人行为只是部分原因,则直接加害人减轻责任,与第三人共同承担责任。

但第三人原因作为免责事由,是一般的免责事由,法律有特别规定的,应当适用特别规定。因此,在一些特殊侵权中,第三人原因造成损害的,加害人不能完全免责。此时,第三人与加害人之间为不真正连带责任。

《民法典》第 1223 条规定:"因药品、消毒产品、医疗器械的缺陷,或者输入不合格的血液造成患者损害的,患者可以向药品上市许可持有人、生产者、血液提供机构请求赔偿,也可以向医疗机构请求赔偿。患者向医疗机构请求赔偿的,医疗机构赔偿后,有权向负有责任的药品上市许可持有人、生产者、血液提供机构追偿。"

《民法典》第 1233 条规定:"因第三人的过错污染环境、破坏生态的,被侵权人可以向侵权人请求赔偿,也可以向第三人请求赔偿。侵权人赔偿后,有权向第三人追偿。"

《民法典》第 1250 条规定:"因第三人的过错致使动物造成他人损害的,被侵权人可以向动物饲养人或者管理人请求赔偿,也可以向第三人请求赔偿。动物饲养人或者管理人赔偿后,有权向第三人追偿。"

(七)受害人自甘风险

《民法典》第 1176 条规定:"自愿参加具有一定风险的文体活动,因其他参加者的行为受到损害的,受害人不得请求其他参加者承担侵权责任;但是,其他参加者对损害的发生有故意或者重大过失的除外。活动组织者的责任适用本法第一千一百九十八条至第一千二百零一条的规定。"

《民法典》第一次确认自甘风险为免责事由。自甘风险是指受害人自愿参加具有一定风险的文体活动,因其他参加者的行为受到损害的,受害人不得请求其他参加者承担侵权责任,但是其他参加者对损害的发生有故意或者重大过失时除外的免责事由。

1. 构成要件

(1)组织者组织的文体活动有一定的风险;

(2)受害人对该危险有意识,但是自愿参加;

(3)受害人参加此活动,因其他参加者的行为遭受损害;

(4)组织者没有故意或者过失。

2. 其他参加者必须是故意或者重大过失,才承担侵权责任。

组织者,如果有故意或者过失,构成违反安全保障义务的侵权责任,或者学校组织未成年学生参加文体活动,造成未成年学生人身伤害的,分为两种情况:

(1)组织者因故意或者过失,未尽到安全保障义务造成受害人损害的,应当承担赔偿责任;

(2)组织者因故意或者过失,致使第三人造成受害人损害的,承担相应的补偿责任,承担责任后可以向第三人追偿。

【例】原告夏同学与被告王同学是某中学同学,某日在校,利用午休时间与其他数名同学在学校操场上踢足球。原告作为守门员,被告射门,足球经过原告的手挡之后,打在原告右眼,造成伤害。医院诊断为,右外伤性视网膜脱落,经行右网膜复位术,网膜复位,黄斑区前膜增殖,鉴定为十级伤残。

问:原告可否要求射门球员王同学承担人身赔偿损害责任?

分析:足球运动具有群体性、对抗性及人身危险性,出现人身伤害事件属于正常现象,应在意料之中,参与者无一例外地处于潜在的危险之中,既是危险的潜在制造者,又是危险的潜在承担者。足球运动中出现的正当危险后果是被允许的,参与者有可能成为危险后果的实际承担者,而正当危险的制造者不应为此付出代价。被告的行为不违反运动规则,不存在过失,不属于侵权行为。

(八)自助行为

《民法典》第1177条规定:"合法权益受到侵害,情况紧迫且不能及时获得国家机关保护,不立即采取措施将使其合法权益受到难以弥补的损害的,受害人可以在保护自己合法权益的必要范围内采取扣留侵权人的财物等合理措施;但是,应当立即请求有关国家机关处理。受害人采取的措施不当造成他人损害的,应当承担侵权责任。"

《民法典》新增的免责事由。自助行为的构成要件:

1. 前提条件:情况紧迫不能及时获得国家机关保护。例如,在路上发现自己被盗的电动车,在来不及报案或者拨打"110"的情况下,扣下电动车。

2. 必要条件:不立即采取措施将使其合法权益受到难以弥补的损害。如前例所述,如果不马上扣押电动车,骑车人骑着车走了,以后就难以寻找车了。

3. 范围条件:在保护自己合法权益的必要范围内采取扣留侵权人的财物等合理措施。

4. 合法条件:应当立即请求有关国家机关处理。

如果受害人采取的措施不当造成他人损害的,就突破了自力救济的必要性,应当承担侵权责任。

【例】甲在乙经营的酒店进餐时饮酒过度,离去时拒付餐费,乙不知甲的身份和去向。甲酒醒后回酒店欲取回遗忘的外衣,乙以甲未付餐费为由拒绝交还。请问:乙的行为应如何定性?

分析：自助行为，乙不知甲的身份和去向，如允许甲取走遗忘的外衣，乙将无法收取餐费。因此，乙不得已只能采取私力救济方式，以甲未支付餐费为由拒绝交还外衣。

四、侵权责任的责任形式

《民法典》并未在侵权责任编中罗列所有的侵权责任形式。根据《民法典》第179条、第1167条、侵权责任编第二章"损害赔偿"部分的许多具体规定，将侵权责任的责任形式概括为以下八种形式：(1)停止侵害；(2)排除妨害；(3)消除危险；(4)返还财产；(5)恢复原状；(6)赔偿损失；(7)赔礼道歉；(8)消除影响、恢复名誉。

五、侵权损害赔偿的特别规则

(一)对财产损失的赔偿

1. 关于财产损失计算的规定

《民法典》第1184条规定："侵害他人财产的，财产损失按照损失发生时的市场价格或者其他合理方式计算。"

2. 故意侵害他人知识产权惩罚性赔偿的规定

《民法典》第1185条规定："故意侵害他人知识产权，情节严重的，被侵权人有权请求相应的惩罚性赔偿。"

(二)对人身损害的赔偿

1. 人身损害赔偿的范围

《民法典》第1179条规定："侵害他人造成人身损害的，应当赔偿医疗费、护理费、交通费、营养费、住院伙食补助费等为治疗和康复支出的合理费用，以及因误工减少的收入。造成残疾的，还应当赔偿辅助器具费和残疾赔偿金；造成死亡的，还应当赔偿丧葬费和死亡赔偿金。"

《民法典》第1180条规定："因同一侵权行为造成多人死亡的，可以以相同数额确定死亡赔偿金。"

【注意】根据《民法典》第1181条的规定，被侵权人死亡时请求权的主体为：

(1)被侵权人死亡的，其近亲属有权请求侵权人承担侵权责任。近亲属包括配偶、父母、子女、兄弟姐妹、祖父母、外祖父母、孙子女、外孙子女。

(2)被侵权人死亡的，支付被侵权人医疗费、丧葬费等合理费用的人有权请求侵权人赔偿费用，但是侵权人已经支付该费用的除外。

2. 侵害他人人身权益造成财产损失赔偿的规定

《民法典》第1182条规定："侵害他人人身权益造成财产损失的，按照被侵权人因此受到的损失或者侵权人因此获得的利益赔偿；被侵权人因此受到的损失以及侵权人因此获得的利益难以确定，被侵权人和侵权人就赔偿数额协商不一致，向人民法院提起诉讼的，由人民法院根据实际情况确定赔偿数额。"

(三)精神损失赔偿

《民法典》第1183条规定:"侵害自然人人身权益造成严重精神损害的,被侵权人有权请求精神损害赔偿。因故意或者重大过失侵害自然人具有人身意义的特定物造成严重精神损害的,被侵权人有权请求精神损害赔偿。"

1. 权利人仅限于自然人,法人或其他组织不得主张。

2. 侵害人身权益造成严重精神损害,方可主张精神损害赔偿。

3. 适用范围:(1)人格权;(2)非法使被监护人脱离监护;(3)死者的人格利益;(4)非法利用、侵害遗体、遗骨;(5)侵害具有人格象征意义的纪念物品,使其永久性地损毁或灭失。

4. 原则上与侵权诉讼同时提出,不得另行起诉。

【注意】《民法典》第996条规定:"因当事人一方的违约行为,损害对方人格权并造成严重精神损害,受损害方选择请求其承担违约责任的,不影响受损害方请求精神损害赔偿。"

5. 精神损害赔偿,具有人身专属性质,原则上不得让与或者继承。以下两种情形例外:(1)赔偿义务人已经书面方式承诺给予金钱赔偿;(2)赔偿权利人已向人民法院起诉。

六、民事责任的竞合与法律责任的竞合

(一)违约责任与侵权责任的竞合

《民法典》第186条规定:"因当事人一方的违约行为,损害对方人身权益、财产权益的,受损害方有权选择请求其承担违约责任或者侵权责任。"

违约责任与侵权责任竞合时,择一行使,不可同时主张。

(二)民事责任优先

《民法典》第187条规定:"民事主体因同一行为应当承担民事责任、行政责任和刑事责任的,承担行政责任或者刑事责任不影响承担民事责任;民事主体的财产不足以支付的,优先用于承担民事责任。"

法律责任聚合时,如果民事责任(比如损害赔偿)与行政责任(比如罚款)、刑事责任(比如罚金)都涉及财产责任,此时民事主体的财产应当首先用于承担民事责任。

👉 **真题试接**

1. 牛三在集市上抢夺翠花钱包后逃离,大强上前追赶捉拿。追至一条铁路旁,牛三沿路轨奔逃,大强紧追不舍。此时,一列火车迎面疾驰而来,牛三未及反应被撞身亡,大强因急忙跳下路轨而造成骨折。根据《民法典》的规定,下列哪一说法是正确的?(　　)(2020/02/16,单)

A. 大强应对牛三的死亡承担过错责任

B. 大强可请翠花给予适当补偿

C. 翠花应对牛三的死亡承担公平责任

D. 大强应对牛三的死亡承担公平责任

2. 甲、乙二人在某游泳馆玩耍时,决定测试一下游泳馆的救援能力。于是二人在距离救生员最远处的泳池一角假装溺水求救。正巧路过泳池去更衣室的丙见状,立即跳进水中救援。后发现甲、乙二人并未溺水,但丙未来得及换衣服,导致裤兜里的手机泡水损坏。关于丙的行为及损失,根据《民法典》的规定,下列哪些选项是正确的?(   )(2020/02/39,多)

A. 丙属于自甘风险,不能向任何人主张任何权利

B. 游泳馆违反安全保障义务,应对丙予以赔偿

C. 丙因保护他人权益受损,可请求甲、乙给予适当补偿

D. 丙构成无因管理,可请求甲、乙给予适当补偿

3. 赵某在唐山大地震中成了孤儿,将仅有一张和父母的合照视为珍宝,为更好保存照片,赵某将照片送到照相馆翻拍。几日后,照相馆雇员乱丢烟头引起火灾,照片被烧毁,赵某为此十分愤恨和痛苦。根据《民法典》的规定,下列哪些选项是正确的?(   )(2020/02/40,多)

A. 赵某可以要求照相馆承担违约责任

B. 照相馆侵犯了赵某的健康权

C. 照相馆侵犯了赵某的肖像权

D. 赵某有权请求照相馆赔偿精神损害

4. 彭某因车祸双腿截肢,安装了科技含量高、只能由专业人员拆卸的假肢。一日与李某发生口角,李某一怒之下将彭某的假肢打碎。下列哪些说法是正确的?(   )(2019/02/24,多)

A. 彭某的生命健康权受到了侵害

B. 彭某可就假肢向李某主张精神损害赔偿

C. 彭某的身体权遭到了侵害

D. 彭某可主张所有权遭受了侵害

5. 姚某旅游途中,前往某玉石市场参观,在唐某经营的摊位上拿起一只翡翠手镯,经唐某同意后试戴,并问价。唐某报价18万元(实际进货价8万元,市价9万元),姚某感觉价格太高,急忙取下,不慎将手镯摔断。关于姚某的赔偿责任,下列哪一选项是正确的?(   )(2017/03/22,单)

A. 应承担违约责任   B. 应赔偿唐某8万元损失

C. 应赔偿唐某9万元损失   D. 应赔偿唐某18万元损失

6. 刘婆婆回家途中,看见邻居肖婆婆带着外孙小勇和另一家邻居的孩子小囡(均为4岁多)在小区花园中玩耍,便上前拿出几根香蕉递给小勇,随后离去。小勇接过香蕉后,递给小囡一根,小囡吞食时误入气管导致休克,经抢救无效死亡。对此,下列哪一选项是正确的?(   )(2017/03/23,单)

A. 刘婆婆应对小囡的死亡承担民事责任

B. 肖婆婆应对小囡的死亡承担民事责任

C. 小勇的父母应对小囡的死亡承担民事责任

D. 属意外事件,不产生相关人员的过错责任

【答案】

1.B。《民法典》第 183 条、第 1165 条、第 1186 条。

2.CD。《民法典》第 183 条、第 979 条、第 1176 条。

3.AD。《民法典》第 1183 条。

4.BC。《民法典》第 1003 条、第 1183 条。

5.C。《民法典》第 1184 条。

6.D。《民法典》第 1165 条。

案例讨论

1.2017 年 5 月 12 日，某市遭遇暴雨。甲骑电动自行车途经某路段时，被汹涌而出的河水卷入路旁的水塘。次日，已溺水死亡的甲在距事发地段两公里的沿山河中被发现。经查，事发地点西侧地势较高，西北方约 100 米处是一南北走向的河道，该河道西侧是 A 公司厂区，其用围墙将河道围入厂区，只有一直径约 500 毫米的涵管作为出水口。事发当日，因天降暴雨导致暴涨的河水冲开河道南端的围墙后，越过地面倾泻到道路上，致骑车经过的甲溺水死亡。

问：A 公司能否以不可抗力主张免责？

2. 小甲是 H 中学高二(6)班的学生。2019 年 11 月 8 日下午，小甲在参加学校组织的政治期中考试时，因夹带纸条被监考老师以作弊处理，随后监考老师将纸条交至政教处。次日上午，H 中学政教处依照学校关于考试纪律的规定，给予小甲记过处分，并张榜公布。同日下午小甲回到家后未到校参加其他科目考试。小甲的母亲于当日下午 5 点 30 分到家，发现房门被反锁，撬门进去时发现小甲在家中割腕自杀身亡。

问：H 中学是否应对小甲自杀身亡的后果承担赔偿责任？

第二讲　数人侵权行为

经典案例

【案情】数人侵权因果关系的认定

原告刘某诉称：四被告赔偿原告医疗费 38810.46 元、司法鉴定费 1200 元、后续治疗费 14000 元、营养费 2700 元、护理费 9000 元、交通费 1500 元、精神补助费 1 万元，共计 76210.46 元；本案诉讼费由四被告承担。

被告袁某、陈某辩称：(1)本案事实系刘某乘人之危侵犯袁小某。幸好袁某、陈某及时赶到，袁某拉了刘某，陈某也只是打了刘某一个耳光，刘某从窗口爬出去时，袁某、陈某均不在现场，同时刘某爬到农户屋顶后，在农户给刘某拿梯子时，刘某不听摔下来的。(2)袁某、陈某不应当承担责任，刘某作为一个即将年满 18 周岁的未成年人对于从窗户爬出的危险应该是有预见性的,其过于自信而放任危险发生,在爬窗出去之后,在农户要求刘某别动的情况下,刘某不听而导致自己摔伤。刘某爬窗时袁某、陈某均不在场,不存在威胁刘某安全,故不存在因果关系。同时刘某的行为超出了同学交往的界限幸好袁某、陈某及时赶到制止了刘某对袁小某的不礼貌行为。(3)刘某监护人未能尽到监护责任,其监护人应当承担责任。(4)禹某作为 KTV 经营者,无证经营,没有安装防盗窗,且接待未成年人进入 KTV 场所,又未能尽到安全保障义务,其应承担侵权责任。(5)原告所诉医疗费、鉴定费应以实际发票为准。后续治疗费没有发生、营养费没有标准、交通费没有票据,且原告受伤没有达到残疾程度,故后续治疗费、营养费、交通费、精神补助费不应当得到支持。

法院经审理查明,原告刘某与被告袁某之女袁小某系初中同班同学。2017 年 6 月 22 日上午,袁小某通过微信与被告禹某联系预定"渠恋 KTV"包厢一个。同日,刘某、袁小某等 11 名同学相约进行同学聚会。晚上 7 时许,刘某等 11 人来到袁小某预定的"渠恋 KTV"包厢聚会。"渠恋 KTV"给刘某等 11 人提供了小瓶啤酒 12 瓶、果盘一份、爆米花一份、小吃四份等食品。其间,刘某等人在外购买了邵阳老酒、红牛、啤酒及零食,并带回"渠恋 KTV"包厢饮用。参与聚会的 11 人均喝了酒。

2017 年 6 月 22 日晚 9 时许,被告袁某、陈某来到刘某等 11 人聚会的"渠恋 KTV"包厢,见刘某与袁小某有亲昵动作,被告袁某用脚踢了刘某,被告陈某打了刘某的耳光。刘某从"渠恋 KTV"包厢厕所窗户爬出时,被告袁某、陈某均不在该包厢,但还均在"渠恋 KTV",被告袁某正与"渠恋 KTV"的工作人员进行交涉。

刘某从"渠恋 KTV"包厢厕所窗户爬出后,沿着紧邻"渠恋 KTV"农户的房顶前行约 20 米,被案外人奉某某发现,在案外人奉某某给其找梯子的过程中,刘某从二楼中间窗户处摔下。刘某摔伤后,参加聚会的部分同学将刘某送至某镇卫生院。经某镇卫生院检查,刘某"左尺桡骨远端骨皮质断裂、骨折端向桡向背侧脱位"。2017 年 6 月 23 日,刘某转至某县中医院治疗,经诊断"左尺桡骨远端粉碎性骨折、左肘关节脱位、左腕关节皮肤软组织擦挫伤、左桡神经正中神经挫伤",刘某在某县中医院住院治疗 38 天,于同年 7 月 31 日出院。

湖南省新化县人民法院判决:由被告袁某、陈某赔偿原告刘某各项经济损失 13527.83 元,由被告禹某、奉某赔偿原告刘某各项经济损失 8116.7 元,驳回原告刘某的其他诉讼请求。①

点评:对共同侵权行为进行研究更有利于准确判断数人侵权行为的具体类型、提升法律适用的准确性,更好地维护被侵权人的利益,维护社会公平正义。对判断共同侵权,首先应该分析多个行为人主观上是否存在过错。所谓共同故意或者共同过失,是指多个行为人之间存在意思联络,在有意思联络的基础上,多个行为人的多个行为形成了共同的整体,因此才应当承担共同侵权的责任。如果没有意思联络,则不应认为行为人具有共同故意或者过

---

① 案例来源:济南中级人民法院官方微博,https://weibo.com/jinanzhongyuan? from＝feed&loc＝nickname&is_all＝1&is_search＝1&key_word＝％E6％95％B0％E4％BA％BA％E4％BE％B5％E6％9D％83♯_0,最后访问时间:2021 年 5 月 18 日,转人民法院案例选:湖南省新化县人民法院(2017)湘 1322 民初 3988 号。

失。在主观上无意思联络的情形下,还需要判断客观上是否有侵害行为直接结合发生同一损害后果的情形,从客观上分析多个侵权行为结合起来形成原因力,直接导致损害后果发生,这种情形也能认定构成共同侵权。这就意味着客观直接结合的共同侵权排除了以下两种情形,一是部分行为构成损害后果的充分条件,二是部分行为没有构成损害后果的必要条件。①

知识梳理

一、共同侵权行为

《民法典》第 1168 条规定:"二人以上共同实施侵权行为,造成他人损害的,应当承担连带责任。"

(一)共同侵权的概念和构成要件

共同侵权,是指二人以上基于主观的或者客观的意思联络,共同实施侵权行为,造成他人伤害的,应当承担连带责任的多数人侵权行为。

共同侵权责任的构成要件:

1. 行为人为二人以上。

2. 行为人之间共同实施侵权行为。共同包含两层含义:(1)共同故意;(2)共同过失。

3. 受害人具有损害。

4. 每一个行为人的行为与损害都存在因果关系。

(二)共同故意侵权

共同故意侵权,又称"共谋",指行为人不但对自己的加害行为持故意的态度,而且与其他行为人具有意思联络,事前或者事中进行过"沟通"。共同故意,重在强调与他人共谋。

【例】甲、乙夫妇 9 岁的儿子脑瘫,生活完全不能自理而非常痛苦。一天,甲往儿子要喝的牛奶中放入农药时被乙看到,乙说:"这是毒药吧,你给他喝呀?"见甲不说话,乙叹了一口气后就走开了。毒死儿子后,甲、乙二人一起掩埋了尸体并对外人说儿子因病而死。

分析:(1)甲、乙以默示的方式达成杀人的共同故意;(2)甲以作为的方式,乙以不作为的方式,基于共同故意实施了杀人,在刑法上构成共同杀人罪,在民法上构成共同故意侵权。

(三)共同过失侵权

共同过失侵权,指二人以上基于共同的行为,因共同违反共同注意义务导致同一损害。

【例 1】个体户甲、乙共抬重物从 1 楼楼梯登上 6 楼,登楼过程中预见重物有坠落伤人之虞,但彼此商量,均有不至坠落之自信。结果继续抬行不久,重物坠落伤及随后的路人丙。

分析:甲、乙对丙的伤害具有共同过失,构成共同侵权。

【例 2】甲、乙相约于某日凌晨二时在北京二环路进行飙车比赛,试看谁能打破"二环十

---

① 杨颖:《浅析共同侵权的认定——一起侵权纠纷引发的思考》,载《法制与社会》2018 年第 6 期。

三郎"的纪录。甲、乙在比赛时你追我赶,争先恐后,汽车风驰电掣,时速高达每小时 300 公里。前方出现一出租车时,甲驾车成功闪避,乙因措施不当驾车撞上出租车,导致出租车车毁人伤。

分析:(1)甲、乙对损害有共同过失,构成共同侵权;(2)甲的行为与损害间虽无物理上的因果关系,但有法律上的因果关系。

（四）教唆、帮助的共同侵权（共同故意）

《民法典》第 1169 条规定:"教唆、帮助他人实施侵权行为的,应当与行为人承担连带责任。教唆、帮助无民事行为能力人、限制民事行为能力人实施侵权行为的,应当承担侵权责任;该无民事行为能力人、限制民事行为能力人的监护人未尽到监护责任的,应当承担相应的责任。"

1. 教唆、帮助完全民事行为能力人侵权的,构成共同侵权,教唆人、帮助人与被教唆人、被帮助人承担连带责任。

2. 教唆、帮助无民事行为能力人、限制民事行为能力人侵权,监护人无过错（尽到监护责任）的,不构成共同侵权,由教唆、帮助人单独承担责任。

3. 教唆、帮助无民事行为能力人、限制民事行为能力人侵权,监护人有过错的,构成共同侵权,教唆、帮助人承担连带责任,监护人承担与其过错相应的责任。

【注意】受害人可以请求教唆、帮助人承担连带责任,却不能要求有过错的监护人承担连带责任,监护人只承担与其过错相应的责任（单向连带责任）。

【例】甲（20 岁）对乙（12 岁）说:"你用石头砸丙养的狗,看它有何反应!"乙见自己的父亲闻言未置可否,就捡起石头砸狗,狗挣脱铁链将丁咬伤,花去医药费 3 万元。对此,丁有权要求谁承担赔偿责任?

分析:丙饲养的动物因第三人（甲和乙）的过错给丁造成损害,根据《民法典》第 1250 条的规定,丁可以要求丙承担责任,丙承担责任后有权向第三人（甲和乙）追偿;丁也可直接要求第三人（甲和乙）承担责任。若丁直接请求第三人（甲和乙）承担责任,在甲和乙内部构成甲教唆限制民事行为能力人乙侵权,乙的监护人未尽到监护责任,构成共同侵权,乙的监护人承担与其过错相应的责任。

二、共同危险行为

《民法典》第 1170 条规定:"二人以上实施危及他人人身、财产安全的行为,其中一人或者数人的行为造成他人损害,能够确定具体侵权人的,由侵权人承担责任;不能确定具体侵权人的,行为人承担连带责任。"

共同危险行为,是指数人的危险行为对他人的合法权益造成了某种危险,但是对于实际造成损害无法查明具体是何人所为,法律为保护被侵权人的利益,数个行为人视为侵权行为人。例如,几个年轻人在酒店房间吸烟随手将烟头扔于地毯上,其后引致酒店着火,却无法确定是由何人所扔烟头导致的火灾发生,这几个年轻人乱扔烟头的行为就是共同危险行为。

共同危险行为中的"共同",是指行为具有"相同的危险性"。

免责事由:确定具体侵权人。否则,由行为人承担连带责任。

三、分别侵权行为

分别侵权行为,又称无意思联络的数人侵权行为,是指二人以上分别实施加害行为,主观上无共同故意或共同过失,造成同一损害,应作为一个案件处理的侵权形态。

《民法典》规定了两种情形:

(一)因原因力竞合关系承担连带责任

《民法典》第 1171 条规定:"二人以上分别实施侵权行为造成同一损害,每个人的侵权行为都足以造成全部损害的,行为人承担连带责任。"

构成要件:

1. 二人以上分别实施侵权行为,无共同故意或者共同过失,因而不构成共同侵权。

2. 造成同一个损害后果。

3. 每个人的侵权行为单独均足以造成全部损害后果。

【例1】甲在丙的饮料中投毒 20 毫克,足以致丙死亡。乙在不知情的情况下,也在丙的同一饮料中投入相同的毒物 20 毫克。丙饮用后中毒死亡。甲、乙无共谋,分别在饮料中投毒,同时造成同一损害后果。此时,因甲、乙的行为单独均足以造成损害,故甲、乙承担连带责任。

【例2】甲驾车闯红灯,与此同时,对面的乙也驾车闯红灯,结果甲、乙二车同时撞上正在人行道上行走的行人丙,致丙重伤。对丙的损害应由甲、乙承担连带责任。

(二)因原因力结合关系承担按份责任

《民法典》第 1172 条规定:"二人以上分别实施侵权行为造成同一损害,能够确定责任大小的,各自承担相应的责任;难以确定责任大小的,平均承担责任。"

构成要件:

1. 二人以上分别实施侵权行为,无共同故意或共同过失,故不构成共同侵权。

2. 其侵权行为结合在一起,共同造成同一个损害后果。

3. 在因果关系上,每个人的行为单独不足以造成损害,只有结合在一起才能共同造成损害后果。

【例1】甲在丙的饮料中投毒 5 毫克,单独不足以致丙死亡。乙在不知情的情况下,也在丙的同一饮料中投入相同毒物 5 毫克。丙饮用后中毒死亡。

甲、乙无共谋,不构成共同侵权;甲、乙分别实施的行为导致同一损害后果;甲、乙的行为单独都不足以导致损害,结合在一起共同导致损害的发生,应当承担按份责任。

【例2】甲村架设的输电线路距离地面不足 3 米,违反了输电法律的强制性规定。村民乙在建房过程中,将大量土石堆放在输电线下,形成了一 2 米多高的土堆。6 岁的丙爬上土堆玩耍时,触电身亡。

甲、乙无共同过错,分别实施的行为导致同一损害,每个人的行为都不足以造成损害后果的发生,但结合在一起导致了损害结果。因此,对丙的死亡,甲、乙应承担按份责任。

真题试接

1. 刘女士在地铁站过天桥时,因边走边看手机,不小心被路面翘起来的铁皮绊倒,正好扑倒了同方向行走正在下台阶的王女士,导致王女士摔倒受伤。王女士将刘女士与天桥所属地铁公司诉至法院。关于责任承担,下列说法正确的是(   )。(2020/02/17,单)

    A. 只应由地铁公司承担赔偿责任

    B. 地铁公司与刘女士承担连带赔偿责任

    C. 地铁公司与刘女士承担按份赔偿责任

    D. 只应由刘女士承担赔偿责任

2. 甲、乙、丙三家毗邻而居,甲、乙分别饲养山羊各一只。某日二羊走脱,将丙辛苦栽培的珍稀药材悉数啃光。关于甲、乙的责任,下列哪些选项是正确的?(   )(2017/03/67)

    A. 甲、乙可各自通过证明已尽到管理职责而免责

    B. 基于共同致害行为,甲、乙应承担连带责任

    C. 如能确定二羊各自啃食的数量,则甲、乙各自承担相应赔偿责任

    D. 如不能确定二羊各自啃食的数量,则甲、乙平均承担赔偿责任

【答案】

1. C。《民法典》第 1172 条。

2. CD。《民法典》第 1168 条、第 1171 条、第 1172 条、第 1245 条。

案例讨论

某日 20 时,未知名驾驶人驾驶未知号牌货车与横穿马路的甲相撞后逃逸;后有未知名驾驶人驾驶未知号牌机动车碾压倒地的甲后亦逃逸。20 时 15 分,乙驾驶小轿车途经事故路段时,由于刹车不及,从已倒在道路中间的甲身上碾压过去,随即停车报警。经现场抢救,确定甲已无生命体征。

问:乙与两位逃逸者应如何承担侵权责任?

第三讲　典型侵权责任

经典案例

【案情】吴某私摘杨梅坠亡案

红山村景区为国家 AAA 级旅游景区,不设门票。广东省广州市花都区梯面镇红山村村民委员会(以下简称"红山村村民委员会")系景区内情人堤河道旁杨梅树的所有人,其未

向村民或游客提供免费采摘杨梅的活动。2017年5月19日下午，吴某私自上树采摘杨梅不慎从树上跌落受伤。随后，有村民将吴某送至红山村医务室，但当时医务室没有人员。有村民拨打120电话，但120救护车迟迟未到。后红山村村民李某自行开车送吴某到广州市花都区梯面镇医院治疗。吴某于当天转至广州市中西医结合医院治疗，后因抢救无效于当天死亡。

吴某系红山村村民，于1957年出生。李某坤系吴某的配偶，李某月、李某如、李某托系吴某的子女。李某月、李某如、李某托、李某坤向法院起诉，主张红山村村民委员会未尽到安全保障义务，在本案事故发生后，被告未采取及时和必要的救助措施，应对吴某的死亡承担责任。请求判令被告承担70%的人身损害赔偿责任631346.31元。

广东省广州市花都区人民法院判令被告广州市花都区梯面镇红山村村民委员会向原告李某月、李某如、李某托、李某坤赔偿45096.17元。宣判后，李某月、李某如、李某托、李某坤与广州市花都区梯面镇红山村村民委员会均提出上诉。

广东省广州市中级人民法院认为：首先，红山村村民委员会没有违反安全保障义务。红山村村民委员会作为红山村景区的管理人，虽负有保障游客免遭损害的安全保障义务，但安全保障义务内容的确定应限于景区管理人的管理和控制能力的合理范围之内。红山村景区属于开放式景区，未向村民或游客提供采摘杨梅的活动，杨梅树本身并无安全隐患，若要求红山村村民委员会对景区内的所有树木加以围蔽、设置警示标志或采取其他防护措施，显然超过了善良管理人的注意标准。其次，吴某的坠亡系其私自爬树采摘杨梅所致，与红山村村民委员会不具有法律上的因果关系。最后，红山村村民委员会对吴某私自爬树坠亡的后果不存在过错。红山村村民委员会并未违反安全保障义务，不应承担赔偿责任。[①]

点评：违反安全保障义务的人需要承担相应责任，这是侵权责任法特殊主体侵权责任的重要组成部分。安全保障义务责任的确立是现代侵权法扩大作为义务的产物，基于对较为弱势的受害方的保护产生；安全保障义务责任通过规定第三人和安保义务人承担责任的法定序位，将后者的责任范围限于其自身过错且又赋予其对第三人的追偿权，避免了连带责任和按份责任终局责任的分配困境，更能实现侵权当事人的利益衡平，彰显公平原则的要求。本案中村委会已经尽到安全保障义务，杨梅树本身并没有危险，不能苛求村委会设置围栏或警告，本案在适用安全保障义务责任时，应当仔细衡量，不能让正义的天平一味地向着受害方倾斜。

知识梳理

一、特殊主体的侵权责任

（一）监护人责任

《民法典》第1188条规定："无民事行为能力人、限制民事行为能力人造成他人损害的，

---

① 指导案例140号：（2019）粤01民再273号李某月等诉广州市花都区梯面镇红山村村民委员会违反安全保障义务责任纠纷案。

由监护人承担侵权责任。监护人尽到监护责任的,可以减轻其侵权责任。有财产的无民事行为能力人、限制民事行为能力人造成他人损害的,从本人财产中支付赔偿费用。不足部分,由监护人赔偿。"

1. 替代责任

无民事行为能力人或者限制民事行为能力人造成他人损害的,应当由他们的监护人承担侵权责任,而不是本人承担责任。

2. 归责原则及免责事由

归责原则实行相对无过错,免责事由是尽到监护责任,可以适当减轻责任,但依然要承担主要责任。

3. 父母离异

夫妻离婚后,未成年子女侵害他人权益的,同该子女共同生活的一方应当承担民事责任;如果独立承担民事责任确有困难的,由未与该子女共同生活的一方承担补充赔偿责任。

4. 委托监护

根据《民法典》第1189条的规定,委托监护情况下,侵权责任产生后,原则上由监护人承担全部责任,如果受托人有过错的,承担相应的责任(按份)。

5. 侵权时不满18周岁但诉讼时满

侵权行为发生时行为人不满18周岁,在诉讼时已满18周岁,有经济能力的,本人承担,不足部分监护人适当赔偿;没有经济能力的,应当由原监护人承担民事责任,尽了监护职责的,适当减轻责任。

(二)用人单位、劳务派遣责任

《民法典》第1191条规定:"用人单位的工作人员因执行工作任务造成他人损害的,由用人单位承担侵权责任。用人单位承担侵权责任后,可以向有故意或者重大过失的工作人员追偿。劳务派遣期间,被派遣的工作人员因执行工作任务造成他人损害的,由接受劳务派遣的用工单位承担侵权责任;劳务派遣单位有过错的,承担相应的责任。"

1. 用人单位责任

(1)替代责任

工作人员执行职务的行为造成他人损害的,由用人单位承担赔偿责任,而非工作人员是责任主体。

(2)归责原则

归责原则为无过错责任。只要工作人员因执行工作任务造成他人的损害,用人单位就要首先承担赔偿责任。用人单位不能通过证明自己选任或监督方面尽到了相应的义务来免除自己的责任。用人单位承担侵权责任后,可以向有故意或者重大过失的工作人员追偿。

2. 劳务派遣

(1)劳务派遣的法律关系为三方当事人

劳务派遣单位与用工单位之间具有劳务派遣的合同关系,劳务派遣单位与工作人员之间具有劳动关系,工作人员接受劳务派遣单位的指派,为用工提供劳务,但与用工单位没有直接的劳动合同关系。

（2）替代责任

被派遣的工作人员因工作造成他人损害的，其责任应当由用工单位承担。劳务派遣单位如果在派遣工作人员方面存在过错，则应当承担相应的责任（按份）。

（3）归责原则

归责原则为无过错责任。

【例】甲电器销售公司的安装工人李某在为消费者黄某安装空调的过程中，不慎从高处掉落安装工具，将路人王某砸成重伤。李某是乙公司的劳务派遣人员，此前曾多次发生类似小事故，甲公司曾要求乙公司另派他人，但乙公司未予换人。问：对王某的赔偿责任应由谁来承担？

分析：对王某的赔偿责任应由甲公司承担，乙公司承担相应的责任。

（三）个人之间劳务关系中的侵权责任

《民法典》第1192条规定："个人之间形成劳务关系，提供劳务一方因劳务造成他人损害的，由接受劳务一方承担侵权责任。接受劳务一方承担侵权责任后，可以向有故意或者重大过失的提供劳务一方追偿。提供劳务一方因劳务受到损害的，根据双方各自的过错承担相应的责任。提供劳务期间，因第三人的行为造成提供劳务一方损害的，提供劳务一方有权请求第三人承担侵权责任，也有权请求接受劳务一方给予补偿。接受劳务一方补偿后，可以向第三人追偿。"

1. 劳务关系，是指提供劳务一方为接受劳务一方提供劳务服务，由接受劳务一方按照约定支付报酬而建立的一种民事权利义务关系。

劳务关系不同于劳动关系，其具有以下特征：

（1）劳务关系由民法进行规范和调整。

（2）劳务关系的主体可以是两个自然人或者自然人与单位之间，但第1192条仅调整个人之间形成的劳务关系。

（3）劳务关系中，提供劳务一方不是接受劳务一方的职工，双方不存在隶属关系。

（4）劳务关系中，接受劳务一方可以不承担提供劳务一方的社会保险。

（5）劳务关系中，接受劳务一方有权中断劳务关系，但没有用人单位对职工处分等权利。

（6）劳务关系中，报酬完全由双方当事人协商确定。

2. 个人劳务损害责任包括三种类型：

（1）个人劳务损害责任

提供劳务一方因劳务给他人造成损害的，由接受劳务一方承担侵权责任。接受劳务一方承担侵权责任后，可以向有故意或者重大过失的提供劳务一方追偿。

【例】甲请钟点工乙来家里打扫卫生，擦玻璃时，告知乙干活前要将窗台的花盆挪开，但乙未听甲的吩咐，未挪开花盆，结果干活时不小心碰落花盆，摔到楼下，将停放在楼下的一辆小汽车挡风玻璃砸裂。问：小汽车的车主可以找谁赔偿？

分析：甲应当赔偿车主的损失，不过承担赔偿责任后可以向钟点工乙追偿。

（2）个人劳务工伤事故责任

提供劳务一方因劳务受到损害的，根据双方各自的过错承担相应的责任。

【例】甲雇钟点工乙做卫生，吩咐乙要站在梯子上擦洗天花板上的吊灯，乙不听甲的吩咐,执意要站在椅子上清洗吊灯,结果不小心滑落摔伤,那么甲是否需要承担乙摔伤的全部责任?

分析:甲可以从人道主义的角度,带乙去医院检查治疗,适当承担一定的责任,无须承担无过错责任,否则责任过重,有失公允。

(3)第三人行为造成提供劳务一方损害责任

提供劳务期间,因第三人的行为造成提供劳务一方损害的,提供劳务一方有权请求第三人承担侵权责任,也有权请求接受劳务一方给予补偿。接受劳务一方补偿后,可以向第三人追偿。

(四)承揽关系中的侵权责任

《民法典》第1193条规定:"承揽人在完成工作过程中造成第三人损害或者自己损害的,定作人不承担侵权责任。但是,定作人对定作、指示或者选任有过错的,应当承担相应的责任。"

承揽合同是承揽人按照定作人的要求完成工作,交付工作成果,定作人支付报酬的合同。承揽包括加工、定作、修理、测试、检验等工作。与劳务合同的区别在于:承揽合同的劳动者交付的标的是劳动成果,而劳务合同的劳动者交付的标的是劳动,定作人与承揽人之间不存在劳务关系。

归责原则:定作人承担过错责任原则。

承揽人完成承揽任务过程中,造成第三人损害或者自己损害的,定作人不承担赔偿责任。但如果定作人对定作、指示有过失,或者对承揽人的选任有过失的,则定作人承担相应的赔偿责任。

(五)网络侵权责任

《民法典》第1194条规定:"网络用户、网络服务提供者利用网络侵害他人民事权益的,应当承担侵权责任。法律另有规定的,依照其规定。"

1. 网络用户、网络服务提供者直接侵权

(1)具体情形

①网络用户利用网络侵害他人民事权益,包含侵害人格权,侵害财产利益,侵害知识产权。

②网络服务提供者利用自己的网络侵害他人民事权益。

(2)归责原则:过错责任原则

(3)责任主体:网络用户和网络服务提供者

2. 网络服务提供者的间接侵权

许多时候,网络服务提供者并未直接实施侵权行为,但其对网络用户的侵权行为采取疏忽或者放任的立场,从而应当承担侵权责任。

(1)权利人的通知权

根据《民法典》第1195条的规定,网络用户利用网络服务实施侵权行为的,权利人有权通知网络服务提供者采取删除、屏蔽、断开链接等必要措施。

通知的内容:应当包括构成侵权的初步证据及权利人的真实身份信息。

（2）网络服务提供者的义务

根据《民法典》第1195条的规定，网络服务提供者接到通知后，应当履行两种义务：一是及时将该通知转送相关网络用户；二是对侵权信息根据构成侵权的初步证据和服务类型等实际情况需要，及时采取删除、屏蔽或者断开链接等必要措施。网络服务提供者履行了上述两项义务的，就不承担侵权责任。

网络服务提供者违反义务的责任：未及时采取必要措施的，构成侵权，要对损害的扩大部分与该网络用户承担连带责任。

（3）对错误行使通知权的所谓权利人进行惩罚的措施

因权利人错误行使通知权进行通知，造成网络用户或者网络服务提供者损害的，应当承担侵权责任。法律另有规定的，依照其规定。

（4）网络用户的反通知（不侵权声明）

根据《民法典》第1196条的规定，网络用户接到转送的通知后，可以向网络服务提供者提交不存在侵权行为的声明。

声明的内容：应当包括不存在侵权行为的初步证据及网络用户的真实身份信息。

（5）网络服务提供者转送反通知及后续处理

根据《民法典》第1196条的规定，网络服务提供者接到该反通知的声明后，负有以下义务：一是应当将该声明转送发出通知的权利人；二是告知其可以向有关部门投诉或者向人民法院提起诉讼。而不能一接到反通知声明，就立即终止所采取的必要措施。

反通知声明送达后的后果：网络服务提供者在转送声明到达权利人后的合理期限内，未收到权利人已经投诉或者提起诉讼通知的，应当及时终止所采取的措施。

（6）明知规则

《民法典》第1197条规定："网络服务提供者知道或者应当知道网络用户利用其网络服务侵害他人民事权益，未采取必要措施的，与该网络用户承担连带责任。"

【例1】著名导演谢某在入住酒店猝死后，宋某在博客上发表的五篇文章和刘某在博客上发表的四篇文章中，存在谢某因嫖妓致死及与他人有私生子等内容。谢某的遗孀徐某为此承受了巨大的精神痛苦，向法院起诉要求宋某和刘某承担侵权责任。[①]

分析：本案为网络用户利用博客这一网络服务平台侵犯他人名誉权的典型案例。根据一审、二审法院最终认定，涉案文章内容均系捏造，属诽谤性文章，降低了谢某的社会评价，并且在社会公众当中得到传播，导致谢某的名誉受到贬损，侵害了其名誉。无论开设博客的目的是否具有娱乐性，宋某、刘某应当对涉案内容的来源及真实性负责。两人不仅各自实施了侵权行为，而且对于侵犯谢某的名誉有意思联络，构成共同侵权，应当承担法律责任。

【例2】刘某授权中图公司以中文平面形式印刷、出版、发行小说《明清十大奇案》。新华网在其网站上刊载了该书的简介，奇案一至七的目录及简介，点击则可进入新浪网浏览并下载相应章节全文。刘某委托代理人向新华网出示了著作权说明和授权书后，新华网及时断

---

① 一审：上海市静安区人民法院，案号（2009）静民一（民）初字第779号。二审：上海市第二中级人民法院，案号（2010）沪二中民一（民）终字第190号。

开链接并删除了相关内容。①

分析:任何认为自己的民事权益受到侵害之人,有权向网络服务提供者发出其网络服务涉嫌侵权的通知。网络服务提供者在收到该通知后应当采取删除、屏蔽、断开链接等必要的措施移除涉及侵权的信息,同时将该通知转送给被指控侵权的服务对象。只要履行了上述程序,如果被指控的信息确实构成侵权,应当由网络用户承担赔偿责任,网络服务提供者不承担侵权赔偿责任。本案经查明,新华网提供的是该图书的链接服务,在接到通知后实施了及时断开链接、删除等必要措施,尽到了相关义务,即使新浪网的行为构成侵权,新华网也不承担赔偿责任。

(六)违反安全保障义务的侵权责任

《民法典》第1198条规定:"宾馆、商场、银行、车站、机场、体育场馆、娱乐场所等经营场所、公共场所的经营者、管理者或者群众性活动的组织者,未尽到安全保障义务,造成他人损害的,应当承担侵权责任。因第三人的行为造成他人损害的,由第三人承担侵权责任;经营者、管理者或者组织者未尽到安全保障义务的,承担相应的补充责任。经营者、管理者或者组织者承担补充责任后,可以向第三人追偿。"

1. 归责原则:过错责任。

2. 责任主体:(1)宾馆、商场、银行、车站、机场、体育场所、娱乐场所、公共场所的经营者、管理者;(2)群众性活动的组织者。

3. 安全保障义务人的侵权责任:

(1)直接责任。如果损害结果的发生没有第三人介入,安全保障义务人就应当自己承担侵权责任。

(2)补充责任。如果损害是第三人的侵权行为和安全保障义务人未尽到安全保障义务两个因素结合在一起而造成他人损害的,先由第三人承担侵权责任,在无法找到第三人或者第三人没有能力全部承担赔偿责任时,才由安全保障义务人承担补充责任。如果第三人已经全部承担侵权责任,则安全保障义务人不再承担责任。

经营者、管理者或者组织者承担补充责任后,可以向第三人追偿。

(七)教育机构责任

《民法典》第1199条规定:"无民事行为能力人在幼儿园、学校或者其他教育机构学习、生活期间受到人身损害的,幼儿园、学校或者其他教育机构应当承担侵权责任;但是,能够证明尽到教育、管理职责的,不承担侵权责任。"

《民法典》第1200条规定:"限制民事行为能力人在学校或者其他教育机构学习、生活期间受到人身损害,学校或者其他教育机构未尽到教育、管理职责的,应当承担侵权责任。"

《民法典》第1201条规定:"无民事行为能力人或者限制民事行为能力人在幼儿园、学校或者其他教育机构学习、生活期间,受到幼儿园、学校或者其他教育机构以外的第三人人身损害的,由第三人承担侵权责任;幼儿园、学校或者其他教育机构未尽到管理职责的,承担相

---

① 一审:北京市第一中级人民法院,案号(2008)一中民初字第5810号。二审:北京市高级人民法院,案号(2008)高民终字第1319号。

应的补充责任。幼儿园、学校或者其他教育机构承担补充责任后,可以向第三人追偿。"

1. 教育机构对无民事行为能力人受到人身损害的侵权责任采取过错推定原则。

2. 教育机构对限制民事行为能力人受到人身损害的侵权责任采取过错责任原则。

3. 校外第三人对无民事行为能力人或者限制民事行为能力人实施侵权行为:(1)第三人承担侵权责任,赔偿受害人的损害;(2)校方如果存在未尽管理职责的过失,应当承担相应的补充责任,即在自己过失所致损失的范围内,就第三人不能承担的赔偿责任,承担补充性的赔偿损失责任;(3)校方承担了相应的补充责任之后,还可以就其损失向第三人追偿。

二、产品责任

产品责任,是指产品存在缺陷发生侵权,造成他人损害,生产者、销售者等所应当承担的侵权责任。

(一)归责原则

1. 产品责任的归责原则:无过错责任。

2. 产品责任的构成要件:

(1)产品具有缺陷;

(2)须有缺陷产品造成受害人损害的事实;

(3)缺陷产品与损害事实之间存在因果关系。

(二)产品责任的承担主体(《民法典》第1203条)

1. 不真正连带责任:被侵权人既可以选择生产者,也可以选择销售者主张赔偿,也可以同时起诉。

生产者的最终责任为无过错责任,销售者的最终责任为过错责任。

产品缺陷由生产者造成的,销售者赔偿后,有权向生产者追偿。因销售者的过错使产品存在缺陷的,生产者赔偿后,有权向销售者追偿。

2. 第三人过错致使产品存在缺陷造成他人损害的侵权责任

《民法典》第1204条规定:"因运输者、仓储者等第三人的过错使产品存在缺陷,造成他人损害的,产品的生产者、销售者赔偿后,有权向第三人追偿。"

(三)产品警示、召回制度

产品投入流通后,发现存在缺陷的,生产者、销售者应当及时采取停止销售、警示、召回等补救措施,未及时采取补救措施或者采取补救措施不力造成损害扩大的,对扩大的损害也应承担侵权责任。

【注意】警示、召回是生产者、销售者的自救制度,而非侵权责任的承担方式。

(四)惩罚性赔偿

明知产品存在缺陷,仍然生产、销售或者没有采取有效的补救措施,造成他人死亡或者健康严重损害的,被侵权人有权请求相应的惩罚性赔偿。

【注意】惩罚性赔偿除要求生产者或销售者明知这一主观要件外,还要求造成他人死亡或健康严重损害的事实。如果仅造成财产损害,不适用惩罚性赔偿。

【例1】甲在乙网上商城花了360元购买了丙公司生产的电热毯一件,乙商城交由丁运输公司运输。甲在使用电热毯过程中因为漏电致使背部烫伤,花去医药费1000元。经查,该电热毯是因为运输过程中遭受挤压电路损毁而导致的漏电。问:甲可以向乙、丙、丁中的哪家公司请求赔偿?

分析:甲可以直接请求销售者乙或者生产者丙赔偿损失,但不能直接向运输者丁请求。但乙或丙赔偿后,有权向丁追偿。

【例2】甲从乙奔驰4S店购买了一部奔驰E级轿车,在行驶过程中,发现该车刹车系统存在安全隐患,为此引起纠纷。问:甲能否要求惩罚性赔偿?

分析:不可以。甲未受到严重健康损害,不可要求惩罚性赔偿。

三、机动车交通事故责任

机动车交通事故责任,是指车辆在道路上因过错或者意外造成的人身伤亡或者财产损失所应承担的责任。

(一)机动车交通事故责任承担的一般规则

《民法典》第1208条规定:"机动车发生交通事故造成损害的,依照道路交通安全法律和本法的有关规定承担赔偿责任。"

依据《中华人民共和国道路交通安全法》第76条的规定,机动车发生交通事故造成人身伤亡、财产损失的:

1. 首先由保险公司在机动车第三者责任强制保险责任限额范围内予以赔偿。

2. 超过责任限额的部分,按照下列方式承担赔偿责任:

(1)机动车之间发生交通事故的,由有过错的一方承担责任;双方都有过错的,按照各自过错比例分担责任。

(2)机动车与非机动车驾驶人、行人之间发生交通事故的:

①非机动车驾驶人或行人没有过错的,机动车驾驶人承担全部赔偿责任。

②非机动车驾驶人或行人有一定过错的,适当减轻机动车驾驶人的责任。

③非机动车驾驶人或行人全部过错的,机动车驾驶人承担不超过10%的赔偿责任。

④非机动车驾驶人或行人故意的,机动车一方将免责。

(二)各种机动车交通事故中的责任主体

1. 租赁、借用等情形机动车的机动车交通事故责任

《民法典》第1209条规定:"因租赁、借用等情形机动车所有人、管理人与使用人不是同一人时,发生交通事故造成损害,属于该机动车一方责任的,由机动车使用人承担赔偿责任;机动车所有人、管理人对损害的发生有过错的,承担相应的赔偿责任。"

当机动车所有人与使用人分离时发生交通事故,由实际控制人承担责任。不仅租赁和借用,试用买卖、所有权保留的买卖、未经许可驾驶他人机动车等发生侵权也适用此规则。

机动车的所有人或管理人有过错的,承担相应责任。

2. 未办理所有权转移登记的机动车交通事故责任

《民法典》第1210条规定:"当事人之间已经以买卖或者其他方式转让并交付机动车,但是未办理所有权登记,发生交通事故造成损害,属于该机动车一方责任的,由受让人承担赔偿责任。"

3. 挂靠经营机动车侵权

《民法典》第1211条规定:"以挂靠形式从事道路运输经营活动的机动车,发生交通事故造成损害,属于该机动车一方责任的,由挂靠人和被挂靠人承担连带责任。"

4. 未经允许驾驶他人机动车侵权

《民法典》第1212条规定:"未经允许驾驶他人机动车,发生交通事故造成损害,属于该机动车一方责任的,由机动车使用人承担赔偿责任;机动车所有人、管理人对损害的发生有过错的,承担相应的赔偿责任,但是本章另有规定的除外。"

5. 拼装车或报废车交通事故责任

《民法典》第1214条规定:"因买卖等方式转让拼装或者已经达到报废标准的机动车,发生交通事故造成损害的,由转让人和受让人承担连带责任。"

应注意的是,此种情况下不管当事人是否办理了所有权转移登记手续,转让人和受让人均应承担连带责任。这一规定的目的是杜绝拼装车和报废车的交易,以维护交通安全。

6. 盗窃、抢夺或者抢劫机动车交通责任

《民法典》第1215条规定:"盗窃、抢劫或者抢夺的机动车发生交通事故造成损害的,由盗窃人、抢劫人或者抢夺人承担赔偿责任。盗窃人、抢劫人或者抢夺人与机动车使用人不是同一人,发生交通事故造成损害,属于该机动车一方责任的,由盗窃人、抢劫人或者抢夺人与机动车使用人承担连带责任。保险人在机动车强制保险责任限额范围内垫付抢救费用的,有权向交通事故责任人追偿。"

7. 机动车交通事故好意同乘规则

《民法典》第1217条规定:"非营运机动车发生交通事故造成无偿搭乘人损害,属于该机动车一方责任的,应当减轻其赔偿责任,但是机动车使用人有故意或者重大过失的除外。"

(三)机动车交通事故的损害赔偿

1. 机动车强制保险、商业保险与侵权人责任的支付顺序(《民法典》第1213条)

机动车所有人对于自己的机动车,每年都须投保机动车强制保险,还需投保相应的机动车商业保险。当机动车发生交通事故造成损害时,属于该机动车一方责任的,承担保险责任和侵权责任的顺序是:

(1)机动车强制保险优先。

(2)强制保险赔偿不足部分,商业保险优先。

(3)商业保险赔偿仍然不足的部分,或者根本就没有投商业保险的,侵权人承担赔偿责任。

2. 驾驶人逃逸后对被侵权人的救济

《民法典》第1216条规定:"机动车驾驶人发生交通事故后逃逸,该机动车参加强制保险的,由保险公司在机动车强制保险责任限额范围内予以赔偿;机动车不明、该机动车未参加强制保险或者抢救费用超过机动车强制保险责任限额,需要支付被侵权人人身伤亡的抢救、丧葬等费用的,由道路交通事故社会救助基金垫付。道路交通事故社会救助基金垫付后,其管理机构有权向交通事故责任人追偿。"

四、医疗损害责任

《民法典》规定了三种医疗损害责任:违反告知义务的医疗损害责任(《民法典》第1219条),医疗技术损害责任(《民法典》第1221条),医疗产品损害责任(《民法典》第1223条)。

(一)医疗损害责任的归责原则

《民法典》第1218条规定:"患者在诊疗活动中受到损害,医疗机构或者医务人员有过错的,由医疗机构承担赔偿责任。"

1. 归责原则:过错责任原则。

2. 医疗损害责任的构成要件:

(1)患者与医疗机构有医疗服务合同关系;

(2)患者在诊疗活动中受到人身损害;

(3)患者的人身损害与医疗机构或者医务人员的诊疗活动有因果关系;

(4)医疗机构或者其医务人员在诊疗活动中有过失。

3. 替代责任:构成医疗损害责任,责任主体是医疗机构而不是医务人员。

(二)违反告知义务的医疗损害责任

《民法典》第1219条规定:"医务人员在诊疗活动中应当向患者说明病情和医疗措施。需要实施手术、特殊检查、特殊治疗的,医务人员应当及时向患者说明医疗风险、替代医疗方案等情况,并取得其明确同意;不能或者不宜向患者说明的,应当向患者的近亲属说明,并取得其明确同意。医务人员未尽到前款义务,造成患者损害的,医疗机构应当承担赔偿责任。"

《民法典》第1220条规定:"因抢救生命垂危的患者等紧急情况,不能取得患者或者其近亲属意见的,经医疗机构负责人或者授权的负责人批准,可以立即实施相应的医疗措施。"

(三)医疗技术损害责任

《民法典》第1221条规定:"医务人员在诊疗活动中未尽到与当时的医疗水平相应的诊疗义务,造成患者损害的,医疗机构应当承担赔偿责任。"

医疗技术过失推定:根据《民法典》第1222条的规定,患者在诊疗活动中受到损害,有下列情形之一的,推定医疗机构有过错:

1. 违反法律、行政法规、规章以及其他有关诊疗规范的规定;

2. 隐匿或者拒绝提供与纠纷有关的病历资料;

3. 遗失、伪造、篡改或者违法销毁病历资料。

医疗技术损害责任适用过错责任原则,原告负有举证责任。但以上三种情形下,直接推定医务人员有医疗技术过失,原告不必举证证明。

(四)医疗产品损害责任

《民法典》第1223条规定:"因药品、消毒产品、医疗器械的缺陷,或者输入不合格的血液造成患者损害的,患者可以向药品上市许可持有人、生产者、血液提供机构请求赔偿,也可以向医疗机构请求赔偿。患者向医疗机构请求赔偿的,医疗机构赔偿后,有权向负有责任的药品上市许可持有人、生产者、血液提供机构追偿。"

医疗损害责任的承担方式是不真正连带责任:

1. 患者可以向药品上市许可持有人、生产者、血液提供机构或者医疗机构请求赔偿。

2. 患者向医疗机构请求赔偿的,医疗机构赔偿后,有权向医疗产品缺陷的制造者追偿。

(五)医疗损害免责事由

《民法典》第1224条规定:"患者在诊疗活动中受到损害,有下列情形之一的,医疗机构不承担赔偿责任:(一)患者或者其近亲属不配合医疗机构进行符合诊疗规范的诊疗;(二)医务人员在抢救生命垂危的患者等紧急情况下已经尽到合理诊疗义务;(三)限于当时的医疗水平难以诊疗。前款第一项情形中,医疗机构及其医务人员也有过错的,应当承担相应的赔偿责任。"

【例1】甲遭遇车祸,送往医院时已经昏迷,现情况紧急。问:

(1)如果医院无法与甲的近亲属取得联系,经领导批准后,医院对甲实施治疗,但抢救失败。医院是否应当承担侵权责任?

(2)如果甲的近亲属及时赶来,但是对是否手术无法达成一致意见。经领导批准后,医院对甲实施治疗,但抢救失败。医院是否应当承担侵权责任?

分析:(1)否。因为医疗机构或者其医务人员无过错的。(2)否。患者或者其近亲属不配合医疗机构进行符合诊疗规范的诊疗;医务人员在抢救生命垂危的患者等紧急情况下已经尽到合理诊疗义务,医疗机构免责。

【例2】甲突发重病,甲父将其送至医院,医院使用进口医疗器械实施手术,手术失败,甲死亡。甲父认为医院在诊疗过程中存在一系列违规操作,应对甲的死亡承担赔偿责任。请分析医院是否应当承担赔偿责任。

分析:(1)医疗损害适用过错责任原则,应当由患方对医院的过错承担举证责任。(2)即使因医疗器械缺陷致损,患方除有权向生产者和销售者赔偿外,还有权要求医院赔偿。(3)若医院拒绝提供病历的,推定其存在过错,应当承担赔偿责任。

五、环境污染和生态破坏责任

《民法典》第1229条规定:"因污染环境、破坏生态造成他人损害的,侵权人应当承担侵权责任。"

(一)归责原则

1. 无过错责任。

2. 环境污染和生态破坏责任的构成要件:

(1)行为人实施了污染环境或者破坏生态的行为;

(2)环境受到污染、生态受到破坏;

(3)行为人实施的行为与环境被污染和生态被破坏的损害结果之间有因果关系。

(二)举证责任倒置

《民法典》第 1230 条规定:"因污染环境、破坏生态发生纠纷,行为人应当就法律规定的不承担责任或者减轻责任的情形及其行为与损害之间不存在因果关系承担举证责任。"

(三)多数人排污时的责任分担

《民法典》第 1231 条规定:"两个以上侵权人污染环境、破坏生态的,承担责任的大小,根据污染物的种类、浓度、排放量,破坏生态的方式、范围、程度,以及行为对损害后果所起的作用等因素确定。"

(四)惩罚性赔偿

《民法典》第 1232 条规定:"侵权人违反法律规定故意污染环境、破坏生态造成严重后果的,被侵权人有权请求相应的惩罚性赔偿。"

(五)第三人过错污染环境、破坏生态的责任

《民法典》第 1233 条规定:"因第三人的过错污染环境、破坏生态的,被侵权人可以向侵权人请求赔偿,也可以向第三人请求赔偿。侵权人赔偿后,有权向第三人追偿。"

(六)生态破坏责任的特别规定

1. 生态环境损害修复责任

《民法典》第 1234 条规定:"违反国家规定造成生态环境损害,生态环境能够修复的,国家规定的机关或者法律规定的组织有权请求侵权人在合理期限内承担修复责任。侵权人在期限内未修复的,国家规定的机关或者法律规定的组织可以自行或者委托他人进行修复,所需费用由侵权人负担。"

(1)违反国家规定造成生态环境损害,能够修复。

(2)请求权人是国家规定的机关或者法律规定的组织,如生态环境保护部门或者环保公益组织。

(3)请求侵权人在合理期限内承担修复责任,即将生态环境受到的损害恢复原状。

(4)侵权人在合理期限内未履行修复责任的,国家规定的机关或组织可以自行或者委托他人进行修复,所需费用责令侵权人承担。

2. 生态环境损害赔偿的范围

《民法典》第 1235 条规定:"违反国家规定造成生态环境损害的,国家规定的机关或者法律规定的组织有权请求侵权人赔偿下列损失和费用:(一)生态环境受到损害至修复完成期间服务功能丧失导致的损失;(二)生态环境功能永久性损害造成的损失;(三)生态环境损害调查、鉴定评估等费用;(四)清除污染、修复生态环境费用;(五)防止损害的发生和扩大所支出的合理费用。"

六、高度危险责任

高度危险责任,是指从事高度危险活动造成他人损害或者持有高度危险物品致人损害

而应承担的侵权责任。

《民法典》第1236条规定："从事高度危险作业造成他人损害的,应当承担侵权责任。"

(一)归责原则

1. 原则:无过错责任。
2. 构成要件:
(1)行为人从事高度危险活动或者持有高度危险物;
(2)从事的高度危险活动或者持有高度危险物造成了他人的人身损害或者财产损害;
(3)进行高度危险活动或者持有高度危险物与他人受到损害之间具有因果关系。

(二)高度危险责任

1. 民用核设施、核材料事故侵权

《民法典》第1237条规定："民用核设施或者运入运出核设施的核材料发生核事故造成他人损害的,民用核设施的营运单位应当承担侵权责任;但是,能够证明损害是因战争、武装冲突、暴乱等情形或者受害人故意造成的,不承担责任。"

(1)责任主体:民用核设施的运营单位。

(2)免责事由:①战争、武装冲突、暴乱等情形;②受害人故意。【注意】不可抗力不属于免责事由。

2. 民用航空器致人损害侵权

《民法典》第1238条规定："民用航空器造成他人损害的,民用航空器的经营者应当承担侵权责任;但是,能够证明损害是因受害人故意造成的,不承担责任。"

(1)责任主体:民用航空器的经营者。

(2)免责事由:受害人故意。【注意】战争和不可抗力均不是免责事由。

3. 占有、使用高度危险物致人损害侵权

《民法典》第1239条规定："占有或者使用易燃、易爆、剧毒、高放射性、强腐蚀性、高致病性等高度危险物造成他人损害的,占有人或者使用人应当承担侵权责任;但是,能够证明损害是因受害人故意或者不可抗力造成的,不承担责任。被侵权人对损害的发生有重大过失的,可以减轻占有人或者使用人的责任。"

(1)责任主体:占有人或使用人

(2)免责事由:①不可抗力;②受害人故意。

4. 高度危险活动致人损害侵权

《民法典》第1240条规定："从事高空、高压、地下挖掘活动或者使用高速轨道运输工具造成他人损害的,经营者应当承担侵权责任;但是,能够证明损害是因受害人故意或者不可抗力造成的,不承担责任。被侵权人对损害的发生有重大过失的,可以减轻经营者的责任。"

(1)高度危险活动包括:高空、高压、地下挖掘、使用高速轨道运输工具。

(2)责任主体:高度危险活动经营者。

(3)免责事由:①不可抗力;②受害人故意。

减责事由:被侵权人有重大过失。

5. 遗失、抛弃高度危险物的责任

《民法典》第 1241 条规定:"遗失、抛弃高度危险物造成他人损害的,由所有人承担侵权责任。所有人将高度危险物交由他人管理的,由管理人承担侵权责任;所有人有过错的,与管理人承担连带责任。"

6. 非法占有高度危险物责任

《民法典》第 1242 条规定:"非法占有高度危险物造成他人损害的,由非法占有人承担侵权责任。所有人、管理人不能证明对防止非法占有尽到高度注意义务的,与非法占有人承担连带责任。"

7. 高度危险区域责任

《民法典》第 1243 条规定:"未经许可进入高度危险活动区域或者高度危险物存放区域受到损害,管理人能够证明已经采取足够安全措施并尽到充分警示义务的,可以减轻或者不承担责任。"

七、饲养动物损害责任

《民法典》第 1245 条规定:"饲养的动物造成他人损害的,动物饲养人或者管理人应当承担侵权责任;但是,能够证明损害是因被侵权人故意或者重大过失造成的,可以不承担或者减轻责任。"

(一)归责原则

原则:一般动物都是无过错责任,动物园动物是过错推定责任。

(二)赔偿主体

赔偿主体为动物的饲养人或管理人。

(三)抗辩事由

被侵权人自己故意或重大过失造成损害的,动物饲养人或管理人可以减轻或免除责任。

(四)违规饲养动物致害责任

《民法典》第 1246 条规定:"违反管理规定,未对动物采取安全措施造成他人损害的,动物饲养人或者管理人应当承担侵权责任;但是,能够证明损害是因被侵权人故意造成的,可以减轻责任。"

违规饲养动物,是指未对动物采取安全措施造成他人损害。

抗辩事由:被侵权人故意造成的,减轻责任。

(五)禁止饲养的危险动物致人损害的责任

《民法典》第 1247 条规定:"禁止饲养的烈性犬等危险动物造成他人损害的,动物饲养人或者管理人应当承担侵权责任。"

即使受害人因故意或者重大过失引起损害,也不能免除或者减轻饲养人或者管理人的赔偿责任。

（六）遗弃、逃逸的动物致人损害责任

《民法典》第 1248 条规定："遗弃、逃逸的动物在遗弃、逃逸期间造成他人损害的,由动物原饲养人或者管理人承担侵权责任。"

（七）第三人过错导致饲养动物侵权的责任承担

《民法典》第 1250 条规定："因第三人的过错致使动物造成他人损害的,被侵权人可以向动物饲养人或者管理人请求赔偿,也可以向第三人请求赔偿。动物饲养人或者管理人赔偿后,有权向第三人追偿。"

不真正连带责任:(1)被侵权人对救济的选择权:被侵权人可以向动物饲养人或管理人请求赔偿,也可以向第三人请求赔偿,被请求的任何一方都应当承担责任。(2)动物饲养人或者管理人的追偿权:动物饲养人或者管理人对被侵权人赔偿后,有权向第三人追偿。

【例 1】甲将狗借给乙玩,乙看管不周致狗将丙咬。问:责任应如何承担?

分析:丙可以请求甲赔偿,也可以请求乙赔偿。甲向丙赔偿后,可以向乙追偿。

【例 2】甲的狗将乙咬伤,(1)如果因乙用力拽狗尾巴导致损害,问:责任怎么承担?(2)若因乙用力拽狗尾巴导致损害,但甲未拴绳,问:责任怎么承担?

分析:(1)甲免责。损害是因被侵权人故意或者重大过失造成的,可以不承担责任。(2)甲减责。损害是因被侵权人故意或者重大过失造成的,可以减轻责任。

【例 3】甲逛动物园,用竹竿捅铁笼中的狗熊,狗熊掰开铁笼走出,将甲打伤。问:(1)甲捅狗熊的事实,能否作为动物园的免责或减责事由?(2)责任应如何承担?

分析:(1)否。(2)动物园未尽到管理责任,应当承担全部责任。

八、建筑物和物件损害责任

（一）建筑物、构筑物等倒塌造成的损害责任

《民法典》第 1252 条规定："建筑物、构筑物或者其他设施倒塌、塌陷造成他人损害的,由建设单位与施工单位承担连带责任,但是建设单位与施工单位能够证明不存在质量缺陷的除外。建设单位、施工单位赔偿后,有其他责任人的,有权向其他责任人追偿。因所有人、管理人、使用人或者第三人的原因,建筑物、构筑物或者其他设施倒塌、塌陷造成他人损害的,由所有人、管理人、使用人或者第三人承担侵权责任。"

不动产倒塌、塌陷致害责任可分为两种类型:

1. 因不动产建设缺陷,即质量问题而倒塌,归责原则是过错推定责任。由建设单位和施工单位承担连带责任,可举证证明施工无质量问题免责。对于倒塌有第三人责任的,建设单位、施工单位承担责任后,可以向第三人追偿。

2. 因不动产管理缺陷,即因质量问题以外的人的原因而倒塌,如业主违规破坏承重墙造成倒塌,由建筑物、构筑物的所有人、管理人、使用人或者第三人承担侵权责任。

（二）搁置物、悬挂物脱落、坠落致人损害责任

《民法典》第 1253 条规定："建筑物、构筑物或者其他设施及其搁置物、悬挂物发生脱落、

坠落造成他人损害,所有人、管理人或者使用人不能证明自己没有过错的,应当承担侵权责任。所有人、管理人或者使用人赔偿后,有其他责任人的,有权向其他责任人追偿。"

1. 归责原则:过错推定。

2. 建筑物、构筑物本身问题,如年久失修导致的脱落、坠落,通常由所有人承担;国家或集体所有的,由管理人承担。搁置物、悬挂物脱落、坠落,若使用人与所有人、管理人分离,通常由使用人承担。

(三)高空抛掷物、坠落物责任

《民法典》第 1254 条规定:"禁止从建筑物中抛掷物品。从建筑物中抛掷物品或者从建筑物上坠落的物品造成他人损害的,由侵权人依法承担侵权责任;经调查难以确定具体侵权人的,除能够证明自己不是侵权人的外,由可能加害的建筑物使用人给予补偿。可能加害的建筑物使用人补偿后,有权向侵权人追偿。物业服务企业等建筑物管理人应当采取必要的安全保障措施防止前款规定情形的发生;未采取必要的安全保障措施的,应当依法承担未履行安全保障义务的侵权责任。发生本条第一款规定的情形的,公安等机关应当依法及时调查,查清责任人。"

1. 禁止从建筑物中抛掷物品。

2. 建筑物的抛掷物品或者坠落物品造成损害的,由侵权人承担责任。

3. 经调查难以确定具体侵权人的,由可能加害的建筑物使用人给予补偿。

【注意】责任的承担方式不是连带责任,而是根据每一个人的经济状况适当确定补偿费用。能够证明自己不是加害人的,即没有实施建筑物抛掷物品行为,也不是建筑物坠落物品的权利人的,不承担补偿责任。

4. 可能加害的建筑物使用人补偿后,有权向侵权人追偿。

5. 建筑物管理人未采取必要的安全保障措施的,依法承担责任。

建筑物管理人,即物业管理企业或者物业管理人,他们对建筑物的安全负有安全保障义务。

6. 公安等机关应当依法及时调查,查清责任人。

【注意】"共同危险责任"与"不明抛掷物、坠落物责任"的区别:

(1)责任人行为性质不同。前者为每个人都有危险行为,后者只有一个人实施了侵权行为。

(2)承担责任方式不同。前者为所有人承担连带责任,后者是可能加害的建筑物使用人分担损失。

(3)责任定性不同。前者为赔偿,后者为补偿。

(4)免责事由不同。前者为确定具体侵权行为人,后者为确定具体侵权人或证明不是自己所为。

(四)堆放物倒塌等致人损害责任

《民法典》第 1255 条规定:"堆放物倒塌、滚落或者滑落造成他人损害,堆放人不能证明自己没有过错的,应当承担侵权责任。"

归责原则:过错推定。

（五）公共道路上妨碍通行物品的致害责任

《民法典》第1256条规定："在公共道路上堆放、倾倒、遗撒妨碍通行的物品造成他人损害的，由行为人承担侵权责任。公共道路管理人不能证明已经尽到清理、防护、警示等义务的，应当承担相应的责任。"

1. 两种责任：

（1）行为人的责任：过错责任。

（2）公共道路管理人的责任：过错推定责任。

2. 公共道路管理人承担的责任范围：相应的责任（非全部赔偿责任）。

（六）林木折断、倾倒致害责任

《民法典》第1257条规定："因林木折断、倾倒或者果实坠落等造成他人损害，林木的所有人或者管理人不能证明自己没有过错的，应当承担侵权责任。"

归责原则：过错推定。

（七）公共场所施工或地下设施致人损害责任

《民法典》第1258条规定："在公共场所或者道路上挖掘、修缮安装地下设施等造成他人损害，施工人不能证明已经设置明显标志和采取安全措施的，应当承担侵权责任。窨井等地下设施造成他人损害，管理人不能证明尽到管理职责的，应当承担侵权责任。"

1. 归责原则：过错推定。

2. 两种侵权类型：（1）施工中的地下工作物致害，如施工人未设置明显标志和采取安全措施。（2）使用中的地下工作物致害，如管理人未尽管理职责，窨井等地下设施造成他人损害。

真题试接

1. 某日，邱小童（4岁，身高1米）随父亲邱天去游乐场玩耍，游乐场内提供蹦床玩耍，但系付费项目，限6岁以下身高不超过1.2米的儿童进入。邱天支付费用后在场外等候，邱小童则独自进入蹦床区域内玩耍，后跌倒受伤，经诊断为左侧胫骨平台骨裂。关于邱小童的损害，下列哪一说法是正确的？（　　）（2020/02/18，单）

A. 应优先用邱小童财产填补损失

B. 应由游乐场承担赔偿责任

C. 应由邱小童自行承担全部损失

D. 父亲邱天只承担相应的补充责任

2. 某小区有流浪狗频繁伤人，居民向物业公司反映，未获回应。某日，居民马大姐倒垃圾时，不慎洒落一袋厨余垃圾在路边，未做清理。几只饥饿的流浪狗随即围上抢食，拿着香肠的小学生小军正巧路过被狗咬伤。关于小军的损害赔偿责任的承担，下列哪一说法是正

确的？（　　）(2020/02/19,单)

　　A. 小军无权请求他人承担

　　B. 应由马大姐承担

　　C. 应由物业公司和马大姐承担连带责任

　　D. 应由物业公司承担

　　3. 甲、乙、丙共同出资 1000 万元购买一车床,甲出资 600 万元,乙出资 250 万元,丙出资 150 万元,三人按份共有。后三人决定将车床出租给丁,按出资额收取租金,后丁在使用过程中由于车床自身缺陷造成损害。以下说法正确的是（　　）。(2020/02/41,多)

　　A. 丁可以请求向该设备的制造商承担产品责任

　　B. 甲、乙、丙按出资份额对丁承担按份责任

　　C. 甲、乙、丙承担赔偿责任后,也可以向车床的生产商追偿

　　D. 甲、乙、丙对丁承担连带责任

　　4. 阿东将汽车借给阿南,阿南驾车路经商店,将车停在门口,准备买包烟就走,车未熄火未上锁。15 岁的阿西见车上无人,便对 13 岁的阿北说:"这车和我家的一样,我开过,你要不要试试?"阿北应允后二人走入驾驶室,阿北按阿西提示启动汽车,行使 100 余米后驶入人行道,将行人阿中撞伤。对此,下列哪些选项是正确的?（　　）(2020/02/42,多)

　　A. 阿西的监护人应对阿中承担赔偿责任

　　B. 阿北的监护人应对阿中承担赔偿责任

　　C. 阿南应对阿中承担赔偿责任

　　D. 阿东应对阿中承担赔偿责任

　　5. 甲居住在某小区高层建筑内,某日下班走到楼下时,突然被楼上坠落的晾衣竿砸中头部,伤势严重,被送医救治,花去医药费共计 9 万元。由于找不到加害人,甲便把二楼以上所有业主、小区物业、当地派出所全部诉至法院,要求承担连带赔偿责任。根据《民法典》的规定,下列说法正确的有（　　）。(2020/02/43,多)

　　A. 应由小区物业承担全部赔偿责任

　　B. 二楼以上所有业主、小区物业、当地派出所不承担连带赔偿责任

　　C. 当地派出所有义务及时调查并查清责任人

　　D. 二楼以上所有业主应承担补偿责任,除非证明自己不是侵权人

　　6. 甲(男)系某快递公司的员工。2019 年 2 月 2 日,甲驾驶机动车送快递过程中不慎剐蹭人行道上一位老人曹某,致其受伤骨折。交警认定甲负全责。但经鉴定,老人曹某患有骨质疏松症,对损害的发生参与度为 70%。关于赔偿责任,下列表述正确的是（　　）。(2019/02/25,多)

　　A. 并不减轻快递公司的责任　　　　B. 甲应当承担部分赔偿责任

　　C. 甲承担全部责任　　　　　　　　D. 老人曹某不承担责任

　　7. 某校研究生陈某下课后发现电梯人多拥挤便选择走楼梯,在下楼过程中由于陈某专注玩手机失足摔倒,造成擦伤和中度脑震荡。关于陈某的损害,下列说法正确的是（　　）。(2019/02/26,单)

　　A. 学校电梯设置不合理,负全部责任

　　B. 学校未尽到安全保障义务,负全部责任

C. 学校和陈某均有过错,各负一半责任

D. 陈某自身玩手机疏忽造成,自身负全部责任

8.2017 年 3 月 2 日,吕某前往超市购物途中,恰逢孟某牵着自己家的泰迪狗迎面走来。泰迪狗突然上前咬吕某,吕某见此情形吓得狂奔。路人张某为救吕某,拿起旁边菜贩何某的伞与泰迪狗扭打起来。结果:吕某得救,张某被狗咬伤,花去医药费 2000 元。关于本案,下列哪一说法是错误的?(　　)(2018/02/06,单)

A. 张某的行为构成无因管理

B. 张某的行为不构成无因管理

C. 张某可以请求吕某支付 2000 元医药费

D. 张某可以请求孟某支付 2000 元医药费

9. 王某因全家外出旅游,请邻居戴某代为看管其饲养的宠物狗。戴某看管期间,张某偷狗,被狗咬伤。关于张某被咬伤的损害,下列哪一选项是正确的?(　　)(2017/03/24,单)

A. 王某应对张某所受损害承担全部责任

B. 戴某应对张某所受损害承担全部责任

C. 王某和戴某应对张某损害共同承担全部责任

D. 王某或戴某不应对张某损害承担全部责任

10. 田某突发重病神志不清,田父将其送至医院,医院使用进口医疗器械对其实施手术,手术失败,田某死亡。田父认为医院在诊疗过程中存在一系列违规操作,应对田某的死亡承担赔偿责任。关于本案,下列哪一选项是正确的?(　　)(2016/03/23,单)

A. 医疗损害适用过错责任原则,由患方承担举证责任

B. 医院实施该手术,无法取得田某的同意,可自主决定

C. 如因医疗器械缺陷致损,患方只能向生产者主张赔偿

D. 医院有权拒绝提供相关病历,且不会因此承担不利后果

11. 张小飞邀请关小羽来家中做客,关小羽进入张小飞所住小区后,突然从小区的高楼内抛出一块砚台,将关小羽砸伤。关于砸伤关小羽的责任承担,下列哪一选项是正确的?(　　)(2016/03/24,单)

A. 张小飞违反安全保障义务,应承担侵权责任

B. 顶层业主通过证明当日家中无人,可以免责

C. 小区物业违反安全保障义务,应承担侵权责任

D. 如查明砚台系从 10 层抛出,10 层以上业主仍应承担补充责任

12.4 名行人正常经过北方牧场时跌入粪坑,1 人获救 3 人死亡。据查,当地牧民为养草放牧,储存牛羊粪便用于施肥,一家牧场往往挖有三四个粪坑,深者达三四米,之前也发生过同类事故。关于牧场的责任,下列哪些选项是正确的?(　　)(2016/03/67,多)

A. 应当适用无过错责任原则

B. 应当适用过错推定责任原则

C. 本案情形已经构成不可抗力

D. 牧场管理人可通过证明自己尽到管理职责而免责

13. 甲的儿子乙(8 岁)因遗嘱继承了祖父遗产 10 万元。某日,乙玩耍时将另一小朋友丙的眼睛划伤。丙的监护人要求甲承担赔偿责任 2 万元。后法院查明,甲已尽到监护职责。

下列哪一说法是正确的?(　　)(2015/03/24,单)

　　A. 因乙的财产足以赔偿丙,故不需用甲的财产赔偿

　　B. 甲已尽到监护职责,无须承担侵权责任

　　C. 用乙的财产向丙赔偿,乙赔偿后可在甲应承担的份额内向甲追偿

　　D. 应由甲直接赔偿,否则会损害被监护人乙的利益

14. 关于动物致害侵权责任的说法,下列哪些选项是正确的?(　　)(2015/03/67,多)

　　A. 甲8周岁的儿子翻墙进入邻居院中玩耍,被院内藏獒咬伤,邻居应承担侵权责任

　　B. 小学生乙和丙放学途经养狗的王平家,丙故意逗狗,狗被激怒咬伤乙,只能由丙的监护人对乙承担侵权责任

　　C. 丁下夜班回家途经邻居家门时,未看到邻居饲养的小猪趴在路上而绊倒摔伤,邻居应承担侵权责任

　　D. 戊带女儿到动物园游玩时,动物园饲养的老虎从破损的虎笼蹿出将戊女儿咬伤,动物园应承担侵权责任

15. 甲电器销售公司的安装工人李某在为消费者黄某安装空调的过程中,不慎从高处掉落安装工具,将路人王某砸成重伤。李某是乙公司的劳务派遣人员,此前曾多次发生类似小事故,甲公司曾要求乙公司另派他人,但乙公司未予换人。下列哪一选项是正确的?(　　)(2014/03/21,单)

　　A. 对王某的赔偿责任应由李某承担,黄某承担补充责任

　　B. 对王某的赔偿责任应由甲公司承担,乙公司承担补充责任

　　C. 甲公司与乙公司应对王某承担连带赔偿责任

　　D. 对王某的赔偿责任承担应采用过错责任原则

16. 甲家盖房,邻居乙、丙前来帮忙。施工过程中,丙因失误从高处摔下受伤,乙不小心撞伤小孩丁。下列哪些表述是正确的?(　　)(2014/03/66,多)

　　A. 对丙的损害,甲应承担赔偿责任,但可减轻其责任

　　B. 对丙的损害,甲不承担赔偿责任,但可在受益范围内予以适当补偿

　　C. 对丁的损害,甲应承担赔偿责任

　　D. 对丁的损害,甲应承担补充赔偿责任

17. 甲赴宴饮酒,遂由有驾照的乙代驾其车,乙违章撞伤丙。交管部门认定乙负全责。以下假定情形中对丙的赔偿责任,哪些表述是正确的?(　　)(2013/03/67,多)

　　A. 如乙是与甲一同赴宴的好友,乙不承担赔偿责任

　　B. 如乙是代驾公司派出的驾驶员,该公司应承担赔偿责任

　　C. 如乙是酒店雇佣的为饮酒客人提供代驾服务的驾驶员,乙不承担赔偿责任

　　D. 如乙是出租车公司驾驶员,公司明文禁止代驾,乙为获高额报酬而代驾,乙应承担赔偿责任

【答案】

1. B。《民法典》第1198条。

2. D。《民法典》第1198条。

3. ACD。《民法典》第1203条、第307条。

4. ABC。《民法典》第 1209 条。

5. BCD。《民法典》第 1254 条。

6. AD。《民法典》第 1173 条、第 1191 条。

7. D。《民法典》第 1198 条。

8. B。《民法典》第 979 条、第 1245 条。

9. D。《民法典》第 1245 条。

10. A。《民法典》第 1218 条、第 1219 条、第 1220 条、第 1223 条、第 1225 条。

11. B。《民法典》第 1198 条、第 1254 条。

12. BD。《民法典》第 180 条、第 1258 条。

13. A。《民法典》第 1188 条。

14. ACD。《民法典》第 1245 条、第 1247 条、第 1248 条、第 1250 条。

15. B。《民法典》第 1191 条。

16. AC。《民法典》第 1192 条。

17. BC。《民法典》第 1191 条、第 1209 条、第 1210 条、第 1213 条。

案例讨论

甲乔迁新居,雇用乙为搬家司机,雇用戊为搬运工。搬家当日,乙驾车经过闹市,小心慎行,因行人丙横穿马路,乙躲避不及撞伤在街心玩耍的 7 岁幼童丁。由于车体晃动,坐在货仓里的戊从车上跌落,摔成重伤。丁、戊送去医院抢救后,戊因重伤导致面部残疾,精神严重抑郁。

甲去医院探望丁,适逢道路施工,甲跌落到地坑中受伤,施工方否认自己有过错,认为是甲无视警示牌从危险区经过才被弄伤,后甲将施工方诉至 A 法院。

医院对丁实施抢救后,丁伤情暂时稳定,后来某日丁伤情突然恶化,丁父要求医院出示详细诊疗方案,医院将诊疗情况告知丁父,但拒不提供详细的书面方案。丁父遂在其个人博客上发表文章,题为"某某医院无良,草菅人命!!!",该文章被王某阅读后转发到天地社区论坛,随后又被相继转发到各大论坛,引起广泛的社会关注,对该医院的名誉造成严重的损害。天地社区论坛发现后立即删除了相关的帖子并关闭了相应的发帖账户。后该医院将丁父诉至 A 法院,丁父对该医院提起反诉。

A 法院审理查明以下事实:(1)甲受伤的地点在施工危险区,施工方设有护栏和明显标识。(2)丁父的博文内容夸张,严重超出事实范围。(3)由于丁在治疗时使用的血液存在一些质量问题,与丁的体质有排斥反应。(4)丁是在课间时从学校跑到街心玩耍时受伤的。

问:(1)对于丁被撞伤的结果,丁父可以向谁主张承担责任?

(2)甲是否可以向施工方主张承担赔偿责任?

(3)医院可以什么为由向法院提起诉讼?

(4)王某与丁父是否对医院构成共同侵权? 理由是什么?

(5)天地社区论坛是否对医院构成侵权? 理由是什么?

(6)对于丁住院治疗后伤情恶化的结果,丁父可以向谁主张承担责任? 理由是什么?

(7)戊对自身所遭受的损害应如何进行救济?